教科書ガイド

東京書籍 版

精選古典探究

漢文編

TEXT BOOK GUIDE

あすとろ出版

左の二次元コードに接続すると、教科書と同じシミュレーションの資料を見ることができます。
押韻している漢字の確認ができ、内容の理解が深まります。

はじめに

古典を理解するには、地道な予習・復習を続けることが大切です。本書は、教科書の予習・復習をする時に、その手助けをする効率的な自習書として編集されたものです。次の構成・特色をよく読んで、古典の学習に役立ててください。

■本書の構成・特色

※本書では「漢文の窓」と一部参考資料は扱っておりません。

■各単元で、冒頭にその単元で学習する目標を示しています。

■文章教材や漢詩教材では次のような項目を設けて、その教材の内容を詳しく解説しています。

大意　**主題**　**要旨**　教材文のあらすじや要旨を簡潔にまとめてあります。また、漢詩では、主題を示してあります。

段意　**形式**　教材文が長い場合には、いくつかの段落に区切り、各段落の内容を要約してあります。漢詩では、形式や押韻について解説してあります。

訓読　**現代語訳**　教材文をそのまま掲載したうえで、一文ごとに、訓読として書き下し文に直し、現代仮名遣いの振り仮名を付けた読み方と、原文に即した現代語訳を示してあります。

語釈・句法　難解な語句や表現、句法を取り上げ、本文に即した意味や解釈を掲げて、分かりやすく解説してあります。

鑑賞　教材文に対する理解を深められるように、作品の文学的な位置や味わい方などを解説してあります。

教科書の問題（解答・解説）　教科書の本文下や教材末に示された問題について、解答や分かりやすい解説を示してあります。

■作（編）者や出典については、教材末に項目を設け、作（編）者の経歴や業績・著作など、出典の成立年代や成立事情、概要などをそれぞれ解説してあります。

目次

■ 精選古典探究　漢文編　Ⅰ部

1 小話

2 詩1

3 史記1

4 思想1

5 小説1

小説―三編

6 詩2

古詩―五首

7 思想2

道家の思想

8 文1

文―三編

1 小話

●漢文の読み方を確認する。
●話の展開や内容のおもしろさを味わう。

教科書 八〜九ページ

小話―六編

先従隗始

大意　燕の昭王が優れた人材を集める際、郭隗が死んだ馬の骨を買って天下の名馬を手に入れた君主の話をした。昭王が、郭隗を優遇すると、優れた人材が集まった。

■第一段落（初め〜九・1）

段意　燕の昭王が優れた人材を得ようとしたところ、郭隗が、死んだ馬の骨を五百金で買うことで、天下の名馬を手に入れることができたという昔の君主の話をして、まず私を優遇しなさいと説いた。

①昭王招賢者。②隗曰、「古之君、有以千金使涓人求千里馬者。③買死馬骨五百金而返。④君怒。⑤涓人曰、『死馬且買之、況生者乎。⑥馬今至矣。』⑦不期年、千里馬至者三。⑧今王必欲致士、先従隗始。

訓読　①昭王賢者を招かんとす。②隗曰はく、「古の君に、千金を以つて涓人をして千里の馬を求めしむる者有り。③死馬の骨を五百金に買ひて返る。④君怒る。⑤涓人曰はく、『死馬すら且つ之を買ふ、況んや生ける者をや。⑥馬今に至らん。』と。⑦期年ならずして、千里の馬至る者三。⑧今王必ず士

⑨況ンヤ賢ナル二於隗一ヨリ者、豈ニ遠シトセン二千里一ヲ哉ト。」

を致（いた）さんと欲（ほっ）せば、先（ま）づ隗（かい）より始（はじ）めよ。⑨況（いわ）んや隗（かい）より賢（けん）なる者（もの）、豈（あ）に千里（せんり）を遠（とお）しとせんや。」と。

現代語訳

①昭王が優れた人物を（自分の国に）招こうとした。②（その時）郭隗が言うには、「昔の君主に、千金を持たせて側近に一日に千里を走ることができる馬を買いに行かせた者がいました。③（ところが側近は）死んだ名馬の骨を五百金で買って帰ってきました。④（そこで）君主は怒りました。⑤側近が言うには、『死んだ名馬（の骨）でさえ買ったのだ、まして生きている名馬の場合はなおさらだろう（と世間の人は思うでしょう）。⑥名馬は間もなくやって参りましょう。』と。⑦（その言葉どおり）まる一年もたたないうちに、千里の名馬が三頭もやって来たということです。⑧もし、王様がどうしても賢者を招きたいのならば、まずこの隗から始めてごらんなさい。⑨（そうすれば）まして（この）隗より優れた者は、どうして千里の道を遠いとしましょうか。（いや、遠いと思わずやって来ます。）」と。

語釈・句法

従（より）　…から。動作の起点を表す助字。下から返って読む返読文字。

隗（かい）　戦国時代の燕の賢者。姓は郭（かく）。（生没年未詳）

①昭王（しょうおう）　戦国時代の燕（今の河北省（かほくしょう）一帯）の君主。（在位、前三一一―前二七九）

賢者（けんじゃ）　優れた人物。

②使（しム）　「使ム二AヲシテB一［セ］」で、「A（人物）にB（行為）させる」の意。使役を表す。

涓人（けんじん）　君主の側（そば）で雑用をする人。ここでは、A＝涓人、B＝求千里馬。

千里馬（せんりのうま）　一日に千里を走ることができる名馬。

③死馬（しば）　死んだ名馬。五百金も出して買った点から、単に死んだ馬ではなく、死んだ名馬と解したほうがよい。

⑤死馬且買レ之、況生者乎（しばスラかツかフこれヲ、いわンヤいケルものヲや）　「A且（かツ）B、況（いはンヤ）C乎（ヲや）」で、「AさえBだ、ましてCの場合はなおさらだ」の意。抑揚を表す。ここでは、A＝死馬、B＝買之、C＝生者。

⑥馬今至矣（うまいまニいたラン）　名馬は間もなくやって参りましょう。死んだ名馬を五百金で買ったといううわさを聞いて、名馬を売り込もうとする者が来るの意。「矣」は、断定・決定を表す置き字。

⑧欲レ致レ士（ほっセバいたサントしヲ）　賢者を招きたいのならば。

⑨況賢二於隗一者（いわんヤけんナルかいヨリもの）　まして隗より優れた者は。「賢ナル二於隗一ヨリ」は、「A二於B一ヨリ」（BよりもA）の形で、比較を表す。BよりもAである。

豈…哉（あニ…や）　どうして…か。（いや…ない。）反語を表す。

■第二段落（九・2〜終わり）

段意 昭王がその言葉どおりに郭隗を優遇すると、優れた人材が集まった。

> ①於レ是昭王為レ隗改築レ宮、師二事之一。②於レ是士争趨レ燕。【十八史略】刪修

訓読 ①是に於いて昭王隗の為に改めて宮を築きて、之に師事す。②是に於いて士争ひて燕に趨く。

現代語訳

①そこで昭王は郭隗のために新たに邸宅を建て、郭隗を先生として仕えた。②そこで優れた人物が先を争って燕にやって来た。

語釈・句法

①於是 そこで。

宮 邸宅。

②士争趨燕 優れた人物が先を争って燕にやって来た。「趨」は、足ばやに行くこと。具体的には、名将楽毅、陰陽家の鄒衍など。

鑑賞

戦国時代は、戦国の七雄と称される、秦・斉・楚・燕・趙・魏・韓の七国が各地に割拠して覇を争った時代である。燕の国は、七雄の中では不安定な弱小国であった。昭王の父の噲が位を宰相の子之に譲ったことがきっかけとなって内乱が起こり、それを機に斉が侵攻し、噲は戦死した。王位に就いた昭王は、斉に仕返しをしたいと思い、それには優れた人材を集めること以外にないと考えて、郭隗にその方法を尋ねた。それに対する郭隗の答えが、本文の中心になっている。

郭隗はまず「古の君に…」と語り出す。その話は極めて平易であり、死んだ馬の骨を買ったという点で奇抜であり、側近の予言どおりに千里の馬が集まったという点で安心のできる話である。こうした前置きには、自分の主張を説得力のあるものにするねらいがあった。だからこそ昭王は、郭隗の言葉を信じて、すぐに郭隗を優遇したのである。

出典・編者

出典 『十八史略』刪修 古代から南宋の滅亡までの長い歴史を、編年体で初学者向けにまとめたもの。七巻。刪修は、

字句を削って改めること。書名は、『史記』をはじめとする十八種の史書（十七の正史と宋代の史料）をもとに簡略に記述したことに由来するが、これらの史書のみによらず、宋の司馬光の『資治通鑑』などによっている部分もあるといわれる。『十八史略』が我が国に伝来した年代は明らかではないが、室町時代にはすでに伝わり、以降江戸時代まで、『論語』『唐詩選』などとともに、初学者の必読書として、広く読まれた。

編者 曽先之〔生没年未詳〕字は従野、または孟参。吉水（今の江西省）の人。進士に合格し、地方官を歴任したが、宋の滅亡後は隠居し、九十二歳で没したといわれる。

教科書の問題（解答・解説）

教科書　九ページ

❓ 教科書本文下に示された問題

❓「士争趨燕。」とあるが、どうしてか。（p.九）

解答 郭隗が厚遇されていることを聞き、郭隗より優れている自分はもっと厚遇されるはずだと考えたから。

■学習の手引き

❶次の文を書き下し文にし、現代語訳しよう。

解答 (1)千金を以つて涓人をして千里の馬を求めしむる者有り。

〈訳〉千金を持たせて側近に一日千里を走ることができる馬を買いに行かせた者がいました。

(2)死馬すら且つ之を買ふ、況んや生ける者をや。

〈訳〉死んだ名馬（の骨）でさえ買ったのだ、まして生きている名馬の場合はなおさらだろう。

(3)況んや隗より賢なる者、豈に千里を遠しとせんや。

〈訳〉まして隗より優れた者は、どうして千里の道を遠いとしましょうか。（いや、遠いとしない。）

❷隗の発言中の「千里馬」〔八・3〕、「死馬」〔八・3〕は、それぞれ何をたとえたものか。

解答 「千里馬」＝賢者（士）。「死馬」＝郭隗。

❸郭隗の弁舌の優れている点について話し合おう。

解答 たとえ話を用いて説得力を持たせている点、それによって郭隗自身の待遇が変わった点に着目する。

■語句と表現

①「先ず隗より始めよ」という故事成語は、どのような意味か。

解答 「賢者を招くにはまず手近な者から優遇しなさい」という意味から転じて、現在は、「大きな事を成し遂げるには手近なところから始めるとよい」「事を始めるには、まず言い出した者が着手せよ」という意味にも使われている。

不死之薬

教科書 一〇〜一一ページ

大意 楚王に献上された不死の薬を、警護の者が食べてしまったので楚王が怒った。警護の者は、取り次ぎ役が「可なり。」と言ったからであり、不死の薬を食べて死んだとなると、それは毒薬ということで、王様がだまされたことになると主張して、許された。

第一段落（初め〜一〇・5）

段意 楚王の警護の者が、王に献上された不死の薬を食べてしまった。王はひどく怒り、その者を殺そうとした。

①有下献二不死之薬於荊王一者上。②謁者操レ之以入。③中射之士問曰、「可レ食乎。」④曰、「可。」⑤因奪而食レ之。⑥王大怒、使三人殺二中射之士一。

訓読 ①不死の薬を荊王に献ずる者有り。②謁者之を操りて以つて入る。③中射の士問ひて曰はく、「食らふべきか。」と。④曰はく、「可なり。」と。⑤因りて奪ひて之を食らふ。⑥王大いに怒り、人をして中射の士を殺さしめんとす。

現代語訳 ①不死の薬を荊王に献上した者がいた。②取り次ぎ役がそれを持って中に入って行った。③警護の者が、「食べてよいか。」と尋ねた。④（取り次ぎ役は、）「食べられます。」と答えた。⑤そこで（警護の者は）取りあげてその薬を食べてしまった。⑥荊王はひどく怒り、部下に（その）警護の者を殺させようとした。

語釈・句法

①於　対象・目的などを表す置き字。

荊王　楚王。「荊」は、春秋・戦国時代の楚の国（今の湖南省、湖北省一帯）の別称。

②謁者　来客の取り次ぎ役。

操レ之　不死の薬を手に持つ。「操」は、

手にしっかりと持つこと。

③中射之士　君主側近の警護の者。「中射」は、「ちゅうや」と読んでもよい。

可レ食乎　食べてよいか。「可」には主に、(1)許可・許容を表す（…してよい）、(2)可能性があるという判断を表す（…できる）、という二つの用法がある。ここでは、(1)の用法。「乎」は、「か」と読んで疑問を表す。

④可　食べることができる（食用にすることができる）。ここでは、可能性があるという判断を表す用法。取り次ぎ役は、警護の者の「可レ食乎。」という問いを「食べることができるか。」と理解してこのように答えた。しかし、警護の者は「食べてよい。」と解釈し、不死の薬を食べた。

⑤因　そこで。

奪　奪い取る。取りあげる。

⑥使三人殺二中射之士一　部下に警護の者を殺させようとした。「使」は、「使二A B一」で「A（人物）にB（行為）させる」の意。使役を表す。

■第二段落（一〇・6～終わり）

段意

警護の者は、「取り次ぎ役が『食べてよい。』と言ったから食べたのだし、不死の薬を食べて死んだとなると、それは毒薬ということで、王様はだまされたことになる。」と主張した。王は、警護の者を許した。

①中射之士使二人説一レ王曰、「臣問二謁者一。②謁者曰、『可レ食。』③臣故食レ之。④是臣無レ罪而罪在二謁者一也。⑤且客献二不死之薬一、臣食レ之而王殺レ臣、是死薬也。⑥是客欺レ王也。⑦夫殺二無レ罪之臣一而明二人之欺一レ王也、⑧不レ如レ釈レ臣。」⑨王乃不レ殺。【韓非子】删修

訓読

①中射の士人をして王に説かしめて曰はく、「臣謁者に問ふ。②謁者曰はく、『食らふべし。』と。③臣故に之を食らふ。④是れ臣に罪無くして罪は謁者に在るなり。⑤且つ客不死の薬を献じ、臣之を食らひて王臣を殺さば、是れ死薬なり。⑥是れ客王を欺くなり。⑦夫れ罪無きの臣を殺して人の王を欺くを明らかにするなり。⑧臣を釈すに如かず。」と。⑨王乃ち殺さず。

現代語訳

①警護の者は人を通して王に弁解してもらって言った、「私は取り次ぎ役に尋ねました。②（すると）取り次ぎ役が言うには、『食べてよい。』と。③私はだからその薬を食べたのです。④そうすると私に罪はなくて罪は取り次ぎ役にあるので

す。⑤さらに客が不死の薬を献上しましたのに、私がそれを食べて王様が私を殺したとなると、それは毒薬だったことになります。⑥そうすると客が王様をだましたことになります。⑦そもそも罪のない私を殺して人が王様をだましたことをあからさまにすることになります。⑧（それよりも）私をお許しになるほうがよいと思います。」と。⑨荊王はそこで（警護の者を）殺さないことにした。

語釈・句法

②可レ食　取り次ぎ役は「食用にすることができる。」という意で言ったが、警護の者は「食べてよい。」と解した。

⑤且　さらに。そのうえ。

客　見知らぬ人を呼ぶ語。ここでは、不死の薬を献上した人を指す。

死薬　飲めば死ぬ毒薬。

⑦夫　そもそも。いったい。

明　あからさまにする。表ざたにする。

⑧不レ如レ釈レ臣　私を許すことに及ばない。「(A)不レ如レB」の形で、「(Aは)Bに如かず」と訓読し、「(Aは) Bに及ばない」の意。比較を表す。罪のない臣下を殺して、王が人にだまされたと露見するよりは、私を許したほうがよいでしょう、ということ。

⑨乃　そこで。用法はいくつかあるが、ここでは順接を表す助字。

鑑賞

この話のおもしろさは、警護の者が、「可」の用法の多様なことを利用し、かつ王の心理を見抜いて、巧みに自己弁護するところにある。楚王に献上された不死の薬を見て、警護の者が「可レ食乎。」と尋ねる。「可」には、主に、⑴許可・許容を表す（…してよい）、⑵可能性があるという判断を表す（…できる）、という二つの用法があり、この文は、「食べてよいか。」とも「食べられるか。」とも解釈できる。取り次ぎの者は、警護の者が「食用にできるか。」と尋ねたと理解し、「可。」と答えた。ところが警護の者は、「食べてよいか。」と尋ねたところ、「可。」と答えたので、不死の薬を食べたのであると主張する。さらに警護の者は、私を殺すと、献上された薬は毒薬ということになり、王がだまされたことが表ざたになると言う。世間の評判を気にする王の心理を突いた発言である。

作者・出典

作者　韓非（?—前二三三）　戦国時代末期の思想家。法家思想の大成者といわれる。韓の公族の子として生まれた。非常な秀才で、文章にも優れていた。はじめ、李斯とともに荀子に学んだ。秦に使者として行き、秦王政（後の始皇帝）に認められたが、李斯の反感をかい、自殺させられた。

出典 『韓非子（かんぴし）』刪修（さんしゅう） 二十巻五十五編。韓非の論説をまとめたもの。内容は法律や刑罰を重んじる法家思想。もとの書名は『韓子』であるが、宋代の頃より『韓非子』と呼ばれるようになった。唐宋八大家の一人で韓子と呼ばれた韓愈（かんゆ）と区別するためである。

教科書の問題（解答・解説）

教科書 一一ページ

■学習の手引き

❶次の文を書き下し文にし、現代語訳しよう。

解答 (1)不死の薬を荊王に献ずる者有り。

〈訳〉不死の薬を荊王に献上した者がいた。

(2)臣を釈すに如かず。

〈訳〉私をお許しになるほうがよいと思います。

❷「王乃不レ殺。」（一一・1）としたのはなぜか。

解答 取り次ぎ役に「食べてよい。」と言われて食べた自分に罪はないし、自分を殺すと王がだまされたことが表ざたになるという、警護の者の自己弁護を王が認めたから。

❸中射之士の「使二人説レ王曰」（一〇・6）の内容の優れている点について話し合おう。

[解説] 「可」の用法の多様なことを利用して、許可の意味と可能の意味を都合よく使い分けている点と、王の心理を見抜いて、巧みに自己弁護して殺されずにすんだ点が挙げられる。この二点について着目するとよい。

■語句と表現

①「可レ食乎。」（一〇・3）という表現のおもしろさを考えよう。

解答 「食べてよいか。」と「食べられるか。」のどちらの意味にもとれる点。

[解説] 警護の者は「食べてよいか。」という意味で尋ねているが、取り次ぎ役は「食べられるか。」と問われたと考え、「食べられます。」という意味で「可。」と答えた。警護の者は、「食べてよい。」と解釈して不死の薬を食べてしまったのである。

完璧而帰

教科書 一一二〜一一三ページ

大意

秦の昭王が趙の恵文王から宝玉をだまし取ろうとしたが、藺相如が決死の覚悟で守りぬいた。また、秦王と趙王が澠池で会見した時、秦王が趙王を侮辱したので、藺相如も秦王を侮辱して報復した。

第一段落（初め〜一一二・7）

段意

秦の昭王が趙の恵文王の持っている宝玉を欲しがり、秦の十五の都市と交換しようと申し出た。藺相如が使者として宝玉を持って秦へ行ったが、秦王には都市を代償として与える意志がないと知ると、決死の覚悟で宝玉を守りぬいた。秦王も藺相如を優れた人物と認めてそのまま帰国させた。

①趙恵文王、嘗得楚和氏璧。②秦昭王、請以十五城易之。③欲不与、畏秦強、欲与、恐見欺。④藺相如願奉璧往。⑤曰、「城不入、則臣請、完璧而帰。」⑥既至。⑦秦王無意償城。⑧相如乃紿取璧、怒髪指冠、卻立柱下曰、「臣頭与璧倶砕。」⑨遣従者懐璧間行先帰、身待命於秦。⑩秦昭王賢而帰之。

訓読

①趙の恵文王、嘗て楚の和氏の璧を得たり。②秦の昭王、十五城を以つて之に易へんことを請ふ。③与へざらんと欲すれば、秦の強きを畏れ、与へんと欲すれば、欺かれんことを恐る。④藺相如璧を奉じて往かんことを願ふ。⑤曰はく、「城入らずんば、則ち臣請ふ、璧を完うして帰らん。」と。⑥既にして至る。⑦秦王城を償ふに意無し。⑧相如乃ち紿きて璧を取り、怒髪冠を指し、柱下に卻立して曰はく、「臣の頭璧と倶に砕けん。」と。⑨従者をして璧を懐きて間行して先づ帰らしめ、身は命を秦に待つ。⑩秦の昭王賢として之を帰らしむ。

現代語訳

①趙の恵文王は、ある時楚の卞和が山中で発見したという宝玉を手に入れた。②（それを聞いた）秦の昭王は、（秦の）十五の都市とその宝玉とを交換してもらいたいと申し出た。③（趙では、宝玉を）与えないようにすれば、秦の強いことが恐ろしいし、（また）与えようとすれば、だまされることが心配であった。④（その時）藺相如が（秦へ使者として）宝玉をささげ持って行くことを願い出た。⑤（藺相如が）言うには、「もし都市が手に入らなければ、私は宝玉を完全なままで（趙に）持ち帰るようにいたしましょう。」と。⑥（藺相如は秦に）到着した。⑦（藺相如は秦王に宝玉を献上したが）秦王には都市を代償として与える意志が見えなかった。⑧そこで藺相如は（秦王を）だまして宝玉を取り返し、怒りのあまり髪の毛が（逆立って）冠を突き上げんばかり（の状態）で、後ずさりして柱の下に立って言うことには、「私の頭は（この）宝玉といっしょに（この柱で）粉々になるでしょう。」と。⑨（その後、藺相如は）従者に宝玉を持たせて抜け道を通って先に（趙へ）帰らせ、自分は秦王の処分を待った。⑩秦の昭王は優れているとして藺相如を帰国させた。

語釈・句法

①**趙** 今の山西省北部にあった国。

恵文王 趙の君主。〔在位、前二九八―前二六六〕

楚和氏璧 楚の卞和が山中で発見したという宝玉。「楚」は、長江の中流地域にあった国。「璧」は、宝玉。環状で平たく、中央に丸い穴があり、外周から穴までの幅が穴の直径より大きい。現在は、りっぱな才能がありながら、一般に認められていない場合に「和氏の璧」という。

②**請** 願い出る。申し出る。

十五城 十五の都市。「城」は、城壁で囲まれた都市。

易 交換する。

③**欲レ不レ与** 与えないようにする。「欲」は、「…しようとする」の意。意志を表す。

畏二秦強一 秦が強いのを恐れる。宝玉を与えないと、それを口実にして秦軍が攻撃してくるのではないかと心配しているのである。

恐レ見レ欺 だまされることを心配する。宝玉を与えても秦の都市をもらえないことを心配している。「見…」は「…される」という受身を表す。

④**藺相如** 趙の名臣。趙の宦官の長官である繆賢の側近であった。和氏の璧を持って秦に使者として行き、その璧を無事に趙に持ち帰った。また、これらの功績により上卿に任じられ、これをねたみ怒った廉頗とも、刎頸の交わりを結んだ。〔生没年未詳〕

奉レ璧（ほうじへきヲ） 宝玉をささげ持つ。「奉」は、両手で大切にささげ持つこと。

⑤請（こフ） どうか…させてほしい。…いたしましょう。自己の希望を述べる用法。

完レ璧而帰（まっとウシテへきヲ…かへラン） 宝玉を完全なままで持ち帰りましょう。

⑥既（すでニシテ） すでに…した。完了の意味。

⑦無レ意レ償レ城（なシ い つぐなフニ しろヲ） 都市を代償として与える意志がない。

⑧紿取レ璧（あざむキテとリ へきヲ） だまして宝玉を取り返す。「紿」は、だますこと。『史記』によれば、藺相如は「その宝玉にはきずがあります。それを王様に指してお示しいたしましょう。」と言って宝玉を取り返した。

怒髪指レ冠（ど はつ さシ かんむりヲ） 怒りのあまり髪の毛が冠を突き上げんばかりであった。激怒した様子を表す。

卻立（きゃくりつシ） 後ずさりして立つ。「卻」は、「却」の正字。

臣頭与レ璧倶砕（しんノこうべ と へき ともニくだケ） 私の頭は宝玉といっしょに粉々になる。頭と壁とを柱に打ちつけて砕いてしまうことをいう。命をかけて宝玉を秦王に渡さないという覚悟を示した言葉。

⑨遣（しメ） 使役を表す。「使」と同じ。「遣ニA Bー」で「AにBさせる」。

懐（いだキ） 懐中にする。ふところに入れて持つ。大事に持つことをいう。

間行（かんこうシ） 抜け道を通って行く。

待ニ命於秦一（まツめいヲ しんニ） 秦王の処分を待った。

⑩賢（けん） 優れている。

■第二段落（一二・8～終わり）

段意 秦王と趙王が澠池で会見した時、秦王は趙王に琴を弾かせて侮辱した。そこで藺相如も秦王を脅して打楽器をたたかせ、報復した。この時、趙は秦に対して備えを十分にしていたので、秦も手出しをしなかった。

① 秦王約ニ趙王一会ニ澠池一。② 相如従。③ 及レ飲レ酒、秦王請ニ趙王鼓レ瑟。④ 趙王鼓レ之。⑤ 相如復請ニ秦王撃レ缶為ニ秦声一。⑥ 秦王不レ肯。⑦ 相如曰、「五歩之内、臣得下以ニ頸血一濺中大王上。」⑧ 左右欲レ刃レ之。⑨ 相如叱レ之。⑩ 皆靡。⑪ 秦王為一撃レ缶。⑫ 秦終不レ能レ有レ加ニ於趙一。⑬ 趙亦

訓読 ①秦王趙王に約して澠池に会す。②相如従ふ。③酒を飲むに及び、秦王趙王に瑟を鼓せんことを請ふ。④趙王之を鼓す。⑤相如復た秦王に缶を撃ちて秦声を為さんことを請ふ。⑥秦王肯んぜず。⑦相如曰はく、「五歩の内、臣頸血を以つて大王に濺ぐを得ん。」と。⑧左右之を刃せんと欲す。⑨相如之を叱す。⑩皆靡く。⑪秦王為に一たび缶を撃つ。⑫秦終に趙に加ふる有る能はず。⑬趙も亦

盛ンニ為ス二之ガ備ヘヲ一。⑭秦不二敢ヘテ動カ一。　【十八史略】刪修

盛んに之が備へを為す。⑭秦敢へて動かず。

現代語訳

①秦王は趙王と約束して澠池で会見した。②藺相如が（趙王に）随行した。③酒宴が始まると、秦王は趙王に（二十五絃の）大琴を弾くことを求めた。④趙王は大琴を弾いた。⑤（そこで）藺相如も秦王に打楽器をたたいて秦の音楽を演奏することを求めた。⑥（しかし）秦王は承知しなかった。⑦藺相如は言った、「（私と王とは）わずか五歩の距離、私は（自分の）首の血を大王に注ぎかけることができます。」と。⑧（秦王の）側近が藺相如を斬ろうとした。⑨（すかさず）藺相如が側近をしかりつけた。⑩（側近は）皆たじろいだ。⑪秦王は（やむをえず趙王の）ために一回打楽器をたたいた。⑫（こうして）秦は最後まで趙を屈服させることができなかった。⑬趙もまた十分に秦に対して備えていた。⑭（そのため）秦も無理には手出ししなかった。

語釈・句法

①約　約束する。

会二澠池一　澠池で会見する。秦王は、会見を理由に趙王を呼び出し、そのまま秦に人質としてとどめて趙に領土の割譲を迫ろうとしたのである。澠池は、今の河南省三門峡市。

②従　随行する。

③請二……一　…することを求める。どうか…してほしい。相手に頼む場合の用法。

鼓レ瑟　大琴を弾く。「瑟」は二十五絃の大琴で、女性が弾くもの。秦王は、趙王に女性の弾く「瑟」を弾かせて優位な立場を示そうとしたのである。

⑤撃レ缶　打楽器をたたく。「缶」は、ここでは打楽器。もともとは、「ほとぎ」といって、酒を入れる土器のこと。秦では歌の拍子をとるのに使った。

為二秦声一　秦の音楽を演奏する。藺相如は、秦王に打楽器をたたかせ、秦の音楽を演奏させることで立場を同等にしようとしたのである。

⑥不レ肯　承知しない。否定を表す。

⑦五歩之内　五歩の距離。至近の距離をいう。

得下以二頸血一濺中大王上　（自分の）首の血を大王に注ぎかけることができる。自分も死ぬことを覚悟の上で秦王を殺すことをいう。

⑧左右　側近。

刃　斬る。

⑨叱　しかりつける。

⑩靡　たじろぐ。後ずさりする。

⑫終(つひニ) 最後まで。

不(ず)ㇾ能(あたハ)ㇾ有(あ)ルㇾ加(くわフル)二於 趙(ちょう)一 趙を屈服させることができない。「不ㇾ能ㇾ…」は、…できない。不可能を表す。

⑬盛(さかンニ) 十分に。

⑭不(ず)二敢(あヘテ)動(うごカ)一 無理には手出ししなかった。「不二敢(ヘテ)…(セ)一」は、無理には…しない。しいて…しない。否定を表す。

鑑賞

蘭相如が秦の昭王の要求に対し、和氏の宝玉を守り通したのは、前二八三年のことである。続いて秦は前二八二年に趙の二つの都市を攻め取り、前二八一年には趙の石城を奪い取り、前二八〇年には趙軍二万人を殺した。そして、秦王と趙王が会見した「澠池の会」は、前二七九年のことである。

以上のことを踏まえると、秦の昭王が秦の十五の都市と趙の和氏の宝玉とを交換してもらいたいと申し込んできたのは、秦と趙との戦いの、いわば前哨(ぜんしょう)戦なのであった。ここでもし宝玉を秦に与えて、秦の十五の都市を手に入れられなければ、趙の面目はまるつぶれになってしまうし、もし宝玉を与えなければ、秦はそれを口実にして趙を攻撃してくるのである。この時、秦へ使者として行ったのが蘭相如であった。蘭相如はいったんは宝玉を献上するが、秦王に十五の都市を代償として趙に与える意志がないと見て取ると、宝玉を取り返し、毅然(きぜん)とした態度をとって宝玉を無事に趙に持ち帰らせた。

前二七九年、秦王と趙王は澠池で会見する。会見の席上、秦王は趙王に大琴を弾かせて侮辱する。これに対して、蘭相如も秦王に打楽器をたたかせる。ここでもまた蘭相如は毅然とした態度を示して趙の面目を保った。

この二つの話には、強国秦に対して一歩も退かない蘭相如の毅然とした姿が生き生きと描かれている。

なお、秦王が求めた和氏の宝玉については、次のような話が伝えられているので、紹介しておく。

楚の卞和という者が、楚の山中で玉の原石を見つけ、楚の厲(れい)王に献上した。厲王が玉工（玉を磨く工人）に鑑定させたところ、「石である。」と言うので、卞和は左足切断の刑に処せられた。厲王が死んで、武(ぶ)王が位に就くと、卞和は再びそれを献上した。武王が玉工に鑑定させたところ、また「石である。」と言うので、今度は右足切断の刑に処せられた。武王が死んで、文(ぶん)王が位に就くと、卞和はその玉の原石を抱き、楚の山のふもとで三日三晩大声をあげて泣いた。文王がそれを聞いて、その訳を尋ねさせると、和氏は、「これほどの宝玉であるのに石だと言われ、正しい人間であるのに偽りだと言われるのが悲しいのです。」と答えた。そこで王がその原石を磨かせたところ、りっぱな宝玉となり、「和氏の璧」と命名された。（『韓非子(かんぴし)』）

出典・編者

出典 『十八史略』刪修 本書八ページ参照。

編者 曽先之 本書九ページ参照。

教科書 一三ページ

教科書の問題（解答・解説）

■学習の手引き

❶次の文を書き下し文にし、現代語訳しよう。

解答 (1)与へざらんと欲すれば、秦の強きを畏れ、与へんと欲すれば、欺かれんことを恐る。

〈訳〉与えないようにすれば、秦の強いことが恐ろしいし、与えようとすれば、だまされることが心配であった。

❷次の藺相如の発言は、それぞれどのようなことを言ったものか。

解答 (1)「私の頭はこの宝玉といっしょに粉々になるだろう。」という意で、自分の命をかけて宝玉を秦王に渡さないということを言ったものである。

(2)「（自分の）首の血を大王に注ぎかけることができる。」という意で、自分も死ぬのを覚悟の上で秦王を殺すということを言ったものである。

❸二つの段落のあらすじをそれぞれまとめ、そこからうかがえる藺相如の人柄について話し合おう。

解答 ○第一段落…秦の昭王が趙の恵文王の持っている宝玉を欲しがり、秦の十五の都市と交換しようと申し出た。藺相如が使者として宝玉を持って秦へ行ったが、秦王には都市を代償として与える意志がないと知ると、決死の覚悟で宝玉を守りぬいた。秦王も藺相如を優れた人物と認めてそのまま帰国させた。

○第二段落…秦王と趙王が澠池で会見した時、秦王は趙王に大琴を弾かせて侮辱した。そこで藺相如も秦王を脅して打楽器をたたかせ、報復した。この時、趙は秦に対して備えを十分にしていたので、秦も手出しをしなかった。

○藺相如の人柄…昭王と渡り合うほどの勇気があり、秦王のねらいをかわす知恵がある。

■語句と表現

①「完璧」とは本来どのような意味であり、現在はどのような意味として使われているか。

解答 本来は、趙の藺相如が秦に使いに行った際、宝玉を命がけで守り持ち帰った故事からできた成語で「他人から預かったものを傷つけずに返す」の意だが、現在では「傷のない玉」ということから、「欠点が全くないこと」の意で使われている。

教科書　一四ページ

漱石枕流

大意

言い間違いをした孫子荊が、とっさに機転をきかせてつじつまの合う説明をした。

①孫子荊、年少時、欲隠、語王武子、当枕石漱流、誤曰、漱石枕流。②王曰、流可枕、石可漱乎。③孫曰、所以枕流、欲洗其耳。④所以漱石、欲礪其歯。

【世説新語】

訓読

①孫子荊、年少き時、隠れんと欲し、王武子に語るに、当に石に枕し流れに漱がんとすべきに、誤りて曰はく、「石に漱ぎ流れに枕す。」と。②王曰はく、「流れは枕すべく、石は漱ぐべきか。」と。③孫曰はく、「流れに枕する所以は、其の耳を洗はんと欲すればなり。④石に漱ぐ所以は、其の歯を礪かんと欲すればなり。」と。

現代語訳

①孫子荊は、若い頃、隠遁しようとして、王武子に語った時、本来石を枕にして川の流れで口をすすごうと言うべきところだったのを、誤って言ってしまった、「石で口をすすぎ川の流れを枕にする。」と。②（そこで）王武子が尋ねた、「川の流れを枕にしたり、石で口をすすいだりすることができるだろうか。」と。③（すると）孫子荊が答えた、「流れを枕にするのは、（俗事で汚された）耳を洗おうとするためである。④石で口をすすぐのは、（俗世の食べ物で汚れた）歯を磨こうとするためである。」と。

語釈・句法

①孫子荊　西晋の人。名は楚。子荊は、字。有能で才気に富む人物であったが、協調性に欠ける面があった。王武子とは親しく交際した。〔二一八？—二九三〕

隠　隠遁する。俗世間から身を退ける。

王武子 名は済。武子は、字。老荘の学問に詳しく、弓馬に優れていた。武帝（司馬炎）の妹と結婚し、二七二年に侍中（天子の顧問）となり、十六年間在任した。退任後は、洛陽郊外の屋敷で贅沢な暮らしをした。気性が激しく、他人をけなすことを好んだ。〔生没年未詳〕

枕レ石漱レ流 石を枕にして川の流れで口をすすごう。隠遁して、自然の中で暮らすことをいう。

③**所以…** …したわけ。…する理由。理由を表す。

欲… …しようとする。意志を表す。

洗二其耳一 耳を洗おう。昔、堯が天子の位を許由に譲ろうとした時、許由は汚らわしいことを聞いたと、自分の耳を清水で洗った故事を指す。世俗を避けて行いを清くすることのたとえである。

④**礪** 磨こう。

鑑賞

孫子荊は四十歳を過ぎてから、魏および西晋に仕えたが、それより以前に隠遁しようと思い立ったことがある。本文はその時の話で、同郷の出身で親友である王武子との会話におけるものである。

孫子荊は「石を枕にして川の流れで口をすすぐ」と言うべきところを、誤って「石で口をすすぎ川の流れを枕にする」と言ってしまった。そのことを王武子に指摘されたが、その誤りを認めず、「流れを枕にするのは、耳を洗うためである。石で口をすすぐのは、歯を磨くためである」とこじつけて答えた、という話である。

この話からもわかるように、孫子荊は才知に富んだ優秀な人物であったが、強情で負けず嫌いな性格であった。このように強情で屁理屈を並べて言い逃れをすることをたとえて「漱石枕流」という。

なお、夏目漱石の雅号である「漱石」は、この故事からとったものである。

出典・編者

出典 『世説新語』排調　主に後漢から東晋までの知識人たち（学者・僧侶・貴族など）の逸話を集めたもの。逸話の内容から、徳行、言語、文学などの三十六の部門に分類されている。当時、数多くの説話・文学が作られ世に出たが、それらの中でも『世説新語』が特に有名である。

編者 劉義慶〔四〇三―四四四〕　南宋の人。荊州刺史などを歴任した。幕下に袁淑、陸展、何長瑜、鮑照などの文人を招いて文学サロンを形成し、『世説新語』をはじめ、『幽明録』『小説』『徐州先賢伝』『宣験記』など多くの書物を編纂した。これらは、劉義慶の編とされているが、魯迅が『中国小説史略』で記しているように、幕下にいた文人の作とする説もある。

教科書の問題（解答・解説）

教科書 一四ページ

■学習の手引き

❶次の文を書き下し文にし、現代語訳しよう。

解答　(1)流れに枕する所以は、其の耳を洗はんと欲すればなり。石に漱ぐ所以は、其の歯を礪かんと欲すればなり。

〈訳〉流れを枕にするのは、（俗事で汚された）耳を洗おうとするためである。石で口をすすぐのは、（俗世間の食べ物で汚れた）歯を磨こうとするためである。

❷「欲スレバ㆑礪カント㆓其ノ歯ヲ㆒」〔一四・3〕の理由を考えてみよう。

解答　俗世間の食べ物で汚れてしまった歯を綺麗にするため。

[解説]　許由（きょゆう）の故事として「洗其耳」がある。汚らわしいことを聞いた許由が清水で耳を洗ったことを指す。孫子荊はこれを用いて、流れを枕にするのは俗事で汚れた耳を洗うためと弁解した。さらに、石で口をすすぐのは俗世間の食べ物で汚れた歯を磨くためだと理由をこじつけているのである。

❸孫子荊の返答は、どのような点がおもしろいか。

解答　孫子荊の強情な性格と機転がきく賢さが出ている点。

■語句と表現

①「漱石枕流（そうせきちんりゅう）」という故事成語は、どのような意味か。

解答　言い逃れをすること、また、言い逃れをするような負け惜しみの強い態度。

[解説]　孫子荊は「枕石漱流」（石を枕にして川の流れで口をすすぐ）と言うべきところを言い間違えてしまったが、自らの誤りを認めず、なぜ「漱石枕流」であるのかを許由の故事にこじつけて説明した。このことから、「強情者」「意地っ張り」を表す。

創業守成

大意 唐の皇帝である李世民は、「国家の建設と維持運営とでは、どちらが難しいか。」と、腹心の房玄齢と魏徴に尋ねた。房玄齢は国家の建設と答え、魏徴は維持運営と答えた。李世民は、両者の回答を評価しつつ、国家の建設期が過ぎて維持運営期となった現在、皆とともに気を引き締めて維持運営に努めたいと述べた。

第一段落（初め～一五・4）

段意 以前、房玄齢と魏徴は、李世民に「国家の建設と維持運営とでは、どちらが難しいか。」と尋ねられた。房玄齢は国家の建設、魏徴は維持運営だと答えた。

①上嘗問侍臣、「創業守成、孰難。」②房玄齢曰、「草昧之初、群雄並起、角力而後臣之。③創業難矣。」④魏徴曰、「自古、帝王莫不得之於艱難、失之於安逸。⑤守成難矣。」

訓読 ①上嘗て侍臣に問ふ、「創業と守成と、孰れか難き。」と。②房玄齢曰はく、「草昧の初め、群雄並び起こり、力を角して而る後に之を臣とす。③創業は難し。」と。④魏徴曰はく、「古より、帝王之を艱難に得て、之を安逸に失はざるは莫し。⑤守成は難し。」と。

現代語訳 ①太宗皇帝が以前側近に問うには、「創業（国家を建設すること）と守成（国家を維持していくこと）とでは、どちらが難しいだろうか。」と。②房玄齢が言うには、「王朝の基礎ができない頃、群雄は並び起こり、力比べをして勝負をした後に（ようやく勝者が）敗者を臣下としました。③創業が難しいと思います。」と。④魏徴が言うには、「昔から、帝王というのは天下を大変な苦労の末に取り、国家を気楽でゆるんだ時期に失わなかった者はおりません。⑤守成が難しいと思います。」と。

語釈・句法

①**上**（しょう）　皇帝のこと。「上」が「皇帝」の意味を表す時には「しょう」と読む。ここでは唐の二代皇帝、太宗李世民〔五九七—六四九　在位、六二六—六四九〕。皇太子で兄の李建成をクーデターで倒して即位（玄武門の変）。功臣らと唐王朝の基盤を作った。その治世は元号を取って貞観の治と呼ばれた。李世民と臣下の議論は『貞観政要』にまとめられている。

創業（そうぎょう）　国家を建設し、基盤を作ること。草創ともいう。

守成（しゅせい）　作り上げたものを守って失わないこと。守文ともいう。

孰（いずレカ）　どちらが…か。選択肢のどれを選ぶかを問う疑問詞。

②**房玄齢**（ぼうげんれい）　名は喬。字は玄齢。玄武門の変で李世民の即位に大きく貢献した。はかりごとに優れ、国家の制度法制を整えるなど、名宰相として李世民を支えた。〔五七八—六四八〕

草昧之初（そうまいのはじメ）　「草昧」は世界がまだ開かれていないこと。転じて国家の基盤ができあがる前のこと。

角レ力（かくシちからヲ）　力を比べて勝敗を争う。「角」には「つのを突き合わせて争う」の意味がある。

而後（しかルのちニ）　ここの「而」は「然」に同じ。「その後で」の意味。

④**魏徴**（ぎちょう）　李世民を支えた唐の名臣。字は玄成。玄武門の変では李建成の側についていたが、李世民は、彼の直言してはばからない性格を気に入り、敵方についていた罪を許して重用した。〔五八〇—六四三〕

自（より）　…から。起点を表す。

莫レ不レ…（なシざルハ）　「莫レ不レ…」の形で、「…しないものはない」。二重否定の構文。

■第二段落（一五・5～終わり）

段意　李世民は、二人の意見をそれぞれ評価したうえで、今後の国家運営について所信を述べた。

①上曰、「玄齢与レ吾共取二天下一。②出二百死一、得二一生一。③故知二創業之難一。④徴与レ吾共安二天下一。⑤常恐下驕奢生二於富貴一、禍乱生中於所上レ忽。⑥故知二守成之難一。⑦然創業之難、往矣。⑧守成之難、方与二諸公一慎レ之。」

訓読　①上曰はく、「玄齢は吾と共に天下を取る。②百死を出でて、一生を得たり。③故に創業の難きを知る。④徴は吾と共に天下を安んず。⑤常に驕奢の富貴に生じ、禍乱の忽せにする所に生ずるを恐る。⑥故に守成の難きを知る。⑦然れども創業の難きは、往けり。⑧守成の難きは、方に諸公と之を慎まん。」と。

【十八史略】刪修

現代語訳

①太宗皇帝が言うには、「玄齢は私と共に天下を取った。②何回も死ぬような危険をくぐり抜けて、やっと生き延びることができた。③だから創業が難しいことを理解している。④徴は私と共に天下を安定させた。⑤常におごり高ぶって贅沢をすることが豊かになり身分が高くなることから生じ、争乱をいい加減にすることから生じることを恐れている。⑥だから守成が難しいことを理解している。⑦しかしながら創業の難しさは、（すでに）済んだ。⑧守成の難しさは、今まさに皆とそのことを心に戒めよう。」と。

語釈・句法

①与レ吾共ニ取ル二天下ヲ一　房玄齢が、唐の建国や玄武門の変で、常に李世民を助けてきたことを指す。

②出デテ二百死ヲ一得タリ二一生ヲ一　何回も死ぬような危険をくぐり抜けて、やっと生き延びることができた。「百」は数の多いことのたとえ。

⑤驕奢　おごり高ぶって贅沢をすること。ここでは天下を取ったことで地位をほこって贅沢をすることをいう。

禍乱　国家を動揺させるような争乱。

忽ニスル　いい加減にする。反乱などの兆候をきちんと察知しない。

⑦往ケリ　過ぎ去る。ここでは国家の基盤作りの段階がすでに済んだこと。

⑧方ニ　今、まさに。

慎マン　心に戒める。油断することなく気を配る。

鑑賞

唐を築いた太宗皇帝、李世民と、それを支えた名臣とのやりとりが生き生きと表現された文章である。この文章は『貞観政要』に「草創守文」という文言で掲載されている。李世民は、唐建国の際には父の李淵（初代皇帝高祖）を助けたが、自身は皇太子ではなかった。そこで凡庸な兄である李建成を玄武門の変と呼ばれるクーデターで倒し、後三百年続く唐の基礎を作った。彼の事業で大きな役割を果たしたのが彼を支える名臣たちであった。房玄齢は、唐の建国や太宗即位の際に、さまざまな策を出して大きな貢献を果たした。一方の魏徴は、かつて李建成の側に立っていた。主君である李建成の力量が弟の李世民にはるかに及ばないことを知っていた彼は、玄武門の変が起きる前、李世民を除くことを李建成に進言したが聞き入れられなかった。後にそのことを知った李世民は魏徴に対し「なぜ我が兄弟を離間させるようなことを進言したのか」と問いただしたが、魏徴は「私の進言通りにしていたらクーデターは起きなかった。」と言ってのけた。李世民は魏徴の率直さを評価して重臣として取り立てた。

この文章の結論は「今は守成の時代としておごり高ぶることなく国を守っていこう」というものであるが、着目すべきは李世民が常に臣下の功績を高く評価し、意見に耳を傾けながら、自らに過ちがないかを検証している点である。このような李世民の姿勢があって臣下との信頼関係が築かれていったのである。

出典・編者

出典 『十八史略』刪修　本書八ページ参照。

編者 曽先之　本書九ページ参照。

教科書の問題（解答・解説）

教科書 一六ページ

■学習の手引き

❶次の文を書き下し文にし、現代語訳しよう。

解答　(1)古より、帝王之を艱難に得て、之を安逸に失はざるは莫し。

〈訳〉昔から、帝王というのは天下を大変な苦労の末に取り、国家を気楽でゆるんだ時期に失わなかった者はおりません。

(2)常に驕奢の富貴に生じ、禍乱の忽せにする所に生ずるを恐る。

〈訳〉常におごり高ぶって贅沢をすることが豊かになり身分が高くなることから生じ、争乱をいい加減にすることから生じることを恐れている。

❷房玄齢と魏徴のそれぞれの主張をまとめよう。

解答　房玄齢は、国家建設のほうが難しいと主張している。理由は、死ぬような危険をくぐり抜けて多くの群雄との闘争を勝ち抜かなければならないからである。

魏徴は、国家の維持運営のほうが難しいと主張している。理由は、昔から、国家を建設した後に気がゆるんだせいで、国家が滅んできたからである。

❸上（太宗）は「創業」と「守成」についてどのように考えているか。

解答　創業、守成ともに難しいことであり、房玄齢と魏徴のそれぞれの主張をどちらも評価している。そのうえで、創業の時期はすでに終わったので、これからは守成に力を尽くそうと考えている。

❹「創業」と「守成」のどちらが難しいと考えるか。実際の例を交えて自分の考えをまとめ、話し合おう。

［解説］ 学校生活等における身近な例でよい。委員会活動、部活動などにおいて、新しく取り組んだこととその継続について考えてみよう。

■語句と表現

①本文に用いられている対句的表現を指摘し、その効果について話し合おう。

解答 主に次の二つが挙げられる。

・「得二之於艱難一」と「失中之於安逸上」

・「驕奢生二於富貴一」と「禍乱生中於所レ忽上」

［解説］ 対句は、文の構造などに着目すると探しやすい。同じ形の句を二つ並べることによって、表現を生き生きとさせ、イメージをふくらませる効果がある。前者は、「得二之於艱難一」を加えることによって、失ったものの大きさを印象づけている。後者は、近い意味の表現を繰り返すことによって、守成の難しさを際立たせる効果がある。

②「角レ力而後臣レ之」（一五・2）「得二之於艱難一」（一五・3）の「之」はそれぞれ何を指すか。

解答 「臣レ之」の「之」はかつて敵であった者、「得二之於艱難一」の「之」は天下を指す。

［解説］ 前者は、誰と力比べをして臣下としたのかを、後者は、苦労ののちに手に入れたのは何かを考えればよい。

野中兼山

教科書 一七～一八ページ

大意 土佐の野中兼山は、江戸から土佐に帰国する時、はまぐりとあさりを船一艘に積んで持ち帰り、城下の海に投げ入れた。それは繁殖して土佐の名産となり、人々は兼山の遠い将来まで見通した深い考えに感服した。

第一段落（初め～一七・6）

段意 野中兼山は、土佐の人であった。野中兼山が江戸から帰国する時、土佐の人に、はまぐりとあさりを船一艘に積んで持ち帰ると伝えたところ、郷里の人は珍しいものを食べられると思って、帰りを待ち望んだ。

①野中兼山土佐人。②世仕国侯。③嘗来江戸、及帰期也、致書郷人曰、「土佐無物不有。④自江戸齎帰、惟有蛤蜊一艘耳。⑤海路幸無恙、以帰日饋之。」⑥衆以為嘗異味、計日待帰。

訓読

①野中兼山は土佐の人なり。②世国侯に仕ふ。③嘗て江戸に来たりて、帰期に及ぶや、書を郷人に致して曰はく、「土佐は物として有らざる無し。④江戸より齎し帰るは、惟だ蛤蜊一艘有るのみ。⑤海路幸ひに恙無くんば、帰日を以つて之を饋らん。」と。⑥衆以つて異味を嘗めんと為し、日を計りて帰るを待つ。

現代語訳

①野中兼山は土佐の人である。②（野中家は）代々、土佐藩主に仕えた。③ある時江戸にやって来て、帰る時になると、手紙を郷里の人に送って言うことには、「土佐にはどんな物でもないものはありません。④江戸から持って帰るものは、ただ（土佐にはない）はまぐりとあさりを船一艘分だけです。⑤船旅が幸いにも無事であれば、帰り着いた日にお贈りしましょう。」と。⑥人々は珍しいものを食べようと思い、指折り数えて（兼山の）帰るのを待った。

語釈・句法

野中兼山　江戸時代の儒学者。名は止、字は良継。兼山は号。学問を実地に応用することが多く、農耕と養蚕、養蜂を勧め、河川の改修に力を尽くすなど、土佐藩のために力を注いだ。〔一六一五―一六六三〕

②世仕国侯　代々、土佐藩主に仕えた。「国侯」は、大名、藩主。

③帰期　帰る時期。

致　送る。「致」は、ものや人をそこへ持って行くこと。

郷人　郷里の人。

土佐無物不有　土佐にはどんな物でもないものはない。「無A不B」で、「どんなAでもBしないものはない」の意。二重否定を表す。

④齎　持って行く。

惟…耳　ただ…だけ。限定を表す。「唯」「只」「但」なども「ただ」と読んで同様の構文を作る。

蛤蜊　はまぐりとあさり。

⑤無恙　異常がない。無事である。

饋　食物や物品を贈ろう。

⑥以為…　「以って…と為す」で「…と思う」の意味。

嘗　味わう。食べる。

異味　珍しい食べ物。

■第二段落（一七・7〜9）

段意　兼山は土佐に帰ると、はまぐりとあさりを城下の海中に投げ入れ、「子孫にも腹一杯食べさせるのだ」と言った。

> ①既至則命投其所漕於城下海中、不余一箇。②衆怪問。③兼山笑曰「此不独饋諸卿、使卿子孫亦飫之也。」

訓読　①既に至れば則ち命じて其の漕する所を城下の海中に投ぜしめ、一箇を余さず。②衆怪しみて問ふ。③兼山笑ひて曰はく、「此れ独り諸卿に饋るのみならず、卿の子孫をして亦之に飫かしむるなり。」と。

現代語訳　①（兼山は）到着すると（家来に）命じて船で運んできたものを城下の海中に投げ入れさせ、一個も残さなかった。②人々は不思議に思って（その理由を）尋ねた。③兼山が笑って言うことには、「これはただ君たちに贈るだけでなく、君たちの子孫にもこれを食べ飽きさせるのです。」と。

語釈・句法

①命ジテ…シム：命令して…させる。使役を表す。「投ゼシメ」のように、後に続く動詞に使役の助動詞を補って訓読する。

所レ漕スル 船で運んできたもの。はまぐりとあさりを指す。「漕」は、船で運ぶ。

③不ず三独リ饋ルノミナラ二諸卿ニ一 ただ君たちに贈るだけではない。「不二独リ…ノミナラ一」で、「ただ…だけではない」の意味。累加を表す。「諸卿」は君たち。「卿」は、「あなた」という意味。

飫カ 食べ飽きる。

段意

■第三段落（一八・1〜終わり）

その後、はまぐりやあさりがたくさんとれるようになり、人々は兼山に感服した。

> ①自リ此レ後、果タシテ多ク生ジ二蛤蜊ヲ一、遂ニ為レリ二名産ト一。②衆始メテ服セリ二其ノ遠慮ニ一。
>
> 【先哲叢談】删修

訓読

①此れより後、果たして多く蛤蜊を生じ、遂に名産と為れり。②衆始めて其の遠慮に服せり。

現代語訳

①このことがあってから、（兼山が）考えたとおりはまぐりやあさりがたくさん繁殖し、そのまま（土佐の）名産となった。②人々はやっと兼山の遠い将来まで見通した深い考えに感服したのであった。

語釈・句法

①自リ二此レ後ノチ 　このことから後。このことがあってから。

遂ニ 　そのまま。そして。順接を表す。

②遠慮 　遠い将来まで見通した深い考え。『論語』の「衛霊公」編の、「人無ケレバ二遠キ慮リ一、必ズ有リ二近キ憂ヒ一。」（人は遠い将来のことまでよく考えないと、必ず手近なところに心配事が起こるものである。）に基づく言葉。

鑑賞

兼山は、船で持って帰ったはまぐりとあさりを全て海中に投げ入れ、土佐の人々にすぐには食べさせなかった。この時、人々はどうして食べさせないのかと不満を言ったに違いない。この目先の利益を抑え、先を見据えたところに、兼山の偉大さがある。

作者・出典

作者 原善〔一七七四―一八二〇〕 江戸時代の儒学者。号は念斎。

出典 『先哲叢談』巻二 刪修 江戸時代の儒者七十二人の伝記、逸話などを記したもの。八巻。

教科書の問題（解答・解説）

教科書 一八ページ

■学習の手引き

❶次の文を書き下し文にし、現代語訳しよう。

解答 (1)土佐は物として有らざる無し。

〈訳〉土佐にはどんな物でもないものはない。

(2)此れ独り諸卿に饋るのみならず、卿の子孫をして亦之に飫かしむるなり。

〈訳〉これはただ君たちに贈るだけでなく、君たちの子孫にもこれを食べ飽きさせるのである。

❷兼山の言動とそれに対する「衆」の反応を、順を追ってまとめよう。

解答 ○兼山…江戸から、はまぐりとあさりを持って帰ると伝えた。

衆…珍しいものを食べられると思って、待ち望んだ。

○兼山…土佐に着くと、はまぐりとあさりを一つ残らず海に投げ込ませた。

衆…不思議に思った。

○兼山…子孫にも食べ飽きさせるためだと言った。

衆…兼山の言葉どおり、はまぐりとあさりが土佐の海で多くとれるようになってやっと、兼山の将来まで見通した深い考えに感服した。

❸兼山の優れている点について話し合おう。

［解説］ 兼山が遠い将来まで見通した深い考えを持っていたこと、そのために目先の利益を抑えたことなどを中心に話し合おう。

■語句と表現

①「遠慮」〔一八・2〕のように、現在一般的に使われている意味と異なる意味で用いられる次の熟語について調べよう。

解答 (1)故人…古くからの友人。旧友。

(2)人間…世の中。「じんかん」と読む。

(3)迷惑…どうしたらよいかわからなくなる。道に迷う。

2 詩1

●さまざまな詩を読み味わう。
●漢詩の鑑賞を通して、言語感覚や想像力を豊かにする。
●学習を通じて自分でも漢詩の復元を試みる。

近体詩―八首

宿建徳江　孟浩然

教科書 二〇ページ

主題 建徳江の岸辺に舟宿りした時の旅の愁いをうたったもの。

形式 五言絶句。「新」「人」が韻を踏む。

①移舟泊煙渚　②日暮客愁新
③野曠天低樹　④江清月近人
【唐詩三百首】

訓読
建徳江に宿る
①舟を移して煙渚に泊す
②日暮客愁新たなり
③野曠くして天は樹に低れ
④江清くして月は人に近し

現代語訳
建徳江の岸辺に舟宿りする
①舟を移動して夕もやにつつまれた岸辺で泊まることにする。
②日暮れ時旅の愁いが新たに湧いてくる。
③平野は広々として天は木々の上に低く垂れ下がり、
④川は澄みきって月影が(水に映って)私の近くに感じられる。

語釈・句法

建徳江　今の浙江省建徳市付近を流れる川。

①移レ舟　舟を移動する。

泊　舟宿りをする。舟を岸につけてそこで泊まること。

煙渚　夕もやにつつまれた岸辺。「煙」は、もや・霧・かすみなどの総称。ここでは、もや。

②客愁　旅の愁い。「客」は、旅。

③曠　広々としている。がらんとして人気のない様子をいう。

低レ樹　木々に低く垂れ下がる。「樹」は、「じゅ」と読んでもよい。

④月近レ人　月影が（水に映って）私の近くに感じられる。「人」は、作者自身を指す。一説に、月が（すぐ上にかかって）私の近くに感じられる、とする。

鑑賞

この詩の制作年代については、開元十八年〔七三〇〕の作とする説と、開元二十六年〔七三八〕以後の作とする説とがあるが、いずれにしても、作者が各地を遊歴した途中、建徳江の岸辺に舟宿りした時の作であることは確かである。

第一・二句では、舟に乗って旅をしている「客愁」をうたう。第三句では、広々とした人気のない原野と、木々に低く垂れ下がっているかのような天空をうたい、夕暮れから夜にかけての広々と大きい空間を描いて、作者の旅愁を強調している。第四句では、清らかに澄んだ川の流れと、そこに揺らぐ月影をうたい、美しい情景を描いて、作者の孤独が慰められているかのような効果をあげている。

第三・四句の叙景は、五世紀宋代の詩人謝霊運の詩「初去レ郡」に「野曠沙岸浄　天高秋月明」とあるのによく似ている。ただし、謝霊運の句が客観的・写実的であるのに対し、孟浩然のこの句は「近レ人」の二字が示すように、主観的な要素を絡み合わせているところに特色がある。

作者・出典

作者　孟浩然〔六八九—七四〇〕　字も浩然。襄陽（今の湖北省襄陽市）の人。盛唐の詩人。若い頃、何度か科挙に応じたが合格せず、生涯の大部分を郷里の襄陽郊外にある鹿門山で過ごした。自然詩を得意とする。

出典　『唐詩三百首』　五言絶句　唐代の代表的な詩、三百余首を詩形別（五言古詩・七言古詩・五言律詩・七言律詩・五言絶句・七言絶句）に分類編集したもの。六巻。初唐、盛唐、中唐、晩唐の名作を広く集め、中国では唐詩の入門書として愛読されてきた。清の孫洙〔一七一一—一七七八〕の編。孫洙は、字は臨西、号は蘅塘退士。

登二鸛鵲楼一

王之渙

教科書 二二ページ

主題

鸛鵲楼からの雄大な眺望をうたったもの。

形式

五言絶句。「流」「楼」が韻を踏んでいる。第一句と第二句、第三句と第四句が対句になっている。

① 白日依レ山尽　② 黄河入レ海流
③ 欲レ窮二千里目一　④ 更上一層楼

【唐詩選】

訓読

鸛鵲楼に登る
①白日山に依りて尽き
②黄河海に入りて流る
③千里の目を窮めんと欲し
④更に上る一層の楼

現代語訳

鸛鵲楼に登る
①太陽は、山の稜線にもたれかかるようにして沈んでゆき、
②黄河は（はるか東方の）海に向かって流れ続ける。
③（この雄大な眺望に心ひかれて）千里のかなたまで見はるかそうとして、
④（私は）さらにもう一階、建物を上ってゆく。

語釈・句法

鸛鵲楼　今の山西省永済市の城壁の上にあった三層の楼。高い城壁の上にあったので、眺めがよく、黄河を見下ろすことができた。

①白日　太陽。ここでは、夕日をいう。一説に、ぎらぎら光る真昼の太陽という。

依レ山尽　山の稜線にもたれかかるようにして沈んでゆき。夕日がゆっくりと山の向こうに落ちてゆく様子をいったもの。

②入レ海流　（はるか東方の）海に向かって流れ続ける。南流してきた黄河は、永済市の南でほとんど直角に東へ曲がり、そのままほぼ東の方へ流れ、

渤海に注ぐ。

③欲　…したい。…しようと思う。意志・希望を表す。返読文字。

窮千里目　千里のかなたまで見はるかす。「窮」は、見はるかす。「目」は、眺め・眺望。

④更上一層楼　もう一階、建物を上る。二階にいたのだが、さらに三階にまで上ることをいう。「層」は、階。

鑑賞

詩の前半二句は、鸛鵲楼からの眺めを描く。大空を東から西へと移動する太陽と、逆に西から東へと流れる黄河。太陽といい、黄河といい、それぞれ天と地において動いてやまないものの最大の姿である。わずか十字の中に太陽と水のエネルギーを写し取り、広大な中国の風景を十二分に描いている。

後半の二句は、壮大な自然のエネルギーに感動してじっと立ちつくしていた作者が、行動を起こす。鸛鵲楼から見える空間の広がりを確認しようとして、さらに上の階へと上ってゆこうとする。そこでこの詩は終わっている。上っての眺めはどうであったか、その時、作者はどのようなことを感じたかは記さない。それらを言外に残して詩を結んだところに技巧の絶妙さがあり、この詩を味わい深くしているのである。

作者・出典

作者　王之渙〔六八八―七四二〕字は季陵。盛唐の詩人。王昌齢や高適と親交を結び、しだいに詩人としての名声を高めたが、科挙に合格しなかったため、高い官職につけず、在野の詩人として一生を終えた。

出典　『唐詩選』明の李攀龍が編集したとされる唐詩の選集。唐代の詩人百二十八人の作品、四百六十五首を詩形別に収めてある。李白・杜甫などの盛唐の詩を多く収めている点に特色がある。七巻。本詩は〔巻六〕所収。

江雪

柳宗元

教科書 一二一ページ

主題 一面雪に埋めつくされた大自然の中で、独り釣り糸を垂れている老人の姿に託して、孤独に耐えぬく作者の内面をうたったもの。

形式 五言絶句。「絶」「滅」「雪」が韻を踏んでいる。五言詩は偶数句末に韻を踏むのが原則であり、この詩が第一句末（「絶」）にも韻を踏んでいるのは破格である。第一句と第二句が対句になっている。

① 千山鳥飛絶エ
② 万径人蹤滅ス
③ 孤舟蓑笠ノ翁
④ 独リ釣ル寒江ノ雪

【唐詩三百首】

訓読

①千山鳥飛絶え
②万径人蹤滅す
③孤舟蓑笠の翁
④独り釣る寒江の雪

現代語訳

①全ての山々に鳥の飛ぶ姿は絶え、
②全ての小道に人の足跡も消えた。
③一艘の小舟に、みのとかさを着けた老人が（乗り）、
④ただ独り、雪の降る冬の川に釣り糸を垂れている。

語釈・句法

江雪　川の雪景色。「江」は、長江やその支流を指す。

①千山　全ての山々。見わたす限りの山々。「千」は、数の多いことを表す。②の「万」も同じ。

鳥飛　鳥の飛ぶ姿。第二句の「人蹤」と対比させ音読みしている。

絶エ　全くなくなる。

②万径　全ての小道。「径」は、小道。

人蹤　人の足跡。人の往来の跡。

滅ス　消え尽きる。完全に存在しなくなる。雪が降れば人は出歩かないし、

今まであった足跡も積もる雪によってかき消されてしまう。

③孤舟　一艘の小舟。
蓑笠翁　みのとかさを着けた老人。

④寒江　冬の川。一説に、寒々とした川という。

鑑賞

第一句は、まず周囲の「千山」からうたい起こす。遠望である。「千山」といえば、そこに棲む鳥も多いのだが、今は雪に閉ざされて飛ぶ鳥の姿さえ見えない。第二句は、近い所に視線を転じ、川に続く原野を写す。「万径」といえば、ふだんは道行く人も絶えないのだが、今は人の足跡さえない。こうして動くものが全く消えた雪景色の中で、視線は寒々とした川で独り釣りをする老人に絞り込まれる。第一・二句で「千山」「万径」と言っているので、「孤舟」「独釣」がいかにも生きている。

作者は二十一歳で進士に合格し、三十三歳の時、礼部員外郎に任ぜられ、王叔文らの政治改革に参加する。しかし、その改革は挫折し、作者は永州（湖南省）の司馬（州の長官の補佐役。実際は閑職である。）に左遷され、四十三歳までの十年間を過ごした。この詩は、その不遇な時期の作品である。そうしてみると、この詩に描かれた冷たく厳しい雪景色は、作者を追放した政治社会や今の生活そのものの形象であり、たった独り釣り糸を垂れる老人は、失意にめげず、孤独の寂しさに耐えぬく作者自身の姿であると考えることができよう。

作者・出典

作者　柳宗元（七七三―八一九）　字は子厚。中唐の詩人。名門貴族の家に生まれ、二十一歳で進士に合格して役人となった。その前半生は役人として順調な昇進を続け、劉禹錫らとともに王叔文を中心とする政治改革運動に加わったが、失敗して、八〇五年に永州司馬に左遷された。十年後の八一五年にはさらに遠い柳州（広西壮族自治区）の刺史（州の長官）に移され、その地で四十七歳で亡くなった。その詩は自然を対象としたものが多く、自然詩人といわれるが、その自然描写には世の中から見捨てられた厳しい孤独の感情が込められている。また、文章の大家としても知られている。

出典　『唐詩三百首』　本書三三ページ参照。

勧レ酒

于武陵

教科書 一二一ページ

主題

親しい友と杯を交わしながら別れを惜しむ心情をうたったもの。

形式

五言絶句。「卮」「辞」「離」が韻を踏んでいる。五言詩は偶数句末に韻を踏むのが原則であり、この詩が第一句末（「卮」）にも韻を踏んでいるのは破格である。第三句と第四句が対句になっている。

① 勧レ君金屈卮　② 満酌不レ須レ辞
③ 花発多二風雨一　④ 人生足二別離一

【唐詩選】

訓読

酒を勧む

① 君に勧む金屈卮
② 満酌辞するを須ゐざれ
③ 花発きて風雨多く
④ 人生別離足る

現代語訳

酒を勧める

① あなたに（酒をいっぱいに注いだ）金屈卮を勧めよう。
② 杯いっぱいのこの酒を（あなたは）辞退してはいけない。
③ 花が咲く頃には（花を散らしてしまう）風雨も多く、
④（それと同じように）人が生きるうえでは別れが多いものだ。

語釈・句法

① 勧レ君　散文なら「君に金屈卮を勧む」と訓読するが、五言絶句の一句は「二字＋三字」の構成になっているため、そのリズムに沿って訓読している。

金屈卮　ジョッキのような柄の付いた黄金の大きな杯。

② 満酌　杯いっぱいに酒をつぐこと。また、杯いっぱいになった酒。

不レ須レ辞　辞退してはいけない。遠慮しないで受けてほしい。「不須…」は、「…してはいけない」。文脈によっては「…する必要はない、…すべきでない」なども訳す。「辞」は辞退する、遠慮する、断る。

③花発多二風雨一　花が咲く頃には風雨も多く。「風雨」は咲いた花にとって障害となるものである。花が咲いてその美しさを楽しんでいると、風雨が多くなってきてすぐに花を散らしてしまう。楽しいことがいつまでも続くわけではない、世の中は無常であるということをいっている。

④人生　人が生きるうえでは。第三句の「花発キテ」と同様に、主語・述語の関係。詩の中では名詞としての「人生」ではなく、「人が生きる」という意味で使われることが多い。

足二別離一　別れが多い。「足る」は「十分に備わる、…に値する、満足する、非常に多い」などの意味がある。第三句と対句になっていることを踏まえると、人との出会いがあれば別れもあるということであろう。

鑑賞

親しい友人と別れることになり、餞別の宴が開かれている。作者は黄金の杯いっぱいに酒を注ぎ、友人にどうか飲み干してくれと勧める。そこには、友人に対する万感の思いが込められていたであろう。友人と楽しく過ごしていた時には、こんな別れの日が来ることなど考えもしなかったはずだ。しかし、美しく咲いた花も、すぐに雨や風にあって散ってしまうのが自然の成り行きであるように、人が生きていくということには悲しい別れがつきものなのである。こうしていっしょに酒を飲むことができるのも、もしかしたら最後になるかもしれない。ならばせめて、今日のこの別れの酒を、心ゆくまで楽しもうではないか。そんな思いをうたった詩である。

親しかった人との別れは悲しく名残が尽きないものだが、人の世とはそもそも無常であり別れに満ちているのだと思えば、むしろ出会えたことを喜び、今この時を共に過ごしていることの大切さを感じることができるのではないだろうか。別れや、人生の無常をうたいながらも、寂しさに沈むのではなく、明るく笑いとばそうとしているような印象がある。

教科書の「参考」に掲げられた井伏鱒二の訳詩は、七五調のリズムに乗せて、詩の趣旨をくだけた言い回しで表現しており、名訳として知られている。

作者・出典

作者　于武陵〔生没年未詳〕　晩唐の詩人。名は鄴。四十歳頃に進士となったが、まもなく官職を辞し、その後は書物と琴を携えて各地を放浪し、嵩山の南で隠遁生活を送ったといわれる。詩集『于武陵集』一巻を残している。

出典　『唐詩選』巻六　本書二五ページ参照。

磧中ノ作

岑参

教科書 一二三ページ

主題 見渡す限り砂漠の中、西域への旅を続ける作者の望郷の気持ちと心細い心情をうたったもの。

形式 七言絶句。「天」「円」「煙」が韻を踏んでいる。

① 走ラセテレ馬ヲ西来欲スレ到ラントレ天ニ
② 辞シテレ家ヲ見ル二月ノ両回円カナルヲ一
③ 今夜ハ不レ知ラ何レノ処ニカ宿セン
④ 平沙万里絶ユ二人煙一

【唐詩選】

訓読

①馬を走らせて西来天に到らんと欲す
②家を辞して月の両回円かなるを見る
③今夜は知らず何れの処にか宿せん
④平沙万里人煙絶ゆ

現代語訳

①馬を走らせて西へ進み天にも行き着きそうだ。
②家を出発してから、月が二回も満ちるのを見た。
③今夜はいったいどこに泊まることができるのかわからない。
④万里まで一面にうち広がる平らかな砂漠で、人家から上がる炊事の煙も一切見えない。

語釈・句法

磧中　砂漠の中。「磧」は「小石交じりの砂漠」。この詩は作者が西域に従軍した際の、タクラマカン砂漠を行軍する中での作。

①西来　西の方角へ進む。「来」は動作の方向を示す助字。

欲レ到レ天　「欲」は「…しそうだ」という状態を表す助字。（果てしなく続く砂漠の地平線に向かって進み、）空にも届きそうだ。

②辞　辞去して。離れて。

月…円　満月をいう。「見二月両回円一」で都を出発してからここに至るまで、まる二か月の長い期間がかかったことを表現している。

③何処… 疑問を表す。「どこに…」と場所を問う。

④平沙 一面にうち広がる平らかな砂漠。ここでは、タクラマカン砂漠。

人煙 人家から上がる煙。炊事の際の煙。人里の意味を表す。

鑑賞

第一・二句では、果てしない砂漠の情景と、都を出発してから二か月もの長い時間が経っていることが詠まれ、空間の広がりや距離の遠さが感じられる。第三・四句では、今夜の宿もわからず、辺り一面人家がないという心もとない心情が詠まれ、荒涼たる砂漠の凄絶さが感じられる。辺地の風景に接して体験した者でないとわからない孤独感や悲壮感が表現された詩である。

この詩のように、中国の北方あるいは西方の辺境地帯の風物や、そのような辺地にいる兵士や詩人の気持ちをうたった詩を、辺塞詩という。

盛唐の辺塞詩人は、実地に足を踏み入れず、想像した風景を西域の楽曲にあわせて詩に詠む者が多かった。しかし、岑参は、高適〔七〇二?―七六五〕、王維〔七〇一―七六一〕らと同様、実際に辺境を見聞し、辺塞詩を詠んだ数少ない詩人である。特に岑参は二度にわたって四年余り西域の最果ての地に身をおいている。詩の中の写実的な風景や感情描写を味わいたい。

作者・出典

作者 岑参〔七一五?―七七〇〕 字は未詳。盛唐の詩人。江陵（湖北省）の人。三十歳で科挙に合格し、三十五歳で安西節度使の高仙芝の掌書記となり、安西都護府へ赴任した。高適とともに、辺塞詩人として名高い。

出典 『唐詩選』巻六 本書二五ページ参照。

江南春

杜牧

教科書 一二三ページ

主題 南朝の時代に栄えた江南地方の春の情景をうたったもの。

形式 七言絶句。「紅」「風」「中」が韻を踏む。

① 千里鶯啼緑映紅　② 水村山郭酒旗風
③ 南朝四百八十寺　④ 多少楼台煙雨中

【三体詩】

訓読

① 千里鶯啼きて緑紅に映ず
② 水村山郭酒旗の風
③ 南朝四百八十寺
④ 多少の楼台煙雨の中

現代語訳

① 広々とした土地に鶯が鳴き、草木の緑が紅の花に照り映えている。
② 水辺の村、山すその村、酒屋の（目印の）のぼりが風に吹かれている。
③（このあたりは）南朝の時代に、四百八十もの寺があった。
④ 多くの高い建物が、もやにけむる雨の中にある。

語釈・句法

江南　長江下流域南側一帯を指す。川や湖沼が多く、移動手段として船を使うことも多い地域。風光明媚であることで有名。

①千里　広々とした情景。千里四方という意味ではない。

映　色が鮮やかに見える。照り輝く。

②水村　水辺の村。川や湖のほとりの村。

山郭　山すその村。「郭」は居住地の周囲を囲った壁のこと。城郭。

酒旗　酒屋ののぼり。青い布で作られていたという。

③南朝　四二〇年から五八九年まで今の江蘇省南京市に都した諸王朝。仏

教の盛んな時代であった。三国時代の呉の時代に孫権が建業を都とし、その後、東晋、宋、斉、梁、陳の五つの王朝もここを都とした。主に宋から陳までの王朝を南朝と呼ぶ。（三国時代から南朝と呼ぶ場合もある。）

四百八十寺 南朝時代は仏教が盛んで、都があった建業には七百余の寺院があったとされる。四百八十寺の「十」を「シン」と読むのは平仄（アクセント）の関係から「十」を平声で読んだことを反映している。

④**多少** 多くの。疑問詞の場合と、数が多いことを表す場合とがある。ここでは後者。

楼台 高層の建物。楼閣。塔。

煙雨 もやにけむる雨。霧雨。

鑑賞

江南一帯の情緒溢れる春の光景をうたったもの。江南は温暖な気候と豊かな自然が特徴であり、名所史跡も多い。江南をうたった作品は多くあるが、その中でも杜牧によるものが特に名高く、古くから親しまれている。

第一句（起句）では、周辺の春の風景が描かれ、草木の緑と花の赤色が視覚に、鶯の声が聴覚に訴える。第二句（承句）では、広々とした眺めが展開し、その中ではためく酒屋ののぼりが強調される。第三句（転句）では春の風景から一転して、この地での昔の仏教の隆盛が語られる。第四句（結句）では、視点が現在に戻り、今も残る仏教寺院の堂や塔が、雨の中でたたずんでいることをうたっている。江南の景色が絵画に描かれたようにまとめられている。

作者・出典

作者 杜牧〔八〇三—八五三〕 字は牧之。晩唐の詩人。号は樊川。禁中で天子の詔勅を司る中書舎人となる。主に七言絶句に優れ、作風は大胆で艶麗である。作風が似ていることから、杜甫に対して「小杜」と称される。詩文集『樊川文集』二十巻などがある。

出典 『三体詩』 南宋の周弼の編。一二五〇年頃になる。唐詩の中から五言律詩、七言絶句、七言律詩の三形式（三体）の作品を選んだことからこの書名となっており、「さんていし」とも読む。六巻。百六十七人の作品四百九十四首が載せられており、各詩体ごとに構成と表現によって分類されている。中唐から晩唐にかけてのものが多く選ばれているという点において、初唐・盛唐の作品を中心とした『唐詩選』と対照的な詩集だといえる。そのためか、盛唐の詩人である李白と杜甫の作品は選ばれていない。日本では室町時代に翻刻され、特に江戸時代に親しまれた。

杜少府之任蜀州

王勃

教科書 二四ページ

主題 遠方に赴任する友人に対して、惜別と友情を込めてうたったもの。

形式 五言律詩。「秦」「津」「人」「隣」「巾」が韻を踏む。

① 城闕輔三秦　② 風煙望五津
③ 与君離別意　④ 同是宦遊人
⑤ 海内存知己　⑥ 天涯若比隣
⑦ 無為在岐路　⑧ 児女共霑巾

【唐詩三百首】

訓読

杜少府の任に蜀州に之く

① 城闕三秦に輔せられ
② 風煙五津を望む
③ 君と離別の意
④ 同じく是れ宦遊の人
⑤ 海内知己を存せば
⑥ 天涯比隣のごとし
⑦ 為す無かれ岐路に在りて
⑧ 児女のごとく共に巾を霑すを

現代語訳

杜少府が蜀州に赴任するのを見送って

①長安の宮城は三秦の地によって守り支えられており、
②風ともやのかなたに蜀の五つの渡し場の方を眺める。
③君と別れる（私の）気持ちは、
④私も君もともに、故郷を離れなければならない役人（ということだ）。

⑤天下の中に本当の友人さえいれば、
⑥世界の果ても隣近所のようなものだ。
⑦（だから）してはいけない、分かれ道にあって、
⑧子どものように共に手ふき布を涙でぬらすようなことは。

語釈・句法

杜少府　人名。王勃の友人と思われるが詳細不明。「杜」は姓で「少府」は役職名。

之任…　…に赴任する。「之」は「ゆク」と読む動詞。

蜀州　今の四川省崇州市付近。「蜀」は四川省全体を表すことも多い。

①城闕　唐の都、長安の宮城。「城」は一般的に街のこと。中国の都市は城壁に囲まれており、それ全体を「城」といった。「闕」は城の門。

輔　挟むように守り支えられている。「輔」は守るの意味。

三秦　長安とその一帯。項羽が秦を滅ぼした時に、この地を三つに分けて支配した。それから長安とその周辺をこう呼ぶ。

②風煙　風ともや。あるいは風に漂っているもや。

五津　蜀地方にある五つの渡し場。「津」は港のこと。

④同是　私たちはともに。杜少府と王勃は二人とも。「同」は「ともに」の意味。

宦遊　役人となって故郷を離れていること。一説に杜少府は襄陽（湖北省）の人。

⑤海内　天下。中華文明の範囲を「四海の内」と呼び、その周辺に東西南北の「海」が存在するという考えがあった。日本のことは「東海」と呼ぶことがある。

知己　己を理解する者。本当の友人。

⑥天涯　世界の果て。辺境の地。

若　…のようである。比況の意味を表す助動詞。「如」と同じ。

比隣　隣近所。「比」には「ならぶ」の意味がある。

⑦無…　…するな。禁止の意味を表す。

⑧児女　男の子と女の子。子どもの意味。また婦女子の意味でも用いられる。この言葉は、ほかの唐詩でも、よく泣く者のたとえとして用いられることがあり、ここでもそのように解釈するのが自然である。

共　ここでは杜少府と王勃を指す。

霑巾　手ふき布を涙でぬらす。

鑑賞

杜少府の赴任する蜀（四川）は、後に李白にも「蜀道の難きは、青天に上るより難し〈蜀に行く道は、天に昇るよりも険しい〉」（「蜀道難」）といわれるくらい大変な場所だった。そこに着任する友人に対して、その心境に心を寄せつつも、「離れていても異境に行くわけではないのだから、心がつながっている。だからどうか悲しむな。」と背中を押している詩である。

律詩なので聯ごとに見ていこう。首聯（①②）では、堂々たる首都の構えと、もやのはるかかなたにある蜀の描写の対比が特徴的である。杜少府の赴任地が、容易に往来できない場所であることが暗示されている。頷聯（がんれん）（③④）では、それを受けて、同じ官僚の世界に身を置く王勃の同情と離別の気持ちを表現している。一説では、杜少府も王勃も、そもそも故郷を離れて都に赴任している「異郷の人」であり、官僚とはそういう定めだから悲しむには及ばない、とする。頸聯（けいれん）（⑤⑥）では、離別のかなしみをうたうのではなく、「遠く離れていても心はつながっている」と、相手を気遣い激励する気持ちを、わかりやすい対句（「海内」―「天涯」／「存知己」―「若比隣」）を用いて表現している。もやのはるか先の蜀でも文明の光の届く「海内」であるから、必ず理解してくれる友人さえいれば、世界の果てに思えても友人との距離は隣近所のようなものだ、と励ましている。そして尾聯（びれん）（⑦⑧）では、「自分も涙を流さないからおまえも流すな」と改めて背中を押している。

交通の発達した現代とは異なり、遠方に赴任すれば容易には会うことができない。また、都から辺境への異動となれば、左遷である可能性も十分にある。そうであれば杜少府の失意も相当なものだったであろう。そうした友人に対し、その気持ちに寄り添う言葉と、力強く背中を押す言葉を巧みに織り交ぜた作品である。

作者・出典

作者 王勃（おうぼつ）（六五〇？―六七六？）字（あざな）は子安（しあん）。絳州竜門（こうしゅうりゅうもん）（今の山西省（さんせいしょう）河津県（かしんけん））の人。初唐の詩人。楊炯（ようけい）、盧照鄰（ろしょうりん）、駱賓王（らくひんのう）とともに、初唐の四傑（初唐四大詩人）とされる。六歳で文を作り、神童と呼ばれた。文才に恵まれており、十六歳で科挙に及第、大量の詩文も作成した。しかし、ある文章が原因で有力者の怒りを買って左遷される。また、かくまった罪人を後になって殺した罪で死罪になった。彼は許されたが同じく官吏であった父親が、そのためにベトナムに左遷される。王勃は父親を見舞う際に船から落ちて溺死したといわれている。

出典 『唐詩三百首（とうしさんびゃくしゅ）』 五言律詩 本書三三ページ参照。

黄鶴楼

崔顥

教科書 一二五ページ

主題 黄鶴楼から周囲の景色を眺めながら、わき起こる悲愁の情をうたったもの。

形式 七言律詩。「楼」「悠」「洲」「愁」が韻を踏む。

①昔人已乗黄鶴去　②此地空余黄鶴楼
③黄鶴一去不復返　④白雲千載空悠悠
⑤晴川歴歴漢陽樹　⑥芳草萋萋鸚鵡洲
⑦日暮郷関何処是　⑧煙波江上使人愁

【唐詩三百首】

訓読

①昔人已に黄鶴に乗りて去り
②此の地空しく余す黄鶴楼
③黄鶴一たび去りて復た返らず
④白雲千載空しく悠悠たり
⑤晴川歴歴たり漢陽の樹
⑥芳草萋萋たり鸚鵡洲
⑦日暮郷関何れの処か是なる
⑧煙波江上人をして愁へしむ

現代語訳

①昔の（伝説中の）老人はすでに黄色い鶴に乗って飛び去り、
②（今）この地にはただ黄鶴楼が残っているだけである。
③黄色い鶴は一たび去ったきり、もう帰ってこない。
④白雲が千年たった今もなお、すげなくはるかに流れ過ぎるだけである。
⑤晴れあがった川の向こうに、一本一本はっきり見える漢陽の町の木々があり、
⑥（川の中には）香りのよい草が勢いよく生い茂る鸚鵡洲がある。
⑦日暮れに故郷はどこかと眺めやるが、
⑧長江の水面に立ちこめたもやが、人（私）を愁えさせる（だけである）。

語釈・句法

黄鶴楼（こうかくろう） 今の湖北省武漢市武昌の長江河畔にあった高楼。三国時代の呉の黄武二年〔二二三〕に創建されたといわれる。老人と黄色い鶴に関する伝説で名高い。

①**昔人**（せきじん） 昔の人。ここでは酒屋の壁に黄鶴を描いた伝説中の老人。

②**空**（むなシク） ただ…だけ。ほかに何もないむなしさをいう。

余（あまス） 残っている。

③**不復返**（ずまタかえラ） もう帰ってこない。それっきり帰ってこない。「不二復…一」は、「二度とは…しない、もう…しない」の意。「一度は帰ったが、二度は帰らない」という部分否定ではない。

④**千載**（せんざい） 千年。

空悠悠（むなシクゆうゆうタリ） すげなくはるかに流れ過ぎる様子。「白雲」が人の世の移り変わりとは無関係に流れることをいう。

⑤**晴川**（せいせん） 晴れあがった川。晴れわたった空の下、まばゆい光をたたえて流れてゆく川。ここでは長江を指す。

歴歴（れきれきタリ） 一本一本はっきり見える様子。すぐ下の「漢陽ノ樹」の様子をいう。一説に、「晴川」の述語と解して、「晴れあがった川がはっきり見える」とする。

漢陽（かんよう） 武昌と長江を隔てた対岸の地。今は、武昌と合併して武漢市となっている。

⑥**芳草**（ほうそう） 香りのよい草。

萋萋（せいせいタリ） 草木が生い茂る様子。盛んに生い茂る様子。

鸚鵡洲（おうむしゅう） 長江の中洲の名。漢陽の南西、長江中にあった。三国時代の魏の禰衡が、この中洲で「鸚鵡ノ賦」を作ったので名づけられたといわれる。

⑦**郷関**（きょうかん） 故郷。作者の故郷は、汴州（今の河南省開封市）である。

何処是（いずレノところカこれナル） どこがそれであろうか。

⑧**煙波**（えんぱ） 水面に立ちこめたもや、または、もやに煙る水面。「煙」は、ややかすみ。

江上（こうじょう） 長江の水面。

使人愁（ひとヲシテうれヘシム） 人（作者）を愁えさせる。「使二A B一」は、「AにBさせる」の意。使役を表す。

鑑賞

漂泊の旅にあった作者が、名高い黄鶴楼に登った時の作。前半四句は、もっぱらこの楼にまつわる伝説に絡ませつつ、第一句と第三句は過去、第二句と第四句は現在という形で対比させてうたい、「昔人・黄鶴」の去った後もなお永遠に流れ続ける「白雲」、それとともに今もなお残っている黄鶴楼の存在をクローズアップする。そこには「黄鶴―白雲」の対比による印象づけをねらった技巧もこらされているが、それを気づかせぬほどに、四句が一気にうたいあげられている。

後半は、楼上からの眺めに転じるが、その眺めに視線をこらしていた作者が、草の生い茂る中洲から、季節の移り変わりを知った時、旅にある身の愁いの情がふと胸中にわき起こる。しかし、ここではそれを伏せたまま第七・八句に入り、長江のほとりの日暮れの景に触れるに至って初めてそれを表現し、一首のしめくくりとする。その愁いは、単なる郷愁といったものではなく、故郷を離れて旅する作者が、黄鶴楼に登って、昔をしのびながら今を思う時に胸をついてわき起こる思い――自分を含めた人間の存在とはいったいいかなるものか――を、望郷の情に託してうたったものである。

黄鶴楼の言い伝えについて、『唐詩集註』の引く『報応録』が『武昌志』の説として引用するものを紹介しておく。

その昔、江夏郡（武昌）に酒を売る辛という人がいた。ある時、体はりっぱだがボロをまとった道士が現れ、「酒を飲ませてくれないか。」と言った。辛氏は大杯で飲ませてやり、そんなことが半年も続いたが、いやな顔ひとつしなかった。ある日、道士は、「酒代をずいぶんためてしまったが、払ってやることもできないな。」と言って、かごから橘の皮を取り出し、それで壁に黄色い鶴の絵を描いた。そこにいる者が手をたたいて歌うと、黄色い鶴は節に合わせてひらひらと舞った。おかげで大勢の人がこれを見につめかけ、十年ほどで辛氏は巨万の富をなした。のち道士がまたふらりと訪れた。辛氏はお礼を言い、存分にもてなそうとしたが、道士は笑って、「そのために来たのではないよ。」と言い、笛を取り出して何回か吹き鳴らした。すると白雲が空から下りてきて、壁の黄鶴も道士の前に飛び出してきた。道士は黄鶴にまたがり、白雲に乗って去って行った。辛氏はこれを記念して、楼閣を建てて黄鶴楼と名づけた。このような伝説が残り、長江を見下ろす景勝の地にあったこの楼は、訪れる人々のロマンを誘った。多くの詩人がこの楼に登って詩を作っているが、後にここを訪れた李白は、崔顥の詩以上のものは作れないと作詩を断念したと伝えられている。これは、この詩が眼前の実景と伝説とをいかに巧みに取り合わせて作られたものであるかの証明となろう。

作者・出典

作者　崔顥（？―七五四）字は未詳。汴州（今の河南省開封市）の人。盛唐の詩人。開元十一年（七二三）に進士に合格。天宝年間（七四二―七五五）に、司勲員外郎、太僕寺丞になったというほか、その経歴は不明。秀才であったが、酒とばくちを好み、人柄は軽薄であった。しかし、晩年には気骨に富む詩風に変わったといわれる。

出典　『唐詩三百首』七言律詩　本書三三ページ参照。

教科書の問題（解答・解説）

教科書 二六ページ

❓❓教科書本文下に示された問題

❓「月ノ両回円カナル」とは、どういうことか。(p.二三)

解答 満月を二回も見たということ。

[解説] 家を出発してから二か月という長い期間がかかったと表現している。

■学習の手引き

❶それぞれの詩の形式を確認し、繰り返し朗読しよう。

[解説] 五言詩は、一句中の上二字と下三字の間に切れ目があり（○○｜○○○）、七言詩は、一句中の上四字と下三字の間に切れ目がある（○○○○｜○○○）ことに注意して繰り返し朗読する。

❷次の句を書き下し文にし、現代語訳しよう。

解答 (1)満酌辞するを須ゐざれ

〈訳〉杯いっぱいのこの酒を（あなたは）辞退してはいけない。

(2)今夜は知らず何れの処にか宿せん

〈訳〉今夜はいったいどこに泊まることができるのかわからない。

(3)為す無かれ岐路に在りて　児女のごとく共に巾を霑すを

〈訳〉してはいけない、分かれ道にあって、子どものように共に手ふき布を涙でぬらすようなことは。

(4)煙波江上人をして愁へしむ

〈訳〉長江の水面に立ちこめたもやが、人（私）を愁えさせる。

❸関心を持った詩を取り上げ、訳詩を試みよう。

[解説] 教科書二一ページ・二二ページにある「登鸛鵲楼」会津八一（あいづやいち）や「勧酒」井伏鱒二（いぶせますじ）の訳詩を参考にしよう。

■語句と表現

①「宿ル建徳江ニ」（二〇ページ）、「杜少府之ク任ニ蜀州ニ」（二二ページ）、「黄鶴楼」（二五ページ）からそれぞれ対句を抜き出し、その表現効果について考えよう。

解答 ・「宿ル建徳江ニ」…第三句と第四句。第三句は、平野が広々として、天が木々の上に低く垂れ下がることをうたい、第四句は、川が澄みきって、月影が近くに感じられることをうたう。この対句は、作者の旅愁とその旅愁が慰められることを表現している。

・「杜少府之ク任ニ蜀州ニ」…第一句と第二句、第三句と第四句、第五句と第六句がそれぞれ対句となっている。第一句と第二句は、堂々と安定したたたずまいの首都長安の様子と、もやのはるか先の蜀の様子が対比されている。第三句と第四句は、別れに臨んで杜少府と気持ちを重ね合わせようとする王勃の心情を強調している。第五句と第六句は、友人の背中を力強く押し、前を向かせようとする心情を表している。「海内」「天涯」という果てしなく広い言葉を出し、その上で「知己」「比隣」という、杜少府を支える存在がいつでもそばにいるというメッセージを発している。

・「黄鶴楼」…第五句と第六句。第五句は、川の向こう岸の漢陽の町の木々をうたい、第六句は、鸚鵡洲に生い茂る香りのよい草をうたう。この対句は、季節がまさに春であることを表現している。

日本の漢詩―二首

聞旅雁(きくりよがんヲ)

菅原道真(すがはらのみちざね)

教科書 二七ページ

主題 左遷され、いつ京に戻れるかわからないさみしさやわびしさを、雁とわが身を比較しながらうたったもの。

形式 七言絶句。「賓(ヒン)」「身(シン)」「春(シュン)」が韻を踏んでいる。

① 我(ハ)為(たり)遷客(二)汝(なんぢハ)来賓
② 共(ニ)是(これ)蕭(せう)蕭(せう)(トシテ)旅(りよ)漂(へうノ)身
③ 欹(そばだテテ)(レ)枕(ヲ)思(ヒ)量(ルニ)(二)帰(リ)去(ラン)日(ヲ)(一)
④ 我(ハ)知(ラン)(二)何(いづレノ)歳(とし)(ナルカヲ)(一)汝(ハ)明春

【菅家後集】

訓読
① 我(われ)は遷客(せんかく)たり汝(なんじ)は来賓(らいひん)
② 共(とも)に是(こ)れ蕭蕭(しょうしょう)として旅漂(りょひょう)の身(み)
③ 枕(まくら)を欹(そばだ)てて帰(かえ)り去(さ)らん日(ひ)を思(おも)ひ量(はか)るに
④ 我(われ)は何(いず)れの歳(とし)なるかを知(し)らん汝(なんじ)は明春(みょうしゅん)

現代語訳
①私は左遷された人で、お前は（北の空からやって来た）お客さん。
②共にものさびしく旅にさすらう身の上。
③枕を傾けて高くし、（許されて京に）帰る日を考えると、
④私はいつになったら帰れるのであろうか、お前は来年の春（になれば確実に北の空に帰ることができる）。

語釈・句法
旅雁(りょがん)　長い距離を移動する雁。雁は冬鳥で、秋になると南下してその土地で越冬し、春になると再び北上する。

①遷客(せんかく)　左遷された人。道真は九〇一年に太宰員外帥(だざいいんがいのそち)に左遷された。
汝(なんじ)　お前。二人称。ここでは雁のことをいっている。
来賓(らいひん)　お客さん。「賓」は「客人」「大切な客」の意味。

②是(これ)　強調を表す助字。
蕭蕭(しょうしょう)　ものさびしいさま。

旅漂身（りょひょうのみ）　旅にさすらう身の上。「漂」は「漂う」「さまよう」の意味。

③欲㆑枕（まくらヲそばだテテ）　枕を傾けて高くする。枕に頭をのせて安眠する姿勢から、目覚めて枕を斜めにして物思いする様子。

④知㆓何歳㆒（しらンいずレノとしニかカヘルヲ）　いつになったら帰れるのであろうか。いつ許されて京に戻れるのかわからない。「歳」は「月日」の意味。

明春（みょうしゅん）　来年の春。冬鳥の習性から、春になればまた北に飛んでいく。

鑑賞

秋に初雁の鳴き声を聞いて詠んだ詩である。雁は、漢詩では旅にさすらうもの悲しい存在として詠まれている。

第一句で自分は左遷された人、飛来した雁はお客さんとし、第二句ではともに旅にさすらう身の上として、自分と雁を重ね合わせている。

冬鳥である雁はその習性から暖かくなればまた北の地に戻る。第三・四句で、帰る日について思いめぐらし、自分はいつ許されて京に戻れるかわからないが、お前は来春には故郷に帰ることができると詠んでいる。

道真が大宰府に左遷された九〇一年に詠まれた漢詩である。春になると北に戻ることができる雁と比較することで、左遷された身のわびしさやさみしさが深く伝わってくる。

作者・出典

作者　菅原道真（すがわらのみちざね）（八四五―九〇三）　平安時代の漢学者、歌人。文人として名高く、宇多（うだ）天皇に仕え重用された。八九四年、唐（とう）の混乱を考慮し遣唐使の派遣を再検討する旨の建議書を提出した。続く醍醐（だいご）天皇の時代に右大臣となるが、天皇への謀反を計画したとして、九〇一年に大宰府へ左遷され、九〇三年に現地で没した。死後、政敵の藤原時平（ふじわらのときひら）が病死し、天皇の住まいである清涼殿（せいりょうでん）に落雷があり、醍醐天皇が没するなどしたため、当時の人々から道真の怨霊が原因であると恐れられた。その後、北野天満宮に祀（まつ）られ神格化されることとなった。

出典　『菅家後集』（かんけこうしゅう）全一巻。菅原道真の漢詩集。大宰府に左遷されて以後の漢詩文を道真自身が選集したもの。死の直前に親友の紀長谷雄（きのはせお）に道真から送られた。ほかに、自らの詩、散文を集めた『菅家文草』（かんけぶんそう）全十二巻がある。

送夏目漱石之伊予

正岡子規(まさをかしき)

教科書 一八ページ

主題 赴任先の松山に戻る友人を見送るさびしさをうたったもの。

形式 五言律詩。「寒(カン)」「瀾(ラン)」「難(ナン)」「残(ザン)」が韻を踏んでいる。第三句と第四句、第五句と第六句がそれぞれ対句になっている。

①去矣三千里　②送君生暮寒
③空中懸大岳　④海末起長瀾
⑤僻地交遊少　⑥狡児教化難
⑦清明期再会　⑧莫後晩花残

【子規全集】

訓読

①去(ゆ)け三千里(さんぜんり)
②君(きみ)を送(おく)れば暮寒(ぼかん)生(しょう)ず
③空中(くうちゅう)に大岳(たいがく)懸(か)かり
④海末(かいまつ)に長瀾(ちょうらん)起(お)こる
⑤僻地(へきち)交遊(こうゆう)少(すく)なく
⑥狡児(こうじ)教化(きょうか)難(かた)からん
⑦清明(せいめい)再会(さいかい)を期(き)す
⑧後(おく)るる莫(な)かれ晩花(ばんか)の残(のこ)るに

現代語訳

①行きなさい、三千里（離れた赴任地へ）。
②君を見送ると（さびしさのために）夕暮れの寒さが身にしみる。
③（道中では）空高く富士山がそびえ（るのを）、
④海の果てには瀬戸内海の大波が立つ（のを見ることができるだろう）。
⑤（松山のような）僻地では交遊は少なく、
⑥いたずらっ子たちの教育は難しいことだろう。
⑦清明節のころにはまた会うことを約束しよう。
⑧遅れないで（戻ってきて）くれ、遅咲きの春の花が残っているうちに。

語釈・句法

夏目漱石（なつめそうせき）　小説家。本名は夏目金之助（きんのすけ）。子規とは学生時代からの友人。〔一八六七―一九一六〕

之（ゆク）　行く。今いるところを出発して、目的地に向かって行く。

伊予（いよ）　今の愛媛県。子規は松山出身。漱石は旧制松山中学の教員。

①矣　断定・決定を表す置き字。

三千里　約一万二千キロ。実際の東京―松山間より遠い距離。漢詩らしく誇張した表現を用いている。

②暮寒（ぼかん）　夕暮れの寒さ。

③懸二大岳一（かかりたいがく）　高い山がそびえ立つさま。大岳はここでは富士山のことで、道中で見るものとして詠まれている。

④起二長瀾一（おこルちょうらん）　高い波が立つさま。ここでは瀬戸内海の波のことで、道中で見るものとして詠まれている。

⑤僻地（へきち）　都会から遠く離れた土地。赴任先の松山を指す。

⑥狡児（こうじ）　「狡」は「ずるい」「わるがしこい」の意味。ここでは松山中学の生徒のことを「いたずらっ子たち」としている。

⑦教化（きょうか）　教育。教え導くこと。

清明（せいめい）　清明節。春分から十五日目。四月五、六日頃。全てのものが清らかで生き生きしている時節。明治時代でも春休みの時期に当たった。

期（きス）　約束する。

⑧莫レ後（なカレおくルル）　「莫かれ」はここでは禁止を表す。花が散る前に戻って来てほしいという意味。

晩花（ばんか）　遅咲きの花。遅咲きの桜という説もある。

鑑賞

この漢詩は、年末年始に帰省していた漱石が、再び赴任先である松山中学に向かおうとする際に、子規がはなむけとして贈ったものである。

第一・二句では遠いところへ旅立つ友人を見送るさみしさが表現され、第三・四句では、道中に見るであろう光景が詠み込まれている。子規は松山出身であり、道中の風景に対して知見があったと思われる。第五・六句では愛媛での漱石の生活を思いやり、第七・八句で再会を強く望む気持ちを表現している。友人を思う気持ちの深さが伝わる漢詩である。

明治時代の日本には、旅立つ友人に漢詩を贈るという習慣が中国の詩人たちのように存在していた。漱石と子規は東大予備門（東京帝国大学の予科）の同級生である。子規の作った文芸同人誌の批評を漱石が書いたことがきっかけで交流が始まり、以後、生涯にわたって親交を深めた。

作者・出典

作者 正岡子規（一八六七―一九〇二） 名は常規。子規は号。愛媛県松山の出身。明治時代の俳人、歌人、漢詩人。東京大学予備門に入学した頃から俳句の創作を始め、自然をありのまま、見て感じたままに詠む「写生」の重要性を唱えた。一八八九年に喀血し、以後の生涯をほとんど病床で過ごすこととなったが、短歌においても一八九八年に「歌詠みに与ふる書」を新聞に連載し、万葉調の写生短歌を評価する運動を起こした。一九〇二年、三十四歳で没した。

出典 『子規全集』 俳句、和歌、漢詩、随筆などジャンル別に編集された全集。

教科書の問題（解答・解説）

教科書 二八ページ

教科書本文下に示された問題

「汝」とは、何を指すか。（p.二七）

解答 「（旅）雁」を指す。

［解説］「汝」は二人称の代名詞。「お前」と訳す。

■学習の手引き

❶それぞれの詩の形式を確認しよう。

解答 ・「聞旅雁」…七言絶句

・「送夏目漱石之伊予」…五言律詩

❷それぞれの詩は、どのような心情をうたったものか。

解答 ・「聞旅雁」…左遷された身の上のさびしさやわびしさ、京に戻りたいという心情。

・「送夏目漱石之伊予」…遠くに赴任する友人との別れがさびしく、再会が待ち遠しいという心情。

❸印象に残った表現、または句を取り上げ、どのような点が印象的であるか、話し合おう。

［解説］例・「聞旅雁」…「遷客（＝左遷された人）」と「来賓（＝お客さん）」で、雁のほうが、身分が高いように表現されていることが印象的である。道真が自分と雁の境遇を比べて、雁のほうがうらやましい立場だと考えていることがわかる。

・「送夏目漱石之伊予」…「狡児教化難」が、今までの漢詩のイメージと異なり、身近でくだけた感じがして印象的である。また、漱石が松山での教員の仕事をあまり楽しんでいない様子がうかがえ、その様子から小説『坊っちゃん』を連想しておもしろい。

3 史記1

● 『史記』を読み、歴史上の人物の行動や心情について考える。
● 登場人物の生き方を比較して、人間のあり方について考えたことを発表する。

教科書 三一～三七ページ

項羽
鴻門之会

大意 沛公は鴻門に陣を敷く項羽のもとにやって来て言い訳をする。項羽はそれを聞いて怒りを鎮めた。酒宴が始まり、范増が沛公を殺害しようとするが、項伯・樊噲たちに妨げられて、その機会を逃し、沛公は危機を脱した。

■第一段落（初め～三三・4）

段意 沛公は、わずかな手勢を引き連れて、鴻門に陣を敷く項羽のもとを訪れ、言い訳をする。怒っていた項羽は、それを聞いて心を和らげる。

①沛公旦日従二百余騎一、来見二項王一。②至二鴻門一、謝曰、「臣与二将軍一戮レ力而攻レ秦。③将軍戦二河北一、臣戦二河南一。④然不二自意一能先入レ関破レ秦、得三復見二将軍於此一。⑤今者有二小人之言一、令三将軍与レ臣有レ郤。」⑥項王曰、「此

訓読 ①沛公、旦日百余騎を従へ、来たりて項王に見えんとす。②鴻門に至り、謝して曰はく、「臣将軍と力を戮はせて秦を攻む。③将軍は河北に戦ひ、臣は河南に戦ふ。④然れども自ら意はざりき、能く先に関に入りて秦を破り、復た将軍に此に見ゆるを得んとは。⑤今者小人の言有り、将軍をして臣と郤有らしむ。」と。⑥項王曰はく、「此れ沛公

沛公ノ左司馬ノ曹無傷言フナリレ之ヲ。⑦不ンバレ然ラ、籍何ヲ以テカ至ラントレ此ニ。」

の左司馬の曹無傷之を言ふなり。⑦然らずんば、籍何を以てか此に至らん。」と。

現代語訳

①沛公は、翌朝百騎余り（の部下）を引き連れて、項王にお目にかかろうとした。②鴻門にやって来て、（項王に）言い訳をして言うには、「私は将軍（あなた）と力を合わせて秦を攻撃しました。③将軍は黄河の北で戦い、私は黄河の南で戦いました。④しかしながら自分でも思いもよりませんでした、（私のほうが将軍より）先に函谷関に攻め入って秦を破ることができ、再び将軍とここでお目にかかれようとは。⑤（ところが）今つまらない者の中傷があり、将軍を私と仲たがいさせようとしています。」と。⑥項王が言うには、「そのことは沛公殿の左司馬である曹無傷が言ったのである。⑦もしそうでなければ、自分はどうしてこのような（沛公を攻撃しようとした）ことにたち至ろうか。（いや至りはしない。）」と。

語釈・句法

鴻門　今の陝西省西安市の東。項羽はここに四十万の兵を駐屯させていた。沛公は十万の兵を覇上（覇水のほとり）に駐屯させていた。

①沛公　劉邦。字は季。沛の人で、秦の二世皇帝の時に、沛で兵を挙げ、沛の令となった。後に項羽を破って天下を統一し、漢の初代皇帝となった。〔前二四七—前一九五〕

旦日　翌朝。項伯が、沛公・張良とともに項羽の怒りをとく手はずを相談した夜の翌朝である。

項王　項羽。名は籍。字は羽。下相（今の江蘇省宿遷県西）の人。その家は、代々楚国の将軍を務めた。秦の二世元年〔前二〇九〕、陳渉・呉広の乱が起こると、叔父の項梁と会稽で蜂起した。項梁の敗死後、鋸鹿で秦軍を撃ち破り、反乱軍の最高司令官となった。その後、章邯の率いる秦軍と激しい攻防を繰り返してついに破り、関中に入った。漢の元年〔前二〇六〕には、西楚の覇王と称して諸侯を各地の王に封じ、支配体制を確立しようとしたが、それ以後も動乱が相次いだ。なかでも、漢王劉邦（高祖）が対決姿勢を強めて東征を開始したため、足掛け五年にわたって両雄の争覇劇が演じられたが、漢の五年〔前二〇二〕、ついに垓下の戦いに敗れ、烏江のほとりで自殺した。〔前二三二—前二〇二〕

②謝　言い訳をする。

臣　私。へりくだった言い方である。項羽を「将軍」として敬して、自分を「臣」としてへりくだることで、項羽の怒りを和らげようとしている。

③将軍　項羽を指す。

③河北　黄河の北。「河」は、黄河。項羽は黄河の北で秦軍と戦いながら進軍した。

河南　黄河の南。沛公は、黄河の南を西進し、武関から関中に入った。

④不㆓自意㆒　自分では思いもよらない。「意」は、思う。④の文の最後までかかっており、訓読する場合、最後を「…トハ」と読んで結ぶ。

能　…できる。可能を表す。

入㆑関　関中（今の陝西省南部一帯の地）に入る。

⑤今者　今。「者」は時間を表す語の下に添える助字。「昔者」で昔の意味になる。

小人之言　つまらない者の告げ口。

令　「令㆓ＡＢ㆒」で、「Ａ（人物）にＢ（行為）させる」の意。使役を表す。「使」と同じ。

郤　仲たがい。「隙」と同じ。

⑥左司馬　軍事をつかさどる官。

曹無傷　沛公の部下。鴻門の会の前日、曹無傷は項羽に、「沛公は関中の王になろうとしている」と告げた。これが項羽を激怒させ、沛公を攻撃しようと決意させるきっかけになった。鴻門の会の後、自軍に帰った沛公によってただちに殺されてしまう。

⑦不㆑然　もしそうでなければ。曹無傷が言わなければ。

何以　どうして…か。（いや…ない。）ここでは反語を表す。疑問の場合は、どうやって…か、と訳す。

至㆑此　このようなことにたち至ろう。「此」は、沛公を攻撃しようとしたことを指す。

■第二段落の1（三三・5～8）

段意　酒宴が始まり、范増は項羽に、沛公を殺すように合図するが、項羽は応じない。

①項王即日因留㆓沛公㆒、与飲。②項王・項伯東嚮坐、亜父南嚮坐。③亜父者范増也。④沛公北嚮坐、張良西嚮侍。⑤范増数目㆓項王㆒、挙㆓所㆑佩玉玦㆒、以示㆑之者三。⑥項王黙然不㆑応。

訓読

①項王即日因りて沛公を留めて、与に飲す。②項王・項伯は東嚮して坐し、亜父は南嚮して坐す。③亜父とは范増なり。④沛公は北嚮して坐し、張良は西嚮して侍す。⑤范増数項王に目し、佩ぶる所の玉玦を挙げて、以つて之に示す者三たびす。⑥項王黙然として応ぜず。

現代語訳

①項王はその日そこで（よい機会だからと）沛公を引き留めて、いっしょに酒盛りをした。②項王と項伯は東を向いて座り、亜父は南を向いて座った。③亜父とは范増のことである。④沛公は北を向いて座り、張良は西を向いて（沛公のそばに）控えた。⑤范増はたびたび項王に目くばせし、腰に帯びた飾り玉を持ち上げて、項王に三度も（沛公を殺す決断をするよう）合図した。⑥（しかし）項王は黙ったままでそれに応じなかった。

語釈・句法

①即日　その日。当日。

因　そこで。和解のよい機会として。

飲　酒盛りをする。

②項伯　項羽の叔父。かつて人を殺し、追っ手を逃れて張良のもとに隠れていたことがあり、張良に恩を感じている。だから、項羽が沛公の軍を攻撃しようとしていることを沛公の参謀の張良に知らせたのである。

東嚮　東を向く。「嚮」は、「向」と同じ。東向きを尊位とする。

亜父　父に次いで尊敬する人。「亜」は、…に次ぐ。

③者　「…という者は」と主語を明示する。

范増　項羽の参謀。後に沛公側の策略により、項羽から沛公側と内通していると疑われ、項羽のもとを去った。〔?—前二〇四〕

④張良　韓の宰相の家に生まれた。字は子房。韓を滅ぼした秦を恨み、始皇帝暗殺を図るが失敗し、下邳（今の江蘇省邳州市の東）に身を潜めた。その時、橋の上で出会った老人から太公望の兵法書を授けられた。やがて沛公の幕下に加わった。自ら兵を率いて戦闘することはなかったが、参謀として常に沛公の傍らにあって、優れた戦略を献じて項羽打倒に大きな役割を果たした。沛公が天下を統一すると、張良の業績を高く評価し、斉の三万戸の侯に封じようとしたが、固辞して、留（今の江蘇省徐州市沛県の東南）の地一万戸に封ぜられた。その容貌は女性のようであったという。〔?—前一八六?〕

侍　身分の高い者のそばに控える。張良は客として招かれたわけではないので、「侍」と記されている。

⑤目　目くばせする。沛公を討てと目で合図をするのである。

佩　腰につける。身につける。

玉玦　腰に帯びる飾り玉。「玦」は、輪の一部が欠けている玉。「決」と同じ音なので、これを挙げることは、決断を迫る意を示す。

示レ之者　この「者」は「こと」と読み、「…すること」の意味。

⑥黙然　黙ったまま。

■第二段落の2（三三・8〜三四・6）

段意

范増は項荘を呼んで、剣舞の途中で沛公を斬れと命ずる。項荘が剣を抜いて舞い始めると、項伯が沛公をかばうように舞ったため攻撃できなかった。

①范増起、出召二項荘一、謂曰、「君王為レ人不レ忍。②若入前為レ寿。③寿畢、請以レ剣舞、因撃二沛公於坐一、殺レ之。④不者、若属皆且レ為レ所レ虜。」⑤荘則入為レ寿。⑥寿畢曰、「君王与二沛公一飲。⑦軍中無二以為レ楽。⑧請以レ剣舞。」⑨項王曰、「諾。」⑩項荘抜レ剣起舞、⑪項伯亦抜レ剣起舞、常以レ身翼二蔽沛公一。⑫荘不レ得レ撃。

訓読

①范増起ち、出でて項荘を召して、謂ひて曰はく、「君王人と為り忍びず。②若入り前みて寿を為せ。③寿畢はらば、請ひて剣を以つて舞ひ、因りて沛公を坐に撃ちて之を殺せ。④不者んば、若が属皆且に虜とする所と為らんとす。」と。⑤荘則ち入りて寿を為す。⑥寿畢はりて曰はく、「君王沛公と飲す。⑦軍中以つて楽を為す無し。⑧請ふ剣を以つて舞はん。」と。⑨項王曰はく、「諾。」と。⑩項荘剣を抜き起ちて舞ひ、⑪項伯も亦剣を抜き起ちて舞ひ、常に身を以つて沛公を翼蔽す。⑫荘撃つを得ず。

現代語訳

①范増は席を立って、（宴席の）外に出て項荘を呼び寄せ、「主君（項王）は残忍なことができないお人柄だ。②おまえは（宴席に）入り進み出て杯を勧め（主君の）健康を祝福しなさい。③健康の祝福が終わったら、剣舞をしたいと願い出て、それにかこつけて沛公をその席で攻撃して殺してしまえ。④もしそうしなければ、おまえたちはみなそのうち（沛公に）捕虜にされてしまうだろう。」と言った。⑤項荘はすぐに（宴席に）入り健康を祝福した。⑥健康の祝福が終わると、「主君は沛公殿と酒盛りをしていらっしゃいます。⑦（しかし、残念ながら）軍中では音楽を奏する手段もございません。⑧どうか（この私に）剣舞をさせてください。」と言った。⑨項王は、「よろしい。」と言った。⑩（そこで）項荘は剣を抜いて立ち上がって舞い始めた。⑪（すると）項伯も（項荘と同じく）剣を抜いて立ち上がって舞い、常に自分の体でかばうようにして沛公を守り防いだ。⑫（そのため）項荘は（沛公を）攻撃することができなかった。

語釈・句法

①項荘　項羽のいとこ。
為レ人　人柄。生まれつきの性質。
不レ忍　残忍なことができない。思い切ったことができない。「忍」は、「残忍・残酷」の意。
②若　おまえ。二人称の代名詞。
為レ寿　健康を祝福する。目上の人に杯を勧めて、相手の健康・長寿を祝福する。
③因　そこで。ここでは（剣舞に）かこつけて。
坐　座っている場所。座席。
④不者　もしそうしなければ。「不レ然」と同じ。「ここで沛公を殺さなければ」の意。
若属　おまえたち。「属」は複数を表す接尾語で、ここでは仲間、身内。
且レ為レ所レ虜　そのうち（沛公によって）捕虜にされてしまうだろう。「且」は、「今にも（これから）…となるだろう。」という意を表す。再読文字。「為レ所レ…」は、受身形。…される。「為二A所一レB」（AノBスルところトなル）のAが省略された形。Aは沛公と考えられるので、それを補えば、「且レ為二沛公所一レ虜」となる。
⑤則　すぐに。ここでは、「即」と同じ。
⑦無二以…一　…する手立て（方法）がない。
楽　音楽。一説に、「たのシミ」と読んで、娯楽・余興の意とする。
⑧請　どうか…させてほしい。自分の願望・意志を述べる。「請」は、「乞」と異なり何かをもらい受けるニュアンスはない。どうぞと願うこと。
⑨諾　よろしい。承諾する言葉。
⑪翼蔽　親鳥が雛を翼でかばうように、守り防ぐ。
⑫不レ得レ…　…することができない。

■第三段落の1（三四・7～三五・5）

段意　張良から沛公が危ういと聞いた樊噲は、決死の覚悟で宴席に入り、すさまじい形相で項王をにらみつける。

①於レ是張良至二軍門一、見二樊噲一。②樊噲曰、「今日之事、何如。」③良曰、「甚急。④今者項荘抜レ剣舞。⑤其意常在二沛公一也。」⑥噲曰、「此迫矣。⑦臣請、入与レ之同レ命。」⑧噲即帯レ剣擁レ盾入二軍門一。⑨交戟之衛士、欲二止不一レ内。

訓読　①是に於いて張良軍門に至り、樊噲を見る。②樊噲曰はく、「今日の事、何如。」と。③良曰はく、「甚だ急なり。④今者項荘剣を抜きて舞ふ。⑤其の意常に沛公に在るなり。」と。⑥噲曰はく、「此れ迫れり。⑦臣請ふ、入りて之と命を同じくせん。」と。

⑩樊噲側其盾以撞。⑪衛士仆地。⑫噲遂入、披帷西嚮立、瞋目視項王。⑬頭髪上指、目眦尽裂。

⑧噲即ち剣を帯び盾を擁して軍門より入らんとす。⑨交戟の衛士、止めて内れざらんと欲す。⑩樊噲其の盾を側てて以つて撞く。⑪衛士地に仆る。⑫噲遂に入り、帷を披きて西嚮して立ち、目を瞋らして項王を視る。⑬頭髪上指し、目眦尽く裂く。

現代語訳

①そこで張良は（部下の待機している）陣営の門まで行き、樊噲に会った。②樊噲は、「今日の会見は、どんな様子ですか。」と聞いた。③張良は、「（事態は）非常に切迫している。④今項荘が剣を抜いて舞っている。⑤項荘のねらいは常に沛公にある（すきを見て沛公を殺害しようとしている）。」と答えた。⑥樊噲は、「それは危ない。⑦私は（宴席に）乗り込んで、主君（沛公）と生死をともにいたしましょう。」と言った。

⑧樊噲はすぐに剣を腰につけ盾を抱えて陣営の門から入ろうとした。⑨戟を交差して守る番兵が、（樊噲を）止めて中に入れまいとした。⑩樊噲は（持っていた）盾を傾けてそれで（番兵を）突き飛ばした。⑪番兵は地面に倒れた。⑫樊噲は中に入り、張り巡らした幕を押し開けて西を向いて立ち、目をむいて項王をにらみつけた。⑬その髪の毛は逆立ち、まなじりは裂けんばかりであった。

語釈・句法

①於是　そこで。前文を受けて後文の結果を説き起こす接続詞。「そこで…した」と結果を述べる。

軍門　陣営の門。樊噲は陣営の外で待っていたのである。

樊噲　沛公の部下。剛勇をもって知られる。〔?—前一八九〕

②何如　どんな様子か。どうであるか。状態や事実についての疑問を表す。

③急　切迫している。

⑤其意常在沛公也　項荘の意図は常に沛公にある。すきがあったら沛公を殺そうと、項荘がねらっていることをいう。「其」は、項荘を指す。

⑥此迫矣　それは危ない。「矣」は断定する強い語気を表す置き字。

⑦請　自分の意志を表す。…しよう。

与之同命　主君と生死をともにいたしましょう。この場合、「之」は、沛公を指す。ほかに、「之」が項荘を指すとする説もあり、その場合、項荘と刺しちがえて死のうという意になる。

⑧即　すぐに。早速。ただちに。前後のつながりが、時間的に極めて緊密であることを表す。

擁　抱える。だき抱える。

⑨交戟之衛士　戟を交差して守る

番兵。「戟」は、複数方向に刃がついたほこの類。

⑩側以撞 (盾を)傾ける。盾で(番兵を)突く。

⑪仆 倒れる。

⑫披帷 張り巡らした幕を押し開ける。「披」は、手で左右にかき分けること。

⑬瞋目 怒って目をむく。
頭髪上指 髪の毛が逆立つ。
目眥 まなじり。めじり。

第三段落の2 (三五・5〜11)

段意 樊噲は刀に手をかけて身構える項王に向かって名を名乗り、項王の振る舞う酒と肉を豪快にたいらげた。

①項王按剣而跽曰、「客何為者。」②張良曰、「沛公之参乗樊噲者也。」③項王曰、「壮士。④賜之卮酒。」⑤則与斗卮酒。⑥噲拝謝起、立而飲之。⑦項王曰、「賜之彘肩。」⑧則与一生彘肩。⑨樊噲覆其盾於地、加彘肩上、抜剣切而啗之。

訓読

①項王剣を按じて跽して曰はく、「客何為る者ぞ。」と。②張良曰はく、「沛公の参乗樊噲といふ者なり。」と。③項王曰はく、「壮士なり。④之に卮酒を賜へ。」と。⑤則ち斗卮酒を与ふ。⑥噲拝謝して起ち、立ちながらにして之を飲む。⑦項王曰はく、「之に彘肩を賜へ。」と。⑧則ち一の生彘肩を与ふ。⑨樊噲其の盾を地に覆せ、彘肩を上に加へ、剣を抜き切りて之を啗らふ。

現代語訳

①項王は刀の柄に手をかけ立て膝で身構えて、「お前は何者だ。」と言った。②張良が、「沛公の護衛のために同乗する者で樊噲という者です。」と答えた。③項王は、「勇壮な男だ。④この男に大杯についだ酒を与えよ。」と言いつけた。⑤そこで(項王の従者が)一斗入りの大杯についだ酒を与えた。

⑥樊噲は拝礼して立ち上がり、立ったままで酒を飲みほした。⑦項王は、「この男に豚の肩の肉を与えよ。」と言いつけた。⑧そこで(従者が)一かたまりの生の豚の肩の肉を与えた。⑨樊噲は持っていた盾を地面に伏せ、豚の肩の肉をその上に載せ、剣を抜いて切りながらむさぼり食った。

語釈・句法

①按剣 刀の柄に手をかける。「按」は、手でおさえるの意。

跽 立て膝で身構える。

客 おまえ。宴席に侵入してきた樊噲を指す。「きゃく」と読んでもよい。

何為者 何者だ。「何為者」は、『史記』においては次の二つの用法がある。⑴だれだ、何者だと相手の素姓を尋ねる場合。⑵何をするつもりか、と相手の行為についてとがめたり、尋ねたりする場合。ここでは⑴の用法。答えとしては、姓名や身分を述べる。

②**参乗** 護衛のために同乗する者。陪乗者。添え乗り。車の右側に乗るので「車右」ともいう。

③**壮士** 勇壮な男。

④**賜** 与える。

卮酒 大杯についだ酒。

⑤**斗卮酒** 一斗入りの大杯についだ酒。一斗は、日本の一升強（約二リットル）。

⑥**拝謝起** 拝礼して立ち上がる。酒を賜ったので、いったん謝礼するためにしゃがみこみ、それから立ち上がったのである。

立 立ったままで。

⑦**彘肩** 豚の肩の肉。「彘」は、豚。

⑧**一生彘肩** 一かたまりの生の豚の肩の肉。わざわざ生の肉を与えたのは、そうすることによって樊噲を試したのであるといわれている。

⑨**啗** むさぼり食う。

■第三段落の3（三六・1〜三七・2）

段意 樊噲は堂々たる演説で沛公を弁護し、功績のある沛公を殺そうとする項王の企てを批難して、項王を圧倒する。折を見て沛公は宴席から抜け出した。

①項王曰「壮士。」②能復飲乎」。③樊噲曰「臣死且不避。④卮酒安足辞。⑤夫秦王有虎狼之心。⑥殺人如不能挙、刑人如恐不勝。⑦天下皆叛之。⑧懐王与諸将約曰『先破秦入咸陽者、王之』。⑨今沛公先破秦入咸陽、毫毛不敢有所近。⑩封閉宮室、還軍覇上、以待大王来。⑪故遣将守関者、備他盗出入

訓読

①項王曰はく、「壮士なり。②能く復た飲むか。」と。③樊噲曰はく、「臣死すら且つ避けず。④卮酒安くんぞ辞するに足らん。⑤夫れ秦王虎狼の心有り。⑥人を殺すこと挙ぐる能はざるがごとく、人を刑すること勝へざるを恐るるがごとし。⑦天下皆之に叛く。⑧懐王諸将と約して曰はく、『先に秦を破り咸陽に入る者は、之に王とせん。』と。⑨今沛公、先に秦を破り咸陽に入るも、毫毛も敢へて近づくる所有らず。⑩宮室を封閉し、軍を覇

与非常也。⑫労苦而功高如此、未有封侯之賞。⑬而聴細説、欲誅有功之人。⑭此亡秦之続耳。⑮窃為大王不取也。」⑯項王未有以応。⑰曰、「坐。」⑱樊噲従良坐。⑲坐須臾、沛公起如廁。⑳因招樊噲出。

上に還して、以つて大王の来たるを待てり。⑪故に将を遣はして関を守らしめしは、他盗の出入と非常とに備へしなり。⑫労苦だしくして功高きこと此くのごときも、未だ封侯の賞有らず。⑬而るに細説を聴きて、有功の人を誅せんと欲す。⑭此れ亡秦の続のみ。⑮窃かに大王の為に取らざるなり。」と。⑯項王未だ以つて応ふる有らず。⑰曰はく、「坐せよ。」と。⑱樊噲良に従ひて坐す。⑲坐すること須臾にして、沛公起ちて廁に如く。⑳因りて樊噲を招きて出づ。

現代語訳

①項王は、「勇壮な男だ。②もっと飲めるか。」と聞いた。③樊噲が言うには、「私は死ぬことでさえ避けようとは思いません。④（まして）大杯についだ酒などどうして辞退いたしましょうか。（いや、辞退いたしません。）⑤そもそも秦王には虎や狼のような（残忍な）心がありました。⑥人を殺すことがあまりに多く数え尽くすことができず、人に刑罰を加えるにあたってはあまりに多くて（処刑）しきれないのを心配するというふうでした。⑦（だから）天下の人がみな秦に背いたのです。⑧（秦を討つにあたって）懐王は諸将と約束なさって、『真っ先に秦を破って咸陽に攻め込んだ者は、（その者を）その地の王としよう。』とおっしゃいました。⑨今沛公は、真っ先に秦を破り咸陽に入りましたが、いささかも（財貨を）自分のものとすることがありませんでした。⑩（そればかりか）宮室を閉鎖し、軍を覇上に引き返し、大王（項王）がおいでになるのをお待ちしておりました。⑪わざわざ将兵を派遣して函谷関を守らせたのは、他の盗賊の出入りと非常事態とに備えたのです。⑫（沛公の）苦労は並たいていではなく功績が高いのはこのようでありながら、まだ諸侯に取り立てる恩賞もございません。⑬それどころか（大王は）つまらない者の言うことをお聞きになって、功績のある人を殺そうとしておられます。⑭これは滅んだ秦の二の舞にほかなりません。⑮はばかりながら大王のために賛成いたしません。」と。⑯項王は何の返答もしなかった。⑰「座れ。」と言った。⑱樊噲は張良のそばに座った。⑲座ってほんのしばらくして、

沛公は立ち上がり便所に行こうとした。⑳そのついでに樊噲を手招きして外に出た。

語釈・句法

③臣死且不避　普通の言い方なら「臣不避死」であるが、ここでは「死」を前に出して強調している。「…すら且つ」は、「…でさえも」。抑揚を表す。「私は死さえ避けません」という意味。

④巵酒安足辞　大杯についだ酒などどうして辞退いたしましょうか。「安」は、どうして…か。（いや…ない）。反語を表す。また、直前の「死すら且つ…」という文を受けて、「まして酒など…」という意味になっている。「辞」は、辞退する。

⑤夫　そもそも。発語の助字。

虎狼之心　虎や狼のような残忍で貪欲な心。

⑥殺人…不勝　人を殺すことがあまりに多くて数え尽くすことができず、人に刑罰を加えるにあたっては、あまりに多くて処刑しきれないのを、心配する。

⑧懐王　項羽らによって仮に立てられた天子。戦国時代末期、楚の懐王は秦に行き、そのまま捕らわれて獄死した。項梁（項羽の叔父）・項羽は兵を挙げた時、羊飼いをしていた懐王の孫の心を捜し出して祖父と同じく懐王と称させ、楚の国の人々の支持を得ようとした。〔？—前二〇五〕

与諸将約　樊噲はここで懐王と諸将との約束を持ち出して、沛公が関中の王になるのは当然であると言おうとしている。

咸陽　秦の都。今の陝西省咸陽市。

⑨毫毛　いささかも。「毫」は、秋に抜けかわって生ずる獣の細い毛。

不敢…　「敢」は、しにくいこと、してはいけないことを押し切ってすることを表す。「不敢」はその否定。

近　手もとに寄せる。自分のものとする。

⑩覇上　覇水（今の陝西省西安市の南東）のほとりの地名。沛公は、ここに陣を敷いた。

⑪故　わざわざ。

守　上に「遣」という使役の意を持った語があるので、「守らしめし」と読む。

関　函谷関。今の河南省霊宝市の北東にあった関所。

⑫労苦　苦労は並たいていではない。

封侯之賞　諸侯に取り立てる恩賞。

⑬而　それなのに。逆接を表す。

細説　つまらない者の言うこと。ここでは、曹無傷の告げ口を指す。

⑭誅　罪を責めて殺す。

亡秦之続耳　滅んだ秦の二の舞である。「続」は、二の舞。「耳」は、強く限定して言い切る言葉。…にほかならない。

⑮竊　はばかりながら。自分の考えを言う時の謙遜の言葉。

不取　賛成しない。「取」に「とりあげる（採用する）」という意味がある。

⑲須臾　ほんのしばらくして。

廁　便所。

⑳因　そのついでに。それをよい機会に。

■第四段落（三七・3～終わり）

段意　沛公は宴席を出るが、脱出することをためらう。しかし樊噲の勧めに従って脱出した。

①沛公已出。②項王使都尉陳平召沛公。③沛公曰、「今者出、未辞也。④為之奈何。」⑤樊噲曰、「大行不顧細謹、大礼不辞小譲。⑥如今人方為刀俎、我為魚肉。⑦何辞為。」⑧於是遂去。

【史記　項羽本紀】

訓読

①沛公已に出づ。②項王都尉の陳平をして沛公を召さしむ。③沛公曰はく、「今者出づるに、未だ辞せざるなり。④之を為すこと奈何。」と。⑤樊噲曰はく、「大行は細謹を顧みず、大礼は小譲を辞せず。⑥如今人は方に刀俎たり、我は魚肉たり。⑦何ぞ辞するを為さんや。」と。⑧是に於いて遂に去る。

現代語訳

①沛公は（宴席から）出てしまった。②（沛公がなかなか戻ってこないので）項王は都尉の陳平に沛公を呼ばせた。③沛公は、「今出てきたのだが、まだ別れの挨拶をしていない。④これをどうしようか。」と言った。⑤樊噲は、「大事を成すには小さな謹みなどかまっていられません、大きな儀礼を行うには小さな譲り合いなど問題にしません。⑥今相手は包丁とまな板であり、我々は魚や肉です。⑦どうして別れの挨拶をする必要がありましょうか。（いや必要ありません。）」と答えた。⑧そこでそのまま立ち去った。

語釈・句法

②使　「使A B」で、「A（人物）にB（行為）させる」の意。使役を表す。ここでは、A＝都尉陳平、B＝召沛公。

都尉　軍の部隊長。

陳平　この時は項羽に仕えていたが、後に沛公に仕え、その謀臣として活躍する。〔?―前一七八〕

③未辞也　まだ別れの挨拶をしていない。黙って帰ることは、極めて

失礼なことになる。

④…奈何(いかん)　…をどうしようか。手段・方法などについて疑問を表す。

⑤大行(たいこう)…小譲(しょうじょう)　大事を成すには小さな謹みなどかまっていられない。大きな儀礼を行うには小さな譲り合いなど問題にしない。「顧」は、気にとめる。

⑥如今(いま)　今。為(たり)「たり」と読み、「…である」の意。

⑦刀俎(とうそ)　包丁とまな板。我(われ)　沛公側を指す。魚肉(ぎょにく)　魚と肉。魚の肉ではない。何(なんゾ)…為(なサンヤ)　どうして…する必要があろうか。（いや必要ない。）反語を表す。

鑑賞

前二一〇年、秦の始皇帝が死ぬと、秦の圧政に不満を抱いていた者が、各地で反乱を起こし始め、その中で登場した二人の英雄が項羽と沛公である。秦軍を撃ち破って函谷関に到着した項羽が、沛公に先を越されたと知ると烈火のごとく怒り、沛公の軍を撃破しようとする。その時、かつて沛公の部下張良に恩を受けた項伯が、項羽の怒りを解くため、沛公が項羽を訪問する形で両雄の会見を画策し、鴻門の会が実現する。

第一段落で、沛公は自分を「臣」と呼び、項羽を「将軍」と呼ぶなど低姿勢であるが、項羽はすぐいい気になって秘密をぶちまけている。項羽の単純率直な人柄が出ている。

第二段落は、この鴻門の会のクライマックスである。項羽は、沛公を切って殺せと范増が何度も合図をするのに、決断しない。まな板の上の鯉(こい)と化した沛公を切ることは、武人の誇りが許さなかったのであろう。業(ごう)をにやした范増は項荘を呼び入れる。項荘は剣舞を始め、沛公のすきをねらった。ところが項伯も剣を抜き、舞い始めたのである。表面は和やかに見える奇妙な酒宴が続いていく。沛公が危ういと見た張良は樊噲を呼びに行く。宴席にのり込んだ樊噲の形相に項羽が驚いた。項羽は相手の出方を探ろうと、酒を勧め、生き血のしたたる豚肉を与える。樊噲はけろりとたいらげた。項羽の口を借りて「壮士なり」と二度も言わせた司馬遷(しばせん)の周到さを読み味わいたいところである。そして樊噲は項羽に向かって、堂々と正論を述べ、「亡秦の続のみ」と決めつけられた項羽が、しゅんとしてしまったところがおもしろい。

第三段落で、沛公は逃げ出すことができたにもかかわらず、「別れの挨拶をしなかったが、どうしたものだろう」と迷い、部下に「どうしたものか」と問うている。悪くいえば優柔不断であるが、部下の考えをよく聞いて慎重に行動するということであり、独断専行気味の項羽と好対照をなす。沛公は張良を残して、四人の部下と逃げ出す。

こうして項羽は沛公を取り逃がし、後に沛公の軍に追いつめられ、自殺することになるのである。

作者・出典

作者 司馬遷（前一四五？—前八六？） 前漢の歴史家。字は子長。各地を歩いて歴史上の旧跡を実際に見聞したという。亡父の仕事を受け継いで太史令となったが、捕虜となった将軍李陵を弁護したため武帝の怒りに触れ、宮刑に処せられるという不幸に見舞われた（後に赦されて中書令となった）。彼はこの恥辱に耐え抜き、『史記』を完成することに自分の生きる道を見いだし、二十年の歳月を費やして『史記』百三十巻を完成させた。

出典 『史記』項羽本紀 『太史公書』ともいい、古代から前漢の武帝までを記述した紀伝体の史書である。本紀（帝王の伝記）・世家（諸侯の伝記）・表（年表・系図）・書（法律・天文・経済など）・列伝（一般人の伝記）によって構成されている。内容は変化に富み、王侯貴族から市井の俠客・刺客に至るまで、それぞれの人物像が生き生きと描かれている。二十四の正史の第一に置かれ、中国古来の史書のうち最も優れたものといわれている。百三十巻。

教科書の問題（解答・解説）

教科書 三七ページ

◆ **教科書本文下に示された問題**

◆ **沛公が自らを「臣」と言い、項王を「将軍」と言っているのはなぜか。**（p.三二）

解答 自分を「臣」としてへりくだり、項王を「将軍」と呼んで敬することによって、項王の怒りを和らげるため。

◆ **「与レ之同レ命。」とは、どういうことか。**（p.三四）

解答 沛公と生死をともにしようということ。「之」が沛公ではなく項荘を指すと考えれば、項荘と刺しちがえて死のうということになる。

◆ **項王は、なぜ答えることができなかったのか。**（p.三六）

解答 樊噲の言っていることが正論であったので、答えることができなかった。

■ 学習の手引き

❶ **登場人物を項羽側と沛公側とに分けて整理しよう。**

解答 ○項羽側…項王（項羽）、范増、項伯、項荘、陳平
○沛公側…沛公（劉邦）、張良、樊噲、曹無傷

❷ **登場人物のはたらきを、それぞれまとめよう。**

解答 ○項王…沛公の言い訳を聞くと心を和らげ、酒宴を開く。沛公を殺せという范増の合図にも応じない。やがて沛公の危機を知って宴席にのり込んできた樊噲の豪胆な振る舞いと熱弁とに圧倒される。
○范増…項羽に合図して沛公を討つように促すが、項羽が

応じないので、項荘に討たせようとする。しかし項伯にじゃまされて失敗する。

○項荘…范増の命令によって剣舞にこと寄せて沛公を討とうとするが、項伯にじゃまされて成功しない。

○項伯…項荘が沛公をねらっていることを察し、自分も剣を持って舞い、身をもって沛公をかばう。

○沛公…項羽の怒りを解こうと、あくまでへりくだって邪心のないことを説く。樊噲の大活躍によって宴席から脱出することができる。

○張良…沛公の参謀として酒宴に臨み、沛公の身に危険が迫っていることを樊噲に告げる。

○樊噲…沛公の危機を知らされると、宴席にのり込み、項羽らの前で、大杯の酒を飲み、生の肉を食べて豪傑ぶりを示した後、理路整然と沛公を弁護する。

○曹無傷…直接には登場しない。沛公が関中の王になろうとしているということを項羽に密告した。

❸「臣死スラ且ツ不レ避ケ。……窃カニ為ニ大王ノ不レ取ラ也。」〔三六・2〕の樊噲の主張をまとめよう。

解答　まず、秦の始皇帝が非道であったため天下の人々が秦に背いたことを指摘する。続いて、懐王との約束からすれば、沛公は先に咸陽に入ったのであるから、関中の王となってもよいのに、函谷関を守ってひたすら項王の到着を待っていたことを述べ、沛公にはたいへんな功績があることを印象づける。最後に、そのように功績のある沛公を殺すことは、滅んだ秦の二の舞であると言う。

❹沛公が無事に脱出することができた理由は何か、話し合おう。

[解説]　沛公が低姿勢に出たこと、樊噲・張良・項伯の活躍、項王が沛公を殺す決断をしなかったことなどを中心に話し合う。

■語句と表現

①各登場人物の性格や人柄について、それが読み取れる箇所を具体的に示しつつ、考えよう。

[解説]　「学習の手引き」❷でまとめた登場人物のはたらきもあわせて考えながら、それぞれの人物がどのように描かれているのかを挙げてみよう。

四面楚歌

大意
垓下に立てこもった項羽の軍を幾重にも取り囲む漢軍の中から、楚の国の歌声が聞こえた。それを聞いた項羽は、自分の故郷も漢軍に降伏してしまったのかと思い、その夜、陣中で別れの酒宴を開いた。愛する虞美人を前に、項羽は一編の詩を作り、不運な時の巡り合わせを嘆くのであった。

①項王軍壁垓下。②兵少食尽。③漢軍及諸侯兵、囲之数重。④夜聞漢軍四面皆楚歌、項王乃大驚曰、「漢皆已得楚乎。⑤是何楚人之多也。」⑥項王則夜起飲帳中。⑦有美人、名虞。⑧常幸従。⑨駿馬、名騅。⑩常騎之。⑪於是項王乃悲歌忼慨、自為詩曰、

⑫力抜山兮気蓋世
⑬時不利兮騅不逝
⑭騅不逝兮可奈何
⑮虞兮虞兮奈若何

⑯歌数闋、美人和之。⑰項王泣数行下。⑱左右皆泣、莫能仰視。

【史記 項羽本紀】

訓読
①項王の軍垓下に壁す。②兵少なく食尽く。③漢軍及び諸侯の兵、之を囲むこと数重なり。④夜漢軍の四面皆楚歌するを聞き、項王乃ち大いに驚きて曰はく、「漢皆已に楚を得たるか。⑤是れ何ぞ楚人の多きや。」と。⑥項王則ち夜起ちて帳中に飲す。⑦美人有り、名は虞。⑧常に幸せられて従ふ。⑨駿馬あり、名は騅。⑩常に之に騎す。⑪是に於いて項王乃ち悲歌忼慨し、自ら詩を為りて曰はく、

⑫力山を抜き気世を蓋ふ
⑬時利あらず騅逝かず
⑭騅の逝かざる奈何すべき
⑮虞や虞や若を奈何せんと

⑯歌ふこと数闋、美人之に和す。⑰項王泣数行下る。⑱左右皆泣き、能く仰ぎ視るもの莫し。

教科書 三八〜三九ページ

現代語訳

①項王の軍は垓下にとりでを作って立てこもった。②（もはや）兵士も少なく食糧も尽き果てた。③（沛公（はいこう）の率いる）漢軍および（沛公に味方する）諸侯の兵が、項王の軍を幾重にも取り囲んでいた。④ある夜漢軍が四方でみな（項王の故郷の）楚の地方の歌を歌っているのを聞き、項王はたいへん驚いて、「漢はもうすっかり楚の地を占領してしまったのか。⑤なんと（漢軍の中に）楚の国の兵が多いことよ。」と言った。⑥そこで項王は夜（であったが）起き出して本陣で酒宴を開いた。⑦一人の美人がいて、名は虞といった。⑧いつも（項王に）寵愛（ちょうあい）されて付き従っていた。⑨（また）足の速い優れた馬がいて、名を騅といった。⑩（項王は）いつもその馬に乗っていた。⑪そこで項王は悲しげに歌い激しく心をたかぶらせて、自分で詩を作って歌うには、⑫（私の）力は山をも引き抜き、気力は天下を覆いつくす（ほどであった）。⑬（しかし）時勢は（私に）不利で、（愛馬の）騅も進もうとしない。⑭騅が進もうとしないのを、どうすることができようか。⑮（それにもまして）虞よ、虞よ、お前をどうしようか。⑯数回（繰り返して）歌い、美人もそれに唱和した。⑰項王は涙を幾筋か流した。⑱左右の臣下もみな泣き、顔を上げて（項王を）正視できる者はいなかった。

語釈・句法

①壁（へきス）　とりでを作って立てこもる。ここでは、動詞として用いられている。

垓下（がいか）　地名。今の安徽（あんき）省霊璧（れいへき）県の南東。

③漢軍（かんぐん）　沛公の率いる軍。沛公はこの時、漢の王となっていた。

諸侯兵（しょこうノへい）　沛公に味方する諸侯の兵。

④四面皆楚歌（しめんみなそカスル）　四方でみな楚の地方の歌を歌う。楚は項羽の出身地であり、楚の地方の歌が敵陣から聞こえてくるということは、故郷の人々までが項羽の敵となったことを意味する。今日、「四面楚歌」といえば、周囲ことごとく敵であることをいう。

…乎（か）　…か。「か」と訓読して、疑問・詠嘆を表す。

⑤何楚人之多也（なんゾそひとのおおキや）　なんと楚の国の兵の多いことよ。「何（ゾ）…也」は、なんと…であることか。ここでは、疑問の形で詠嘆を表す。

⑥帳（ちょう）　張り巡らした幕。「帷（い）」と同じ。ここでは「帳中」で本陣を指している。

⑦美人（びじん）　女官の位の一つ。

⑧幸（こうセラレ）　寵愛される。君主が女性を愛することに用いる語。主語が虞美人であることから、受身となる。

⑨駿馬　足の速い優れた馬。名馬。
⑪悲歌　悲しそうに歌う。
忼慨　激しく心をたかぶらせる。
⑫力抜レ山兮気蓋レ世　（私の）力は山をも引き抜き、気力は天下を覆いつくす。「抜」は、持ち上げてほかに移す。「兮」は、韻文の句中、または句末に用いて句調を整える置き字。「気」は、気力、意気。この句から、気力が極めて充実していることを「抜山蓋世」という。
⑬時不レ利　時勢が不利である。「時」は、時の巡り合わせ。
逝　進む。普通は「逝去」のように死ぬ意で用いられる。
⑭可二奈何一　どうすることができようか。（いや、どうすることもできない。）この句については種々の解釈がある。⑴どうしたらよいのだろうか（疑問）。⑵どうすることもできない（反語）。⑶なんとでもなるが（肯定）。ここでは、反語と考えておく。
⑮奈レ若何　「奈何」の間に、目的語の入った形。お前をどうしようか。
⑯歌数闋　数回歌う。「闋」は、歌が一曲終わること。
和レ之　この詩に唱和した。項羽の歌に合わせて歌った。
⑰泣　涙。ここでは名詞として用いられている。⑱の文中の「泣」は動詞として用いられている。
⑱左右　側近。近臣。項羽の左右に控える者。
莫二能仰視一　顔を上げて正視できる者はいなかった。「莫二能……一」は、……できる者はいない。

鑑賞

鴻門の会から四年後〔前二〇二年〕のことである。項羽と沛公の立場はすっかり逆転し、項羽は沛公の軍に垓下に追いつめられていた。項羽は、四方から楚の歌が聞こえてくると、もはやこれまでと覚悟を決める。楚は項羽の出身地であり、その楚の歌が周囲から聞こえてくるということは、故郷がすっかり沛公の軍に占領され、故郷の人々が沛公側に寝返ったことを意味する。おそらくこれは、実際に項羽の故郷である楚の人々が寝返ったのではなく、項羽に精神的な揺さぶりをかけようとする沛公側の心理作戦であったと思われる。それは見事に成功した。「是れ何ぞ楚人の多きや。」には、項羽の驚きとともに、やるかたなき痛憤の気持ちが込められているといえよう。覚悟を決めた項羽は、陣中で酒宴を開く。もちろん別れの宴である。寵愛して連れてきた虞美人をいたわり、愛馬騅を思って詩を歌い、涙を流す。そこには何事に対しても自分の感情に忠実な項羽の人間らしさがよく表れているといえよう。虞美人は詩を和した後、剣を胸に当てて地に伏した。そして翌年その血の跡から一輪のかれんな花が咲き、人々はその花を虞美人草（ヒナゲシ）と名づけたという。

作者・出典

作者 司馬遷（しばせん） 本書七〇ページ参照。

出典 『史記（しき）』項羽本紀（こううほんぎ） 本書七〇ページ参照。

教科書の問題（解答・解説）

教科書 三九ページ

■学習の手引き

❶「楚歌」が項羽を驚かせた理由は何か。

解答 楚は項羽の故郷であるから。

[解説] 敵陣から楚の歌が聞こえるということは、最後のよりどころである楚の地も敵に降伏してしまい、楚の人々までが漢軍となったことを意味する。

❷「力抜(キ)レ山(ヲ)兮 気蓋(フ)レ世(ヲ)」（三九ページ）の詩には、項羽のどのような心情がうたわれているか。

解答 抜群の軍事的な力量と気概とを持ちながら、時の運に恵まれず敗北してしまい、それを自分ではどうすることもできない悲しみがうたわれている。

■語句と表現

①「乃」以外に「すなはチ」と訓読する文字とその意味を調べよう。

解答 「即」…ただちに。すぐに。
「則」…その時には。すぐに。
「便」…すぐに。そこで。
「輒」…そのたびごとに。

[解説] 「則」は、「A(レバ) 則(チ) B」（Aならば、その時にはB。）のように条件を表す。

②「四面楚歌」という故事成語は、どのような意味で、どのように使われるか。

解答 「四面楚歌」は、本来は、味方で敵に降伏した者が多いことをいったものであるが、現在は、周囲が全て敵で、孤立無援の状態であることを意味する。「応援が駆けつけたおかげで四面楚歌の状態から何とか脱することができた」のように使う。

項王自刎

教科書 四〇～四二ページ

大意 烏江を渡ろうとした項羽に、亭長が船を用意し、江東に落ちのびるように勧める。しかし、項羽はその申し出を辞退し、愛馬騅を亭長に与えた後、わずかな部下とともに漢軍と戦って自刎して死ぬ。

■第一段落（初め～四一・4）

段意 項羽が長江を渡ろうとした時、亭長は江東へ逃げるようにと勧めた。項羽は天が自分を滅ぼそうとしていると話し、亭長に愛馬を与えた。

①項王乃欲東渡烏江。②烏江亭長檥船待。③謂項王曰、「江東雖小、地方千里、衆数十万人、亦足王也。④願大王急渡。⑤今独臣有船。⑥漢軍至、無以渡。」⑦項王笑曰、「天之亡我、我何渡為。⑧且籍与江東子弟八千人渡江而西、今無一人還。⑨縦江東父兄憐而王我、我何面目見之。⑩縦彼不言、籍独不愧於心乎。」⑪乃謂亭長曰、「吾知公長者。⑫吾騎此馬五歳、所当無敵。⑬嘗一日行千里。⑭不忍殺

訓読

①項王乃ち東のかた烏江を渡らんと欲す。②烏江の亭長船を檥して待つ。③項王に謂ひて曰はく、「江東小なりと雖も、地は方千里、衆は数十万人、亦王たるに足るなり。④願はくは大王急ぎ渡れ。⑤今独り臣のみ船有り。⑥漢軍至るも、以つて渡ること無からん。」と。⑦項王笑ひて曰はく、「天の我を亡ぼすに、我何ぞ渡るを為さんや。⑧且つ籍江東の子弟八千人と、江を渡りて西し、今一人の還るもの無し。⑨縦ひ江東の父兄憐れみて我を王とすとも、我何の面目ありてか之を見ん。⑩縦ひ彼言はずとも、籍独り心に愧ぢざらんや。」と。⑪乃ち亭長に謂ひて曰はく、「吾公の長者なるを知る。⑫吾此の馬に騎すること五歳、当たる

之ヲ、以テ賜ハント公ニ。」

所敵無し。⑬嘗て一日に行くこと千里。⑭之を殺すに忍びず、以つて公に賜はん。」と。

現代語訳

①項王はそこで東に向かって烏江から（長江を）渡ろうとした。②烏江の亭長が船出の用意をして待っていた。③（亭長は）項王に向かって、「江東の地は小さいけれども、土地は千里四方あり、人民は数十万人おり、（江東も）王となるのに十分な土地です。④どうか大王様急いでお渡りください。⑤今私だけが船を持っています。⑥漢軍が追ってきても、渡る手段はありません。」と勧めた。⑦（それを聞くと）項王は笑って、「天が私を滅ぼそうとしているのに、私はどうして渡ろうか。（いや渡らない。）⑧そのうえ私は（八年前に）江東の若者八千人とともに、長江を渡って西に向かったが、今は一人も帰ってきた者はいない。⑨たとえ江東の父老が同情して私を王にしてくれても、私はどのような顔で彼らに会えようか。（いや会えない。）⑩たとえ彼らが（私に不満を）言わなくとも、私はどうして心に恥ずかしく思わないだろうか。（いや、恥ずかしく思う。）」と言った。⑪そこで（項王は）亭長に向かって、「私はあなたがりっぱな人物であることがわかった。⑫私はこの馬に五年間乗ってきたが、向かうところ敵はなかった。⑬ある時には一日に千里も走ったものだった。⑭この馬を殺すに忍びない、あなたに与えよう。」と言った。

語釈・句法

自刎　自分で自分の首を切る。「自剄」と同じ。時に項羽は三十一歳。紀元前二〇二年のことであった。

①烏江　地名。今の安徽省馬鞍山市の北東。長江の渡し場。

②亭長　宿駅の長。秦の制度では十里（約四キロメートル）ごとに亭を置き、治安などにあたらせた。

檥レ船　船出の用意をする。

③江東　長江下流の南岸一帯の地。項羽は江東で挙兵した。

雖レ小　小さいけれども。「雖」は、逆接の確定条件を表す。

⑤独…　ただ…だけ。限定を表す。

⑥無二以渡一　渡る手段がない。「無二以…一」は、…する手段・方法がないことを表す。

⑦何渡為　どうして渡ろうか。（いや渡らない。）「何…為」は、反語を表す。

⑧且　そのうえ。しかも。

籍　項羽の名。

子弟　若者。
西　西に向かう。ここでは、秦を打倒するために西へ向かったことをいう。
⑨縦　たとえ…であっても。仮定を表す。
父兄　農村の指導者層。「父老」と同じ。
何面目見之　どのような顔で彼らに会えようか。(いや会えない。)「何…ン」は、反語を表す。
⑩独不愧於心乎　どうして心に恥ずかしく思わないでいられようか。(いや、恥ずかしく思う。)「独…乎」は、「どうして…か。(いや…ない。)」という反語を表す。否定文の反語なので強い肯定となる。⑦・⑨・⑩と反語の文を続けて意味を強めている。
⑫所当無敵　向かうところ敵はない。
⑭賜　与えよう。「賜」は、目上の者が目下の者に与えること。

■第二段落（四一・5〜終わり）

段意　項羽はわずかな部下とともに戦い、敵の中に昔なじみの呂馬童を見つけた。賞金がかかっている自分の首を切り、呂馬童の手柄とした。

①乃令騎皆下馬歩行、持短兵接戦。②独籍所殺漢軍数百人。③項王身亦被十余創。④顧見漢騎司馬呂馬童曰、「若非吾故人乎。」⑤馬童面之、指王翳曰、「此項王也。」⑥項王乃曰、「吾聞、『漢購我頭千金・邑万戸。』⑦吾為若徳。」⑧乃自刎而死。

【史記　項羽本紀】

訓読

①乃ち騎をして皆馬より下りて歩行し、短兵を持して接戦せしむ。②独り籍の殺す所の漢軍数百人なり。③項王の身も亦十余創を被る。④顧みて漢の騎司馬の呂馬童を見て曰はく、「若は吾が故人に非ずや。」と。⑤馬童之に面き、王翳に指さして曰はく、「此れ項王なり。」と。⑥項王乃ち曰はく、「吾聞く、『漢我が頭を千金・邑万戸に購ふ。』と。⑦吾若の為に徳せん。」と。⑧乃ち自刎して死す。

現代語訳

①そこで騎馬の部下をみな馬から降りて歩かせ、刀剣などの短い武器を持って(漢軍と)敵味方入り乱れて戦わせた。②項王だけで殺した漢軍(の兵士)は数百人に上った。③項王の身もまた十余か所の傷を受けた。④(ふと)振り返ると漢の騎兵

隊長の呂馬童の姿が目に入ったので、（項王は）「お前は私の昔なじみではないか。」と言った。⑤呂馬童は顔を背け、王翳に（項王を）指さして、「これが項王です。」と言った。⑥項王は、「私は『漢が私の首に千金と一万戸の領地という賞を懸けて求めている。』と聞いている。⑦私はお前に恩恵を施してやろう。」と言った。⑧そして自分で自分の首を切って死んだ。

語釈・句法

①令（しム）　…させる。使役を表す。「接戦」までかかる。「使」「遣」なども同様。

騎（き）　騎馬の部下。

短兵（たんぺい）　刀剣などの短い武器。「兵」は、武器。「長兵」は、弓矢のこと。

接戦（せっせん）セ　敵と入り乱れて戦う。白兵戦。

③十余創（じゅうよそう）　十余か所の傷。「創」は、刀剣によって受けた傷。

④騎司馬（きしば）　騎兵隊長。

呂馬童（りょばどう）　もと項羽の部下。この時は漢に降（くだ）っていた。〔生没年不詳〕

非二…一乎（あらズ…ニや）　…ではないか。ここでは、疑問の形で詠嘆（驚き）を表す。

⑤面（そむキ）　顔を背ける。一説に、顔を向ける。この場合のように、漢字の意味が本来の意味（訓）と全く反対に用いられるものを、反訓（はんくん）という。

王翳（おうえい）　漢の武将。〔生没年不詳〕

⑥購（あがなフ）　賞を懸けて求める。

⑦為レ若徳（ためニなんぢノとくセン）　お前に恩恵を施してやろう。「徳（とく）」は、「得（とく）」と音が通じる。

鑑賞

項羽は故郷恋しさの一念で、漢軍の包囲を脱出し、烏江まで逃げてきた。烏江の亭長は慌てて船の用意をし、項羽が乗るのを待った。ところが項羽は、長江を前にしてじっと立ったまま動かないのである。亭長は、項羽の躊躇（ちゅうちょ）を吹っ切るように懸命に説得する。「江東小なりと雖も…。」この必死の懇請を聞いて、逆に項羽は渡らない決心をしたのである。窮地に陥った項羽にとって、亭長の申し出はありがたかった。しかし、感謝すると同時に、一介の亭長の好意にすがってしか生きのびることができない自分のみじめな現状を思い知ったのだ。そこに江東に帰った時の自分の姿を見たのである。江東に帰っても、せいぜい同情される身でしかないことを自覚したのだ。しかも、精兵八千を失い、敗北した今、同情される資格すらもないのである。⑨の「江東の父兄」の「父兄」は、親たちや出征家族たちを指すのではなく、「父老」と同じで、当時の農村の指導者層を指す。「我何の面目ありてか之を見ん。」という面目のなさとは、江東の指導者層から人的・物的・精神的に多大な援助を受けながら、彼らの期待に応（こた）えられないでおめおめと帰ることである。恥辱を受けることを拒絶し、自ら死に赴くほかはないのである。第一段落⑦の「笑ひ」は、そう覚悟した項羽のさわやかな笑みと考えられよう。

作者・出典

作者 司馬遷（しばせん） 本書七〇ページ参照。

出典 『史記（しき）』項羽本紀（こううほんぎ） 本書七〇ページ参照。

教科書の問題（解答・解説）

教科書 四二ページ

■学習の手引き

❶「項王自刎」のあらすじをまとめよう。

解答 烏江を渡ろうとした項羽に、亭長が船を用意し、江東に落ちのびるように勧める。しかし、項羽はその申し出を辞退し、愛馬騅を亭長に与えた後、わずかな部下とともに漢の大軍と戦い、最後は今は敵となった昔なじみに手柄を立てさせるために自害する。

❷項羽はなぜ烏江の亭長の申し出を辞退したのか。

解答 天によって滅ぼされようとしているという意識があったことと、自分の責任で多くの兵を失って敗北してしまい、今さら江東の父老に合わせる顔がないという自責の念にかられたことから。

❸三つの教材を通して、項羽という人物について話し合おう。

［解説］ 相手が下手（したて）に出ると許してしまう単純さや、武人としてのプライドの高さ、虞美人（ぐびじん）や亭長への態度にみられる人情味の厚さ、運命に対する潔さなどを中心に話し合う。

■語句と表現

①「何ゾ渡ルヲ為サンヤ」（四〇・7）と「何ノ面目アリテカ見ンレ之ヲ」（四〇・9）において、「何」は「何ゾ」・「何ノ」と読んでいる。次の漢字の疑問詞としての読みやそれ以外の読みについて調べよう。

解答 (1)安…「いづクンゾ」「いづクニカ」「やすンズ」
(2)悪…「いづクンゾ」「いづクニカ」「あく」「にくム」
(3)焉…「いづクンゾ」「いづクニカ」「これ」「ここ」

［解説］ 疑問詞の場合、「いづクンゾ」は理由を問い「どうして～か」の意味、「いづクニカ」は場所を問い「どこに～か」の意味。反語の場合、「いづクンゾ～スル」が「いづクンゾ～センヤ」となる。

言語活動

1 「項王笑ヒテ曰ハク」（四〇・7）の笑いとはどのような笑いか。話し合おう。

［解説］ 逃げのびて江東にたどり着いたとしても同情される身でしかないことを悟った項王の、「笑い」に込められた心境を踏まえて話し合う。

劉邦(りゅうほう)

吾所以有天下者何

教科書　四四～四六ページ

大意　皇帝の位に就いた高祖は、臣下に向かって、自分が天下をとった理由と項羽が天下を失った理由を尋ねた。すると高起と王陵が、高祖が天下をとったのは、戦いに勝てば部下に手柄を与え、天下の人々と利益を分かち合ったからであり、項羽が天下を失ったのは、戦いに勝っても部下に手柄を与えなかったからであると言った。高祖はそれを認めながらも、自分が天下をとったのは、張良・蕭何・韓信という優れた部下を使いこなすことができたからであり、項羽が天下を失ったのは、范増を使いこなすことができなかったからであると言った。

第一段落（初め～四四・3）

段意　（皇帝の位に就いた）高祖は、酒宴の席で臣下に向かって、自分が天下をとった理由と項羽が天下を失った理由を尋ねた。

①高祖置酒雒陽南宮。②高祖曰、「列侯諸将、無敢隠朕、皆言其情。③吾所以有天下者何。④項氏之所以失天下者何。」

訓読

①高祖雒陽の南宮に置酒す。②高祖曰はく、「列侯諸将、敢へて朕に隠すこと無く、皆其の情を言へ。③吾の天下を有ちし所以の者は何ぞや。④項氏の天下を失ひし所以の者は何ぞや。」と。

現代語訳

①高祖は洛陽の南宮で酒宴を設けた。②高祖が尋ねた、「諸侯と将軍諸君は、私に決して隠すことなく、皆ありのままを申し述べよ。③私が天下をとった理由は何であろうか。④（また）項羽が天下を失った理由は何であろうか。」と。

語釈・句法

所以…者何（ゆえんノ…ものハなんゾや） …の理由は何か。

①高祖（こうそ） 劉邦（りゅうほう）のこと。本書五八ページ「沛公（はいこう）」参照。

置酒（ちしゅス） 酒宴を設ける。酒盛りをする。

雒陽（らくよう） 今の河南省（かなんしょう）洛陽市（らくようし）。「雒」は、「洛」と同じ。高祖が雒陽に都を置いたのは漢の五年（前二〇二）二月。高祖は長くそこに都を置くつもりであったが、雒陽は攻撃された時に守るのが困難なので、その年の六月に関中（かんちゅう）は天然の要塞なので、その年の六月に関中に遷都し、そこを長安（ちょうあん）とした。

南宮（なんきゅう） 南側の宮殿。雒陽には南と北に宮殿があった。

②列侯（れっこう） 諸侯。多くの大臣たち。

諸将（しょしょう） 将軍たち。

無敢隠朕（なクあヘテかくスコトわれニ） 私に決して隠すことなく。「敢」は、上に「無」や「不」をともなって「しいて…しない」、「自ら進んで…しない」という意味。「朕」は、天子の自称。

情（じょう） 実情。ありのまま。

④項氏（こうし） 項羽のこと。本書五八ページ「項王」参照。

第二段落（四四・4〜四五・1）

段意

高起と王陵が、「高祖は部下に手柄を与えたが、項羽は部下に手柄を与えなかった。」と答えた。

①高起・王陵対曰、「陛下慢而侮レ人、項羽仁而愛レ人。②然陛下使二人攻レ城略レ地、所二降下一者、因以予レ之。③与二天下一同レ利也。④項羽妒レ賢嫉レ能、有レ功者害レ之、賢者疑レ之。⑤戦勝而不レ予二人功一、得レ地而不レ予二人利一。⑥此所三以失二天下一也。」

訓読

①高起・王陵対へて曰はく、「陛下は慢にして人を侮り、項羽は仁にして人を愛す。②然れども陛下は人をして城を攻め地を略せしめ、降下する所の者は、因りて以つて之に予ふ。③天下と利を同じくするなり。④項羽は賢を妒み能を嫉み、功有る者は之を害し、賢なる者は之を疑ふ。⑤戦ひ勝ちて人に功を予へず、地を得て人に利を予へず。⑥此れ天下を失ひし所以なり。」と。

現代語訳

①高起と王陵がお答えした、「陛下は傲慢で人をばかにされるが、項羽は人情に厚く人々をかわいがりました。②しかし陛下は部下に（敵の）町や土地を攻略させて、降伏した地域は、手柄に応じて部下に与えられました。③（つまり）天下

の人々と利益を分かち合いました。④（ところが）項羽は優れた者をねたみ能力ある者を憎み、功績のある者に対しては迫害して、優れた者に対しては疑いました。⑤戦いに勝っても部下に手柄を与えず、土地を手に入れても部下に利益を与えませんでした。⑥これが（項羽が）天下を失った理由です。」と。

語釈・句法

①高起・王陵　ともに、高祖に仕えた将軍。高起と王陵が同じ文句を話すのは不自然なので、どちらかは誤りとの説がある。〔ともに、生没年未詳〕

陛下　天子の尊称。

慢而侮人　傲慢で人をばかにする。「仁而愛人」と対になっている。

②攻城略地　町や土地を攻略する。

所降下者　降伏した地域。日本語の「者」は人を指すが、漢文では「人・物・事・場合・場所」などを表す。ここでは、場所を表す。

④妒賢嫉能　優れた者をねたみ、能力ある者を憎む。「賢」は、優れた者のこと。

■第三段落（四五・2〜終わり）

段意　高祖が言った、「私は、張良・蕭何・韓信を使いこなすことができたので天下をとった。」と。

①高祖曰、「公知其一、未知其二。②夫運籌策帷帳之中、決勝於千里之外、吾不如子房。③鎮国家、撫百姓、給餽饟、不絶糧道、吾不如蕭何。④連百万之軍、戦必勝、攻必取、吾不如韓信。⑤此三者皆人傑也。⑥吾能用之。⑦此吾所以取天下也。⑧項羽有一范増而不能用。⑨此其所以為我擒也。」

【史記　高祖本紀】

訓読

①高祖曰はく、「公は其の一を知りて、未だ其の二を知らず。②夫れ籌策を帷帳の中に運らし、勝ちを千里の外に決するは、吾子房に如かず。③国家を鎮め百姓を撫し、餽饟を給し糧道を絶たざるは、吾蕭何に如かず。④百万の軍を連ね、戦へば必ず勝ち、攻むれば必ず取るは、吾韓信に如かず。⑤此の三者は皆人傑なり。⑥吾能く之を用ゐる。⑦此れ吾の天下を取りし所以なり。⑧項羽は一の范増有れども用ゐる能はず。⑨此れ其の我が擒と為りし所以なり。」と。

現代語訳

①高祖が言った、「君(たち)は一面はわかっているが、まだ他の面についてはわかっていない。②そもそも国家の戦略を本陣の中でめぐらし、勝利を千里のかなたで収めることでは、私は子房(張良)に及ばない。③国家を安定させすべての民をおさめ、(兵士に)食糧を与え食糧の供給路を絶たないことでは、私は蕭何に及ばない。④百万の大軍を引き連れ、戦えば必ず勝ち、攻撃すれば必ず攻め取るということでは、私は韓信に及ばない。⑤この三人は皆特に優れた人物である。⑥私はこの三人を使いこなすことができた。⑦これが私が天下をとった理由である。⑧項羽には一人の范増がいたが、これを使いこなすことができなかった。⑨これが項羽が私のとりこになった理由である。」と。

語釈・句法

①**公**(こう) 他人に対する尊称。

未(いまダ) まだ…ない。再読文字。

②**夫**(そレ) そもそも。さて。発語の言葉。

籌策(ちゅうさく) 国家の戦略。

帷帳(いちょう) 作戦計画をする本陣をいう。「帷」も「帳」も、張り巡らされた幕。

千里之外(せんりのそと) 千里のかなた。遠く離れた地。「千里」は、非常に遠いことを意味する。

不レ如二…一(しカず) …に及ばない。比較を表す。

子房(しぼう) 「張良」の字(あざな)。本書六〇ページ「張良」参照。

③**鎮**(しずメ) 安定させる。

撫(ぶシ) おさめる。

百姓(ひゃくせい) すべての民。

餽饟(きじょう) 食糧。

糧道(りょうどう) 食糧の供給路。

蕭何(しょうか) 高祖の臣下。沛(はい)の豊邑(ほうゆう)(今の江蘇省徐州市豊県(こうそしょうじょしゅうしほうけん))の人。沛の功曹掾(こうそうえん)(官吏の功労を審査記録する係の属官)となり、高祖が庶民であった時から親しかった。高祖が軍を起こしてからは高祖に従い、丞(じょう)(補佐官)として諸事を監督した。高祖が漢王となると、すぐに丞相(じょうしょう)(宰相)に任命された。高祖は項羽との戦闘でしばしば敗れたが、そのつど立ち直ることができたのは、蕭何の力によるところが大きい。〔？—前一九三〕

④**連**(つらネ) 引き連れる。

韓信(かんしん) 淮陰(わいいん)(今の江蘇省淮安市(わいあんし))の人。秦末の乱が起こると項梁(こうりょう)に仕え、項梁の死後は項羽に仕えたが、認められなかった。そこで高祖に仕え、蕭何の強い推挙によって大将に任じられた。漢の三年〔前二〇四〕には趙(ちょう)軍を撃滅し、また斉(せい)を救援しようとした楚(そ)の将軍を撃ち破って斉を平定し、斉王に封じられたが謀反を企てて殺された。〔？—前一九六〕

⑤**人傑**(じんけつ) 特に優れた人物。張良、蕭何、韓信を漢の三傑という。

⑧范増　項羽の参謀。居鄛（今の安徽省巣湖市）の人。はじめ項梁に従い、楚の懐王の孫の心を楚王に立てることを進言した。項梁の敗死後は項羽に仕え、項羽は尊んで「亜父」（父に次いで尊敬する人）と称した。「鴻門の会」では、項羽に沛公を殺すことを勧めたが、聞き入れられなかった。〔？―前二〇四〕

鑑賞

漢の五年〔前二〇二〕、高祖が臣下に、自分が天下をとった理由と項羽が天下を失った理由を尋ねた時の話である。

高祖は「慢にして人を侮り」とあるように、傲慢で無作法なところがあったが、降伏した地域を手柄として部下に与えるというように度量の広い面を持っていた。

項羽は「仁にして人を愛す」というように、情愛に富み、人に接する態度が丁重であったが、優れた者を疑うような狭量さを持っていた。范増が項羽のもとを去ったのもそのためである。二人とも相矛盾する性格が同居していたが、項羽は人並み優れた能力を持っていたがゆえに、自己を過信しすぎ、高祖は自己の能力を正確に認識していたのである。高祖が、子房（張良）、蕭何、韓信などの部下を信頼し使いこなすことができたのに対し、項羽は范増を使いこなすことができず天下を失ったのである。

作者・出典

作者　司馬遷　本書七〇ページ参照。

出典　『史記』高祖本紀　本書七〇ページ参照。

教科書の問題（解答・解説）

教科書　四六ページ

■学習の手引き

❶高起・王陵は、項羽と劉邦をどのような人間として評価しているか比較しよう。

解答　項羽は思いやりがあり人を慈しんだ反面、能力の高い者を妬み賢者を疑い、利益を独占した。劉邦は傲慢で人をばかにするが、天下の人々と利益を分かち合った。

[解説]　高起と王陵は、まず劉邦の短所と項羽の長所を述べ、続いて劉邦の長所と項羽の短所を述べている。

❷劉邦は自分が天下をとった理由について、どのように考えているか。

解答　敵の町や土地を攻略して、降伏した地域を手柄として部下に与えたことと、張良、蕭何、韓信という優れた部下を使いこなすことができたことを、天下をとった理由として挙げている。

4 思想1

- 儒家の文章を読み、人間を巡るさまざまな思想を読み取る。
- 異なる三つの中国の思想を通して、人間の生き方や日本への影響についての思索を深める。
- 同じテーマに対する異なる思想について比較し、文章にまとめる。

儒家の思想

◆仁と君子

論語――二章

「博学而篤志」の章

教科書 四八ページ

要旨 「仁」に近づくための実践的な行動・心構えを述べた章である。

子夏曰、「博学而篤志、切問而近思、仁在其中矣。」【子張】

訓読

子夏曰はく、「博く学びて篤く志し、切に問ひて近く思へば、仁其の中に在り。」と。

現代語訳

子夏が言った、「ひろく学んで固く（学問の道を）志望し、（疑問が生じれば）切実に問いたずねて（高遠なことに思いを馳せず）身近な（実践上の）こととして思考するならば、仁はその中に（自然と）得られる。」と。

語釈・句法

子夏 姓は卜、名は商。孔子の門人。子游とともに学問に優れているとされた。〔前五〇七―前四二〇〕

而　接続を表す置き字。ここでは、順接を表す。

篤志　「篤」は、「固く定める」の意味。「篤志」で「熱心に学問の道を志す」「固く学問の道を志望する」。

切問　「切」は「切実に」「ひたすら」という意味。「切問」で「疑問に思うことや理解できないことを、切実に問いたずねる」。

近思　自分の実践上のこととして思考する。高遠なこと、抽象的なことに思いを馳せず、物事を身近な問題に当てはめて考える。

仁　孔子が最も重視した心のあり方。誠実な人間愛。

在二其中一　その（博学・篤志・切問・近思）中に自然と得られる。自然にその中から生まれてくる。

鑑賞

孔子の弟子の中でも、学問の誉れが高かった子夏は、博学・篤志・切問・近思の四つに、自然と仁を獲得する要素が備わっているとした。近思とは、学んだことを抽象的な概念として考えるのではなく、自分の身近な実際の問題に当てはめて思案工夫をするということである。

仁とは届きそうもない理想的なあり方ではなく、実際の行動の中に体得する要素があるとする子夏のこの言葉は、まさに実践的なものである。

儒教において重要な書とされる四書の一つ『中庸』には、「博くこれを学び、審らかにこれを問い（何事もひろく学び、くわしく綿密に質問し）、慎みてこれを思い、明らかにこれを弁じ、篤くこれを行う（慎重にわが身について考え、明確に分析して判断し、丁寧に行き届いた実行をする）」とあり、それが誠に至る人の道だと述べている。子夏の言葉はこの言葉と関係が深いと思われる。

どちらの言葉も、ただ知識を詰め込むだけにとどまらず、熟考を経て実行するところまでを一つと捉えているといえる。

「司馬牛問二君子一」の章

教科書　四八ページ

要旨　自分の言動を顧みて少しもやましいところがない人こそが君子であると述べた章である。

①司馬牛問君子。②子曰、「君子不憂、不懼。」③曰、「不憂、不懼、斯謂之君子已乎。」④子曰、「内省不疚、夫何憂、何懼。」【顔淵】

訓読

①司馬牛君子を問ふ。②子曰はく、「君子は憂へず、懼れず。」と。③曰はく、「憂へず、懼れざれば、斯ち之を君子と謂ふか。」と。④子曰はく、「内に省みて疚しからざれば、夫れ何をか憂へ、何をか懼れん。」と。

現代語訳

①司馬牛が（先生に）君子（とはいかなる者か）を問うた。②先生が言われた、「君子は心配ごとがなく、おそれおののくこともない。」と。③（司馬牛が）言った、「（ただ）心配ごとがなく、おそれおののくことがないならば、（それだけで）これを君子といえますか。」と。④先生が言った、「（もし人が）自分の心を振り返ってみて気がとがめることがないならば、いったい何を心配し、何をおそれようか、いや、何も心配しないし、おそれることもない。」と。

語釈・句法

①司馬牛　姓は司馬、名は耕または犂、字は子牛。孔子の門人。〔生没年未詳〕

君子　徳のある人。『論語』では、理想的な人間像として尊重される。

②子　男子の敬称。先生。学徳のある人、また、孟子、老子など学問で一派を成した人に使う。『論語』では孔子を指す。

不憂、不懼　「憂ふ」は「心配する」、「懼る」は「おそれおののく」「おじける」の意。心配せず、おそれおののかず。

③…、斯　「…するならば」「…すると」。「斯」を「ここニ」と訓読する場合もある。

…已乎　疑問を表す。二文字で「か」と読む。直前に読む「謂ふ」は連体形。「連体形＋（か）」は疑問を表すことが多い。

④内省　自分の心を振り返ってみて。

不疚　「疚し」は「気がとがめる」「なやむ」の意。気がとがめることがないならば。

夫　強調を表す。いったい。

何…　何を…しようか。いや…しない。反語を表す。

鑑賞

司馬牛が君子とはどういう者かと尋ね、孔子は「心配ごとがなく、おそれおののくことがない者だ」と答えた。君子をもっと高遠な存在だと考えていた司馬牛は、「それだけで君子といえるのか」と再び孔子に尋ねる。孔子は、「自分の言動を顧みて少しもやましいところがないというのは、君子でなくてはできないことだ」と答えた。

　孔子の考える君子は、高邁な理想を実践するような卓越した存在ではなく、自分の言動に自分自身が納得できる、やましいところがないという、もっと身近で実践的な存在で、仁とは自身の心の問題であると述べている。

　司馬牛の兄は悪人で、孔子を殺そうとしたり、宋で乱を起こそうとしたりしていた。そのため司馬牛はいつも兄のことを心配し憂えていた。孔子はその気持ちを察して、自分の心に自分の言動を反省して、自分さえやましいことがなかったら、りっぱな人で、君子といえると司馬牛を慰め、教えたといわれる。

作者・出典

作者　孔子〔前五五一？—前四七九〕　名は丘。字は仲尼。魯（今の山東省）の人。儒家の祖。若い頃は不遇であったが、後に魯の定公に召されてからは宰相代行の地位に就くなど、大いに治績をあげた。しかし、当時魯の実権を握っていた季孫・孟孫・叔孫の三氏の横暴を排除しようとして失敗し、職を辞して、弟子とともに遊説の旅に出た。衛・陳・宋・蔡などの諸国をさすらうこと十四年、諸侯に徳による政治、「仁」の道を説いたが、理想的すぎるとして受け入れられなかった。六十八歳の時に祖国の魯に帰り没するまで、顔淵（顔回）・曽子・子路・子貢・子張など多くの弟子の教育と書物の編集・整理に力を注ぎ、『春秋』を著した。弟子は三千人に及ぶといわれる。

出典　『論語』　孔子とその門人たちの言行の記録を集めたもの。二十編。人生の機微に触れる言葉が多く、孔子とその門人たちの魅力的な人間像が浮かび上がってくる。孔子の没後、門人たちの間で記録が整理されて、いくつかのまとまった形で伝えられ、前漢初期〔前二〇〇年頃〕に集成されたといわれる。前漢の時代に儒教が国教になると『論語』も尊重され、宋代には四書の筆頭として最も尊ばれた。日本には応神天皇十六年〔二八五〕に百済の王仁が伝えたといわれる。

仁人心也、義人路也

孟子

教科書 四九ページ

要旨

学問の道は仁義を探し求めることにほかならないことを述べた文章である。

①孟子曰、「仁人心也、義人路也。②舎其路而弗由、放其心而不知求。③哀哉。④人有鶏犬放、則知求之、有放心而不知求。⑤学問之道無他、求其放心而已矣。」【告子 上】

訓読

①孟子曰はく、「仁は人の心なり、義は人の路なり。②其の路を舎てて由らず、其の心を放ちて求むるを知らず。③哀しきかな。④人鶏犬の放たるる有れば、則ち之を求むるを知るも、放心有りて求むるを知らず。⑤学問の道は他無し、其の放心を求むるのみ。」と。

現代語訳

①孟子が言った、「仁は人が必ず持っている心であり、義は人が必ず通るべき道である。②(ところが人々は)その道(義)を捨てて従わず、その心(仁)をほったらかしにして探し求めることを知らない。③まことに嘆かわしいことだ。④人は(自分の飼っている)鶏や犬が逃げたならば、その時にはそれを探し求めることを知っているが、ほったらかしにした心があってもそれを探し求めることを知らない。⑤学問の道とはほかでもない、ほったらかしにした心を探し求めることだけなのだ。」と。

語釈・句法

人心(ひとノこころ)　人が必ず持っている心。どんな人にも備わっている本来の心。

路(みち)　人が必ず通るべき道。「路」は、「道」と同じ。

②舎(すテ)　「捨」と同じ意味。

其路(そノみち)　その道。ここでは、「義」を指す。

弗レ由　従わない。「弗」は、強い否定を表す。「由」は、従うこと。

放　捨てたままにする。ほったらかしにする。

其心　その心。ここでは「仁」を指す。

③哀哉　まことに嘆かわしいことだ。「哉」は、詠嘆を表す。

④鶏犬　鶏や犬。食料とするために家で飼育していた。

…則　「A則B」で、Aならば、その時にはB。仮定を表す。

知レ求レ之　それを探し求めることを知っている。「之」は、「鶏犬」を指す。

放心　ほったらかしにした心。

⑤無レ他　ほかにない。ほかでもない、次のことだ、と述べる時に用いる。

鑑賞

孟子は、仁と義は、人が正しく生きようとすれば、片時も離れることができないものであるはずなのに、それをほったらかしにしている人間がいることを嘆く。「学問の道とはほかでもない、この仁義を求めることである」という結びには、道義の高揚を強調する孟子の決意が込められていよう。

学問は知識を習得することであると考え、仁や義というものを封建道徳と思い込んでいる現代人に対して、真の学問とは人間に内在する本心(仁義)を自覚することであるという孟子の主張は、考えるべき問題を提起しているといえよう。

作者・出典

作者　孟子〔前三七二?―前二八九?〕　名は軻、字は子輿、または子居、子車という。戦国時代の儒家の思想家である。孔子の生地に近い魯の鄒に生まれ、幼少の頃は、「孟母三遷」や「断機の教え」などの故事で有名である。長じて孔子の孫である子思の門人に学んだ。孔子の説を広めるため、諸侯(梁の恵王・斉の宣王・滕の文公など)の間を遊説して、仁義と王道を説いて回ったが、戦国時代という、孟子の批判した「覇道」によってこそ国の存立が図られていた時代にあって、孟子の思想は理想論として、諸侯の採用するところとはならなかった。結局、故郷に帰って、門人の教育や著述に励んだ。また、孟子は、当時勢力の強かった楊朱や墨翟らの思想を異端邪説として攻撃し、儒家の勢力を盛り返した。孔子の「仁」に対して「仁・義」を主張し、「王道」を説いた。

出典　『孟子』告子 上　『孟子』は、孟子が諸侯や門人たちと交わした議論や対話を記録したもの。七編であったが、各編を上下に分けて十四編となった。唐以後に尊ばれるようになり、特に南宋の朱熹が『大学』『中庸』『論語』と合わせて「四書」としてから、儒教の経典として重んじられた。

君子有三楽

孟子

教科書 五〇ページ

要旨

君子の三つの楽しみについて述べた文章である。

①孟子曰、「君子有三楽、而王天下不与存焉。②父母倶存、兄弟無故、一楽也。③仰不愧於天、俯不怍於人、二楽也。④得天下英才而教育之、三楽也。⑤君子有三楽、而王天下不与存焉。」

【尽心上】

訓読

①孟子曰はく、「君子に三楽有り、而して天下に王たるは、与り存せず。②父母倶に存し、兄弟故無きは、一楽なり。③仰ぎて天に愧ぢず、俯して人に怍ぢざるは、二楽なり。④天下の英才を得て、之を教育するは、三楽なり。⑤君子に三楽有り、而して天下に王たるは、与り存せず。」と。

現代語訳

①孟子が言った、「君子には三つの楽しみがある、そして天下の王となることは、その中に含まれない。②父母がともに健在で、兄弟に事故がないのは、第一の楽しみである。③見上げては天にやましく思うことがなく、うつむいては人にやましく思うことがないのは、第二の楽しみである。④天下の優れた人物を弟子にして、教育するのは、第三の楽しみである。⑤君子には三つの楽しみがある、そして天下の王となることは、その中に含まれない。」と。

語釈・句法

三楽（さんらく）　三つの楽しみ。「楽」は、楽しみの意味の時は「ラク」、音楽の意味の時は「ガク」と読む。

①而（しかシテ）　そして。それで。

不与存（あずかりそんせず）　その中に含まれない。「与」は、「含む」、「関係する」という意味。「存」は、存在すること。

②倶（ともニ）　ともに。そろって。

存（そんシ）　健在である。

故　事故。不幸。非常のできごと。

③仰　見上げる。顔を上げて上を見る。

愧　恥じる。やましく思う。「怍」も同じ。

俯　うつむく。

④天下英才　天下の優れた人物。

鑑賞

孟子の言う「三楽」の第一は、父母兄弟が元気に暮らしていること、第二は、自分の身を修め、行いを正しくすること、第三は、天下の英才を教育することである。簡単に言えば、「斉家」「修身」「教育」ということになる。これらは人間の本来の心に価値をおいてみたものである。これに対して、天下の王となるのは、外在的価値の世界のことなので、孟子はこの文章の初めと終わりで、強く排除しているのである。幕末の思想家、兵学者である吉田松陰〔一八三〇—一八五九〕は、投獄中に囚人仲間と『孟子』の輪読会を行った。教科書五〇ページに示された文章は、その輪読会に基づく『講孟劄記』の中で、孟子の言う「三楽」に対する共感と憧れを述べたものである。特に、第三の楽しみ「天下の英才を教育する」について、恩赦の日まで生きながらえることができるならば、教育者として人材を育成したいという強い意欲を示しているのは、出獄後に松下村塾で、明治維新の原動力となる多くの「英才」を教育したことにつながる。

作者・出典

作者　孟子　本書九一ページ参照。

出典　『孟子』尽心上　本書九一ページ参照。

教科書の問題（解答・解説）

教科書　五一ページ

■学習の手引き

❶「仁」とはどのような徳か。

解答　人に内在しており、学び続けることによって得ることのできる徳。

[解説]　仁は「仁其の中に在り」「仁は人の心なり」とあるように、自分の中に持っているものである。それを学問によって体得していく必要があると、儒家は説いている。

❷「君子」とはどのような人物か。

解答　自身の身を修め行いを正しくし、言動を自分で省みて、やましいところがない人物。

[解説]　君子とは「君子は憂へず、懼れず」「仰ぎて天に愧ぢず、俯して人に怍ぢざるは」とあるように、自身の身を修め行いを正しくする人物のことである。

❸孟子の考える「学問之道」〔四九・3〕とはどのようなものか。

解答　学問の道とは、人が必ず持っているのに、ほったらかしにしている仁の心や、必ず通るべき道なのに、人が捨てて従わない義の心を探し求めるようなものである。

［解説］「探し求める」とは、自分の内面にあるはずの仁義の心を自覚することの比喩となっている。孟子は、「仁」を人が心に必ず持っているものとし、「義」を人が必ず通るべき道であるとする。ところが、人々はその仁義を捨てて従わず、ほったらかしにしていると指摘する。さらに、食料とするために飼育している鶏や犬の例を挙げ、それらが逃げれば当然探すはずなのに、同様に大切な仁義の心を探そうとはしないことを批判する。そして、学問の道とはすなわち、内なる仁義の心を見いだすことであると諭している。この論理の展開を押さえて、孟子の考える「学問の道」を捉えよう。

---

❹「君子有リ㆓三楽㆒」〔五〇ページ〕の「三楽」とは何を指すか、まとめよう。

解答　第一は、父母がともに健在で、兄弟に事故がないこと、第二は、天や人にやましいことがないこと、第三は、天下の優れた人物を弟子にして教育することである。

■語句と表現

①『論語』において、「君子」に見られる三つの側面として次のものがある。それぞれ何を指すか、調べよう。

解答　(1)三畏　天命を畏れ敬い、大人（たいじん）（＝徳が高く、りっぱな人）を畏れ敬い、聖人の言葉を畏れ敬う。

(2)三戒　若い時は男女の色情について戒める必要があり、壮年期は闘争心を戒める必要があり、老いてからは利欲を戒める必要がある。

(3)三変　君子は遠くから望み見ると威厳があり、近くに接すると温かみがあり、その言葉を聞くと厳正さがある。

◆孔子と弟子

論語—三章

「弟子孰為レ好レ学」の章

教科書 五二ページ

要旨 学問好きであった顔回の若死にを惜しむことを述べた章である。

①哀公問、「弟子孰為レ好レ学。」②孔子対曰、「有二顔回者一好レ学。③不レ遷レ怒、不レ弐レ過。④不幸短命死矣。⑤今也則亡。⑥未レ聞二好レ学者一也。」【雍也】

訓読

①哀公問ふ、「弟子孰か学を好むと為す。」と。②孔子対へて曰はく、「顔回なる者有り、学を好む。③怒りを遷さず、過ちを弐びせず。④不幸短命にして死せり。⑤今や則ち亡し。⑥未だ学を好む者を聞かざるなり。」と。

現代語訳

①哀公が尋ねて言った、「（あなたの）弟子の中で誰が学問好きだと思いますか。」と。②孔子がお答えして言った、「顔回という者がおりまして、学問好きでした。③（顔回は、腹が立っても）八つ当たりしませんでしたし、同じ過ちを二度と犯しませんでした。④（しかし）不幸にも若くして死んでしまいました。⑤今はもう（この世に）おりません。⑥（顔回の死後）学問好きな者のことをまだ聞いたことがありません。」と。

語釈・句法

①哀公　魯の君主。孔子が諸国遊歴を終えて魯に帰ってきたのは、哀公十一年〔前四八四〕であり、この問答はそれ以後に行われたと考えられる。〔在位、前四九四—前四六八〕

孰為レ好レ学　誰が学問好きだと思うか。「孰」は、「誰」と同じ。「誰が…か」という疑問を表す。「為」は、「…と思う」の意。

②対（こたへ）　お答えする。目上の人に答える時に用いる。

顔回　姓は顔、名は回、字は子淵。顔淵とも呼ばれた。門人の中でも秀でており徳行の第一に挙げられたが若死にした。〔生没年未詳〕

③不遷怒　ある事柄に対する怒りを、別の物や人にうつさない。八つ当たりしない。

不弐過　同じ過ちを二度と犯さない。

④短命　短い寿命。

⑤今也則亡　今はもう（この世に）いない。この「也」は、強調を表す助字。

⑥未…　まだ…しない。再読文字。

鑑賞

顔回は、『史記』によれば孔子より三十歳若く、顔路の子で、親子ともども孔子に師事した。最も優れた門人といわれ、孔子から、「賢なるかな回や」（優れているなあ、顔回は）と激賞され、「一を聞いて十を知る」と称され、孔子自身、「吾と女と如かざるなり」（私とお前（子貢を指す）とは顔回の聡明さに及ばない）と感嘆した。そして孔子は、自分の学説を完全に理解してその理想を正しく後世に伝えてくれるのは、顔回しかいない、と固く信じていた。その顔回が三十二歳の若さで死んだ時、孔子は「噫、天予を喪ぼせり、天予を喪ぼせり」（ああ、天が私を見放してしまった、天が私を見放してしまった）と言った。失意の一生を過ごし、最後の希望であった顔回にまで先立たれた、孔子の絶望的な嘆きである。

「子路問二君子一」の章

教科書　五二ページ

要旨　君子とはどういう存在なのかを述べた章である。

①子路問二君子一。②子曰、「修レ己以敬。」③曰、「如レ斯而已乎。」④曰、「修レ己以安レ人。」⑤曰、「如レ斯而已乎。」⑥曰、「修レ己

訓読

①子路君子を問ふ。②子曰はく、「己を修めて以つて敬す。」と。③曰はく、「斯くのごときのみか。」と。④曰はく、「己を修めて以つて人を安んず。」と。

以安百姓。⑦修己以安百姓、堯・舜其猶病諸。」【憲問】

⑤曰はく、「斯くのごときのみか。」と。⑥曰はく、「己を修めて以つて百姓を安んず。」と。⑦己を修めて以つて百姓を安んずるは、堯・舜も其れ猶ほ諸を病めり。」と。

現代語訳

①子路が（先生に）君子（とはいかなる者か）を問うた。②先生が言われた、「自分を修養し、そしてつつしみ深くすることだ。」と。③（子路が）言った、「このようなことだけ（でよいの）ですか。」と。④（先生が）言われた、「自分を修養し、そして（周囲の）人を安らかにすることだ。」と。⑤（子路が）言った、「このようなことだけ（でよいの）ですか。」と。⑥（先生が）言われた、「自分を修養し、そして世の中のすべての人々を安らかにする。」と。⑦自分を修養し、そして世の中の人々を安らかにすることは、（伝説上の帝王である）堯・舜もやはりこれに苦労したのだ。」と。

語釈・句法

①子路　孔子の門人。姓は仲、名は由、字は子路。または、季路。正直者で武勇に優れていた。〔前五四二—前四八〇〕

君子　徳のあるりっぱな人物。『論語』では、理想的な人物として尊重される。

②修己　自分自身を修養して。行いや人格を高める努力をして。

敬　つつしみ深くする。

③如斯　「斯」は指示語。孔子の言った「己を修めて以つて敬す」を指す。「如」は比況の助動詞として訓読する。「〜のようだ」の意。

…而已　限定を表す。「…だけ」の意。

…乎　疑問を表す。「…か」の意。

④安人　周囲の人を安らかにする。自分の人格を向上させ、その影響で、周りの人々を安定させる。

⑥百姓　世の中のすべての人々。「ひゃくせい」という読みに注意。

⑦堯・舜　伝説上の帝王。儒教の聖人の一人。理想的な政治を行ったとされる。

病　悩んだ。苦労した。

諸　指示語。「己を修めて以つて百姓を安んず」を指す。

鑑賞

孔子の君子についての説明に対して、子路は、その程度の人で君子といえるのかと、孔子の深意を理解することができなかった。子路が考える君子とは、遠い理想として追い求める存在で、孔子の説明よりももっとすばらしいことができそうな人物だったのかもしれない。

そんな弟子を見て、孔子はさらに、自分自身の人格を向上させることによって、その影響で周りの人々を安らかにするような人を君子というのだと説明した。それでも理解できない子路に、自分の修養を完成させ、その影響が自然に人々に及んで、世の中のすべての人が、自分の居場所を得て安らかに生活できるようにする人が君子であり、聖天子である堯・舜でも苦労されたのだ、と丁寧に答えてやった。

『論語』で理想的な人物として尊重される「君子」についての、孔子の考えがうかがえる章である。

参考

人非聖人

貝原益軒（かいばらえきけん）

要旨 人はみな過ちを犯す者であり、過ちを知って改めれば恥にはならないが、過ちを知らなかったり、知っても改めなかったりするのは恥である。

①人非聖人、誰無過。②雖有過、知之而能改、則帰無過。③故人有過、非所以為恥。④苟私意蔽固、則雖有過、而不能知之。⑤雖知之、又不能改。⑥所以為可恥也。【慎思録】

訓読

①人は聖人に非ず、誰か過ち無からん。②過ち有りと雖も、之を知りて能く改むれば、則ち過ち無きに帰す。③故に人過ち有るは、恥と為す所以に非ず。④苟くも私意蔽固なれば、則ち過ち有りと雖も、而も之を知ること能はず。⑤之を知ると雖も、又改むること能はず。⑥恥づべしと為す所以なり。

現代語訳

①人は聖人ではないので、誰が過ちを犯さないだろうか。（いや、みな過ちを犯す。）②過ちを犯したとしても、その過ちを知って改めることができれば、その時には過ちが無いということになる。③だから人は過ちを犯しても、恥とする理由に

はならない。④もしもその人の心が道理に暗くて頑固であると、過ちを犯したとしても、その過ちを知ることができない。

⑤(また)過ちを知ったとしても、改めることができない。⑥(これは)恥とすべき理由である。

「道不レ行」の章

要旨　道が行われないことを嘆くとともに、すぐに調子にのる子路をユーモラスにたしなめた章である。

①子曰、「道不レ行、乗レ桴浮二于海一。②従レ我者其由与。」③子路聞レ之喜。④子曰、「由也、好レ勇過レ我。⑤無レ所レ取レ材。」【公冶長】

訓読

①子曰はく、「道行はれず、桴に乗りて海に浮かばん。②我に従ふ者は其れ由か。」と。③子路之を聞きて喜ぶ。④子曰はく、「由や、勇を好むこと我に過ぎたり。⑤材を取る所無からん。」と。

現代語訳

①先生が言われた、「私の理想が行われない、(いっそ)桴に乗って海に浮かぼう。②私について来るのは由かな。」と。③子路はそれを聞いて喜んだ。④先生が(また)言われた、「由よ、勇ましいことが好きなのは私以上だ。⑤(しかし)そんなに大きな桴を造る材木を手に入れることなどできまい。」と。

語釈・句法

①道　私の理想。ほかに、正しい政治、正しい生き方、先生の理想などという説もある。

乗レ桴浮二于海一　桴に乗って海に浮かぼう。理想の実現されない世を避けるためである。

②由　子路の名。姓は仲、字は子路、または季路。孔子の門人。〔前五四二—前四八〇〕

与　軽い疑問を表す助字。

⑤無レ所レ取レ材　そんなに大きな桴を造る材木を手に入れることなどできまい。「材」は、材木。

鑑賞

孔子の言葉は、現実の世の中に対する絶望を表明したもので、実際に海に浮かぼうとするわけではない。しかし、それをまともに受け止めるところに、正直で武勇に優れていた子路の人間像がよく出ている。

作者・出典

作者 孔子（こうし） 本書八九ページ参照。

出典 『論語（ろんご）』 本書八九ページ参照。

教科書の問題（解答・解説）

教科書 五六ページ

❓教科書本文下に示された問題

❓「子路聞レ之喜」とあるがどうしてか。（p.五三）

解答 多くの弟子がいる中で自分の名を呼ばれたから。

■学習の手引き

❶孔子は、顔回、子路をどのように評価しているか。

解答 顔回…無類の学問好きであるとともに、聡明で、かつ人格者であった。子路…孔子以上に勇ましいが、軽率な面がある。

［解説］「弟子孰為レ好レ学」の章には、誰よりも信頼し、自身の教えを正しく後世に伝えてくれると信じていた顔回に先立たれた孔子の嘆きが表れている。顔回が他界したのちも、学問好きとして顔回の右に出る者はないと孔子は考えていたのである。「道不レ行」の章では、道が行われない世の中に絶望した孔子が「乗レ桴浮二于海一」（桴に乗って海に浮かぼう）と述べたのに対し、子路がこれを真に受けて喜ぶ。「そんな大きな桴を造る材木を手に入れることなどできまい（本当に桴を造るはずがなかろう）」とたしなめているのである。

❷孔子は子路をどのような人物と見ているか、具体的に説明しよう。

解答 勇敢で素直な人物。

［解説］孔子は「道不レ行」の章で、子路に「好レ勇過レ我」と述べている。勇敢なことにおいては私以上だとほめているのである。また、孔子が言った、桴に乗って海に浮かぼうという冗談を真面目に受け止めている点から素直な性格だとわかる。「子路問二君子一」の章の孔子に立て続けに質問する様子からも子路の真面目で素直な性格がわかる。

❸子路が生きる上で大切にしたものについて考えよう。

解答 孔子から君子とはどのようであるべきかを学び、

君子であろうとし続けた。

■ 語句と表現

①「弟子」〔五一・1〕や「百姓」〔五一・6〕のように、現代日本語と読みが異なったり、意味が異なったりするものがある。次の熟語について調べよう。

---

(1) 学者　勉強をする人。
(2) 稽古　昔のできごとを考えること。
(3) 丈夫　読み…じょうふ　意味…一人前のりっぱな男子。
(4) 大人　読み…たいじん　意味…徳をそなえた人。

◆人の本性とは

性相近也

論語

教科書 五七ページ

要旨 人の先天的な性質に差はないが、後天的に身につけるものによって差が大きくなることを述べた章である。

①子曰ハク、「性相近キ也。②習ヒ相遠キ也ト。」【陽貨】

訓読
①子曰はく、「性相近きなり。②習ひ相遠きなり。」と。

現代語訳
①先生が言われた、「(人間が)先天的に持っている性質はお互いに似たようなものである。②後天的に身につけるものによって(その差が)お互いに大きくなるのである。」と。

語釈・句法
①性 生まれついて持っている性質。先天的な性質。
相近也 お互いに似ている。「近」は、ほとんど同じ。「也」は断定を表す。
②習 後天的に身につけるもの。後天的な習慣を指すが、賢さや善悪の観念なども習慣づけられて成立するので、そうした、教育によって修得するものなどをも含んでいるといえる。
相遠也 (性質の隔たりが)お互いに大きくなる。

鑑賞
人間の生まれつきの性質にはそれほど個人差はなく、万人に相通じるものがある。だからこそ、道徳・文化などを共有することができるのである。もし人間の生まれつきの性質に大きな差異があれば、教育や文化によって人を教え導くことは、極めて困難になるであろう。「衛霊公編」に、「子曰はく、『教へ有りて類無し。』」(教育があるのであって、人間の種類というものはない)とある。教育や習慣によって人間の差が生まれるのであって、初めから善悪・賢愚などの差を持って生まれてくるのではないという意味である。本章と補い合って、人間の平等性と、教育・習慣の重要性とを述べている。

作者・出典

作者 孔子　本書八九ページ参照。

出典 『論語』　本書八九ページ参照。

教科書 五七ページ

参考 論語徴　荻生徂徠

要旨 孔子の没後、老荘の思想は盛んになったが、孟子は性善説について論じるうちに孔子の教えは意味が変わってしまった。そのため今度は荀子が性悪説を唱えたのである。

①自孟子有性善之言、而儒者論性、聚訟万古、遂以為孔子論性之言而不知為勧学之言也。②蓋孔子没而老荘興、専倡自然而以先王之道為偽。③故孟子発性善以抗之。④孟子之学有時乎失孔氏之旧。⑤故荀子又発性悪以抗之。

訓読

①孟子に性善の言有りしより、而して儒者性を論じ、万古に聚訟し、遂に以つて孔子性を論ずるの言と為して勧学の言たるを知らざるなり。②蓋し孔子没して老荘興り、専ら自然を倡へて先王の道を以つて偽と為す。③故に孟子性善を発して以つて之に抗す。④孟子の学時有りて孔氏の旧を失ふ。⑤故に荀子又性悪を発して以つて之に抗す。

現代語訳

①孟子が人の本性は善であるという説を唱えてから、儒者は人の本性について論じ、昔から今まで集まって言い争い、とうとう（孔子の「性相近也。…」の言葉を）孔子が人の本性について論じた言葉としてしまい、学問をするように勧める言葉であったことを理解しようとしない。②思うに孔子が亡くなって老荘の思想が盛んになり、ひたすら無為自然の道を唱えて、（孔子が理想とした）先王の道（尭・舜などによる人為的な政治）を偽りであるとした。③そのため孟子が性善説を唱えて、それによってこれ（＝老荘の思想）に対抗した。④孟子の学説は時間が経過し（たため）孔子のもとの教えを失った。⑤そのため荀子がまた人の本性は悪であるという説を唱えてこれ（＝孟子の学説）に対抗した。

性之善也、猶水之就下

孟子

教科書 五八ページ

要旨 告子と孟子とが、人の本質を水にたとえて、人の性質は湛えられた水の東側が切れれば東に流れるように、善も不善もないものであるか、それとも、水が上へは流れず下に流れるように、善なるものであって、上へ流れる（悪に走る）のは外からの力がそうさせるのかを論じた文章である。

①告子曰、「性猶湍水也。②決諸東方則東流、決諸西方則西流。③人性之無分於善不善也、猶水之無分於東西也。」④孟子曰、「水信無分於東西。無分於上下乎。⑤人性之善也、猶水之就下也。⑥人無有不善、水無有不下。⑦今夫水搏而躍之、可使過顙、激而行之、可使在山。⑧是豈水之性哉。⑨其勢則然也。⑩人之可使為不善、其性亦猶是也。」

【告子 上】

訓読

①告子曰はく、「性は猶ほ湍水のごときなり。②諸を東方に決すれば則ち東流し、諸を西方に決すれば則ち西流す。③人性の善不善を分かつ無きは、猶ほ水の東西を分かつ無きがごときなり。」と。④孟子曰はく、「水は信に東西を分かつ無きも、上下を分かつ無からんや。⑤人性の善なるは、猶ほ水の下きに就くがごときなり。⑥人善ならざる有る無く、水下らざる有る無し。⑦今夫れ水は搏ちて之を躍らさば、顙を過えしむべく、激して之を行らば、山に在らしむべし。⑧是れ豈に水の性ならんや。⑨其の勢則ち然らしむるなり。⑩人の不善を為さしむべきも、其の性亦猶ほ是くのごときなり。」と。

現代語訳

①告子は言った、「人間の本性はちょうど渦巻いている水の流れのようなものである。②これを東の方に堤を切って落とすと東に流れ、これを西の方に堤を切って落とすと西に流れる。③人間の本性の善と不善とが区別できないのは、ちょうど水（の流れ）が東西を区別できないのと同じことである。」と。④孟子が言うには、「水（の流れ）は確かに東西を区別できないが、上か下かは区別できないだろうか。（いや、区別できるはずである。）⑤人の本性が善であるのは、ちょうど水が低い方へ流れるようなものである。⑥人は善でないことがないし、水は低い方へ流れないことがない。⑦もし今、水を手で打ってこれを跳ね上げれば、（人の）額を越えさせることができるし、水流をせき止めて勢いをつければ、山に登らせることができる。⑧これがどうして水の性質だろうか。（いや、水の性質ではない。）⑨外からの力がそうさせたのである。⑩人が良くないことをさせられてしまうのも、その本性がまたちょうどこのような（外からの力で動かされてしまう）ものであるからである。」と。

語釈・句法

性（せい）　本性。生まれつき持っている性質。

也　主語を提示する置き字。

猶（なホ／ごとシ）　ちょうど…のようだ。比況を表す再読文字。

就（つク）　行く。近づく。

①**告子**（こくし）　名は不害（ふがい）。孟子と同時代の思想家。性には善も不善もないと説いた。「孟子」には、彼との対話が多く、出典の編名にもなっている。〔前四二〇—前三五〇〕

湍水（たんすい）　渦巻いている水。「湍」は水の勢いが盛んな様子。

②**決**（けっス）　堤を切って落とす。水を流す。決壊させる。

④**信**（まことニ）　確かに。本当に。告子の言葉を受けた表現。

無（なカラン）レ分（わかツ）ニ於上下（じょうげヲ）一乎（や）　「…乎。」で反語。「上下の区別はできないだろうか。（いや、できる。）」の意味。

⑥**無（なク）レ有（あル）レ不（ざル）レ善（ぜんナラ）**　二重否定。善でないことがあるわけがない。

⑦**今夫**（いまそレ）　「今」は「いま」「もし」と読み、仮定を表す。「夫」は文頭に置いて、語気を強める言葉。

搏（うチ）　手で打つ。叩（たた）く。

躍（おどラ）　跳ね上がる。

使（しム）　（…に）…させる。使役を表す。「使（ム）ニＡ（ヲシテ）Ｂ［セ］一」のＡが明白なため省略された形。「Ｂさせる。」の意。

過（こエ）　越える。超過する。

顙（ひたい）　額。ひたい。

激（げきシテ）　水流をせき止めて勢いをつける。一気に流すために、水をせき止める。

⑧豈（あニ）…哉（や）　どうして…か。（いや…ない。）反語を表す。

⑨其勢（そノせい）則（すなわチ）然（しかラシムルなり）也　外からの力がそうさせたのである。「其勢」は「搏」「激」などの「外からの圧力」を指す。「則」は、ここでは上で言ったことの結論を下で述べる際に用いる助字。「…についてはつまり…」といった意味。「然」は「そのようである」の意。

⑩其性（そノせい）　人間の本性。

是（かクノ）　指示語。直接的には「其ノ勢則チ然ラシムル也」を指す。「このように外部からの力により動かされてしまう。」という意。

鑑賞

告子と孟子の人間の本性についての主張が対比された形で述べられている。それぞれが本性を水にたとえている。告子の主張は、人間の本性には善悪はなく、湛えた水の東側に口があれば東へ流れるし、西側に口があれば西へ流れるというもの。つまり、場合によっては善にも悪にもなりうるという主張である。これに対して、孟子は人間の本性は善であるということを前提としたうえで、本来、水は低いところに流れるものであるが、下から上へ逆流することがあるように、別の力によって方向が変わってしまうのであると述べている。つまり、人は本来、善であるが、外部の影響によって悪となってしまうことがあると主張しているのである。

告子の言うところの東西善悪は全く同じ条件下で論じられるものであるが、孟子はあくまでも人間の性善説を前提とし、善の本来の流れではない方向へ行く場合の原因は外圧と考えているのである。

作者・出典

作者　孟子（もうし）　本書九一ページ参照。

出典　『孟子（もうし）』告子　上　本書九一ページ参照。

人之性悪

荀子

教科書 五九ページ

要旨

人の本性は悪であり、その善なる面は後天的に付加されたものであるということを述べた文章である。

①人之性悪、其善者偽也。②今人之性、生而有好利焉。③順是、故争奪生而辞譲亡焉。④生而有疾悪焉。⑤順是、故残賊生而忠信亡焉。⑥生而有耳目之欲、有好声色焉。⑦順是、故淫乱生而礼義文理亡焉。⑧然則従人之性、順人之情、必出於争奪、合於犯文乱理而帰於暴。⑨故必将有師法之化、礼義之道、然後出於辞譲、合於文理而帰於治。⑩用此観之、然則人之性悪明矣。⑪其善者偽也。【性悪】

訓読

①人の性は悪なり、其の善なる者は偽なり。②今人の性は、生まれながらにして利を好む有り。③是に順ふ、故に争奪生じて辞譲亡ぶ。④生まれながらにして疾悪有り。⑤是に順ふ、故に残賊生じて忠信亡ぶ。⑥生まれながらにして耳目の欲有り、声色を好む有り。⑦是に順ふ、故に淫乱生じて礼義文理亡ぶ。⑧然らば則ち人の性に従ひ、人の情に順はば、必ず争奪に出で、犯文乱理に合して暴に帰す。⑨故に必ず将に師法の化、礼義の道き有りて、然る後に辞譲に出で、文理に合して治に帰せんとす。⑩此を用つて之を観れば、然らば則ち人の性は悪なること明らかなり。⑪其の善なる者は偽なり。

現代語訳

①人の本性は悪であり、人の性質が善なのは人為の結果である。②今(このことについて考えてみるに)人の本性には、生まれつき利益を好む性質がある。③これにそのまま従うから、争いや奪い合いが生じて人に譲る心がなくなる。④(また)人

は生まれつき他人をねたみ憎む心を持っている。⑤これにそのまま従うから、人をそこなう心が生じてまごころと誠実さがなくなる。⑥(また)人は生まれつき耳や目による感覚的欲望があり、歌舞音曲や美人を好むものである。⑦これにそのまま従うから、みだらな心が生じて礼と義や物事の筋目がなくなる。⑧そうであるならば人の本性に従い、人の生まれつきの感情に従った行いをすれば、必ず争い奪い合うことが生まれ、物事の筋目を犯し乱すことになり世の中が乱れる結果になる。⑨だからどうしても手本による教化や、礼と義による指導が必要であり、それによって初めて人に譲る心が生まれ、物事の筋目が立つことになり世の中が治まる結果になる。⑩以上の点から考えると、人の本性が悪であることは明らかである。⑪人の性質が善なのは人為の結果である。

語釈・句法

性（せい） 本性。生まれつき持っている性質。

①偽（い） 人為。作為。「為」と同じ。いつわりの意ではない。

②生而（うマレナガラニシテ） 「うマレナガラニシテ」と読む。生まれた時から。持って生まれた性質として。

好レ利（このムりヲ） 利益を得ることを好む。

焉 文末につけて語調を整える置き字。断定を表す。ここでは訓読しない。

③順レ是（したがフこれニ） これ（この生まれながらの性質）に従う。

争奪（そうだつ） 争いや奪い合い。

辞譲（じじょう） 辞退し、人に譲る心。遠慮すること。

亡（ほろブ） なくなる。

④疾悪（しつお） ねたみ憎む心。「疾」も「悪」も、憎むの意。

⑤残賊（ざんぞく） 人をそこなう心。「残」も「賊」も、そこなうの意。

忠信（ちゅうしん） 誠実さ。まごころ。

⑥耳目之欲（じもくのよく） 美しいものを見たり聞いたりしたいという欲望。感覚的な楽しさを求める欲望。

有レ好ニ声色一（ありこのムせいしょくヲ） 歌舞音曲や美人を好む傾向がある。「声色」は、歌舞音曲と美人。

⑦淫乱（いんらん） みだらな心。行きすぎや乱れ。「淫」も「乱」も、正道から外れて乱れるの意。

文理（ぶんり） 物事の筋目。道理。社会規範や現実の秩序を指す。

⑧然則（しかラバすなわチ） そうであるならば。それならば。上文の条件を受けて結果を述べる場合に用いる接続詞。論理的な判断を下す場合に用いることが多い。

出（いデ） (…という状態が) 生まれる。

犯文乱理（はんぶんらんり） 物事の筋目を乱す。「犯ニ乱文理一」（ぶんりヲはんらんス）の意。「犯乱」は、みだす。

帰ニ於暴一（きスぼうニ） 世の中が乱れる結果になる。この⑧の叙述は、「出……、合……、而帰……」という三段階の構成になっている。「…が生まれ、やがて…となり、ついに…という結果になる」という意味。次の⑨も同様である。

⑨師法之化　手本による教化。「師法」は、手本、規範。「化」は、教化。
礼義之道　礼と義による指導。「道」は、「導」と同じ。

⑩治　世の中が治まっている状態。
用此観之　以上の点から考えると。このようにみてくると。結論を述べる時の慣用句。「用」は、「以」と同じ。

鑑賞

偉大な思想家の死は、必ずといってよいほどその後継者の間に師の思想の解釈をめぐる対立を引き起こすものである。孔子没後の儒家の場合もその例外ではなかった。すでに孔子の生前からくすぶっていた儒家内の理論的対立は、師の没後、孔子をいわば正統的に継承しようとする曽子派と、子夏・子游らの若い後進派の二つの分派を形成させた。両派とも聖賢・君子の域に達することを目標としているが、方法論において、前者は、孔子の忠恕説を継承して、精神面の完成から形式面の完成へ進もうとし、後者は礼楽を受けて、形式面から精神面へと進もうとした。それは、曽子派が「仁」や「忠恕」といった内省的な徳を師の思想の核心であるとしたのに対し、子夏・子游派が政治的実践のためにも、これらの徳を社会秩序として客観化したものである「礼」を重視したことに起因する。

そして、この曽子派の系列に出たのが孟子であり、子夏・子游派の流れをくむものが荀子であった。

孟子が主張する性善説に対して、荀子が性悪説をとったことはあまりにも有名である。理想主義的な傾向の強かった儒家内にあって、荀子の論理は、教材にもみられるように観念的ではなく、戦国時代の現実の人間に即した実証的精神に基づいたものである。人の性を悪であるとする以上、「仁」「忠恕」といった人間にとって最も内省的な徳に期待することはできない。したがって、荀子においては、彼が子夏・子游派の流れをくんでいることも手伝って、「仁」を客観化した「礼」が、すでに「法」に近い性質さえ帯び、国家支配の原理として強調されることとなる。

ここに荀子の学問と思想の特色がある。このため荀子は、後世、儒家の中で傍流とみられてきた。事実、彼は、儒者として徳治主義の大枠を維持しているものの、かなり法治主義に近い立場に位置していたということができよう。「礼」を「法」にはっきり置き換えることによって、荀子の思想をさらに一歩進めたのは、彼の門から出て法家を大成した韓非であった。

作者・出典

作者 荀子〔前二九八？―前二三五？〕 名は況。荀卿、または孫卿と尊称される。『史記』の「孟子荀卿列伝」によると、趙の人で、前半生の経歴は不明。諸国を遊説し、五十歳の頃、当時の学問・文化の中心地であった斉に来遊し、祭酒（長老・代表者）となって尊敬された。後、斉を去って、楚の宰相春申君のもとに赴き、その推薦で蘭陵（山東省）の令（長官）となり、二十年近く治政に尽くした。また、講学にも努め、門下から韓非、李斯らが出た。春申君の死後、職を辞したが、蘭陵に住みつき、その地で没した。

その学説は、性悪説と礼論に特色がある。孟子の性善説に対し、人の本性は悪であるとし、その悪である性質を善に導くものとして礼を重んじ、外部から形式を整えようとする教育論を展開した。性悪を唱えはしたが、人間は学問・徳行に励んで、善を目指すべきであると説いた儒家である。しかし、後世の儒家の多くは、人の性を悪としたことに反発した。さらに荀子の門下の韓非や李斯が法家として法治主義を唱え、李斯が秦の始皇帝に仕えて、焚書坑儒を断行したことなどが加わって、荀子は後世の儒家から非難された。

出典 『荀子』性悪 荀子の作と伝えられているが成立年代は未詳。二十編。孟子の性善説に反対して、性悪説を主張した荀子の著作を、漢の劉向〔前七七―六〕がまとめたもの。

孟子を批判したり、荀子の門弟に、秦の始皇帝に仕えた李斯や、法家の代表者韓非などが出たりしたため、儒家の間では評判が悪く、宋代の儒者は特に『荀子』を嫌った。日本の荻生徂徠（江戸時代中期の儒学者）は、荀子の立場に本来の儒学の立場があるとして尊重している。

教科書の問題（解答・解説）

教科書 六〇ページ

❓ 教科書本文下に示された問題

❓ 「猶ホレ是クノ」の意味するところを考えよう。（p.五八）

解答 水に勢いをつければ下から上に向けて流すことも可能であるように、人も外部の影響を受けて本性を変えられてしまうということ。

［解説］ 孟子は、告子が人の本性を水にたとえて性善説・性悪説をともに否定したことを逆手にとって反論している。孟子は性善説の立場から、人が悪に走るのは周囲の影響を受けるためだと説いている。

❓ 「帰ス二於暴ニ一。」とはどういうことか。（p.五九）

解答 人の本性に従い、生来の感情に従って行動すれば、必ず争いや奪い合いが生まれ、やがて、物事の筋目を犯し乱すことになり、ついには世の中が乱れる結果になるということ。

■学習の手引き

❶孔子は「性」はどのようなものだと言っているか。

解答　人の先天的な性質はたいした違いがない。しかし、後天的に身につけるものによって差が大きくなる。

❷「性之善也、猶水之就下」（五八ページ）において、孟子が告子に対して人間の「性」を善であるとする理由を説明しよう。

解答　人は本来、善であるが、外部の影響によって悪となってしまうことがあるから。

[解説]　たとえ話として、水は低いところに流れるものであるが、下から上へ逆流することがあるように、別の力によって方向が変わってしまうことを述べている。

❸「人之性悪」（五九ページ）において、荀子が人間の「性」を悪であるとする理由を箇条書きでまとめよう。

解答
・人は生まれつき欲を持っている。
・人は生まれつき、他人をねたみ憎む心を持っている。
・人は生まれつき持つ欲望によって、歌舞音曲や美人を好む。

[解説]　荀子は性悪説を唱えたが、礼と義による学びによって後天的に善いものとなり、人々が正しい行いをすれば世の中も平和に治まると主張した。

■語句と表現

①「然則」（五九・5）・「然後」（五九・7）と同じ「然」の字を使った表現の読みを調べよう。

(1)然而「しかレドモ」…「しかし」という逆接の用法。
(2)雖レ然「しかリトいえドモ」…「そうではあるが」という逆接の用法。

②『論語』『孟子』『荀子』の各章における対句表現を抜き出してまとめよう。

解答　『論語』…「性相近也。習相遠也。」
『孟子』…「決諸東方則東流、決諸西方則西流」「無分於東西、無分於上下」「人無有不善、水無有不下」「搏而躍之、可使過顙、激而行之、可使在山」
『荀子』…「生而有好利焉。順是、故争奪生而辞譲亡焉」「生而有疾悪焉。順是、故残賊生而忠信亡焉。」「生而有耳目之欲、有好声色焉。順是、故淫乱生而礼義文理亡焉。」

言語活動

1孟子と荀子の「性」の捉え方の違いを理解したうえで、現代に生きる自分なりの「性」の捉え方を短い論文にまとめてみよう。

[解説]　孔子、孟子、荀子の考えの違いに着目しつつ、理想的な生き方を考えてみよう。

5 小説1

●話の展開に即して、内容を正確に読み取る。
●発想や表現の特色を理解し、小説のおもしろさを味わう。

教科書 六二〜六三ページ

小説―三編

小時了了

大意 孔文挙（孔融）は十歳の時、当時司隷校尉として名高かった李元礼（李膺）を訪ね、「李元礼の親戚だ」と名乗って門を通された。孔文挙は、自分の祖先の孔子と李元礼の祖先の老子との関係を理由に代々親交があるのだと主張し、周囲を驚かせた。また、「若い時に賢くても大人になってそうであるとは限らない。」と皮肉を言った陳韙に対しても、その言葉を逆手に取って言い負かせてしまった。

第一段落（初め〜六二・7）

段意 孔文挙は李元礼の屋敷の門前で、自分は李元礼の親戚だと言って入り、その発言の理由を述べる。

①孔文挙、年十歳、随父到洛。②時李元礼、有盛名、為司隷校尉。③詣門者、皆俊才清称、及中表親戚、乃通。④文挙至門、謂吏曰、「我是李府君親。」⑤既通、前坐。⑥元礼問曰、「君与僕有何親。」⑦対曰、「昔先君

訓読 ①孔文挙、年十歳にして、父に随ひて洛に到る。②時に李元礼、盛名有りて、司隷校尉たり。③門に詣る者は、皆俊才清称、及び中表の親戚にして、乃ち通さる。④文挙門に至り、吏に謂ひて曰はく、「我は是れ李府君の親なり。」と。⑤既に通され、前み坐す。⑥元礼問ひて曰はく、「君と僕とは何

仲尼、与二君先人伯陽一、有二師資之尊一。⑧是僕与レ君、奕世為二通好一也。」⑨元礼及賓客、莫レ不レ奇レ之。

の親か有る。」と。⑦対へて曰はく、「昔先君の仲尼は、君の先人伯陽と、師資の尊有り。⑧是れ僕と君と、奕世通好を為すなり。」と。⑨元礼及び賓客、之を奇とせざる莫し。

現代語訳

①孔文挙は、年十歳の時に、父親に従って洛陽に来た。②この頃 李元礼は、(優秀で)高い評判があり、司隷校尉であった。③(彼の屋敷の)門へ来た人物は、皆俊才で清廉高潔であるという名声の持ち主であり、そのうえに彼の父方と母方の親戚であって、初めて通されることになっていた。④孔文挙はこの門に行き、門番にこう言った、「私は李長官の親戚です。」と。⑤そこで中に入ることが許され、(李元礼の前に)進んで席に着いた。⑥李元礼は尋ねてこう言った、「君と僕とはどういう親戚なのだろうか。」と。⑦(孔文挙が)答えて言うには、「昔私の祖先の仲尼(孔子)は、あなたのご先祖の李伯陽(老子)を、先生として尊敬していました。⑧これは私とあなたとが、代々親交があるということです。」と。⑨李元礼とそこにいた客人たちで、彼を優れていると認めない者はいなかった。

語釈・句法

了了　賢い。りこうな様子をいう。「了」に「さとる」「理解する」という意味がある。

①孔文挙　後漢の人。姓は孔、名は融。字は文挙。孔子の直系二十代目の子孫。劉備に仕え、後に後漢の朝廷に仕え、その文才から「建安の七子」の一人に挙げられている。ことあるごとに曹操と対立し、建安一三年、曹操を誹謗中傷したとして妻子共々処刑される。〔一五三―二〇八〕

洛陽　洛陽(今の河南省洛陽市)。後漢の首都。

②李元礼　後漢の人。姓は李、名は膺。字は元礼。要職を歴任した優れた人物。権力を握ろうとする宦官勢力の策謀により、拷問にかけられ死亡した。〔一一〇?―一六九〕

司隷校尉　漢代の官名で、首都圏長官。首都圏の行政・監察に当たる要職。

③詣　至る。行く、到達する。

清称　清廉高潔であるという名声。

中表親戚　父方と母方の親戚。「中」は「内」のことで、母方のいとこを「内兄弟」、「表」は「外」のことで、父方のいとこを「外兄弟」

という。

乃　そこで初めて。優秀であり、そのうえ親戚であって初めて。

④吏　下役。ここでは、門番。上級の役人は「官」、下級の役人は「吏」。

府君　行政長官への尊称。

親　親戚。身内。

⑥与　「A与B」で、「AとBと」と読み、並列を表す。「与」は返読文字。

有何親　どういう親戚なのか。どのようなよしみがあるのか。

⑦対　答えて。質問に対して答える。

先君　祖先。

仲尼　孔子の字。漢の時代、秩序を守る儒教は国家公認の学問として尊ばれ、孔子の子孫も健在であった。

伯陽　老子の字。老子の姓は李。名は耳。字は聃、または伯陽とされる。老子の姓が李であることがポイント。李元礼の姓も李。孔文挙はもちろん孔子の子孫である。つまり老子を李元礼の祖先とし、孔子が老子を師としていたという伝説を用いて、自分と李元礼は代々親交があるのだと主張した。

⑧為通好　親交がある。よしみを通じている。「通好」は、仲良くする。親交をもつ。

⑨莫不……［せ］　……しないものはない。二重否定を表す。二重否定は肯定の強調。「どんなものでも…する。」ということ。

奇　優れている。人並みでないこと。

■第二段落（六三・1〜終わり）

段意　遅れてきた陳韙と孔文挙とが問答した。

①太中大夫陳韙、後至。②人以其語語之。③韙曰、「小時了了、大未必佳。」④文挙曰、「想君小時、必当了了。」⑤韙大踧踖。【世説新語】

訓読

①太中大夫の陳韙、後れて至る。②人其の語を以つて之に語る。③韙曰はく、「小時了了たるも、大にして未だ必ずしも佳ならず。」と。④文挙曰はく、「君が小時を想ふに、必ず当に了了たるべし。」と。⑤韙大いに踧踖す。

現代語訳

①太中大夫である陳韙は、遅れて（そこへ）来た。②人々は孔文挙の発言を彼に語った。③陳韙は言った、「小さい時に賢くても、大人になれば必ずしも良い人物になるとは限らない。」と。④（これに対して）孔文挙は言った、「あなたが若い時は、きっとまさしく（今のお話のように）賢かったはずですね。」と。⑤陳韙は（これを聞いて）大いに恐れ入った。

語釈・句法

①太中大夫　皇帝の諮問に答える宮中の官職。

陳韙　後漢の人。〔生没年未詳〕

③未必…　必ずしも…というわけではない。部分否定。「未」は「不・無・非」でも同じ。

④必当…　必ず…のはずだ。「必」は再読文字「当」の意味を強調している。

⑤踧踖　恐れ入る。恐れつつしむ様子。

鑑賞

孔子直系の子孫である孔文挙の機知に富んだエピソード。

孔文挙は、思考の回転が速く、またここにもみられるように「孔子直系」であることに自負を抱いていた。伯陽（老子）の語釈にもあるが、自分の祖先が孔子であることをうまく使っている。老子の姓が「李」であることは当時は誰でも知っていることであり、李元礼の姓も李。孔文挙は、老子を李元礼の祖先とし、孔子が老子を先生として尊敬していたという伝説を引き合いに出し、自分と李元礼は代々よしみを通じているという主張に用いたわけであるが、当時の孔文挙はまだ十歳でしかない。李元礼としては、その論理の見事さに驚き、その度量も含めて「人並みでない」としたのだろう。

後半の対話も、孔文挙の機知が優れたものであることを示している。陳韙は孔文挙に、「小さい時に賢くても、大人になって良い人物になるとは限らないよ」という言葉をかけ、君のような小賢しい子どもはろくな大人にならないだろうと皮肉ったのだが、孔文挙はその論理を逆手に取って切り返す。「あなたは若い時きっと賢かったのでしょうね」とは、つまり、たいした大人ではないあなた自身がそのいい証拠ですねということである。これでは陳韙も返す言葉がなくなる。

出典・編者

出典　『世説新語』　本書二一ページ参照。

編者　劉義慶　本書二一ページ参照。

教科書の問題（解答・解説）

教科書　六三ページ

■**学習の手引き**

❶**次の文を書き下し文にし、現代語訳しよう。**

解答　(1)君と僕とは何の親か有る。

〈訳〉君と僕とはどういう親戚なのだろうか。

(2)元礼及び賓客、之を奇とせざる莫し。

〈訳〉元礼とそこにいた客人たちで、これ（孔文挙）を優れていると認めない者はいなかった。

[解説] (1)「与」は、「A与B」で、「AとBと」と読む。

(2)「莫不…」で二重否定。…(し)ないものはない。

❷孔文挙はなぜ李元礼に面会できたのか。

解答 李元礼の親戚であると名乗ったため。

[解説] 名前も異なる(同族ではない)自分よりもはるかに年下の子どもである孔文挙が、親戚であると名乗ったために、李元礼は、不審に思いつつも、その理由を聞いてみたくなったからではないかと考えられる。

❸陳韙はなぜ「大踧踖」(六三・3)したのか話し合おう。

[解説] 陳韙が孔文挙に対し「小さい時に賢くても、大人になって必ずしも良い人物になるとは限らない。」と皮肉の言葉を投げかけたところ、孔文挙に「あなたは子どもの時にきっと賢かったのでしょうね。」と、自分の言葉を逆手に取った皮肉で返されたから。

そもそも十歳の子どもである孔文挙に皮肉を言うという人間性が良いものではない。陳韙がそのように振る舞ったからこそ、孔文挙も、あなたは子どもの時には賢かったのでしょうね(今のあなたはたいしたことがないですね)という皮肉を返した。陳韙は孔文挙にはとてもかなわないと感じて恐れ入ったのである。

■語句と表現

①孔文挙や李元礼に関わる故事成語に「忘年の交わり」や「登竜門」がある。どのような意味か調べよう。

解答 ・「忘年の交わり」…互いの才能や学問を敬い、年齢の差を忘れて親しく交際すること。

・「登竜門」…立身出世のために必ず通る関門のこと。

[解説] 「忘年の交わり」は、「忘年の友」ともいう。孔文挙と禰衡(でいこう)との交際から生まれた故事成語。二十歳未満の禰衡に対して孔文挙は五十代であった。「竜門」は、黄河の上流にある急流で、鯉(こい)がこの急流を登ると龍(りゅう)になるという伝説がある。見識があり、高い地位を持っていた李元礼に近づくことを許された人間は、出世を約束されたも同然で、「竜門を登った」といわれたことから。

長安何如日遠

教科書 六四～六五ページ

大意

晋の明帝が幼い頃、長安から人がやって来た。元帝は、その人物から、洛陽周辺の現在の様子を聞き、涙を流す。そして幼い明帝に「太陽と長安はどちらが遠いと思うか。」と尋ねた。明帝は「太陽が遠い。」と答えた。これに感心した元帝が、翌日、群臣の前で同じ質問をしたところ、明帝は昨日とは反対に「長安が遠い。」と答えた。

■第一段落（初め～六四・5）

段意

晋の明帝が幼い頃、長安から人が来た。父元帝は、その人物から話を聞くと涙を流し、その理由を明帝に説明した。元帝が太陽と長安はどちらが遠いと思うか尋ねると、明帝は太陽が遠いと答えて、元帝を感心させた。

①晋明帝、数歳、坐二元帝膝上一、有下人従二長安一来上。②元帝問二洛下消息一、潸然流涕。③明帝問、「何以致レ泣。」④具以二東渡意一告レ之。⑤因問二明帝一、「汝意謂三長安何-二如日遠一。」⑥答曰、「日遠。⑦不レ聞下人従二日辺一来上、居然可レ知。」⑧元帝異レ之。

訓読

①晋の明帝、数歳にして、元帝の膝上に坐するとき、人の長安より来たる有り。②元帝洛下の消息を問ひて、潸然として流涕す。③明帝問ふ、「何を以つて泣くを致す。」と。④具に東渡の意を以つて、之に告ぐ。⑤因りて明帝に問ふ、「汝が意に長安は日の遠きに何如と謂ふや。」と。⑥答へて曰はく、「日遠し。⑦人の日辺より来たるを聞かず、居然として知るべし。」と。⑧元帝之を異とす。

現代語訳

①晋の明帝（司馬紹）が、数歳の頃、元帝（司馬睿）の膝に座っている時に、長安からやって来た人がいた。②元帝は洛陽周辺の様子を尋ねて、はらはらと涙を流した。③明帝が尋ねた、「どうして泣いているのですか。」と。④（元帝は）江東（の

建康）に首都を遷さなければならなかった理由を詳しく、明帝に教えた。⑤そして明帝に尋ねた、「お前は長安と太陽とどちらが遠いと思うか。」と。⑥（明帝は）答えて言った、「太陽が遠いと思います。⑦太陽あたりから人が来たとは聞いたことがありませんので、はっきりとわかります。」と。⑧元帝はこの答えに感心した。

語釈・句法

①明帝　東晋の第二代皇帝。姓は司馬、名は紹。東晋は、大陸を支配していた晋（西晋）が、八王の乱や続く永嘉の乱などで、黄河流域の領土を失った後、長江流域にいた司馬睿（元帝）が建国した。〔二九九—三二五〕

元帝　東晋の初代皇帝。姓は司馬、名は睿。永嘉の乱の後、江東にいたが、西晋滅亡後、江南の豪族貴族たちの支持を得て東晋を建国し、初代皇帝元帝となった。〔二七六—三二二〕

従　より。動作の起点を表す助字。「自」に同じ。

③何以…　どうして…か。疑問を表す。

■第二段落（六四・6～終わり）

段意

翌日、元帝は群臣の前で明帝に同じ質問をするが、明帝の答えは昨日と異なっていた。

①明日、集二群臣一宴会、告以二此意一、更重問レ之。②乃答曰、「日近。」③元帝失レ色、曰、「爾何故異二昨日之言一邪。」④答曰、「挙レ目見レ日、不レ見二長安一。」

【世説新語】

訓読

①明くる日、群臣を集めて宴会し、告ぐるに此の意を以つてし、更に重ねて之を問ふ。②乃ち答へて曰はく、「日近し。」と。③元帝色を失ひて、曰はく、「爾何の故に昨日の言に異なるや。」と。④答へて曰はく、「目を挙ぐれば日を見るも、長安を見ず。」と。

現代語訳

①翌日、（元帝は）群臣を集めて宴会し、この（明帝の答えに感心した）思いを告げ、重ねてもう一度同じ問いかけをした。②すると（明帝は）答えて言った、「太陽が近いと思います。」と。③元帝は（驚き）色を失って言った、「お前はどうして昨日の言葉と異なる（ことを言う）のか。」と。④（明帝は）答えて言った、「目を上げれば太陽は見えますが、長安は見えません。」と。

語釈・句法

③爾　お前。「汝」と同じ。「而」「若」「女」にも同じ用法がある。

何故…邪　どうして…か。疑問を表す。

昨日之言　昨日は同じ問いに対して「日遠。」と答えている。

鑑賞

明帝（司馬紹）の聡明さを象徴する文章である。晋の首都洛陽は、恵帝の時、八王の乱によって陥落した。晋はその後、黄河流域をも失った。元帝は長江を渡って即位したが、洛陽、長安などの都市は奪回できずにいた。このような状況の中での、長安からの来客である。父である元帝の問いに対して、明帝は太陽が遠いと賢明な答えをしてみせる。しかし翌日、元帝が、皆に明帝の才能をひけらかそうとすると、前日とは逆に答える。太陽は見えますが長安は見えませんと。明帝は矛盾しているのではなく状況に応じて論理的に考えている。前日は長安からの来訪者が目の前にいたため身近だと考え、翌日は太陽が頭上に見えたため身近だと考えたのである。

出典・編者

出典　『世説新語』　本書二一ページ参照。

編者　劉義慶　本書二一ページ参照。

教科書の問題（解答・解説）　教科書 六五ページ

■学習の手引き

❶次の文を書き下し文にし、現代語訳しよう。

解答　(1)汝が意に長安は日の遠きに何如と謂ふや。

〈訳〉お前は長安と太陽とどちらが遠いと思うか。

(2)人の日辺より来たるを聞かず、居然として知るべし。

〈訳〉太陽あたりから人が来たとは聞いたことがありませんので、はっきりとわかります。

❷元帝が色を失ったのはなぜか。

解答　明帝が昨日と全く逆の答えを言ったから。

■語句と表現

①**「汝」と「爾」以外に「なんぢ」と訓読する文字を挙げよう。**

解答　「若」「女」「乃」「而」

[解説]　音が同じ場合、意味を代用することがある。「汝」と「女」、「爾」と「而」も音は共通。

夜行逢鬼

教科書 六六～六八ページ

大意

宋定伯は市場に向かう夜道で幽霊に出会った。彼は自分も幽霊であるふりをして、幽霊とともに市場に行くことにした。定伯は、何かにつけて幽霊ではないのではないかと疑われるが、うまくごまかし、それとなく相手の弱点を聞き出した。市場に着くと、定伯は幽霊を捕まえ、羊に化けたそれを売り払って代金を手に入れた。

第一段落（初め～六六・4）

段意

南陽の宋定伯は、若い時に夜歩いていて幽霊に出会い、宛の市場に同行する。

①南陽宋定伯、年少時、夜行逢レ鬼。②問レ之、鬼言、「我是鬼。」③鬼問、「汝復誰。」④定伯誑レ之言、「我亦鬼。」⑤鬼問、「欲レ至二何所一。」⑥答曰、「欲レ至二宛市一。」⑦鬼言、「我亦欲レ至二宛市一。」⑧遂行数里。

訓読

①南陽の宋定伯は、年少き時、夜行きて鬼に逢ふ。③之に問へば、鬼言ふ、「我は是れ鬼なり。」と。③鬼問ふ、「汝は復た誰ぞ。」と。④定伯之を誑きて言ふ、「我も亦鬼なり。」と。⑤鬼問ふ、「何れの所にか至らんと欲する。」と。⑥答へて曰はく、「宛の市に至らんと欲す。」と。⑦鬼言ふ、「我も亦宛の市に至らんと欲す。」と。⑧遂に行くこと数里なり。

現代語訳

①南陽の宋定伯は、若い時に、夜歩いていると幽霊に会った。②幽霊に尋ねると、幽霊は言った、「私はまさしく幽霊だ。」と。③幽霊は尋ねてきた、「お前は誰だ。」と。④定伯は幽霊をだまして答えた、「私もまた幽霊だ。」と。⑤幽霊は尋ねた、「（お前は）どこへ行こうとしているのだ。」と。⑥（定伯は）答えた、「宛の市場に行くところだ。」と。⑦幽霊は言った、「私もまた宛の市場に行こうとしているのだ。」と。⑧そのまま数里いっしょに行くことになった。

語釈・句法

①鬼　死者の霊。幽霊。

①南陽　郡名。今の河南省南陽市に位置する。

②宋定伯　西晋の人。

②之　幽霊を指す。④の「之」も同じ。

③是　強意の働きをする助字。

③復　そもそも。一体。疑問詞の上について強意を表す。

④誑　言葉で人をあざむく。だます。

④亦　…もまた。

⑤欲　…したいと思う。…しようとする。

⑥宛市　宛県の町に立つ市。宛県は、南陽郡の中心にある。

⑧遂　その結果。そのまま。かくて。

■第二段落（六六・5〜8）

段意

定伯と幽霊は交互に背負って行くことになり、重さがある定伯は、幽霊ではないのではないかと疑われる。定伯が幽霊を背負ってみるとほとんど重さがなかった。

①鬼言、「歩行太遅。②可共遞相担、何如。」③定伯曰、「大善。」④鬼便先担定伯数里。⑤鬼言、「卿太重。⑥不是鬼也。」⑦定伯言、「我新鬼。⑧故身重耳。」⑨定伯因復担鬼、鬼略無重。⑩如是再三。

訓読

①鬼言ふ、「歩行すること太だ遅し。②共に遞ひに相担ふべし、何如。」と。③定伯曰はく、「大いに善し。」と。④鬼便ち先づ定伯を担ふこと数里。⑤鬼言ふ、「卿は太だ重し。⑥是れ鬼ならずや。」と。⑦定伯言ふ、「我は新鬼なり。⑧故に身重きのみ。」と。⑨定伯因りて復た鬼を担ふに、鬼略重さ無し。⑩是くのごときこと再三なり。

現代語訳

①幽霊は言った、「歩くのがとても遅いな。②お互いに交替で背負って行くことにしては、どうだ。」と。③定伯が答えることには、「とてもいいことだ。」と。④幽霊がすぐにまず定伯を背負って数里歩いた。⑤幽霊は言った、「お前は非常に重い。⑥幽霊ではないのではないか。」と。⑦定伯が答えることには、「私は新しく幽霊になったばかりである。⑧だから体が重いだけだ。」と。⑨定伯が（約束に従って）今度は幽霊を背負ってみると、幽霊はほとんど重さがなかった。⑩このようなことを（道中）何度も繰り返した。

語釈・句法

②遆 互いに。かわるがわる。

担 担ぐ。担う。背負う。

④便 すぐに。そこで。するとすぐに。

⑤卿 お前。ここでは「汝」と同じ意味。

⑥不…也 …ではないか。疑問を表す。

⑧…耳 …だけ。限定を表す。「爾」「而已」「已」「而已矣」なども同じ用法。

⑨因 そこで。それで。

復 再び、もう一度。ここでは、幽霊に続いて自分もまた、という意味。

■第三段落（六六・9～六七・4）

段意

定伯は幽霊が人間の唾に弱いことを聞き出す。幽霊は川を渡る際に音を立てる定伯を再び疑う。

①定伯復言、「我新鬼。②不知有何所悪忌。」③鬼答言、「唯不喜人唾。」④于是共行、道遇水。⑤定伯令鬼渡、聴之了然無水音。⑥定伯自渡漕漼作声。⑦鬼復言、「何以作声。」⑧定伯曰、「新死、不習渡水故爾。⑨勿怪吾也。」

訓読

①定伯復た言ふ、「我は新鬼なり。②何の悪忌する所有るかを知らず。」と。③鬼答へて言ふ、「唯だ人の唾を喜ばざるのみ。」と。④是に于いて共に行き、道に水に遇ふ。⑤定伯鬼をして渡らしめ、之を聴くに了然として水音無し。⑥定伯自ら渡れば漕漼として声を作す。⑦鬼復た言ふ、「何を以つて声を作す。」と。⑧定伯曰はく、「新たに死し、水を渡るに習せざるが故のみ。⑨吾を怪しむこと勿かれ。」と。

現代語訳

①定伯はまた言った、「私は幽霊になったばかりだ。②（幽霊が）何を忌みにくむのかを知らないのだ。」と。③幽霊は答えた、「人の唾を好まないだけだ。」と。④こうして共に行くと、道の先に川が流れていた。⑤定伯は幽霊を渡らせてみたが、全く水の音が聞こえない。⑥定伯が自分で渡るとざわざわと音を立てる。⑦幽霊はまた言った、「どうして音を立てるのか。」と。⑧定伯は言った、「死んだばかりなので、（音を立てないで）川を渡ることに慣れていないからというだけだ。⑨私を（人間だと）怪しまないでくれ。」と。

語釈・句法

②悪忌　忌みにくむ。憎み嫌う。
③唯　ただ…だけ。限定を表す。「徒」「惟」「但」「祇」「只」も同じ。
④遇　会う。行き当たる。遭遇する。
水　水流。川。
⑤令　「令ＡＢ」で、「ＡにＢさせる」の意。使役を表す。「使」と同じ。
了然　全く。「了然無水音」は全く音がしないということ。
⑥漕漼　ざわざわと音を立てる様子。水の流れる音を表す。「漼」は、水が深い様子。
声　音。
⑦何以…　どうして…か。
⑧…爾　…だけ。ここでは「耳」と同じく限定を表す。
⑨勿…　…してはならない。…するな。禁止を表す。

■第四段落（六七・５〜終わり）

段意

市場に着こうという時に、定伯は幽霊を捕まえようとする。幽霊は羊になって逃げようとするが、幽霊の弱点を知っている定伯は唾を吐き付ける。

①行欲至宛市、定伯便担鬼著肩上、急執之。②鬼大呼、声咋咋然。③索下、不復聴之。④径至宛市中、下著地、化為一羊。⑤便売之、恐其変化唾之。⑥得銭千五百、乃去。⑦当時有言、「定伯売鬼、得銭千五。」

【太平広記】

訓読

①行宛の市に至らんと欲し、定伯便ち鬼を担ひて肩の上に著け、急に之を執らふ。②鬼大いに呼び、声咋咋然たり。③下ろさんことを索むれども、復た之を聴かず。④径ちに宛の市中に至り、下ろして地に著くれば、化して一羊と為る。⑤便ち之を売り、其の変化せんことを恐れて之に唾す。⑥銭千五百を得て、乃ち去る。⑦当時言へる有り、「定伯鬼を売り、銭千五を得たり。」と。

現代語訳

①そうこうしているうちに宛の市場に着き、定伯はすぐに幽霊を担いで肩の上に乗せ、突然幽霊を捕まえてしまった。②幽霊は（定伯に）さかんに呼びかけ、大声をあげた。③（幽霊は）下ろしてくれと懇願したが、（定伯は）決して聞かなかった。④すぐに宛の市場の中に着き、下ろして地面に押さえつけると、（幽霊は）化けて羊になった。⑤（定伯は）すぐに

この羊を売り、ほかのものに化けることを恐れて（羊となった）幽霊に唾を吐き付けた。⑥（羊の代金として）銭千五百を受け取り、そこで去った。⑦当時の人々は言い合った、「定伯は幽霊を売って、銭千五百を得た。」と。

語釈・句法

①行欲… そうこうしているうちに…。「行」は「ゆくゆく」と訓読して、「（ゆきゆきて）…になろうとする」の意。「欲…」は、「…しそうだ」の意。

②咋咋然 大声をあげる様子。

③不復… 決して…しない。強い否定を表す。二度とは…しない、のように部分否定となることもある。

④径 すぐに。直接に。

⑤変化 化ける。ここでは、羊に化けた幽霊が、さらに別のものに化けること。

唾之 幽霊に唾をかける。人間の唾を幽霊が忌み嫌うと知ったので、こうすることで相手の力を封じようとした。

⑥乃 そこで。

⑦千五 千五百。

鑑賞

宋定伯が、言葉巧みに幽霊をだまし、逆に幽霊を捕まえ、羊に化けたところを市場で売ってしまうという逸話。買った商人は、その後幽霊だと見抜けたのか、唾が乾いた後に逃げられたのかは語られていない。だまされたほうが悪い、ということが前提で展開される笑話である。ちなみに、「鬼」は本来、この話のように、「死者の霊」つまり「幽霊」である。当然重さはないし、音もしない。日本で言うところの「鬼」は、丑寅の方角（鬼門）からの発想で、丑（牛）＝角、寅（虎）＝虎の毛皮、がイメージとして定着した独自のものである。

出典・編者

出典 『太平広記』五百巻。北宋時代に成立。古代からの説話・小説の総集。古代から宋までの七千編余りを九十二項目に分類して収録。原文を引き、出典を明示してある。

編者 李昉〔九二五―九九六〕らの編。李昉は、宋の学者、政治家。字は明遠。深州饒陽（今の河北省）出身。

教科書の問題（解答・解説）

教科書 六八ページ

■ **学習の手引き**

❶次の文を書き下し文にし、現代語訳しよう。

解答　(1)歩行すること太だ遅し。共に逓ひに相担ふべし、何如。

〈訳〉歩くのが非常に遅い。お互いに交替で背負って行くことにしては、どうだ。

(2)我は新鬼なり。何の悪忌する所有るかを知らず。

〈訳〉私は幽霊になったばかりだ。（幽霊が）何を忌みにくむのかを知らないのだ。

❷話の展開を簡潔に箇条書きでまとめよう。

解答　○定伯が幽霊と会い、宛の市場まで同行する。

○定伯は体が重いことを、新しい幽霊だからとごまかす。

○定伯は幽霊が唾に弱いことを聞き出す。

○定伯は川を渡る際に音を立てるが、それは新しい幽霊だからだとごまかす。

○宛の市場に着くと定伯に捕まえられた幽霊は羊に化ける。

○定伯は唾をかけてほかのものに化けられなくする。

○定伯は羊になった幽霊を市場で売って姿をくらまし、定伯が幽霊を売ってお金を儲（もう）けたことが評判になる。

[解説]　定伯と幽霊が同行する際の問答と、新しい幽霊だととぼける定伯の機知に注目しよう。さりげなく弱点を聞き出し、それが、「幽霊を売る」場面への伏線であることも押さえたい。

■語句と表現

①本文中に「如是」「于是」とあるが、次の語句はどのように読むか。

解答　(1)以ㇾ是＝これをもって　(2)是 以＝ここをもって　(3)是 非＝ぜひ　(4)於ㇾ是＝ここにおいて

[解説]　(1)と(2)は読み方が異なるので注意しよう。(1)は「このことによって」「このことから」の意。「是」は具体的な物事を指す指示語。「以」は後に続く語（「是」の指示内容）が手段・方法・理由・条件などであることを表す。(2)は「こういうわけで」「このことから」の意。原因と結果を結ぶ接続詞。(3)は名詞。「正しいことと正しくないこと」「善と悪」の意。(4)は「そこで」の意。順接を表す。

6 詩2

●詩にうたわれた情景や作者の心情を読み味わう。
●古体詩を読み、その特色を理解する。

教科書 七〇ページ

古詩─五首

桃夭（たうえう）

主題 嫁いで行く娘を祝福し、その幸せを祈る気持ちをうたったもの。

形式 四言古詩。各章四句の計三章からなる。第一章は、「華（カ）」「家（カ）」、第二章は、「実（ジツ）」「室（シツ）」、第三章は、「蓁（シン）」「人（ジン）」が、それぞれ韻を踏む。

①桃之夭夭　②灼灼其華
③之子于帰　④宜其室家
⑤桃之夭夭　⑥有蕡其実
⑦之子于帰　⑧宜其家室
⑨桃之夭夭　⑩其葉蓁蓁
⑪之子于帰　⑫宜其家人

【詩経（しきやう）】

訓読

①桃（もも）の夭夭（ようよう）たる　②灼灼（しゃくしゃく）たり其（そ）の華（はな）
③之（こ）の子（こ）于（こ）に帰（とつ）ぐ　④其（そ）の室家（しっか）に宜（よろ）しからん
⑤桃（もも）の夭夭（ようよう）たる　⑥蕡（ふん）たる有（あ）り其（そ）の実（み）
⑦之（こ）の子（こ）于（こ）に帰（とつ）ぐ　⑧其（そ）の家室（かしつ）に宜（よろ）しからん
⑨桃（もも）の夭夭（ようよう）たる　⑩其（そ）の葉（は）蓁蓁（しんしん）たり
⑪之（こ）の子（こ）于（こ）に帰（とつ）ぐ　⑫其（そ）の家人（かじん）に宜（よろ）しからん

現代語訳

①桃の木は若々しくしなやかで、
②色鮮やかなその花よ。
③この娘は嫁いで行きます。
④嫁ぎ先の家庭とうまくゆくでしょう。
⑤桃の木は若々しくしなやかで、
⑥はちきれそうなその実よ。

⑦この娘は嫁いで行きます。
⑧嫁ぎ先の家庭とうまくゆくでしょう。
⑨桃の木は若々しくしなやかで、
⑩その葉は盛んに茂っています。
⑪この娘は嫁いで行きます。
⑫嫁ぎ先の家の人々とうまくゆくでしょう。

語釈・句法

桃夭　第一句の「桃之夭夭」から二字をとって詩題とした。

①**桃**　桃の木。桃の木は古代中国において、一種の邪気ばらいの作用を持つ神木とみなされていた。

之　主格を表す助字。

夭夭　若々しくしなやかな様子。嫁ぎ行く娘の若々しさをたとえている。

②**灼灼其華**　「其華灼灼」の倒置。「華」と「家」と韻をそろえ、また桃の花の鮮やかさを強調するために倒置した。「灼灼」は、花が鮮やかに咲いている様子。娘の容貌の美しさをたとえている。

③**之子**　この娘。嫁ぎ行く娘。「之」は、「是」と同じ。

于　口調を整える助字。

帰　嫁ぐ。

④**宜**　うまくゆくだろう。しっくりゆくだろう。

室家　嫁ぎ先。

⑥**有蕡**　実がはちきれそうな様子。やがて授かるであろう健康な子どもをたとえている。「有」は、リズムを整える接頭語。「蕡」は、中から力が満ちあふれる様子を表す。

⑧**家室**　「室家」と同じ。第六句末の「実」と韻をそろえるために「家室」とした。

⑩**蓁蓁**　葉が盛んに茂っている様子。嫁いだ先の一族が繁栄してゆくことをたとえている。一説に、娘の健康美をたとえたものとする。

⑫**家人**　嫁ぎ先の家の人々。

鑑賞

四句ずつ、計三章からできており、各章で同じ形式や語句を繰り返している。これを畳詠体という。各章の最初の①・⑤・

⑨では、「桃の夭夭たる」と、若々しくしなやかな桃の木を登場させ、その印象の連想作用を生かして、娘の美しさや将来の幸せを表現している。このように、自然物によせて言いたいことを象徴的にうたい起こす表現法を『詩経』では「興」という。この詩からは、いささかの飾り気もない、善意にして正直な農民の心情をくみとることができるが、詩として見た時には、甚だ土臭い詩である。しかし、その土臭さが、かえって全体の空気を、ほほえましく、明るく、大らかなものにしている。全体として繰り返しが多いのであるが、花から実、そして生い茂る葉へと季節の推移を追っているところに、生活の中から得た巧まぬ技巧が見てとれよう。なお、②の「華」は娘の美しさを、⑥の「実」は生まれる子どもを、⑩の「葉」は一家が繁栄していくことを、それぞれ象徴している。

作者・出典

作者　未詳

出典　『詩経』　国風・周南　中国最古の詩集。西周から春秋時代までの民謡や貴族社会の歌、三百五編が収められている。孔子が編集したと伝えられているが、今では疑問視されている。内容は、風・雅・頌の三部に分かれる。風〈百六十編〉は、各国の風土・風俗から生まれたお国ぶりの歌、つまり民謡のことで、十五国風に区分されている。雅〈百五編〉は、宮廷や貴族階級の歌で、大雅と小雅の二種からなる。頌〈四十編〉は、周王室と諸侯がその祖先を祀る時の歌である。修辞上からは、賦（ものごとをありのままに語る直叙表現）・比（比喩表現）・興（一種の隠喩表現）に分類され、風・雅・頌とあわせて六義という。

碩鼠（せきそ）

教科書 七一～七二ページ

主題 重税に苦しむ農民が、領主を大きなねずみにたとえて非難し、人間らしく生きられる土地に移住したいという心情をうたったもの。

形式 四言古詩。各章八句の計三章からなる。第一章は、「鼠」「黍」「女」「顧」「女」「土」「土」「所」、第二章は、「鼠」「女」「女」／「麦」「徳」「国」「国」「直」、第三章は、「鼠」「女」「女」／「苗」「労」「郊」「郊」「号」が、それぞれ韻を踏む。

① 碩鼠碩鼠　② 無レ食二我黍一
③ 三歳貫レ女　④ 莫二我肯顧一
⑤ 逝将去レ女　⑥ 適二彼楽土一
⑦ 楽土楽土　⑧ 爰得二我所一
⑨ 碩鼠碩鼠　⑩ 無レ食二我麦一
⑪ 三歳貫レ女　⑫ 莫二我肯徳一
⑬ 逝将去レ女　⑭ 適二彼楽国一
⑮ 楽国楽国　⑯ 爰得二我直一

訓読

① 碩鼠碩鼠　② 我が黍を食らふこと無かれ
③ 三歳女に貫ふるも　④ 我を肯へて顧みること莫し
⑤ 逝将に女を去りて　⑥ 彼の楽土に適かん
⑦ 楽土楽土　⑧ 爰に我が所を得ん
⑨ 碩鼠碩鼠　⑩ 我が麦を食らふこと無かれ
⑪ 三歳女に貫ふるも　⑫ 我に肯へて徳むこと莫し
⑬ 逝将に女を去りて　⑭ 彼の楽国に適かん
⑮ 楽国楽国　⑯ 爰に我が直しきを得ん

⑰碩鼠碩鼠
⑱無レ食二我苗一
⑲三歳貫レ女
⑳莫二我肯労一
㉑逝将去レ女
㉒適二彼楽郊一
㉓楽郊楽郊
㉔誰之永号

【詩経】

⑰碩鼠碩鼠
⑱我が苗を食らふこと無かれ
⑲三歳女に貫ふるも
⑳我を肯へて労ること莫し
㉑逝将に女を去りて
㉒彼の楽郊に適かん
㉓楽郊楽郊
㉔誰か之れ永く号ばん

現代語訳

①大ねずみよ、大ねずみよ。
②私のきびを食うな。
③三年間お前に仕えたが、
④(お前は)私をかまってくれようとはしなかった。
⑤さあ、お前のもとを去り、
⑥あの幸せの地に行くとしよう。
⑦幸せの地よ、幸せの地よ。
⑧(そこで)自分にとっての安住の地を得よう。
⑨大ねずみよ、大ねずみよ。
⑩私の麦を食うな。
⑪三年間お前に仕えたが、
⑫(お前は)私に恩恵を施そうとはしなかった。

⑬さあ、お前のもとを去り、
⑭あの幸せの都に行くとしよう。
⑮幸せの都よ、幸せの都よ。
⑯(そこで)自分がまともに生きられる所を得よう。
⑰大ねずみよ、大ねずみよ。
⑱私の苗を食うな。
⑲三年間お前に仕えたが、
⑳(お前は)私をいたわろうとはしなかった。
㉑さあ、お前のもとを去り、
㉒あの幸せの里に行くとしよう。
㉓幸せの里よ、幸せの里よ。
㉔(そこで)誰が長々と泣き叫んだりするものか。

語釈・句法

碩鼠　大きなねずみ。頭は兎に似て尾は毛が生え、青黄色。田畑にいて、粟や豆を食い荒らすという。「碩」は、大きいということ。重税を取り立てる領主をたとえている。

②無（なカレ）レ…　…するな。禁止を表す。

黍（きび）　きび。イネ科の一年草で、粟よりやや大きめの実をつける。

③三歳（さんさい）　三年間。当時の制度では、三年に一度戸籍調べが行われ、その時に限って民の移住が許された。

貫（つかフル）　仕える。領民として奉公する。

女（なんじ）　お前。「汝」と同じ。「碩鼠」にたとえた領主を指す。

④莫（な）二我（われヲ）肯（あヘテ）顧（かえりミルコト）一　私をかまってくれようとはしなかった。「肯」は、進んで…する。「顧」は、面倒をみる、心にかける。

⑤逝（ゆカン）将（ここニ）　さあ…しよう。

⑥適　行こう。

楽土（らくど）　幸せの地。安楽に暮らせる地。

⑧爰（ここニ）　口調を整える助字。「ここニ」と読んでいるが、意味はない。

我所（わがところ）　自分にとっての安住の地。「所」は、しかるべき場所の意。

⑫徳（めぐム）　恩恵を施す。

⑭楽国（らくこく）　幸せの都。「国」は、国都。

⑯我直（わがただシキ）　自分がまともに生きられる所。「直」は、まっすぐな正しい道。

⑱苗（なえ）　穀物の苗。特に稲をいう。

⑳労（いたわル）　ねぎらう。慰労する。

㉒楽郊（らくこう）　幸せの里。「郊」は、都市の周辺の土地。

㉔誰（たれカ）之（こレ）永（ながク）号（さけバン）　誰が長々と泣き叫んだりするものか。「之」は、強意の助字。「号」は、大声で泣き叫ぶ。「楽郊」では、重税に苦しむこともなくなるから、恨み嘆くこともないだろうということ。

鑑賞

八句ずつ、計三章からなり、同じ主題を似た形式で繰り返しうたう畳詠体（じょうえいたい）という形式をとっている。

各章の最初の「碩鼠」は、重税を取り立てる領主をたとえたものである。力の弱い農民たちにとって、重税から逃れる方法は、領主のもとを去ることしかなかった。しかし、現実には、重税から逃れられる場所もなかった。そこで農民たちは、移住の夢を心の中でふくらませ、「楽土」「楽国」「楽郊」という理想郷を思い描いたのである。

ただし、この詩には、恨みつらみの愚痴っぽいひ弱さはない。権力者に対する痛烈な風刺がきいているところに、農民の健康な生活感情がよくうかがわれるのである。このような民衆の視点からうたわれた政治批判の詩が多く収められており、これは中国文学の大きな特色の一つになっている。

作者・出典

作者　未詳

出典　『詩経（しきょう）』国風・魏風（ぎふう）　本書一二八ページ参照。

行行重行行

教科書 七三ページ

主題 妻が、遠い旅に出たまま帰ってこない夫を慕い、その無事を祈る心情をうたったもの。

形式 五言古詩。二段からなる。第一段は、初めから第八句まで。「離」「涯」「知」「枝」が韻を踏む。第二段は、第九句から終わりまで。「遠」「緩」「返」「晩」「飯」が韻を踏む。

①行行重行行　②与君生別離
③相去万余里　④各在天一涯
⑤道路阻且長　⑥会面安可知
⑦胡馬依北風　⑧越鳥巣南枝
⑨相去日已遠　⑩衣帯日已緩
⑪浮雲蔽白日　⑫遊子不顧返
⑬思君令人老　⑭歳月忽已晩
⑮棄捐勿復道　⑯努力加餐飯

【文選】

訓読

①行行重ねて行行
②君と生きながら別離す
③相去ること万余里
④各天の一涯に在り
⑤道路は阻しく且つ長し
⑥会面安くんぞ知るべけん
⑦胡馬は北風に依り
⑧越鳥は南枝に巣くふ
⑨相去ること日に已に遠く
⑩衣帯日に已に緩し
⑪浮雲白日を蔽ひ
⑫遊子顧返せず
⑬君を思へば人をして老いしむ
⑭歳月忽として已に晩れぬ
⑮棄捐せらるるも復た道ふ勿からん
⑯努力して餐飯を加へよ

現代語訳

①(旅の身のあなたは)どんどん旅を続けておられるのでしょう。
②(あとに残された私は)あなたと生き別れになってしまいました。
③お互いに一万里以上も離れてしまい、
④それぞれ天の一方の果てに身を置いています。
⑤(二人の間の)道は、険しいうえにはるかに遠く、
⑥お会いできるのはいつのことやらわかりません。
⑦北方の胡地から来た馬は、北風に向かって身を寄せ、
⑧南方の越から来た鳥は、南側へ差し出た枝に巣を作るものであると申します。
⑨お互いに離れてから日数もずいぶんたち、
⑩(悲しみにやつれて)帯も日ごとに緩くなるばかりです。
⑪浮き雲が太陽を覆い隠します。(そのように、あなたの心に迷いが生じたのでしょうか。)
⑫旅の身のあなたは、私のことなど気にかけてくれません。
⑬あなたのことを思うと、私は老け込んでしまいます。
⑭年月はたちまちのうちに過ぎ去ってしまいました。
⑮(しかし)たとえ(あなたから)見捨てられても、もう愚痴を言うのはよしましょう。
⑯(あなたは)せいぜいたくさんお食事を召し上がってください。

語釈・句法

行行重行行　「古詩十九首」の第一首。果てしなく旅行く様子。旅行くという意の「行」を重ね、さらにという意の「重」でつなぐことによって、その限りなさを表している。

②君　あなた。旅立った夫を指す。

生別離　生き別れになる。

③相去　お互いに離れる。

万余里　一万里以上。

④天一涯　天の一方の果て。遠く離れた所をいう。

⑤且　そのうえ。

⑥会面　顔を合わせること。「面」は、顔。

安可知　どうして知ることができよう。(いや、知ることはできない。)反語を表す。

⑦胡馬依北風　北方の胡地(今のモンゴル高原一帯の地)から来た馬は、北風に向かって身を寄せる。

⑧越鳥巣南枝　南方の越(今の浙江省一帯の地)から来た鳥は、南側へ差し出た枝に巣を作るものである。⑦と⑧は、故郷は忘れがたいものであることをいったもの。

⑩衣帯日已緩　帯も日ごとに緩くなる。「衣帯」は、帯。

⑪浮雲蔽白日　浮き雲が太陽を覆い隠す。「浮雲」は、夫の心を迷わすもの、「白日」は、夫の心をたとえている。

⑫遊子 旅人。ここでは旅に出ている夫を指す。
不顧返 こちらのことを気にかけない。
⑬令人老 私を老け込ませる。「令」は、使役を表す。「使」と同じ。

⑭忽 たちまちに。時間がすみやかに過ぎて行く様子。
⑮棄捐 夫から見捨てられる。文脈から「ラルル」と受身に読む。
勿復道 もう愚痴を言うまい。「道」は、言う。「勿復…」は、もう…すまい。

⑯努力加餐飯 せいぜいたくさんお食事を召し上がってください。妻が夫の健康を気遣う言葉。「努力」は、つとめて…してください。「餐飯」は、食事。

鑑賞

この詩は、遠く旅に出て帰らぬ夫を思い、恋い慕いつつその身を案じる妻のせつない心情をうたったものである。十六句よりなっているが、九句目で換韻しており、そこで段落を切ると、八句ずつ二段から構成されていることがわかる。第一段では、初めに別離の悲しみを述べ、お互いに遠く離れた地に身を置いて再会の望みもないことを嘆きながら、自分のもとへ帰らない夫に対してうらみの気持ちを示している。第二段では、帰らぬ夫に疑いの心を寄せ、夫恋しさにやせ細る我が身と、苦悩のために老け込んでゆく容貌を嘆きつつも、末尾においては、たとえ自分は見捨てられるにせよ、せめてあなたは十分に食事をとって元気でお過ごしくださいと、せつない妻の愛情を表出している。以上のように、ここでは妻が旅に出た夫を思うというように考えたが、この詩についてはほかに、旅先の夫が故郷に残した妻を慕ってうたったとする説、前半八句は夫が故郷の妻を、後半八句は妻が旅先の夫を慕ってうたったとする説、追放された忠臣が君主を慕ってうたったとする説がある。

作者・出典

作者 未詳

出典 『文選』巻十五 梁の昭明太子蕭統〔五〇一—五三一〕が中心となって、周代から梁代に至るまでの間に作られた詩文の中から、優れたものを選び、詩、賦、表などの三十九の文体に分けて編集したものである。全三十巻には、名の不明な者を除いて百三十余人の作者による、約八百編の作品が収録されている。中国の中世以前の優れた作品を多く収め、後世、知識人の必読書となり、杜甫など多くの詩人たちに愛読された。日本にはすでに奈良時代には伝来し、貴族たちの愛読書となり、日本の古典、特に平安文学に深い影響を与えた。

野田黄雀行

曹植

教科書 七四ページ

主題 網に捕らわれた雀を助けた若者のように友人を救いたいが、助ける力のない自分の境遇を嘆きつつ、自由への憧れをうたったもの。

形式 五言古詩。「波」「多」「羅」で韻を踏み、「天」と「年」でも韻を踏んでいる。また「悲」と「飛」は、完全に同じ韻ではないが、よく似た母音なので、これも韻を踏んでいるとみなされる（このような韻の踏み方を「通韻」という）。

① 高樹多悲風　② 海水揚其波
③ 利剣不在掌　④ 結友何須多
⑤ 不見籬間雀　⑥ 見鷂自投羅
⑦ 羅家得雀喜　⑧ 少年見雀悲
⑨ 抜剣捎羅網　⑩ 黄雀得飛飛
⑪ 飛飛磨蒼天　⑫ 来下謝少年

【楽府詩集】

訓読

① 高樹悲風多く
② 海水其の波を揚ぐ
③ 利剣掌に在らざれば
④ 友を結ぶこと何ぞ多きを須ゐん
⑤ 見ずや籬間の雀
⑥ 鷂を見て自ら羅に投ず
⑦ 羅する家は雀を得て喜び
⑧ 少年は雀を見て悲しむ
⑨ 剣を抜きて羅網を捎へば
⑩ 黄雀飛び飛ぶを得たり
⑪ 飛び飛びて蒼天を磨し
⑫ 来たり下りて少年に謝す

現代語訳

①高い木には悲しげな風がよく吹き、
②暗い海の水は波を上げている。
③鋭利な剣が手にない以上は、
④友人とよしみを結ぶことをどうして数多くする必要があるだろうか。（いや、必要とはしない。）
⑤ご覧なさい、まがきのところの雀を。
⑥鷹を見て（驚いて）自分で網にかかってしまった。
⑦網を仕掛けた人は雀を手に入れて喜び、
⑧若者は雀を見て悲しむ。
⑨（若者が）剣を抜いて網を切り払うと、
⑩黄雀はさっと飛んでいくことができた。
⑪自由に飛んで青空にせまるまで（飛び）、
⑫降りてきて若者に感謝した。

語釈・句法

野田黄雀行（やでんこうじゃくこう）　楽府（がふ）題の一つ。黄雀は雀の一種で体の一部が黄色い。「行」は歌の意味。

①**多悲風**（おおクひふう）　悲しい風がよく吹いてくる。

③**利剣**（りけん）　鋭い剣。「利」は「鋭利」の「利」。

④**何須**（なんゾもちヰン）　…する必要があるだろうか。（いや、必要とはしない。）という意味の反語。「須」は「必須」の意味と考えればよい。

⑤**不見**（ずやみ）　見てごらん。楽府でよくみられる、呼びかけの言葉。

籬間（りかん）　まがきのところ。まがきは竹や雑木で作った柵。「間」は付近の意。

⑥**鷂**（たか）　鷹の一種。ハイタカ。

羅（あみ）　鳥を捕まえるための網。

⑦**羅家**（あみスルひと）　網を仕掛けて鳥を捕まえる人。

⑧**少年**（しょうねん）　年の若い人。日本語の「少年」より年齢の幅が広い。

⑨**捎**（はらへ）　「払」と同じ意味。剣で切り払う。

⑩**飛飛**（とビとブ）　軽やかに飛んでいく様子。

⑪**磨**（まシ）　「摩」に同じ。天に届く。「摩天楼」（超高層ビル）の「摩」と同じ意味。

蒼天（そうてん）　青空。

鑑賞

①～④では自分のおかれた状態を暗示する文言が並び、⑤～⑩では一転して網に捕らわれた雀が若者によって解放されていく場面を詠んでいる。作者の曹植（そうしょく）は、兄である三国魏（ぎ）の皇帝曹丕（そうひ）（文帝）から疎まれ、領地から自由に出ることを禁じられた。また、側近も次々と殺されていった。こうした悲劇的背景のもとでこの詩は作られた。

冒頭の①②句は「高樹」と「海水」／「多悲風」と「揚其波」の対句を作り、曹植のおかれた境遇を風景になぞらえて詠んでいる。②の「海」は、月のない暗い夜を表す「晦」に通じ、光の当たらない深く暗い海のこと。そこで高波が上がっているというのだから、不安定で不気味な風景を詠んでいる。だから「多悲風」と「揚其波」が対句として成立する。これを引き継ぐ③④句目について、意訳をすれば「鋭い剣（＝権力）を持っていなければ、どうして友人を多く作る必要があろうか。（いや、必要とはしない。）」となる。有力な説として、曹植がこの詩を作ったのは、兄の曹丕によって側近、友人を何人も殺された時期だというものがある。もしそうなら、自分に権力がないばかりに、友人に危機が訪れてもどうにもできない。それならば私に多くの友人などいては、友人たちがかわいそうだ、ということになるだろう。曹植はもともと交友の好きな人であった。

黄雀は、偶然網に引っかかったのではなく、網を仕掛けた人は最初から黄雀を捕ろうとしたのである。つまり、黄雀は曹丕に捕らえられるべくして捕らえられた友人の象徴である。それが怖いたか（鷂）に驚いて自分から網にかかってしまったというのだから、実に弱い存在である。その黄雀を若者がさっそうと助ける。助けられた黄雀は自由に空を飛べることを喜び、同時に助けてもらった人にわざわざ礼を言いに降りてくる。その自由さを「磨蒼天」（天にまで届く）、「飛飛」（軽々と飛ぶさまを）という言葉で表している。

現実には捕まった友人は助けられなかった。それを想像の世界で若者が軽々と助けてみせている。そのさっそうとした様子と雀の喜ぶ姿の生き生きとした描写が、逆に、現実世界での曹植の悲憤を際立たせているといえよう。

作者・出典

作者　曹植〔一九二―二三二〕　字は子建。三国魏の武帝曹操の子で、文帝曹丕の弟。詩人。政治家。幼少期から文才に優れ、曹操にも高く評価されていた。彼の詩文はすでに六朝時代の文学論『詩品』でも高く評価された。曹操・曹丕・曹植はともに文学の才能に優れ、三曹と呼ばれた。この時代の文学を「建安文学」と呼ぶ。

出典　『楽府詩集』　北宋の郭茂倩〔生没年未詳〕が編集した楽府集。楽府とはもともと漢の武帝の時に作られた、音楽の収集などを司る役所のことで、そこに集められた詩を楽府と呼んだ。それは、簡単にいうと民間で流行していた歌で、六朝・唐でも、タイトルやリズムを受け継ぎながら作り続けられた。本書は上古から五代十国期の楽府作品を、さまざまな書物から五千首あまり集め、それをジャンルごとに分類した。百巻。

飲酒

陶潜

教科書 七五ページ

主題 俗界に住みながら、心は俗界と離れて、自由な気持ちで自然と一体になっていくところに、「真」の境地があることをうたったもの。

形式 五言古詩。「喧」「偏」「山」「還」「言」が韻を踏む。

①結レ廬在ニ人境一　②而無ニ車馬喧一
③問レ君何能爾　④心遠地自偏
⑤采レ菊東籬下　⑥悠然見ニ南山一
⑦山気日夕佳　⑧飛鳥相与還
⑨此中有ニ真意一　⑩欲レ弁已忘レ言

【陶淵明集】

訓読

①廬を結びて人境に在り
②而も車馬の喧無し
③君に問ふ何ぞ能く爾ると
④心遠ければ地自づから偏なり
⑤菊を采る東籬の下
⑥悠然として南山を見る
⑦山気日夕に佳く
⑧飛鳥相与に還る
⑨此中に真意有り
⑩弁ぜんと欲して已に言を忘る

現代語訳

①粗末な家を構えて人里の中に住んでいる。
②それでいて（役人などが訪ねてくる）馬車のうるささはない。
③あなたに尋ねる、どうしてそのようでありうるのかと。

④心が俗界から遠く離れているので、住んでいる所も自然とへんぴになるのだ（と答えよう）。
⑤東のまがきのあたりで菊を摘んでいると、

⑥ゆったりとした私の目に、南山の姿が入ってくる。
⑦山の空気は、夕方がすばらしく、
⑧鳥は連れだってねぐらへと帰っていく。
⑨ここにこそ「真」の境地があるのだ。
⑩（その瞬間の喜びや充実ぶりを言葉で）説明しようとしても、早くも言葉を忘れてしまうのだった。

語釈・句法

飲酒　陶潜は「飲酒」という題で二十首の連作を作っており、この詩はその第五首である。酒を飲みながらその思いをうたったもの。

①**結レ廬**　粗末な家を構える。「廬」は、いおり。粗末な仮住まいという語感を持つ。「結廬」は、官界に出馬する「出廬」に対する語で、官界から身を遠ざけるという意味が含まれている。

人境　人里。世俗の人が住んでいる場所。隠遁者は人里離れた山村に住むのが普通であるが、陶潜は人里に住んでいる。

②**而**　しかし。逆接を表す。「而」の字の次に「不・無」などの否定の語がある時は、逆接の用法であることが多い。

車馬喧　（訪ねてくる）馬車のうるささ。当時、馬車は官吏専用の乗り物であった。権力者が役人にならないかと誘いをかけてくることをいう。

③**問レ君**　あなたに尋ねる。「君」は、作者自身を指す。作者の自問の言葉。

何能爾　どうしてそのようでありえるのか。「爾」は、そうである。第一句と第二句を指す。人里に住みながら、世俗の雑音にわずらわされることなく、静かな心で生活していけること。

④**遠**　俗界から遠く離れる。

地　住んでいる場所。

偏　へんぴになる。

⑤**采レ菊**　菊を摘む。菊酒を造るために菊の花を摘むのである。菊は陶潜が最も愛したものの一つである。

籬　まがき。粗く編んだ垣根。

⑥**悠然**　ゆったりとした様子。作者の心境の形容であるとともに、「南山」のたたずまいを形容している。

見　目に入る。見える。無意識的に見ること。

南山　陶潜の故郷の近くの廬山を指す。

⑦**山気**　山の空気。

日夕　夕方。

⑧**相与**　連れだって。

還　ねぐらに帰る。

⑨**此中**　ここに。ここにこそ。漢代から唐代まで用いられた口語。点を指す言葉で、「この中」という意味ではない。

真意　陶潜が理想として求めた「真」の境地。「意」は、精神。

⑩**欲レ弁**　（言葉で）説明しようとする。「欲」は、…しようとする。

忘レ言　言葉を忘れる。

鑑賞

最初の四句は、俗世間に住んでいても、心さえ俗界を離れていれば、俗塵にけがされることもないのだ、という自問自答である。次の四句は、我が家の周囲の静かな風物と、その中に溶け込んで一体になっている作者の姿を描く。菊の花は、陶潜が最も好んだものの一つであり、まがきは単なる境目程度のものであろう。悠然として南山を見上げているのは作者であるが、その南山もまた悠然としている。山の夕暮れを背景に、鳥が連れだってねぐらに帰っていく。陶潜は、そうした中にこそ、「真」の境地があり、それを言葉にはできないと最後の二句に言う。

「真」という言葉は、『荘子』において初めて用いられ、しきりに出てくる言葉である。『荘子』にいう「真」の世界とは、何ものにも縛られない絶対的自由の世界といえるが、陶潜は現実生活においてその「真」を追い求め続けた。この詩は、政治的権力から全く離れ、自然の中で一市民としての生活に埋没した陶潜が、「菊を采る東籬の下…飛鳥相与に還る」という、なんの変哲もないささやかな日常生活の瞬時に、その「真」の境地を発見した喜びをうたったものである。

作者・出典

作者 陶潜〔三六五―四二七〕 東晋の詩人。字は淵明。ほかに、名は淵明、字は元亮とも、名は潜、字は元亮ともいわれる。潯陽の柴桑（現在の江西省九江市）の人。曽祖父の陶侃〔二五九―三三四〕は大司馬にまでなった東晋王朝の名将であり、祖父の陶茂は太守を務めたが、父親の代になって没落し、父親は名前すらわからない。

太元十八年〔三九三〕、二十九歳の時、陶潜は地元の江州の祭酒となるが、すぐに辞任した。その後、江州刺史劉敬宣の参軍などを歴任したが、いずれも短期間で辞任している。義熙元年〔四〇五〕、四十一歳の八月に彭沢の県令となるが、官にあることわずか八十余日、その年の十一月に有名な「帰去来の辞」を作って辞任し、郷里の柴桑に隠棲した。以後は官界に復帰することなく、作詩と飲酒を楽しみながら農耕生活を送った。「飲酒」など代表作の多くは隠棲後の作品である。三年後、火災にあい、潯陽の南郊に転居し、王弘や顔延之らと親交を結んだ。陶潜が隠逸詩人としての名声を得たのは、これらの友人の力によるところが大きい。人間の真の自由とは何かという問題を追究し続けたその文学は、六朝時代ではやや孤立的であったが、宋の蘇軾以後、高く評価されるようになった。

出典 『陶淵明集』巻三 陶潜の詩文集。十巻。梁の昭明太子が編集したといわれる。

教科書の問題（解答・解説）

教科書 七六ページ

◆教科書本文下に示された問題

◆「碩鼠」は、何をたとえたものか。（p.七一）

解答 重税を取り立てる領主。

［解説］「碩」は大きいの意。「碩鼠」は大ねずみ。農民たちが育てた作物を税として次々に取り立てる領主を、田畑の作物を食い荒らす大きなねずみにたとえている。

◆第七・第八句は、何をたとえているか。（p.七三）

解答 故郷が忘れがたいものであること。

［解説］「胡馬」は北方の胡地（モンゴル地方）から来た馬、「越鳥」は南方の越（浙江省地方）から来た鳥の意である。胡馬は北風に向かって身を寄せ、越鳥は南側に差し出た枝に巣を作るもので、望郷の念は捨てがたいと言っている。

◆「爾」とは、何を指すか。（p.七五）

解答 人里に住みながら、世俗の雑音にわずらわされることなく静かな心で暮らしてゆけること。

［解説］「爾」は、そうであるの意。ここでは第一句と第二句を指す。第一句では俗界のただなかにある状況を、第二句では、世俗から離れた生活環境を言っている。第一句と第二句は、普通は同時にはない状況である。

■学習の手引き

❶それぞれの詩を繰り返し朗読し、何を主題としているか、まとめよう。

解答 桃夭…嫁ぐ娘への祝福と、幸せを祈る気持ち。

碩鼠…重税に苦しむ農民の領主への非難と移住への切望。

行行重行行…遠い旅に出て帰らない夫の無事を祈る妻の心情。

野田黄雀行…友人を救えない境遇を嘆く気持ちと、自由を切望する思い。

飲酒…俗界に住みながら心は俗界から離れ、自然と一体になる境地。

［解説］四言詩は、一句中の上二字と下二字の間に切れ目があり（○○｜○○）、五言詩は、一句中の上二字と下三字の間に切れ目がある（○○｜○○○）ことに注意して繰り返し朗読する。

❷「飲酒」（七五ページ）の詩から、陶潜の人生観について考えよう。

解答 世俗から隔絶された非現実的な暮らしの夢想ではなく、現実生活の中に真の脱俗の境地を見いだそうとする。

[解説] 第五〜八句は日常の風景である。その世俗的生活にあって、何ものにも縛られない絶対的自由の境地を求める試みについて述べた詩であることを押さえよう。

❸関心を持った詩を取り上げ、訳詩を試みよう。

[解説] 自分なりの表現で工夫して訳詩してみればよい。目加田誠（めかだまこと）による『中国の名詩1 うたの始め 詩経』には「桃夭」の訳詩がある。井伏鱒二（いぶせますじ）『厄除け（やくよけ）詩集』などを参考にしてもよいだろう。

■語句と表現

①ここに掲げた詩はすべて古詩（古体詩）であるが、それらは、近体詩の絶句や律詩と比べて、一句の字数や句数、韻の踏み方がどのように違うか、確かめよう。

解答 桃夭…四言古詩。一句四字、各章四句の全三章からなる。各章はそれぞれ偶数句末が韻を踏む。

碩鼠…四言古詩。一句四字、各章八句の全三章からなる。各章はそれぞれ各句末が複数の韻を踏む。

行行重行行…五言古詩。一句五字、各段八句の全二段からなる。第一段は偶数句末が、第二段は九句末と偶数句で韻を踏む。

野田黄雀行…五言古詩。一句五字、全十二句からなる。二句・四句・六句、八句・十句、十一句・十二句の句末がそれぞれに韻を踏む。

飲酒…五言古詩。全十句からなる。偶数句末が韻を踏む。

[解説] 古体詩には四言古詩、五言古詩、七言古詩などがあるが、一句の字数や句数、押韻について明確な規則はない。近体詩には字数は五言詩と七言詩、句数は絶句と律詩という明確な規則がある。五言詩は偶数句末を、七言詩は一句末と偶数末を押韻するのが原則である。押韻の音は各詩の「形式」を参照のこと。

7 思想2

●道家の文章を読み、人間を巡るさまざまな思想を読み取る。
●異なる二つの中国の思想を通して、人間の生き方や日本への影響についての思索を深める。

教科書 七八ページ

道家の思想

◆老子

無用之用

要旨

形のあるものが役に立つのは、形のないものがあるからであるということを述べた文章である。

①三十輻、共一轂。②当其無、有車之用。③埏埴以為器。④当其無、有器之用。⑤鑿戸牖以為室。⑥当其無、有室之用。⑦故有之以為利、無之以為用。【第十一章】

訓読

①三十輻、一轂を共にす。②其の無に当たりて、車の用有り。③埴を埏ねて以つて器を為る。④其の無に当たりて、器の用有り。⑤戸牖を鑿ちて以つて室を為る。⑥其の無に当たりて、室の用有り。⑦故に有の以つて利を為すは、無の以つて用を為せばなり。

現代語訳

①三十本の車輪の矢が、一つのこしきに集まっている。②こしきの(中心部に穴があいて)中空(無)であるところに、車の動くはたらきがある。③粘土をこねて陶器を作る。④その中が空虚なので、物を入れる器として役に立つ。⑤戸口や窓をあけて部屋を作る。⑥中の何もない空間に、部屋としてのはたらきがある。⑦だから形のあるものが役に立つのは、形のないもの(無)がはたらきをしているからである。

語釈・句法

①三十輻（さんじっぷく）　三十本の車輪の矢。「輻」は、車輪の矢。
共（ともニス）　共有する。集まっている。
轂（こく）　こしき。車輪の中央の車軸を通す部分。
②当其無、有車之用（其の無に当たりて、車の用有り）　こしきの中空（無）であるところに、車の動くはたらきがある。「用」は、はたらき。
③埏埴（しょくヲこネ）　粘土をこねる。「埴」は粘土。
以為器（もッテつくルきヲ）　（そして）陶器を作る。「以」は強意、または、語調を整える助字。ここをもってという程度の意。⑤・⑦の「以」も同じ。「器」は、土器や陶磁器の類いをいう。
⑤鑿（うがチ）　穴をあける。切り開く。
戸牖（こゆう）　戸口や窓。「牖」は、壁にあけた窓。
⑦為利（りヲなス）　役に立つ。「利」は、役立ち。
為用（ようヲなセバナリ）　はたらきをしているからである。

鑑賞

一般の人々は、車に乗った時、走っているのは車軸を通す穴があるからだと思ったり、水を飲む時コップの中空の部分を意識したり、家の中で無を感じたりはしない。だが老子に言われると、なるほど無なるがゆえにそれは重要なのだと気づくのである。つまり、形あるものが役に立つのは、目に見える外形的なところにあるのではなく、誰も気づかない空虚な無があるからなのである。これを「無用の用」というが、このように、ものの道理を人の意表をつく反面から眺めるところに、逆説的発想のおもしろさと真の力があるのである。

人之生也、柔弱（人の生まるるや、柔弱なり）

教科書　七九ページ

要旨　柔弱は堅強に勝ることを述べた文章である。

第一段落（初め～七九・3）

段意　柔弱は生の仲間である。

①人之生也、柔弱。②其死也、堅強。③万物草木之生也、柔脆。④其死也、枯槁。⑤故堅強者死之徒、柔弱者生之徒。

訓読

①人の生や、柔弱なり。②其の死や、堅強なり。③万物草木の生や、柔脆なり。④其の死や、枯槁なり。⑤故に堅強なる者は死の徒、柔弱なる者は生の徒なり。

現代語訳

①人が生まれた時には、柔らかくて弱々しい。②（しかし）人が死んでしまうと、堅くこわばる。③（また）万物や草木が生じた時には、柔らかでもろい。④（しかし）万物や草木が死んでしまうと、枯れて堅くなる。⑤だから堅くて強いものは死の仲間であり、柔らかくて弱いものは生の仲間である。

語釈・句法

…也　文脈に応じて、…する時、…すること、などと訳す。ここでは、主題を提示するはたらきをしている。

②堅強　堅くこわばる。
③柔脆　柔らかでもろい。
④枯槁　枯れて堅い。
⑤徒　仲間。

■第二段落（七九・4～終わり）

段意

柔弱なるものは強大なるものの上位にいる。

①是以兵強則不勝。②木強則折。③強大処下、柔弱処上。

【第七十六章】

訓読

①是を以つて兵強ければ則ち勝たず。②木強ければ則ち折らる。③強大なるは下に処り、柔弱なるは上に処る。

現代語訳

①だから軍隊が強いとかえって勝てない。②木が堅いとかえって（良材として）折られてしまう。③強くて大きなものは下位にいて、柔らかくて弱いものは上位にいる。

語釈・句法

①是以(ここヲもツテ) そんなわけで。だから。

兵(へい) 軍隊。

②木強(きつよケレ) 木が堅い。

鑑賞

第一段落の①から④までは、極めて常識的なことを述べているが、⑤で「堅強なる者は死の徒、柔弱なる者は生の徒なり。」という意表を突いた結論を提示する。ただし、①から④までは生物のことについて述べているのに、⑤で物事全体に持っていってしまうところには、飛躍がある。しかしそれを不自然に感じさせないところに、逆説表現の巧みさがある。そして第一段落の⑤の「堅強なる者は死の徒」から第二段落の①と②を導き出し、③で全体の結論を述べている。

大道廃(レテ)、有(リ)二仁義一

教科書 八〇ページ

要旨

無為自然の道が廃れて初めて「仁義」というものが説かれるようになるのだから、仁義などを説く必要のない無為自然の社会こそが理想の社会であるということを述べた文章である。

①大道廃(レテ)、有(リ)二仁義一。②智(ち)慧(ゑ)出(いデテ)、有(リ)二大偽一。③六(りく)親(しん)不(シテ)レ和(セ)、有(リ)二孝慈一。④国家昏(こん)乱(らんシテ)、有(リ)二忠臣一。

【第十八章】

訓読

①大道(たいどう)廃(すた)れて、仁義(じんぎ)有(あ)り。②智慧(ちえい)出でて、大偽(たいぎ)有(あ)り。③六親(りくしん)和(わ)せずして、孝慈(こうじ)有(あ)り。④国家(こっか)昏乱(こんらん)して、忠臣(ちゅうしん)有(あ)り。

現代語訳

①無為自然の道が廃れて、仁義を説くものが現れる。②知恵が生まれると、(礼楽のような)はなはだしいいつわりが必要となるのだ。③父子や兄弟、夫婦の仲が平和でないと、初めて孝行と慈愛ということが生ずる。④国家が混乱して、初めて忠臣などというものが現れるのだ。

語釈・句法

大道 無為自然の道。無為自然とは、わざとらしいことをせず、自然のままに生きること。「大道」は、儒家の「道」に対して言った言葉。「大」は「優れた」「りっぱな」の意。

仁義 儒家の徳目。「仁」は「他者に対する思いやり」をいい、「義」は正義や、公明正大な心をいう。道家のいう、無為自然の道が廃れてしまったために、「仁義」という徳目がわざわざ出てきたのだ、ということ。

②**智慧** 知恵。「慧」は「恵」と同じ意味。

大偽 はなはだしいいつわり。ここでは、礼楽のような規則をいう。

③**六親** 父子・兄弟・夫婦。または父母・兄弟・妻子。一家の関係のこと。

孝慈 孝行と慈愛。

④**昏乱** 混乱。乱れること。

鑑賞

『老子』には、逆説的な表現が多い。一般に必要と思われているものを不要であるという、その意外性によって自説をきわだたせ、孝・愛・忠などを美徳とする儒家の思想に対して反論しているのである。

第一文「大道廃、有仁義。」の「仁義」は、儒教の最も重要な徳目である。「仁義」とは、思いやりの心と道理にかなった方法のことで、「人として踏み行うべき道」といわれている。それに対して老子は、「無為自然という大道が廃れたから、（本来は必要がないのに）仁義の道などというものが説かれるようになったのだ。」と言う。

第二文「智慧出、有大偽。」の「智慧（知恵）」とは、「物事を分別する心のはたらき」を意味し、本来は、必要なもの、あったほうがよいもののはずである。それを、「知恵がある者が出てきてから、はなはだしいいつわり（大偽）が行われだした。」と言う。

第三文「六親不和、有孝慈。」では、「父子、兄弟などの親族の仲がよくないから、孝行（子が親を敬い、親によく尽くすこと）や慈愛（いつくしみ愛すること）などの徳（りっぱな行い）が目立つのだ。」と言いきる。

第四文「国家昏乱、有忠臣。」でも、「忠臣」とは忠義な家来のことで、本来は必要なもののはずである。しかし、「国家が乱れるから、忠臣というものがもてはやされる。（全ての臣が忠臣であれば、忠臣という言葉はない）」と主張している。

このように、老子は、純粋に、無為自然（わざとらしいことをせず、自然のまま）に生きるべきであると主張し、人為に価値を認める儒教を批判した。逆説的な表現の巧みさに注目したい。

上善若水

教科書 八〇ページ

要旨　水のあり方は無為自然の道と近い存在だと述べた章である。

①上善若レ水。②水善利二万物一而不レ争。③処二衆人之所一レ悪。④故幾二於道一。【第八章】

訓読
①上善は水のごとし。②水は善く万物を利して争はず。③衆人の悪む所に処る。④故に道に幾し。

現代語訳
①最上の善は水のようなものである。②水はあらゆる物に利益を与え（しかも、ほかと）争わない。③多くの人が嫌がる（低い）ところにいる。④それゆえ道に近い（存在といえる）。

語釈・句法
①上善　最上の善。最上の徳。
若レ…　…のようである。比況を表す。助動詞として訓読するため、平仮名で書き下し文にする。
②利シテ　利益を与えて。恩恵を与えて。
而　接続を表す置き字。
③所レ悪　嫌がるところ。ここでは低地を表す。常に高いところから低いところに流れる水の性質を表している。
④故ニ　それゆえ。だから。前に述べられていることが理由になる。
於　対象を表す置き字。
道　老子が考える無為自然の道。

鑑賞
人間も動物も植物も世の中のものはすべて水の恩恵を享受している。しかも、水はあらゆるものに恩恵を与えながらも柔軟であり、ほかと争うことをしない。つまり、無理に相手を変えようとはせず、相手の存在をあるがまま受け入れながらも、相手に恩恵を与える。このような水のあり方を、老子は無為自然の道と述べている。

老子はこれ以外の章でも、水を最上の徳を備えたものとしている。第七十八章では「天下莫柔弱於水。而攻堅強者、莫之能勝。（世の中に水より柔弱なものはない。しかし、堅強なものを攻めるのに、水に勝るものはない）」と述べ、為政者は常に水のようにへりくだるべきだとしている。

柔らかさや弱さという性質をもつ水が、最も強く、最善の徳を有しているという逆説の考え方がこの章でも示されている。

小国寡民

教科書 八一ページ

要旨 国を小さくして国民の数を少なくし、情報を隔絶して自分の国の生活に満足させることが、平和を導きだすということを述べた文章である。

①小国寡民。②使有什伯之器而不用。③使民重死而不遠徙、雖有舟輿、無所乗之、雖有甲兵、無所陳之。④使人復結縄而用之、甘其食、美其服、安其居、楽其俗、隣国相望、鶏犬之声相聞、民至老死、不相往来。

【第八十章】

訓読 ①小国寡民。②什伯の器有れども用ゐざらしむ。③民をして死を重んじて遠く徙らざらしめば、舟輿有りと雖も、之に乗る所無く、甲兵有りと雖も、之を陳ぬる所無からん。④人をして復た縄を結びて之を用ゐ、其の食を甘しとし、其の服を美とし、其の居に安んじ、其の俗を楽しましめば、隣国相望み、鶏犬の声相聞こゆるも、民老死に至るまで、相往来せざらん。

現代語訳

①国を小さくして国民の数を少なくする。②いろいろな器具があっても使わせないようにする。③人々に命を大切にさせて遠くの土地へ移住させないようにすれば、乗り物があっても、乗らず、よろいや武器があっても、これらを広げて使う機会はないだろう。④人々に昔のように縄を結んで（文字の代わりに）用い、その土地で食べるものを美味だと思い、その土地の服を美しいものと思い、その住まいで満足し、その土地の風俗や習慣を楽しむようにさせれば、隣の町がお互いに見えるほど近く、鶏や犬の声がお互いに聞こえる（ほど近くにいる）としても、人々は年老いて死ぬまで、お互いに行ったり来たりしない（ので、国同士が戦うこともなくなる）だろう。

語釈・句法

小国寡民（しょうこくかみん）　小さな国で少ない民。
老子の理想とする形の一つ。

②什伯之器（じゅうはくのき）　いろいろな器具。「什」は「十」、「伯」は「佰（ひゃく）」（百）と同じ意味。

③重レ死（おもンジしヲ）　命を大切にする。

舟輿（しゅうよ）　小舟と車。

甲兵（こうへい）　よろいと武器。

陳（つらヌル）　並べる。

④復（また）　昔に立ち返って。

結レ縄（むすビなわヲ）　縄に結び目を作って、約束の印とする。昔、文字のない頃、この方法を用いた。

俗（ぞく）　生活様式。

隣国（りんごく）　隣の町。当時は一つの町ごとに外壁があり、それぞれが「国」であったのが、いくつかの「城」を持つ町が大きな国家としてまとまるようになった。つまり、ここでの「隣国」は隣の城＝町、というニュアンス。我々の感覚でいうところの隣の町が、城壁で囲まれていると思えばよい。

不二相往来一（ざランあいおうらいセ）　それぞれの国（土地）の生活に満足していれば、隣の国があったとしても、相手の生活に興味がないため、行き来しない、ということ。

鑑賞

それぞれの国の生活に満足していれば、隣の国があったとしても、行き来する必要もなく、またお互いを羨んだり蔑んだりすることもないはずであり、その結果として戦争は起きず、安定した生活を送れるはずであるとする、老子の基本論理である。

老子が理想としたものは、あらゆる人為的なものからの脱却であり「無為」の世界である。理想論かもしれないが、「無為」とは自然のままに任せて全く人為のないことをいう。

作者・出典

作者 老子〔生没年未詳〕春秋時代の思想家。姓は李、名は耳、字は聃。道家の創始者とされる。楚の苦県（今の河南省鹿邑県）の人で、周の図書室の役人を務めたといわれるが、その伝記はほとんどわからない。『史記』では、孔子よりやや年長の同時代人とするが、孔子の孫の子思と同時代の人、架空の人物などの説もある。

出典 『老子』『老子道徳経』とも呼ばれ、八十一章からなる。一人で書いたのではなく、道家の学説がまとめられたものであるといわれる。韻文が多いのは、口頭で伝承されてきたからであると思われる。荘子と合わせて、老荘思想とも呼ばれ、中国はもちろん、日本でもその「無為自然」の思想は広く愛好されてきた。

教科書の問題（解答・解説）

教科書 八一ページ

❓教科書本文下に示された問題

❓三つの「其無」は、それぞれ何を指すか。（p.七八）

解答 車輪の中心部の空っぽの部分、器の内部の空っぽの部分（物を入れるところ）、部屋の内部の空っぽの部分を、それぞれ指す。

■学習の手引き

❶「無用之用」（七八ページ）と「人之生也、柔弱」（七九ページ）「上善若水」（八〇ページ）に表れている老子の考え方の特徴は何か。

解答 「無用之用」では、一般的には無用だと思われているものこそ役に立つのだといっている。「人之生也、柔弱」では、堅くて強いものではなく、逆に、柔らかくもろい、つまり柔弱であることを生命のあかしとしている。また、「上善若水」では、何にも逆らわず、低いところを目指して流れる水が、無為自然の最上の徳を備えた存在であるといっている。

このように、逆説の論理を用いて、常識的な考え方を否定し、自由にものの本質をみようとするところに、老子の考え方の特徴が表れている。

❷老子の理想とする「小国寡民」（八一ページ）はどのようなものか、まとめよう。

解答 領土は狭く、国民は少なく、文明の利器をめったに使わず、武器を使わない。国民がつつましく暮らし、その生活に満足して、隣国と干渉し合わない。したがって、国同士の争いが起こることもない。

■語句と表現

① 「人之生也、柔弱ナリ」〔七九ページ〕「大道廃レテ、有リ二仁義一」〔八〇ページ〕の中から逆説的表現を抜き出そう。

解答

・人之生也、柔弱ナリ

「人之生也、柔弱ナリ。」(生命↔柔らかく弱い)

「其ノ死也、堅強ナリ。」(死↔堅く強い)

「堅強ナル者ハ死之徒、」(堅く強い↔死)

「柔弱ナル者ハ生之徒ナリ。」(柔らかく弱い↔生)

「兵強ケレバ則チ不レ勝タ。」(強い↔負ける)

「木強ケレバ則チ折ラル。」(強い↔折られる)

「強大ナルハ処リ下ニ、」(強大↔下位)

「柔弱ナルハ処ル上ニ。」(柔弱↔上位)

・大道廃レテ、有リ二仁義一

「大道廃レテ、有リ二仁義一。」(無為自然↔思いやりや正義)

「智慧出デテ、有リ二大偽一。」(知恵↔はなはだしいいつわり)

「六親不レ和セ、有リ二孝慈一。」(一家の不和↔孝行と慈愛)

「国家昏乱シテ、有リ二忠臣一。」(国家の混乱↔忠実な家来)

[解説] 「人之生也、柔弱ナリ」では、兵が強ければ負ける、強大なるものは柔弱なるものの下位になると言っている。このように、一見常識に反するように見えながら、よく読むと納得できるような説明が逆説である。「大道廃レテ、有リ二仁義一」では、儒家の徳目である「仁義」、「孝慈」、「忠臣」が、そもそも世の乱れがあってはじめて必要になるものだという逆説を展開している。

◆荘子

曳尾於塗中

教科書 八二ページ

要旨

荘子が、富貴になって死後に尊ばれるよりも、自由に生きるほうがよいということを述べた文章である。

①荘子釣於濮水。②楚王使大夫二人往先焉。③曰、「願以境内累矣。」④荘子持竿不顧曰、「吾聞、『楚有神亀、死已三千歳矣。⑤王巾笥而蔵之廟堂之上。』⑥此亀者、寧其死為留骨而貴乎、寧其生而曳尾於塗中乎。」⑦二大夫曰、「寧生而曳尾於塗中。」⑧荘子曰、「往矣。⑨吾将曳尾於塗中。」【秋水】

訓読

①荘子濮水に釣る。②楚王大夫二人をして往き先んぜしむ。③曰はく、「願はくは境内を以つて累はさん。」と。④荘子竿を持し顧みずして曰はく、「吾聞く、『楚に神亀有り、死して已に三千歳。⑤王巾笥して之を廟堂の上に蔵む。』と。⑥此の亀なる者、寧ろ其れ死して骨を留めて貴ばるるを為さんか、寧ろ其れ生きて尾を塗中に曳かんか。」と。⑦二大夫曰はく、「寧ろ生きて尾を塗中に曳かん。」と。⑧荘子曰はく、「往け。⑨吾将に尾を塗中に曳かんとす。」と。

現代語訳

①荘子が濮水（のほとり）で釣りをしていた。②（すると）楚王が（自分の意向を伝えさせるために）二人の大夫を先に行かせた。③（二人の大夫が）言うには、「どうか楚の国政をお任せしたい。」と。④荘子は釣り竿を手にしたまま振り返りもしないで言った、「私は（次のようなことを）聞いている、『楚の国には霊験あらたかな亀があり、死んでからもう三千年になる。⑤王は（この亀を）布に包んで箱に入れそれを祖先の霊を祀ってある建物の中に（大切に）しまいこんでいる。』と。⑥この亀は、死んでから甲羅をとどめて貴ばれたほうがよいか、それとも生きながらえて尾を引きずって

泥の中をはい回るほうがよいか。」と。⑦二人の大夫は答えた、「いっそ生きながらえて尾を引きずって泥の中をはい回るほうがよい。」と。⑧荘子は言った、「行きなさい。⑨私は尾を引きずって泥の中をはい回ることにしよう。」と。

語釈・句法

曳二尾於塗中一　尾を引きずって泥の中をはい回る。「塗」は、泥。

①荘子　荘周を指す。人名なので「そうし」と濁らないで読む。

濮水　今の河南省にあった川。現在は涸れている。

②楚王　『史記』によると、楚の威王（在位、前三三九—前三二九）を指す。

使　（…に）…させる。使役を表す。

大夫　高位の臣下。家老。

往先　先に行って、考えを伝える。ここでは先に行ってあらかじめ王の意向を伝えること。

③願…　どうか…したい。どうか…してほしい。自分の願望・意志を述べる。

以二境内一累　楚の国政を任せる。楚の宰相になってもらうことをいう。「境内」は、国境の内側。「累」は、面倒をかける。

④神亀　霊験あらたかな亀。国の大事の際に、亀の甲羅を焼いて、その割れ目のぐあいによって吉凶を占った。

⑤巾笥　布に包んで箱に入れる。「巾」は、布。「笥」は、方形の箱。

廟堂　祖先の霊を祀ってある建物。御霊屋。

⑥寧…乎、寧…乎　…のほうがよいか、それとも…のほうがよいか。選択を表す。

⑧往矣　行きなさい。「矣」は、文末の語気を強める。

鑑賞

楚王の使者として荘子のところに来た二人の大夫は、「願はくは境内を以つて累はさん。」と言う。これは、楚の国政をお任せしたいということ、つまり荘子に楚の国の宰相になってもらいたいということであり、二人の大夫はそのお願いに来たわけである。それを聞いて荘子は、振り返りもせず——二人の大夫をまるで相手にしないところに自分の生き方に対する自信がうかがえるが——楚の国の神亀にふれ、「亀は死んでから大切にされたほうがいいのか、それとも生きていて泥の中をはい回っていたほうがいいのか。」と逆に質問する。二人の大夫は自分の国の神亀についての話かと思い、「生きていて泥の中をはい回るほうがいい。」と、荘子の予想したとおりの答えを自分たちから言ってしまう。ここでは、「寧…乎、寧…乎。」という二者択一の問いかけが巧みである。これによって相手を自己の論理に参加させ、より強く相手を説得できるのである。二人の大夫を自分のペースに巻き込んでおいて、最後に荘子は、「自分も同じだ。」と言うのである。ここまで来れば、荘子の言う「死んでから大切にされる亀」というのは、楚の宰相となって不自由な生活を送ることを意味し、「生きていて泥の中をはい回る亀」というのは何の拘束もなく自由に生きていくことを意味するとわかるはずである。荘子はこの話で、自分は、楚の国の宰相となるのを名誉と思って疑わない常識の世界に縛られるのではなく、より高次の、真に自己の本性をありのままに生かす自由な生き方をするのだ、と言っているのである。

夢為胡蝶

教科書 八三ページ

要旨

胡蝶、人間などという区別は仮のもので、万物は絶えず変化していることを述べた章である。

①昔者荘周、夢為胡蝶。②栩栩然胡蝶也。③自喩適志与。④不知周也。⑤俄然覚、則蘧蘧然周也。⑥不知、周之夢為胡蝶与、胡蝶之夢為周与。⑦周与胡蝶、則必有分矣。⑧此之謂物化。【斉物論】

訓読

①昔者荘周、夢に胡蝶と為る。②栩栩然として胡蝶なり。③自ら喩しみて志に適へるかな。④周なるを知らざるなり。⑤俄然として覚むれば、則ち蘧蘧然として周なり。⑥知らず、周の夢に胡蝶と為れるか、胡蝶の夢に周と為れるかを。⑦周と胡蝶とは、則ち必ず分有らん。⑧此を之れ物化と謂ふ。

現代語訳

①以前荘周は、夢の中で蝶になった。②ひらひらと舞う蝶である。③（蝶であることを）自分で楽しんで思いのままだなあ（と思った）。④（蝶になった自分は自分が）荘周であることを知らない。⑤ふと目が覚めると、紛れもなく荘周である。⑥荘周の夢で蝶になったのか、蝶の夢で荘周になったのかが、わからなかった。⑦荘周と蝶とは、必ず区別があるだろう。

⑧これ（区別があるようで実際は境界があいまいなこと）こそが物の変化（万物は絶えず変化してやまないこと）という。

語釈・句法

①胡蝶　蝶。虫の名前。

荘周　戦国時代の思想家。姓は荘、名は周。字は不明。〔生没年未詳〕

②栩栩然　ひらひらと舞う様子。「然」は状態を表す語を構成する。後の「俄然」「蘧蘧然」の「然」も同様。

也　断定を表す字。直前に読む語は、体言か活用語の連体形。

③適レ志　自分の気持ちのまま思いどおりになる。蝶になって飛ぶことに満足している様子。

…与　…だなあ。詠嘆を表す。

⑤俄然　ふと。「俄」は、にわか、たちまちという意味。

…則　「A則B」で、…ならば。…すればその時には。仮定を表す。

蘧蘧然　はっきりした様子。紛れもなく。「然」は状態を表す語を構成する。

⑥…与　…か。疑問を表す。

⑦周与二胡蝶一　周と胡蝶とは。「A与レB」で並列の関係を表す。

…則　…は、…については。

分　区分。区別。

⑧此之謂二物化一　「謂二此…一」の「此」が倒置され強調された形で、これこそがの意味。「物化」は、物の変化。万物は絶えず変化してやまないこと。

鑑賞

荘周が夢の中で蝶になり、そのひらひらと飛ぶ感覚が気持ちよく、自分が荘周だとは思わなかった。夢から覚めると（当たり前のようではあるけれど）、自分は荘周であった。荘周の夢の中で蝶となったのか、蝶の夢の中で荘周となっているのか、判別がつかない。物と物とは境界がはっきりしているように見えて、実際は混沌としている。蝶とか荘周という存在は、絶えず変化している中の仮の姿に過ぎず、その変化こそが真実であるという考えを述べている。

同じく『荘子』の「斉物論編」では、夢の中で夢占いをするという話が挙げられ、それほど現実と夢の境界があいまいであるということが述べられている。

『荘子』において夢は、存在すると確信している現実世界が、実在する根拠も確実性もなく、幻想かもしれないことを示すものとなっている。

作者・出典

作者　荘子〔生没年未詳〕　姓は荘、名は周。宋の蒙（今の河南省）の人。戦国時代の思想家。老子（老聃）の思想を発展させ、世俗の差別的な価値観を否定して、安らかで自由な生活を楽しむ境地を強調する。

出典 『荘子(そうじ)』秋水(しゅうすい) 荘子(荘周)、およびその思想を受け継ぐ者たちの論説をまとめたもの。人名と区別して「そうじ」と読む。三十三編よりなるが、その中には、後人の文章が混入していて、荘子自身の手になるものは、「斉物論(せいぶつろん)」と「逍遥遊(しょうようゆう)」の二編ぐらいであろうといわれている。

教科書の問題(解答・解説)

教科書 八三ページ

■学習の手引き

❶荘子は「夢為胡蝶」でどのようなことを伝えようとしているか考えよう。

解答 夢と現実、胡蝶と荘周は、どちらが実在して、どちらのほうが価値があるというものではなく、絶えず変化する中の仮の姿で、その変化こそが真実であるということ。人間の認識や価値判断は絶対ではないということ。

[解説] 『荘子』では「万物斉同(あらゆるものは等しい価値を有する)」という考えが述べられており、人間の作り出した価値判断を否定している。

❷「曳尾於塗中」(八二ページ)で、荘子はどのように生きるのがよいと言っているか。

解答 官吏となって不自由な生き方をすることを否定し、何の拘束もなく自由に生きるのがよいと言っている。

■語句と表現

①「夢為胡蝶」の文中の「与」の字の読みと意味の違いについて調べよう。

解答 与(八三・2)…[読み]かな [意味]だなあ(詠嘆)

与(八三・3)…[読み]か [意味]か(疑問)

A与B(八三・4)…[読み]と [意味]AとBと(並列)

8 文1

● 文章の構成や展開を理解し、論旨を的確に捉える。
● 筆者の主張を捉え、さまざまなものの見方、考え方に触れる。

文―三編

漁父辞

屈原

教科書 八六〜八九ページ

主題 楚から追放された理想主義者の屈原と、現実主義的な考えを持つ漁父とを対置し、対話させることによって、思想、信条の相違を超えたところにある人間性の偉大さ、とりわけ、屈原の悲劇的な人間像を描き出したもの。

構成 二段よりなる。「辞」は韻文文学なので、この作品も次のように韻を踏む。「清」「醒」／「移」「波」「釃」「為」／「清」「纓」／「濁」「足」。

■ **第一段落**（初め〜八八・2）

段意 楚から追放された屈原が、やつれ果ててさまよい歩いていた。漁父に会った屈原は、世が濁っている中で、世の濁りに染まらずに、孤高を保って生きていこうとする、理想主義的な考え方を主張する。一方、漁父は、世が濁っている時には、自分もそれに染まり、いっしょに泥をかき回して生きようではないかという、現実主義的な考え方を主張する。

①屈原既放、遊二於江潭一、行吟二沢畔一。②顔色憔悴、形容枯槁。③漁父見而問レ之曰、「子非二三閭大夫一与。④

訓読 ①屈原既に放たれて、江潭に遊び、行沢畔に吟ず。②顔色憔悴し、形容枯槁せり。③漁父見て之に問

何故至於斯。」⑤屈原曰、「挙世皆濁、我独清。⑥衆人皆酔、我独醒。⑦是以見放。」⑧漁父曰、「聖人不凝滞於物、而能与世推移。⑨世人皆濁、何不淈其泥、而揚其波。⑩衆人皆酔、何不餔其糟、而歠其釃。⑪何故深思高挙、自令放為。」⑫屈原曰、「吾聞之、『新沐者必弾冠、新浴者必振衣。』⑬安能以身之察察、受物之汶汶者乎。⑭寧赴湘流、葬於江魚之腹中、安能以皓皓之白、而蒙世俗之塵埃乎。」

ひて曰はく、「子は三閭大夫に非ずや。④何の故に斯に至れる。」と。⑤屈原曰はく、「挙世皆濁り、我独り清めり。⑥衆人皆酔ひ、我独り醒めたり。⑦是を以つて放たれたり。」と。⑧漁父曰はく、「聖人は物に凝滞せずして能く世と推移す。⑨世人皆濁らば、何ぞ其の泥を淈して其の波を揚げざる。⑩衆人皆酔はば、何ぞ其の糟を餔らひて其の釃を歠らざる。⑪何の故に深く思ひ高く挙がりて、自ら放たしむるを為す。」と。⑫屈原曰はく、「吾之を聞けり、『新たに沐する者は必ず冠を弾き、新たに浴する者は必ず衣を振るふ。』と。⑬安くんぞ能く身の察察たるを以つて、物の汶汶たるを受くる者ならんや。⑭寧ろ湘流に赴きて、江魚の腹中に葬らるとも、安くんぞ能く皓皓の白きを以つて世俗の塵埃を蒙らんや。」と。

現代語訳

①屈原は追放されてから、川の淵をさまよい歩き、沢のほとりを詩を口ずさみながら行くのだった。②その顔色は（苦悩のために）やつれ果て、姿は痩せこけていた。③漁父がその様子を見て尋ねて言った、「あなたは三閭大夫様ではありませんか。④どうしてこんな境遇になってしまわれたのですか。」と。⑤屈原は言った、「世の人すべてがみな濁って（利欲におぼれて）いる中で、私だけが清らかである。⑥人々がみな酔って（利欲に目がくらんで）いる中で、私だけが理性に目覚めていた。⑦そういうわけで追放されてしまったのだ。」と。⑧漁父が言った、「聖人というものは物事にこだわらず、うまく社会の変化に順応していくものです。⑨世間の人がみな濁っているのなら、どうして（あなたもそれに同調して）その泥水をかき回して濁し、その波を高く上げようとなさらないのですか。（そうなさればよろしいのに。）⑩世の人々がみな酔っているのなら、どうしてそのかすを食べ、その薄い酒をすすろうとなさらないのですか。（そうなさればよろしいの

に。)⑪どうして深刻に考え高潔に振る舞って、自分から追放されるようなことをされたのですか。」と。⑫屈原が言った、「私は次のように聞いている、『髪を洗ったばかりの者は（髪の汚れるのを嫌って）必ず冠のちりを指先ではじき払ってからかぶり、体を洗ったばかりの者は（体の汚れるのを嫌って）必ず着物のちりを振るい落としてから着るものだ。』と。⑬どうして潔白なこの身に、汚れたものを受けつけることができよう。⑭いっそ湘江に身を投げて、川の魚のえじきになってしまったとしても、どうしてこの潔白な身に俗世間のちりやほこりをかぶることができようか。（いやできない。）」と。

語釈・句法

漁父辞　「漁父」は、漁師。「父」は、おやじ。また、「父」は、老人の敬称としても用いられ、この漁師はいわゆる隠者であるから、「漁父」としたとも考えられる。「辞」は、文体の一種。叙情を主とした文章。南方の長江流域の楚の国を中心とした地方に発達した韻文。歌うのに適する。

①**屈原**　名は、平。楚の王族。王に信任されたが、後に讒言にあって追放され、汨羅（今の湖南省にある川）に身を投げて死んだ。〔前三四〇―前二七八〕

既放　追放されてから。「既」は、完了の助字。完了後の事態について述べる時に用いる。…してから。

遊　さまよう。放浪する。

江潭　川の淵。南方では大きな川を「江」と呼ぶことが多く、長江を指すとは限らない。ここでは、後に「湘流に赴きて」とあるので湘江などを指すのであろう。「潭」は、深い淵。

行　歩きながら。

吟　詩歌を口ずさむ。ここでは、自作の辞を歌ったことを指すのであろう。

沢畔　沢のほとり。屈原がさまよっていた洞庭湖周辺には沼沢地が多い。

②**憔悴**　やつれ果てる。深い苦悩のためである。

③**形容枯槁**　姿が痩せこける。

非…与　…ではないか。ここでは疑問の形で驚きを表す。

三閭大夫　楚の王族である昭・屈・景の三家を取り締まる官名。追放される前に、屈原はこの地位にあった。漁父が、やつれ果てた屈原をひと目見て、その人と認め、また屈原のかつての官名で呼びかけたということは、漁父も、もとは朝廷に仕えていたのであろう。

④**何故**　どうして。

斯　こんな境遇。追放されたという屈原の不幸を指す。

⑤**挙世**　世の人すべて。

濁　品性が卑しく、利欲におぼれていることをいったもの。後の「酔」も同じことを言葉を変えていったもの。

⑦**是以**　こういうわけで。

⑧聖人　優れた人。無為自然の道を体得し、是非を超越してすべてのものと調和した生き方をしようとする人。仁義道徳を中心とする儒家的聖人像ではない。

凝滞　こだわる。

能与世推移　社会の変化にうまく合わせて自分の生き方を変えていくものであるということ。

⑨何不…　どうして…しないのか。（…すればいいのに。）原因・理由についての疑問を表す。ここでは疑問の形で相手に勧めること。「盍（なんゾ…ざル）」も同じ。

淈其泥而揚其波　濁った時勢に同調することのたとえ。「餔其糟而歠其釃」も同じ。「淈」は、かき回して濁すこと。

⑩餔　食べる。

糟　酒のしぼりかす。

歠　すする。

釃　酒粕を水で溶かした薄い酒。

⑪深思　深刻に考える。君主や人民のことを心配しすぎることを指す。

高挙　（世俗を越えて）高潔に振る舞う。「挙」は、振る舞うこと。

⑫新沐者　髪を洗ったばかりの者。

弾冠　冠のちりを指先ではじき払う。

浴　体を洗う。

⑬安能…乎　どうして…できようか。（いやできない。）反語を表す。

身之察察　潔白な身。

物之汶汶　汚れているもの。⑭の「世俗之塵埃」に対応する。

⑭寧…　いっそ…したとしても。選択を表す。どちらかといえば（…のほうが望ましい）。

湘流　湘江。洞庭湖に注ぐ川。

葬於江魚之腹中　川の魚のえじきになる。

皓皓　真っ白い様子。身の潔白なことをいう。

世俗之塵埃　俗世間の、汚れたちりやほこり。利欲におぼれた人々を指す。

■第二段落（八八・3〜終わり）

段意　両者の決別。漁父はにっこり笑って屈原のりっぱさを認め、自分は自分の生き方を貫くことを民謡に託して歌いながら去る。

①漁父莞爾而笑、鼓枻而去。②乃歌曰、

③滄浪之水清兮

④可以濯吾纓

訓読

①漁父莞爾として笑ひ、枻を鼓して去る。②乃ち歌ひて曰はく、

③滄浪の水清まば

⑤滄浪之水濁兮　⑥可以濯吾足
⑦遂去、不復与言。

【楚辞】

④以つて吾が纓を濯ふべし
⑤滄浪の水濁らば
⑥以つて吾が足を濯ふべしと
⑦遂に去りて、復た与に言はず。

現代語訳

①漁父はにっこり笑って、かいの音を立てながらこぎ去っていった。②そこで（遠ざかりつつ）歌って言った、③滄浪の流れが澄んでいるなら、④自分の冠のひもが洗えるよ。

⑤滄浪の流れが濁っているなら、⑥自分の足が洗えるよ、と。⑦こうして別れ去って、それっきり共に語り合うことはなかった。

語釈・句法

①莞爾而笑　にっこり笑う。いかにもとほほえむ。「莞爾」は、にっこりする様子。漁父がにっこり笑ったのは、屈原の潔癖な生き方を一つの生き方として認めつつも、不器用な生き方への同情や哀れみを表していると考えられる。

鼓枻　かいの音を立てる。船をこぐことをいう。「鼓」は、音高く鳴らすこと。「枻」は、かい。ほかに、かいをたたいて拍子をとる、船ばたをたたく、とする説もある。

③滄浪　漢水の下流の別名。この歌は、滄浪歌と呼ばれる。水の清濁、すなわち社会の治乱に応じて世に処して、同調しながらも主体性を失わない生き方をすることを意味する。

兮　語調を整える置き字。

④可以…　…できる。可能を表す。

纓　冠をあごに結びとめるひも。

⑥足　汚れを持ったものを表す。

⑦遂　こうして。そのまま。

不復与言　それっきり共に語り合うことはない。「不復…」は、二度とは…しない。部分否定を表す。

鑑賞

登場人物は屈原と漁父の二人だけで、第一段落の⑤以降でその二人の考え方が対比的に語られる。屈原は、濁った世に我が身を汚すことができず、孤高を保って追放された、という。屈原は、俗世の改革に全力を尽くし、積極的に汚れた世と戦ったのであるが、それは結局挫折するよりほかはなかった。汚れた世に慣れてしまった人々からは敬遠され、疎んじられ、そしてとうとう追放ということになってしまったのである。あくまで世俗に妥協せず、改善を図り、挫折しても最後まで考えを改めることはしない、というのは、儒家的な考え方の表れであろう。一方、漁父は、世の中や大衆が、濁りそして酔っているというなら、自分もいっしょに濁り、そして酔っていけばよいではないか、というのである。その道家的な考えは、第二段落の歌でもう一度繰り返される。漁父と屈原は思想的に相容れない立場にある。「漁父莞爾として笑ひ」の意味も、屈原への共感ではなく、不器用な生き方しかできない屈原への哀れみ、苦笑に近い。

作者・出典

作者　屈原〔前三四〇―前二七八〕戦国時代の楚の王族。名は平だが、字の原で知られている。初め楚の懐王に仕えて信任され、外交では秦に対抗して斉と組む方針を取り、内政では法治策をとって手腕をふるったが、反対派の讒言によって漢水の北へ追放された。のち一度は政界へ復帰したが、懐王の子、頃襄王の時、再び讒言によって江南の地に追放され、洞庭湖周辺を放浪の果て、楚国の前途に絶望して汨羅（湘江に注ぐ川の名）に身を投げ、悲劇的な生涯を閉じたという。

出典　『楚辞』漁夫編　楚の屈原の作品と、その門人や後人による屈原にならった作品とを集めた書物。十七巻。楚の領域は、現在の湖北省や湖南省あたりで、『詩経』を生んだ北方の文化とはまた異なった南方独特の文化がある。

教科書の問題（解答・解説）

教科書　八九ページ

❓教科書本文下に示された問題

❓「斯」とは、屈原のどのような境遇を言っているのか。（p.八七）

解答　追放されて地方を放浪するという境遇。

❓「淈其泥而揚其波」はどういうことをたとえているか。（p.八七）

解答　世間の人々に合わせて、世の中に順応すること。自分にこだわりすぎないこと。

［解説］直前の漁父の言葉に、聖人は物事にこだわらず社会の変化に順応するとあり、それを実践してはどうかと勧めている。

❓「歌曰」以下の歌に託した漁父の心境は、どのようなものか。（p.八八）

解答　社会の治乱に応じて世に処して、同調しながらも主体性を失わずに生きたほうがよいと、潔癖すぎる屈原の生き方を哀れむ心境。

■学習の手引き

❶次の文を書き下し文にし、現代語訳しよう。

解答 (1)世人皆濁らば、何ぞ其の泥を淈して其の波を揚げざる。

〈訳〉世間の人がみな濁っているのなら、どうして（あなたも濁った時勢に同調して）その泥水をかき回して濁し、その波を高く上げようとしないのですか。（そうすればいいのに。）

(2)安くんぞ能く皓皓の白きを以つて世俗の塵埃を蒙らんや。

〈訳〉どうしてこの潔白な身に俗世間のちりやほこりをかぶることができようか。（いやできない。）

[解説] (1)「何不…」は「どうして…しないのか。（…すればいいのに。）」の意。

(2)「安能…乎」は「どうして…できようか。（いやできない。）」の意。反語を表す。

❷話の展開を簡潔に整理しよう。

解答 ○川のほとりをさまよい歩いていた屈原に漁父がその訳を聞くと、世の中はすべて汚れており自分だけが潔白であるとの答えが返ってきた。

○これを聞いた漁父は、聖人は汚れた世の中にあっても自分の生き方を見いだすものであると語った。

○両者は別れ去り、それきり語り合うことはなかった。

[解説] 対照的な思想・信条をもって生きる二人の対話によって構成されていることで、あまりに潔癖な屈原と和光同塵を旨とする漁父との生き方の違いが浮き彫りになっていることに着目しよう。

❸屈原と漁父は、それぞれどのような主張をしているか、要約しよう。

解答 屈原は、あくまで世俗に妥協せず、改善を図り、挫折しても最後まで我が身の正義と潔白を守るという儒家的な考え方を主張している。漁父は、世の中が濁っているなら、自分もそれに同調して社会の風潮、時勢に順応してゆけばよいという道家的な考え方を主張している。

❹屈原の生き方と漁父の生き方について話し合おう。

[解説] それぞれの生き方を貫こうとすると、どのような問題に突き当たるかということを考えてみるとよい。

■語句と表現

①「や」「と」「ともニ」以外の「与」の読みを調べよう。

解答 「あたフ」「あづかル」「くみス」「よリ」

[解説] 意味は次の通り。「あたフ」…与える、「あづかル」…関係する、「くみス」…仲間になる・支持する、「よリ」…～よりも。

五柳先生伝

陶潜

教科書 九〇～九一ページ

大意

五柳先生は、どこの人かも、本名すらもわからない。名誉や富を求めず、自分の好きな形で書を読み、酒をたしなむ。周りの人も貧しい彼に酒を用意して招き、彼は酔うと帰る。詩や文章に自分の志を書き、そうして思い通りの一生を終えたのであった。

①先生不知何許人也。②亦不詳其姓字。③宅辺有五柳樹、因以為号焉。④閑靖少言、不慕栄利。⑤好読書、不求甚解。⑥毎有会意、便欣然忘食。⑦性嗜酒、家貧不能常得。⑧親旧知其如此、或置酒而招之、造飲輒尽。⑨期在必酔。⑩既酔而退、曽不吝情去留。⑪環堵蕭然、不蔽風日。⑫短褐穿結、箪瓢屢空、晏如也。⑬常著文章自娯、頗示己志。⑭忘懐得失、以此自終。

【陶淵明集】

訓読

①先生は何許の人なるかを知らざるなり。②亦其の姓字を詳らかにせず。③宅辺に五柳樹有り、因りて以つて号と為す。④閑靖にして言少なく、栄利を慕はず。⑤書を読むを好めども、甚だしくは解することを求めず。⑥意に会する有る毎に、便ち欣然として食を忘る。⑦性酒を嗜めども、家貧しくして常には得る能はず。⑧親旧其の此くのごときを知り、或いは置酒して之を招けば、造り飲みて輒ち尽くす。⑨期は必ず酔ふに在り。⑩既に酔ひて退き、曽て情を去留に吝かにせず。⑪環堵蕭然として、風日を蔽はず。⑫短褐穿結し、箪瓢屢空しきも、晏如たり。⑬常に文章を著して自ら娯しみ、頗る己が志を示す。⑭懐ひを得失に忘れ、此を以つて自ら終へたり。

現代語訳

①先生はどこの人なのかはわからない。②また姓名もよくわからない。③家のあたりに五本の柳の木があったので、それを雅号（通称）とした。④物静かで言葉が少なく、名誉や利益を求めない。⑤書を読むのが好きだが、（一字一句の）意味を過度に追究することはしない。⑥自分の心にかなう（文言に出会う）たびに、たちまち喜びのあまり食を忘れる。⑦もともと酒をたしなむが、家が貧しくていつも（酒を）得られるわけではない。⑧親類や旧知の友人たちはそのようなことを知っており、時々酒の用意をして先生を招けば、（先生は）家に来て飲むたびに飲み尽くす。⑨ひそかに期待しているのは必ず酔うということだ。⑩酔えば立ち去り、いまだかつて立ち去ろうか留まろうかとぐずぐずしない。⑪狭い住居はものがなくうらぶれた様子で、風や日を防げない。⑫粗布(あらぬの)の短い粗末な衣服はつぎはぎだらけ、米を入れる米びつやひょうたんの入れ物（の中身）は空であるが、平然としている。⑬常に詩や文を著して自ら楽しみ、いささか（文中に）自分の志を表している。⑭人生の成功失敗に心をわずらわさず、このように生きてそうして生涯を終えた。

語釈・句法

①何許(いずこノ)　どこの。「許」は「処」と同じ。歴史書の伝記では、「本名」「出身地」を具体的に書くのが普通だが、隠者（世間を離れて生きる人）の場合、ぼかしたいい方をすることもある。

③宅辺(たくへん)　家のあたり。「辺」はだいたいの場所、方向を表す言葉。

焉　断定、疑問、語調を整えるなどさまざまな意味を持つが、ここでは断定を表す。置き字で訓読はしない。

④閑靖(かんせい)　物静かで落ち着いている。閑は心穏やかな様子。

栄利(えいり)　栄誉（名誉）と利益。

⑤不(ず)レ求(もとメ)二甚(はなは)ダシクハ解(かい)スルコトヲ一　一字一句の細かい意味までは答えを探さない。「不(ず)レA(セ)二甚(はなは)ダシクハB(スルヲ)一」は「甚だしくは（完全には）BをAしない」という意味の部分否定の構文。

⑥会(かいスル)レ意(い)ニ　自分の心にかなう。自分の気持ちと文がぴたりとあう。

便(すなわチ)　すぐに。たちまち。二つの動作がスムーズにつながる語感の言葉。

欣然(きんぜん)　喜んでいる様子。「いかにも喜んで」。「然」は、状態を表す言葉の下について、その状態を強調する。

⑦不(ず)レ能(あたハ)二常(つねニハ)…一　いつも…できるわけではない。「不常…」は「いつも…するわけではない」という部分否定の構文。

⑧親旧(しんきゅう)　「親」は親類。「旧」は昔からの友人。親古。

如(ごとキ)レ此(かくノ)　このようである。ここでは「性嗜レ酒、家貧不レ能二常得一」を指している。

置酒　酒の用意をする。

造　「至」と同じ。出かけてくる。

輒　そのたびごとに。

⑨期　期待すること。

⑩曽不レ…　…しない。「曽」はここでは否定の言葉を強調する。

不レ吝二情去留一　立ち去ろうか留まろうかとためらわない。「吝」は「もの惜しみをする」の意味。

⑪環堵　狭い住居。本来は家を囲う垣のこと。

蕭然　寂しく荒れ果てた様子。

不レ蔽二風日一　風や太陽を遮ることができない。

⑫短褐　粗布で作った丈の短い粗末な服。

穿結　穴を結び合わせる。服を何度もつぎはぎしている様子。

箪瓢　「箪」はご飯を入れるもの、「瓢」は水を入れるひょうたん。

晏如　心やすくいる。平然とする。

⑬頗　少しばかり、いささか。

⑭忘二懐得失一　人生の成功と失敗に心をわずらわさない。世間一般の成功・失敗といった考えを捨て去る。

以レ此自終　このように（自分の好きなように）生きて人生を終えた。

鑑賞

名誉や利益を気にせず、貧しくも自分の心のままに生きた五柳先生という人物、これは陶潜の自伝であり、彼の人生観が反映されていると古くからいわれてきた。五柳先生の生き方は、一言でいえば「自然体」といえよう。出世や富のために精神をすり減らさず、読書にしても自分の楽しみのために行う。出世や富を目指さないというのは、貧しさを受け入れるということでもある。五柳先生はそれを心やすく受け入れ、何が成功か・失敗か、そのようなことに心をわずらわさない。そして彼の親類や友人たちも、そんな彼に酒席を設けるわけだが、そこには何の利害関係も感じられない。おそらく友人たちは単に五柳先生が好きだから酒を振る舞い、五柳先生も彼らに負い目を感じていない。こうした五柳先生と友人たちは、等身大の幸せの中で生きる素朴な庶民ということもできよう。

作者・出典

作者　陶潜　本書一四〇ページ参照。

出典　『陶淵明集』　本書一四〇ページ参照。

教科書の問題（解答・解説）

教科書 九一ページ

■学習の手引き

❶次の文を書き下し文にし、現代語訳しよう。

解答 ⑴先生は何許の人なるかを知らざるなり。
〈訳〉先生はどこの人なのかはわからない。
⑵性酒を嗜めども、家貧しくして常には得る能はず。
〈訳〉もともと酒をたしなむが、家が貧しくていつも得られるわけではない。

❷五柳先生の人柄を、文中の表現をもとに具体的に挙げよう。

解答 ・寡黙で、名声や利益を求めない。
・食を忘れるほど読書を好むが、意味を厳密に求めない。
・酒を好むが、ほどほどで満足する。
・衣食が粗末でも気にしない。
・志を文章に著して楽しむ。
・人生の成功や失敗に頓着しない。

❸「五柳先生伝」は自伝とされるが、ここに表された陶潜の人生観について考えてみよう。

［解説］まず、この文章のまとめである「忘懐得失、以此自終。」（人生の成功失敗に心をわずらわさず、このように生きてそうして生涯を終えた。）に注目しよう。これが陶潜の理想とする生き方だとすれば、「成功を求めて無理をする」のとは正反対の生き方が彼の理想だったと読み取れる。次に具体的な行動をいくつか挙げてみよう。貧しくてもそれを気にせず平然とし、名声や利益を求めない。書物を読み、心に残るものがあれば食を忘れるほど喜ぶ。また、酒を振る舞われると、酔えばそれで満足して帰る。文章を書くにも、それは自分の楽しみとしてのことで、やはりそれによって名声を得ようとするものではない。こうした行動から陶潜が、何を大切だと思い、何を楽しいと考えていたかを読み取ってみよう。

■語句と表現

①「欣然」「蕭然」「晏如」とあるが、「――然」「――如」のように様子を表す熟語を調べよう。

解答 「漫然」「敢然」「泰然」「突如」「躍如」など。

［解説］「然」は状態を表す形容詞・副詞の後について、熟語を構成する。「漫」（そぞろに、なんとなく）、「敢」（思い切って）、「泰」（やすらかに、ゆったり）のほうに意味があり、「然」がつくと、…という状態という意味の熟語になる。また「如」は、様子を表す語について調子を整える。「突如」は、前ぶれもなく急に。「躍如」は、生き生きとした様子。

春夜宴桃李園序

李白

教科書 九二～九四ページ

大意 うららかな春の夜に、自分の族弟（弟や年下の者）といっしょに詩文を作る酒宴を開いた。はかない人生の中で、せめて楽しめる時には夜も楽しむべきである。才能ある族弟たちと、詩文や花鳥風月を楽しみつつ、その思いを詩の中で述べ尽くそう。

■第一段落（初め～九二・3）

段意 人生ははかないものであり、昔の人が夜も昼も楽しみを尽くしたのはもっともなことである。

①夫天地者万物之逆旅、光陰者百代之過客。②而浮生若夢。③為歓幾何。④古人秉燭夜遊、良有以也。

訓読 ①夫れ天地は万物の逆旅にして、光陰は百代の過客なり。②而して浮生は夢のごとし。③歓びを為すこと幾何ぞ。④古人燭を秉りて夜遊びしは、良に以有るなり。

現代語訳

①そもそも世界は万物を迎える宿屋のようなもので、月日は永遠の旅人のようなものである。②そしてはかない人生は夢のようである。③楽しみを行うことはどのくらいできるだろうか。④昔の人がろうそくを取って夜まで遊んだのは、実に理由があることである。

語釈・句法

春夜宴桃李園序　春の夜に桃や李の咲く庭園で宴を催した時に作った詩を集めた文集の序文、の意味。李白は自分の弟や年下の者を集めてこのような宴を催し、その時に参加者が詠んだ詩を文集にまとめた。

この文は、その時の様子や感想を述べたものである。しかし、現存するのはこの序文だけで、文集のほうは伝わっていない。

①夫（そレ）　そもそも。少し改まって文頭に置く言葉。

者（は）　「者」には、主語の範囲をはっきり示す用法があり、ここでは「天地」までが主語であることを表している。その際は「は」と読む。

逆旅（げきりょ）　宿屋。旅人を迎える場所。「逆」は迎えるの意味。

光陰（こういん）　太陽と月。月日。年月。

百代（はくたい）　永遠。

②過客（かかく）　道行く人、旅人。

浮生（ふせい）　根がなく浮かんでいるようなはかない人生。

③幾何（いくばくゾ）　どのくらいか。反語を表す。ここでは人生のはかなさをいっているので、「どのくらいもない」というようなニュアンスを含む。曹操（そうそう）「短歌行」の「人生幾何ぞ」と同じような使い方。

---

④秉燭（とりしょくヲ）　ろうそくを手に取る。わざわざ明かりをともして夜にも活動することをいう。

有以（あルゆえ）　理由がある。そのようにすべき合理的な根拠がある、という意味。

■第二段落（九二・4〜6）

段意　うららかな春の夜に、優れた詩文の才能をもった族弟たちと宴を楽しもう。

①況陽春召我以煙景、大塊仮我以文章。②会桃李之芳園、序天倫之楽事。③群季俊秀、皆為恵連。④吾人詠歌、独慚康楽。

訓読

①況（いわ）んや陽春（ようしゅん）我（われ）を召（まね）くに煙景（えんけい）を以（も）てし、大塊（たいかい）我（われ）に仮（か）すに文章（ぶんしょう）を以（も）てするをや。②桃李（とうり）の芳園（ほうえん）に会（かい）して、天倫（てんりん）の楽事（らくじ）に序（じょ）す。③群季（ぐんき）の俊秀（しゅんしゅう）なるは、皆恵連（みなけいれん）たり。④吾人（ごじん）の詠歌（えいか）は、独（ひと）り康楽（こうらく）に慚（は）づ。

現代語訳

①まして春の陽気がかすみたなびく春景色で私たちをいざない、宇宙万物の創造主が私たちに文章の才能を貸し与えたのであるからそれはなおさら（今この時は楽しまなくてはならないの）である。②桃李の香る庭園に集まって、天から与えられた関係である兄弟たちと楽しみを滞りなく行う。③多くの弟たちの優秀なる人たちは、皆まるで（南朝時代の優れた

詩人の）謝恵連（しゃけいれん）のようである。④（それに引き換え）私の詩歌だけは、（謝恵連の族兄にあたる）謝霊運（しゃれいうん）（康楽）に対して恥ずかしいものである。

語釈・句法

①況（いわンヤ）　抑揚を表す言葉。「まして…はなおさらである」。…を強調するために、例を直前に出す。この文章では前段の「古人秉レ燭夜遊、良有レ以也。」がそれにあたる。昔の人は夜ですら遊んだのだ、まして春なのだし…ということ。

我（われ）　私たち。

煙景（えんけい）　春の景色。春のかすみがかかった景色。

大塊（たいかい）　大地のこと。そこから万物を創造したもの、自然の意味になる。

仮レ我（かスわれニ）　私たちに貸し与える。「仮」は貸し与える。詩の才能は天が宴の参加者に貸し与えてくれたものなので、大いに楽しむべきである、ということを言っている。

②桃李之芳園（とうりのほうえん）　桃や李の花の香りの広がる庭園。

序（じょス）　順番に行う。滞りなく行う。

天倫之楽事（てんりんのらくじ）　兄弟たちの集まって楽しむできごと。

③群季（ぐんき）　多くの弟たち。「季」は本来は最も年下の弟のことをいうが、ここでは「李白より年下の者」の意味。

恵連（けいれん）　謝恵連（三九七—四三三）のこと。恵連は謝霊運の族弟。十歳にして詩を作ったという天才で、謝霊運が激賞したという。

④独慚二康楽一（ひとりはヅこうらくニ）　私（李白）だけが謝霊運に遠く及ばず恥ずかしい。康楽は陶潜と並び称される南朝時代の大詩人の謝霊運（三八五—四三三）のこと。

■第三段落（九二・7〜終わり）

段意　俗世間を離れた風雅な話を楽しみ、大いに飲み、詩文を作ろうではないか。

①幽賞未レ已。②高談転清。③開二瓊筵一以坐レ華、飛二羽觴一而酔レ月。④不レ有二佳作一、何伸二雅懐一。⑤如詩不レ成、罰依二金谷酒数一。【古文真宝後集】

訓読

①幽賞（ゆうしょう）未（いま）だ已（や）まず。②高談（こうだん）転（うた）た清（きよ）し。③瓊筵（けいえん）を開（ひら）きて以（も）つて華（はな）に坐（ざ）し、羽觴（うしょう）を飛ばして月（つき）に酔（え）ふ。④佳作（かさく）有（あ）らずんば、何（なん）ぞ雅懐（がかい）を伸（の）べん。⑤如（も）し詩成（な）らずんば、罰（ばつ）は金谷（きんこく）の酒数（しゅすう）に依（よ）らん。

現代語訳

①静かに褒め味わうことといまだ終わらず。②高尚な話はますます清らかである。③美しい宴席を開いて花の咲くあたりに座り、雀の羽をかたどった杯を飛ば（すようにやりとり）して月に酔うこととしよう。④良い作品がなければどうして風流な心を述べ尽くすことができようか。（いやできない。）⑤もし詩ができなければ、罰は金谷園の故事によって酒を三杯飲ませることにしよう。

語釈・句法

①幽賞　静かに褒め味わう。「幽」は、静かに深く。「賞」は、鑑賞。

②高談　高尚な話。俗世間に紛れていないような風流な話。

③転　ますます。

③瓊筵　玉のむしろ（敷物）。りっぱな宴席のたとえ。「瓊」は玉。

坐レ華　花の中に座る。

飛二羽觴一　杯を盛んにやりとりする。「羽觴」は雀が羽を広げたような形の杯。

④何伸　どうして述べられようか。（いや述べられない。）「何」は理由を問う疑問詞。ここでは反語の意味なので、「伸ベン」と未然形＋ンで結ぶ。

⑤如　仮定を表す副詞。「若」に同じ。

鑑賞

李白の文章の中でも特によく知られた作品である。冒頭では人生のはかなさを述べているが、第二段落以降では一転きらびやかで風流な宴をうたい上げている。しかもそれを「四六駢儷文」と呼ばれる、六朝貴族に愛好された文体で表現しており、宴の美がさらに際立っている。

はかない人生、せめて楽しみを尽くすべきである、と李白はいうが、彼にとって楽しみというのは花鳥風月を愛で、高尚で風雅な話題を論じ、酒を酌み交わすというものであった。その先には「天から与えられた才能」である詩文を詠み、その楽しみを表現することがあった。それは決して簡単なことではないが、そうした主体的な営みを行うことによって、はかない人生に意味を持たせようとしたのかもしれない。

冒頭の「天地は万物の逆旅にして、光陰は百代の過客なり。」という表現は『奥の細道』の冒頭「月日は百代の過客にして、行かふ年も又旅人也。」や、『日本永代蔵』の「されば天地は万物の逆旅。光陰は百代の過客、浮世は夢幻といふ。」（巻一）など、日本の文学にも取り入れられている。

作者・出典

作者 李白（七〇一―七六二） 字は太白、盛唐の詩人。杜甫と並んで中国で最も有名な詩人。父親は大商人。酒と神仙世界を好んだ。玄宗皇帝の宮廷詩人となったが、宦官である高力士に疎まれて官界を去り、以降は放浪を続けた。安史の乱〔七五五年〕では安禄山の追討軍に加わったが、後に反乱の罪で流刑になった。詩風は豪放、天才肌で酒を一斗飲む間に百編の詩を詠んだという。杜甫を「詩聖」と呼ぶのに対し、李白は「詩仙」と呼ばれる。

出典 『古文真宝後集』 南宋の黄堅の編といわれる。『古文真宝』は古文（戦国末から宋に至る時代の古雅な文章）を集めて一種の教科書としたものである。「前集」は主に詩を「後集」は主に文を集めている。十巻。

参考

古詩十九首 其ノ十五

教科書 九四ページ

主題 過ぎてゆく時間を惜しみ、今を楽しんで生きようとうたったもの。

形式 五言古詩。「憂」「遊」／「時」「茲」「嗤」「期」が韻を踏んでいる。

① 生年不レ満タレ百ニ
② 常ニ懐ク二千歳ノ憂ヒヲ一
③ 昼ハ短ク苦シム二夜ノ長キニ一
④ 何ゾ不ル二秉リテ燭ヲ遊バ一
⑤ 為スハレ楽シミヲ当ニレ及ブベシレ時ニ
⑥ 何ゾ能ク待タン二来茲ヲ一
⑦ 愚者ハ愛二‐惜シ費ヲ一
⑧ 但ダ為ルノミ二後世ノ嗤ヒト一
⑨ 仙人ノ王子喬
⑩ 難シレ可キコト二与ニ等シクスレ期ヲ

訓読

① 生年百に満たず
② 常に千歳の憂ひを懐く
③ 昼は短く夜の長きに苦しむ
④ 何ぞ燭を秉りて遊ばざる
⑤ 楽しみを為すは当に時に及ぶべし
⑥ 何ぞ能く来茲を待たん
⑦ 愚者は費を愛惜し

【文選（もんぜん）】

⑧但（た）だ後世（こうせい）の嗤（わら）ひと為（な）るのみ
⑨仙人（せんにん）の王子喬（おうしきょう）
⑩与（とも）に期（き）を等（ひと）しくすべきこと難（かた）し

現代語訳

① （人間の）生きている年数は百年に満たない（のに）、
② 常に千年も先のことまで心配している。
③ 昼が短く夜が長すぎるのを苦にする（のであれば）、
④ どうして灯火を手に取って（夜に）遊ばないのか。
⑤ 楽しみを求めるのであれば時を失わず、間に合うようにするべきだ。
⑥ どうして（あてにならない）来年を待つことができようか。
⑦ 愚かな者は（遊びの）費用を惜しんで、
⑧ 後の世の人に嘲笑されるだけだ。
⑨ 仙人になった王子喬、
⑩ （王子喬と）寿命を同じくすることはできない。

鑑賞

「生年不レ満タレ百ニ」は人間の寿命が百年にも満たないほんの少しの時間であること、「仙人ノ王子喬（きょう）」は仙人となった王子喬を人間と引き比べて仙人のような長寿にはなれないことを述べている。いずれも人の一生がいかに短いかを強調している。だからこそ、暗い夜であっても灯火を手に取って遊び、人生のはかなさを忘れて過ごそうというのである。

教科書の問題（解答・解説）

教科書 九四ページ

■学習の手引き

❶次の文を書き下し文にし、現代語訳しよう。

解答 (1)歓びを為すこと幾何ぞ。
〈訳〉楽しみを行うことはどのくらいできるだろうか。
(2)況んや陽春我を召くに煙景を以つてし、大塊我に仮すに文章を以つてするをや。
〈訳〉まして春の陽気がかすみたなびく春景色で私たちをいざなない、宇宙万物の創造主が私たちに文章の才能を貸し与えたのであるからそれはなおさらである。
(3)如し詩成らずんば、罰は金谷の酒数に依らん。
〈訳〉もし詩ができなければ、罰は金谷園の故事によることとしよう。

❷「古人秉レ燭夜遊、良有レ以也。」〔九二・2〕の理由について、まとめよう。

解答　人生は浮き草のようにはかないもので、楽しいことをする時間もさほどとることもできないから。

❸この文章を通して、李白は人生についてどのように考えているか、まとめよう。

解答　人生は、永遠の時間の中のほんの一瞬の、浮き草のようにはかないものである。しかし、そのはかなさを単純に悲観するのではなく、そのわずかな時間に、自然の美、与えられた詩文の才能、血縁との風流談義といった、天から与えられたものを楽しみ尽くすことに価値があると考えている。

■語句と表現

①この文章の表現の文体は「四六駢儷文」といわれる。この文体について調べ、本文の文章の特徴について確認し合おう。

[解説]　この文章は「四六駢儷文」という、表現に非常にこだわった文体で書かれている。駢儷文の特徴のうち、「対句」、「四字句・六字句」、「典故（物語・歴史事実）のある言葉」、について探してみよう。

「対句」については、たとえば「天地者万物之逆旅」「光陰者百代之過客」、「陽春召レ我以二煙景一」「大塊仮レ我以二文章一」、「会二桃李之芳園一」「序二天倫之楽事一」、「幽賞未レ已」「高談転清」などがある。

「四字句・六字句」については、四字句には、「対句」で挙げた句以外に「浮生若レ夢」「為レ歓幾何」、「群季俊秀」「吾人詠歌」、「皆為二恵連一」「独慙二康楽一」、「不レ有二佳作一」「何伸二雅懐一」、六字句には、「対句」で挙げた句以外に、「開二瓊筵一以坐レ華」「飛二羽觴一而酔レ月」などがある。

「典故」については、謝恵連と謝霊運の故事、金谷酒数の故事があり、その背景を知らなければ意味がわからないようになっている。

目次

■精選古典探究　漢文編　Ⅱ部

1 史話

● 登場人物の行動や心情を捉え、人間の生き方について考える。
● 史話を読み、作品を踏まえた語彙が日常に与えた影響について文章にまとめる。

三国志の世界

赤壁之戦

教科書 九六〜九八ページ

大意 魏の曹操は敵対する劉備を追い詰めていた。劉備は腹心である諸葛亮の提案に従い、呉の孫権と同盟を組んで曹操を迎え撃とうと考えた。呉では、曹操に降伏すべきという意見が出たが、魯粛・周瑜は、劉備と組んで曹操を討つことを主張し、孫権は決戦を決断した。周瑜の部下である黄蓋は火攻めを提案し、曹操に降参するふりをして、火のついた船を曹操の軍船にぶつけた。船同士をつないでいて身動きのできない曹操軍は大敗を喫した。

第一段落（初め〜九六・4）

段意 曹操は、劉表の領地である荊州を手に入れて劉備を圧迫した。諸葛亮は、呉の孫権に同盟を持ちかけた。

①曹操撃二劉表一。②表卒。③子琮挙二荊州一降レ操。④劉備奔二江陵一。⑤操追レ之。⑥備走二夏口一。⑦操進二軍江陵一、遂東下。⑧亮謂レ備曰、「請求二救於孫将軍一。」⑨亮見レ権説レ之。⑩権大悦。

訓読 ①曹操劉表を撃つ。②表卒す。③子の琮荊州を挙げて操に降る。④劉備江陵に奔る。⑤操之を追ふ。⑥備夏口に走る。⑦操軍を江陵に進め、遂に東に下る。⑧亮備に謂ひて曰はく、「請ふ救ひを孫将軍に求めん。」と。⑨亮権に見えて之に説く。⑩権大いに悦ぶ。

現代語訳

①曹操が劉表を攻撃した。②劉表が死去した。③（劉表の）子である劉琮は（領地である）荊州を全部差し出して曹操に従った。④（劉表の下に身を寄せていた）劉備は江陵に逃げた。⑤曹操は劉備を追った。⑥劉備は夏口に逃げた。⑦曹操は軍を江陵に進め、そのまま東に攻め下った。⑧諸葛亮が劉備に進言するには、「どうか孫将軍に救援を求めてください。」と。⑨諸葛亮は孫権に謁見して孫権に（劉備との同盟作戦を）説いた。⑩孫権は大いに喜んだ。

語釈・句法

赤壁　今の湖北省赤壁市嘉魚県一帯の地。ただし、戦いの場所についてはいくつかの説がある。

①**曹操**　後漢、沛国譙（今の安徽省亳県）の人。魏の基礎を築いた。黄巾の乱討伐などで功績を挙げ、献帝を奉じて都を洛陽から許（今の河南省許昌県）に移した。華北をほぼ統一し、二一六年に魏王の位についた。「武帝」と追号された。〔一五五―二二〇〕

劉表　山陽郡高平県（今の山東省鄒県付近）の人。漢王室の血筋で長江中流の要所である荊州に勢力を持った。曹操が劉表討伐に向かっている途中で死去。〔?―二〇八〕

②**卒**　死ぬこと。

③**琮**　劉表の子。次子だったが劉表に愛され世継ぎとなった。夫人の一族である蔡瑁の勧めで早々に降伏、その後曹操によって青州刺史に任ぜられた。〔生没年未詳〕

挙　さしあげる。献じる。「挙」には「ことごとく」「全部」の意味がある。ここでは「荊州全部を差し出す」の意味。

荊州　今の湖北省・湖南省一帯。長江中流の交通・軍事・経済の要衝。

④**劉備**　字は玄徳。幽州涿郡涿県（今の河北省涿州市）の人。三国、蜀の初代皇帝。漢王室の末裔を名乗り、漢の再興を挙兵の大義名分とした。〔一六一―二二三〕

江陵　今の湖北省荊州市。ここには大量の軍需物資が補完されていたため、曹操は劉備の江陵入りを阻止すべく急襲した。

⑥**走**　逃げる。「逃走」の「走」。

夏口　今の湖北省武漢市。劉備は江陵行きをあきらめ進路変更した。

⑦**遂**　そのまま。そして。二つの状況が自然につながることを示す。

東下　曹操が江陵を押さえた後、長江を東に下って夏口の劉備を攻めることにした。

⑧**亮**　諸葛亮。徐州琅琊陽都（今の山東省臨沂）の人。字は孔明。軍師として劉備を支え、蜀の建国後は名宰相

として国を差配した。劉備の死後、子の劉禅を励まして国を守ったことなどから、忠義の臣下として親しまれている。〔一八一—二三四〕

請 どうか…してください。願い求める時に使われる言葉。

求救於孫将軍 孫将軍に救援を求めよう。「於」は置き字。「～於…」の形で動詞の後に置き、「～を…に」の意味になる。直接目的語と間接目的語を取る標準的な形。

孫将軍 孫権。字は仲謀。三国、呉の初代皇帝〔在位、二二二—二五二〕。兄の孫策から国を受け継ぎ、優秀な人材を登用して勢力を広げた。赤壁の戦いで曹操を破り、ついで劉備の将軍、関羽から荊州を奪取して長江下・中流域を押さえた。〔一八二—二五二〕

⑨見 お目にかかる。

■第二段落（九六・5～九七・4）

段意

曹操は孫権に脅しをかけた。群臣は降伏を提案したが、魯粛・周瑜の主戦論に孫権も賛同。いよいよ曹操の軍と赤壁で遭遇した。

①操遺二権書一曰、「今治二水軍八十万衆一、与二将軍一会二猟於呉一。」②権以示二群下一。③莫レ不レ失レ色。④張昭請レ迎レ之。⑤魯粛以為二不可一、勧レ権召二周瑜一。⑥瑜至曰、「請得二数万精兵一、進二往夏口一、保為二将軍一破レ之。」⑦権抜レ刀斫二前奏案一曰、「諸将吏敢言レ迎レ操者、与二此案一同。」⑧遂以レ瑜督二三万人一、与レ備并レ力逆レ操、進遇二於赤壁一。

訓読

①操権に書を遺りて曰はく、「今水軍八十万の衆を治め、将軍と呉に会猟せん。」と。②権以つて群下に示す。③色を失はざるもの莫し。④張昭之を迎へんと請ふ。⑤魯粛以つて不可と為し、権に勧めて周瑜を召さしむ。⑥瑜至りて曰はく、「請ふ数万の精兵を得て、進みて夏口に往き、保して将軍の為に之を破らん。」と。⑦権刀を抜き前の奏案を斫りて曰はく、「諸将吏敢へて操を迎へんと言ふ者は、此の案と同じからん。」と。⑧遂に瑜を以つて三万人を督せしめ、備と力を并はせて操を逆へ、進みて赤壁に遇ふ。

現代語訳

①曹操は孫権に手紙を送って伝えた、「今水軍八十万の人を整備し率いて、孫権将軍と呉で一緒に狩りをしたい。」と。

②権は群臣たちに（手紙を）示した。③（恐怖の余り）顔色を失わない者はいなかった。④張昭は曹操を迎えようとお願いした。⑤魯粛はそれはできないと言って、孫権に周瑜を召し出すことを勧めた。⑥周瑜が（孫権のもとに）来て言うには、「お願いします。数万の精兵をいただければ、進軍して夏口に行き、将軍のために曹操軍を破ることを保証しましょう。」と。⑦孫権は刀を抜き前の（手紙を置いた）机を斬って言った、「皆の衆で曹操を歓迎しようとあえて口に出す者は、この机と同じようになる（斬られる）だろう。」と。⑧そのまま周瑜に三万人を統率させ、劉備と力を合わせて曹操を迎え撃たせ、（両者は）進軍して赤壁で（曹操軍に）遭遇した。

語釈・句法

①**遺二権書一**　孫権に手紙を送る。「書」は手紙（書簡）、「遺」は、人に届ける。

治二水軍八十万衆一　水軍八十万の人を整備し率いる。

与二将軍一会二猟於呉一　直訳は「孫将軍と呉で一緒に狩りをしたい」。ここでの「会猟」は「会戦」の意味で、大軍を背景に脅しをかけている。

③**莫レ不レ…**　…しないものはない。二重否定を表す。

失レ色　顔色をかえる。「色」は「顔の表情」。「失色」は恐れや怒り、驚きなどで表情がこわばること。

④**張昭**　字は子布。彭城（今の江蘇省徐州市）の人。孫策・孫権に仕え、呉の安定に寄与した。〔一五六―二三六〕

迎　相手の要求を歓迎して受け入れる。「迎」には出向いて相手を迎える、相手に調子を合わせる（「迎合」）の意味もある。

⑤**魯粛**　字は子敬。呉の東城（今の安徽省定遠）の人。呉の外交官・武将。富豪の家で家財を惜しみなく人のために使ったため、人望が厚かった。周瑜は魯粛の眼力を評価して孫権に推薦、周瑜とともに孫権を支えた。周瑜の死後も呉に仕え、外交・軍事を差配した。〔一七二―二一七〕

周瑜　字は公瑾。舒県（今の安徽省合肥盧江県）の人。孫策・孫権に仕えて呉を支えた。魯粛の大局を見る目を評価して孫権に推薦、死の間際にも、後事を魯粛に託した。〔一七五―二一〇〕

⑥**保**　責任を持って請け合う。

⑦**斫**　斧や刀でたたき切る。「斬」と同じ意味。

奏案　奏上の文書などを載せた、横に細長い机。

⑧**督**　統率する。「率」と同じ意味。

将吏　軍人と官僚。

逆　迎撃する。

第三段落（九七・5～九八・2）

段意 周瑜の部下である黄蓋は、曹操の軍船を火攻めにすることを提案して実行、曹操は大敗を喫した。

①瑜部将黄蓋曰、「操軍方連船艦、首尾相接。②可焼而走也。」③乃取蒙衝・闘艦十艘、載燥荻枯柴、灌油其中、裹帷幔、上建旌旗、予備走舸、繋於其尾。④先以書遺操、詐為欲降。⑤時東南風急。⑥蓋以十艘最著前、中江挙帆、余船以次倶進。⑦操軍皆指言、「蓋降。」⑧去二里余、同時発火。⑨火烈風猛、船往如箭。⑩焼尽北船、烟焔漲天。⑪人馬溺焼、死者甚衆。⑫瑜等率軽鋭、雷鼓大進。⑬北軍大壊、操走還。

訓読

①瑜の部将黄蓋曰はく、「操の軍方に船艦を連ね、首尾相接す。②焼きて走らすべきなり。」と。③乃ち蒙衝・闘艦十艘を取り、燥荻枯柴を載せ、油を其の中に灌ぎ、帷幔に裹みて、上に旌旗を建て、予め走舸を備へて、其の尾に繋ぐ。④先づ書を以つて操に遺り、詐りて降らんと欲すと為す。⑤時に東南の風急なり。⑥蓋十艘を以つて最も前に著け、中江に帆を挙げ、余船は次を以つて倶に進む。⑦操の軍皆指さして言ふ、「蓋降る。」と。⑧去ること二里余、同時に火を発つ。⑨火烈しく風猛く、船の往くこと箭のごとし。⑩北船を焼き尽くし、烟焔天に漲る。⑪人馬溺焼し、死する者甚だ衆し。⑫瑜等軽鋭を率ゐ、雷鼓して大いに進む。⑬北軍大いに壊れ、操走り還る。

現代語訳

①周瑜の部将黄蓋が言った、「曹操の軍はちょうど船艦を連ね、船首と船尾がつながっております。②（その船を）焼き討ちにして敗走させることができます。」と。③そこで先陣を切って突入する軍船と主力の戦闘艦十艘を選び、乾いた荻と枯れた薪を載せ、油をその中に注いで、幕で包んで、上に旗を立て、あらかじめ早く走る小舟を準備して、船尾につないだ。④まず手紙を曹操に送り、嘘をついて（曹操に）降参すると書いた。⑤その時は東南の風が強かった。⑥黄蓋は（先に準備した）十艘を最も前に置き、長江の中程まで進んだときに帆を揚げ、他の船も順番にいっしょに進んだ。⑦曹操の軍は皆指をさして言った、「黄蓋が降参してきた。」と。⑧（曹操の軍から）離れること二里余りになって、一斉に火を放っ

た。⑨火（の勢い）が激しく強風も吹きすさんで、船が進むさまはまるで矢のよう（に速かったの）であった。⑩北軍（曹操軍）の船を焼き尽くし、煙や炎は天に満ちあふれた。⑪人も馬も溺れたり焼かれたりし、死んだ者は非常に多かった。⑫周瑜たちは身軽な精鋭を率いて、激しく太鼓を打ち鳴らして大いに進軍した。⑬北軍は大敗北し、曹操は逃げ帰った。

語釈・句法

①黄蓋（こうがい）　呉の武将。孫堅（そんけん）・孫策・孫権に仕えた。赤壁で武功を挙げ、孫権の江南平定に尽力した。〔生没年不詳〕

方（まさニ）　ちょうどその時。

首尾相接（しゅびあいせっス）　船同士を連結しているということ。前の船の船尾と後の船の船首を結び付け、船が揺れないようにしている。

③蒙衝（もうしょう）　船の一種。細長くスピードが出る。敵船への突進を目的とする。外側が牛の皮で覆われ丈夫である。

闘艦（とうかん）　戦闘艦。大型で船室があり、指揮を執る。城壁のような凹凸があり、弓などで穴から攻撃できる。

燥荻枯柴（そうてきこさい）　乾いた荻と枯れた薪。

裹（つつミ）　ぐるりと包む。

帷幔（いまん）　幕。周囲を囲む布。

旌旗（せいき）　のぼり旗。

走舸（そうか）　早船。高速走行が目的。こぎ手が多く、兵士は少数精鋭である。

④先以レ書遺レ操、詐為レ欲レ降（まづ書を以つて操に遺り、詐りて降らんと欲すと為す）　まず手紙を曹操に書いて、黄蓋が投降すると偽る。黄蓋は曹操宛ての手紙で、戦闘になれば自分が先陣を切って周瑜と戦うと述べている。

⑤時東南風急（ときニとうなんノかぜきゅうナリ）　曹操軍は周瑜軍の北に陣取っていた。そのため、東南の風は周瑜軍の火攻めにとって好都合であった。

⑥中江（ちゅうこう）　長江の中央。

以レ次（もつテじヲ）　順番に。「順次」の「次」。

⑩漲（みなぎル）　一面に広がる。

⑫軽鋭（けいえい）　身軽で精鋭な部隊。

雷鼓（らいこ）　太鼓を速く激しく打ち鳴らす。

第四段落（九八・3～終わり）

段意　その後も曹操は孫権の討伐を試みたが失敗。曹操は孫権を高く評価する。

> ①後屢加二兵於権一、不レ得レ志。②操歎息曰、「生レ子当レ如二孫仲謀一。③向者劉景升児子、豚犬耳。」【十八史略】刪修

訓読　①後屢兵を権に加ふれども、志を得ず。②操歎息して曰はく、「子を生まば当に孫仲謀のごとくなるべし。③向者の劉景升の児子は、豚犬なるのみ。」と。

現代語訳

①（曹操は）その後もしばしば孫権に軍隊を差し向けたが、自分の思ったような結果を得られなかった。②曹操はため息をついて言った、「子を生むならばまさに孫権のようでなくてはならない。③以前の劉表の子どもらは、（それに比べれば）豚や犬（のような存在）だ。」と。

語釈・句法

①後（のち）屢（しばしば）加（くわ）フレドモ二兵（へい）ヲ於権（けん）ニ一　その後たびたび孫権の陣地に軍を差し向けたが。曹操はその後も何度か孫権討伐を試みている。

志（こころざし）　思うようにすること。ここでは戦争に勝つこと。

②歎息（たんそく）　深く感じ入って嘆き、ため息をつくこと。

孫仲謀（そんちゅうぼう）　孫権のこと。

③向者（さきノ）　以前の。この「者」は時間を表す言葉の下について語調を整える働きをする置き字。

劉景升児子（りゅうけいしょうノじし）　劉景升は劉表。その子は曹操に荊州を差し出した劉琮。曹操は自分に敵対して呉を守った孫権を評価したのである。

豚犬耳（とんけんナルのみ）　豚や犬（と同じこと）だ。この「耳」は語気を強調する助字。

鑑賞

後漢王朝は外戚（妃（きさき）の親戚筋）の専横などで腐敗した。その状況に一部の有力者たちは中央を去り、地元で力を蓄えていた。やがてそれらは群雄として天下をうかがう存在となっていく。三国志の始まりである。この中で特に力を持っていたのが曹操である。曹操はライバルを次々と打倒し、皇帝をも手中に収め、天下統一は目前と思われた。そのような中で起きたのがこの赤壁の戦いである。この戦いの敗戦によって曹操は一時力を弱め、天下三分の時代になるのである。

赤壁の戦いの前、諸葛亮は持論の天下三分（曹操と孫権と劉備の三者がバランスを取って天下を分けること）によって曹操を牽制（けんせい）することを説いたという。このいわゆる天下三分の計の構想は、孫権側の魯粛も持っていた。両者に共通するのは、曹操の勢力は強大で、正面からの打倒は困難という認識である。本文は劉備側が孫権側に持ちかけたとあるが、『三国志』魯粛伝では、魯粛が主導的な役割を果たしている。いずれにせよこの同盟の有無が両者にとって死活問題であったのは間違いない。

この文章に限らず、頭に入れておくべきは、北と南とのさまざまな違いである。「南船北馬」という言葉が示すように、北は馬で移動するのに便利な平原、南は山がちで水運が盛んである。特に長江は大型船が往来できるほどの大河であり、船の扱いに慣れない曹操にとっては大変な障害であった。そのため、揺れのない陸地のようにしようと、わざわざ船同士をつなぐわけだが、それが災いして大敗北を喫するのである。

出典・編者

出典　『十八史略（じゅうはっしりゃく）』刪修（さんしゅう）　本書八ページ参照。

編者　曽先之（そうせんし）　本書九ページ参照。

教科書の問題（解答・解説）

教科書　九八ページ

■学習の手引き

❶次の文を書き下し文にし、現代語訳しよう。

解答　(1)請ふ救ひを孫将軍に求めん。

〈訳〉どうか救援を孫将軍（孫権）に求めてください。

(2)今水軍八十万の衆を治め、将軍と呉に会猟せん。

〈訳〉今水軍八十万の人を整備し率いて、孫権将軍と呉で一緒に狩りをしたい。

(3)子を生まば当に孫仲謀のごとくなるべし。

〈訳〉子を生むならばまさに孫仲謀（孫権）のよう（な子）でなくてはならない。

❷赤壁における戦いの様子を整理してみよう。

解答　1黄蓋は曹操の軍船がお互いにつながっていることに注目し、火攻めを周瑜に提案した。

2黄蓋は、自分は曹操に降伏すると、曹操に手紙で偽りの申し出をした。

3黄蓋は、よく燃える薪などを船に満載して曹操に近づいた。

4手紙を信じていた曹操軍はそれを近づけた。

5黄蓋は火のついた船を曹操軍にぶつけ、曹操軍は大量に焼死・溺死した。

6周瑜の本隊が精鋭を率いて曹操軍を撃ち破った。

■語句と表現

①本文の第一・第二段落の「之」はそれぞれ何を指すか。

解答　・第一段落「操追フレ之ヲ」…劉備

「亮見エテレ権ニ説クレ之ニ」…孫権（権・孫将軍）

・第二段落「請フレ迎ヘントレ之ヲ」「破ラントレ之ヲ」…曹操

［解説］　第一段落の「操追フレ之ヲ」は曹操が追いかけた者を指す。直前に「劉備が江陵に逃げた」とあるので、「曹操が劉備を追いかけた」となる。

　第二段落では「請フレ迎ヘントレ之ヲ」「破ラントレ之ヲ」の二か所あるがいずれも曹操である。張昭等は曹操を迎えようと主張し、周瑜は曹操と戦って破ろうと言っている。

竭股肱之力

大意

蜀の帝である劉備は死に際に、諸葛亮を枕元に呼び後事を託す。劉備の息子である劉禅が補佐するに値しなければ、諸葛亮自身が天下統一をせよ、との言葉を受けた諸葛亮は忠義を尽くすことを誓う。

①昭烈臨終謂亮曰、「君才十倍曹丕。②必能安国家、終定大事。③嗣子可輔輔之。④如其不可、君可自取。」⑤亮涕泣曰、「臣敢不竭股肱之力、効忠貞之節、継之以死。」【十八史略】

訓読

①昭烈終はりに臨みて亮に謂ひて曰はく、「君の才は曹丕に十倍す。②必ず能く国家を安んじ、終には大事を定めん。③嗣子輔くべくんば之を輔けよ。④如し其れ不可ならば、君自ら取るべし。」と。⑤亮涕泣して曰はく、「臣敢へて股肱の力を竭くし、忠貞の節を効し、之に継ぐに死を以つてせざらんや。」と。

現代語訳

①昭烈帝が死に際して諸葛亮に言うには、「君の才能は曹丕の十倍である。②必ず国家を安定させ、終わりには大事（全土の統一）を為すことができるだろう。③後継ぎの子（劉禅）が助けるべき（価値がある人物）ならばこれを助けよ。④もし助けられない（ほどの才能しかない人物）ならば、君が自ら（天下を）取ってほしい。」と。⑤諸葛亮は涙を流して泣きながら言った、「私は臣下として出すべき力を尽くし、忠実で貞節な志を実行し、さらに（それでも力及ばない時は）命を投げ出さずにいられましょうか。（いや、命を投げ出す覚悟です。）」と。

語釈・句法

股肱之力　臣下として出すべき力。「股」は大腿部。「肱」は腕。「股肱」で「主君の手足となって働く」の意。

①昭烈　蜀の昭烈帝〔在位、二二一—二二三〕。劉備のこと。字は玄徳。蜀（蜀漢）の初代の帝。曹丕の皇帝

即位に対抗して、漢の帝となった。劉備の建国した「漢」は、「蜀漢」もしくは「蜀」と呼ばれる。

臨レ終（のぞミテおハリニ）　死に際して。死に際に。

亮（りょう）　諸葛亮。字は孔明。蜀の宰相。〔一八一—二三四〕

曹丕（そうひ）　魏の初代皇帝。文帝。曹操の子。〔在位、二二〇—二二六〕

③**嗣子**（しし）　後継ぎの子。ここでは劉備の子の劉禅。〔在位、二二三—二六三〕

可レ輔（ベクンバたすク）　助けるべきならば。「可」は当然。「劉禅が、助ける価値がある人物ならば」の意味。

④**如**（もシ）　もし…ならば。仮定を表す。「若」「向使」なども同様。

⑤**敢不下…上**（あヘテざランヤ）　…しないことがあろうか。（いや、必ず…する。）反語を表す。「不」は後に続く「竭二股肱之力一、効二忠貞之節一、継レ之以レ死」を否定しているが、反語によって、この内容を強く肯定する表現となる。

継レ之（つグニこれニ）　「之」は、「竭二股肱之力一、効二忠貞之節一」を指す。（力が及ばなければ）それに継ぎ足しての意味。

鑑賞

昭烈帝とは、三国志で有名な劉備のこと。劉備は、関羽、張飛、趙雲らと戦い続け、諸葛亮の天下三分の計を基に、蜀を領土とし、「漢」を建国する。その後、劉備は呉を攻めるが敗北。白帝城にて後事を諸葛亮に託す。自身の子である劉禅が補佐するに値しない人物なら、諸葛亮が天下を取れ、と言う劉備の懐の深さが興味深い。

出典・編者

出典　『十八史略』巻三　本書八ページ参照。

編者　曽先之　本書九ページ参照。

教科書の問題（解答・解説）

教科書　九九ページ

■学習の手引き

❶次の文を書き下し文にし、現代語訳しよう。

解答　(1)臣敢へて股肱の力を竭くし、忠貞の節を効し、之に継ぐに死を以つてせざらんや。

〈訳〉私は臣下として出すべき力を尽くし、忠実で貞節な志を実行し、さらにそれでも力及ばない時は命を投げ出さずにいられましょうか。（いや、命を投げ出す覚悟です。）

■語句と表現

①「終」以外に「つひニ」と訓読する文字とその意味を調べよう。

解答　「了」「卒」…結局、とうとう。「遂」…やがて、そして、そのまま。「竟」…なんと、意外なことに、結局。

[解説]　「終」「了」「卒」「竟」は副詞、「遂」は接続詞である。

出師表

大意

劉備から厚い信任を受けていた諸葛亮は、魏を倒すための兵を出すに当たり、劉備の子で蜀漢の帝である劉禅に、漢室復興に努力することを誓う。

教科書 一〇〇～一〇二ページ

①漢丞相亮、率諸軍北伐魏。②臨発上疏曰、「今天下三分、益州疲弊。③此誠危急存亡之秋也。④宜開張聖聴、不宜塞忠諫之路。⑤宮中・府中、倶為一体。⑥陟罰臧否、不宜異同。⑦若有作姦犯科及忠善者、宜付有司、論其刑賞、以昭平明之治。⑧親賢臣、遠小人、此先漢所以興隆也。⑨親小人、遠賢臣、此後漢所以傾頽也。⑩臣本布衣、躬耕南陽、苟全性命於乱世、不求聞達於諸侯。⑪先帝不以臣卑鄙、猥自枉屈、三顧臣於草廬之中、諮臣以当世之事。⑫由是感激、許先帝以駆馳。⑬先帝知臣謹慎、臨崩寄以大事。⑭受命以来、夙夜憂懼、恐付託不

訓読

①漢の丞相の亮、諸軍を率ゐて北のかた魏を伐つ。②発するに臨みて上疏して曰はく、「今天下三分し、益州疲弊せり。③此れ誠に危急存亡の秋なり。④宜しく聖聴を開張すべく、宜しく忠諫の路を塞ぐべからず。⑤宮中・府中は、倶に一体たり。⑥臧否を陟罰するに、宜しく異同あるべからず。⑦若し姦を作し科を犯し及び忠善の者有らば、宜しく有司に付して、其の刑賞を論じて、以つて平明の治を昭らかにすべし。⑧賢臣に親しみ小人を遠ざくるは、此れ先漢の興隆せし所以なり。⑨小人に親しみ賢臣を遠ざくるは、此れ後漢の傾頽せし所以なり。⑩臣は本布衣にして、躬ら南陽に耕し、苟くも性命を乱世に全うし、聞達を諸侯に求めず。⑪先帝臣の卑鄙なるを以つてせず、猥りに自ら枉屈して、臣を草廬の中に三顧し、臣に諮るに当世の事を以つてす。⑫是に由りて感激し、先帝に許

効、以傷先帝之明。⑮故五月渡瀘、深入不毛。⑯今南方已定、兵甲已足。⑰当奨率三軍、北定中原。⑱興復漢室、還于旧都。⑲此臣所以報先帝、而忠陛下之職分也。
⑳遂屯漢中。

【十八史略】刪修

すに駆馳を以つてす。⑬先帝臣の謹慎なるを知り、崩ずるに臨みて、寄するに大事を以つてす。⑭命を受けてより以来、夙夜憂懼し、付託の効あらずして、以つて先帝の明を傷はんことを恐る。⑮故に五月瀘を渡り、深く不毛に入る。⑯今南方已に定まり、兵甲已に足る。⑰当に三軍を奨率して、北のかた中原を定むべし。⑱漢室を興復し、旧都に還らん。⑲此れ臣の先帝に報いて、陛下に忠なる所以の職分なり。」と。⑳遂に漢中に屯す。

現代語訳

①漢の丞相の諸葛亮は、諸軍を率いて北方の魏を伐つことになった。②出発するに臨んで帝に文章を奉って言った、「今天下は三つ（魏・呉・蜀）に分かれ、益州は疲弊しています。③これは（蜀にとって）実に危急存亡に関わる重要な時です。④どうか陛下のお耳を開き（人々の声に耳を傾け）、忠義に基づく諫言の道を閉ざさないでください。⑤宮中にいる陛下の近臣と丞相府に残る私の部下は、一体です。⑥善を賞し悪を罰する際、（宮中と丞相府とで）食い違いがあってはなりません。⑦もし悪事を働き蜀科（蜀の法律）を犯しそして（逆に）忠義に篤い善良な者がいれば、ぜひ担当の役人にゆだねて、その刑罰褒賞を検討させ（刑罰褒賞を実行し）、そうすることで公明正大な政治を天下に示してください。⑧賢臣を用い人格の低いつまらない人間を遠ざけること、これが前漢の興隆した理由です。⑨人格の低いつまらない人間を用い賢臣を遠ざけたこと、これが後漢の衰退した理由です。⑩私はもともと無位無官の庶民として、自ら南陽で耕していた者であり、仮にも乱世で命を全うできたら（いいと思っており）、諸侯に名声が及ぶことを求めてはいませんでした。⑪先帝（劉備）は私の身分が低いことを気にもせず、かたじけなくも自ら（高貴な）身を曲げかがめて、私を粗末な家の中に三たび訪ねてくださり、当時の情勢とそれへの対策を私に相談してくださいました。⑫こういう理由で私は感激し、先帝のために奔走することをお約束したのです。⑬先帝は私の慎み深い性格を知り、ご臨終の際、私に国家の大事（中国全土の統一）を託されました。⑭御遺命を受けて以来、日夜常に心配し続け、依頼された御遺命について成果が挙げられな

いで、そのことにより先帝の聡明さが傷つけられることを恐れました。⑮それ故に五月に濾水を渡り（南征し）、深く（南方の）荒れ果てた地に入りました。⑯今南方はすでに落ち着き、兵隊と武器も十分整いました。⑰今こそ天子の軍隊を指揮して、北方の中原を平定しなければなりません。⑱（今こそ）漢室を復興し、旧都にかえりましょう。⑲これこそは私が先帝（のご恩）に報いて、陛下に忠誠を尽くすための責務です。」と。⑳そのまま（諸葛亮の軍は）漢中にとどまった。

語釈・句法

出師表 「師」は軍隊のこと。「出師」で出兵すること。「表」は天子に奉る文章。表文、上表文とも。

①**漢** 後世にいう蜀漢〔二二一―二六三〕のこと。三国時代、劉備が建国した。季漢とも。

丞相 天子を助ける蜀漢の最高官。

亮 諸葛亮。字は孔明。劉禅の父である劉備に仕え、この時、丞相となって、行政・軍事の全権を握っていた。〔一八一―二三四〕

魏 曹操の子である曹丕が建国した三国時代の国名。〔二二〇―二六五〕

②**上疏** 天子に文章を奉る。「上書」「上表」などと同じ。

天下三分 後漢の領土は当時、曹丕の魏・孫権の呉・劉禅の蜀の三か国に分裂していた。

益州 劉備が蜀漢を築いた土地。今の四川省を中心とする。

③**危急存亡之秋** 国家が滅びるか続くかという瀬戸際。「秋」は大切な時の意。

④**宜二…一** ぜひ…すべきだ。再読文字。

聖聴 陛下のお耳。天子が人の言葉を聴くこと。

忠諫 真心からいさめること。「忠言」に同じ。

⑤**宮中・府中** 宮中にいる陛下の近臣と丞相府に残る諸葛亮の部下。「宮中」が宮廷の中を指し、「府中」が表向きの役所・政府を指す。

⑥**陟罰臧否** 善を賞し、悪を罰する。「陟」はのぼること。ここでは昇進させること。「臧否」は善悪。

⑦**若** もし…ならば。仮定を表す。「如」も同じ。

犯科 法律を犯す。この場合「科」は蜀科のこと。諸葛亮たちが編纂した法律。

有司 担当の役人。官吏。

⑧**小人** 人格の低いつまらない人間。

先漢 〔前二〇二―八〕高祖劉邦が建国した前漢のこと。

⑨**後漢** 〔二五―二二〇〕一時国を奪われた後、光武帝劉秀が再興した。

⑩**布衣** 無位無官の庶民。庶民が布製の服を着たことから。「布」は、麻や葛の織物をいう。

南陽 諸葛亮が暮らしていたとされる場所。今の湖北省襄陽市。

苟 仮にも…であったなら。仮定を表す。
聞達 名声が世間に及ぶこと。
⑪先帝 蜀漢の初代皇帝、劉備のこと。字は玄徳。〔一六一—二二三〕
卑鄙 身分が低いこと。いやしいこと。
猥 かたじけなくも。「猥」はいろいろなものが入り乱れること。この場合は劉備が立場を越えて庶民である諸葛亮を訪ねた様子を表している。
枉屈 曲げかがめる。位の高い人が身を屈して訪れること。
三顧 三たび訪ねること。上に立つ者が物事を頼みたい相手に、特に礼を尽くして引き受けてくれるように交渉すること。三顧の礼。
草廬 粗末な家。草庵に同じ。
諮 はかる。上の者が下の者に相談を持ちかけること。
当世之事 当時の情勢とそれへの対策。
⑫由是 こういう理由で。
駆馳 奔走すること。人のために駆けまわること。
⑬崩 天子が亡くなる。
大事 国家レベルの大事業のこと。ここでは中国を統一すること。
⑭夙夜 朝早くから夜遅くまで。「夙」は早朝のこと。
付託 依頼すること。
⑮瀘 瀘水。今の雲南省を流れる川。
⑯兵甲 兵隊と武器。「甲」はよろいやかぶとのこと。
⑰当 当然…すべきである。再読文字。
三軍 天子の軍隊。
中原 洛陽・長安の一帯。魏の支配下にあった。
⑱旧都 後漢の首都であった洛陽。今の河南省洛陽市。劉備の建国した「漢」は後漢の後を継ぐ色合いが強い。後漢は魏に取って代わられたが、「漢」は滅亡していないという意思表示として「漢」の名で建国した。
⑲陛下 劉禅のこと。蜀漢の第二代皇帝。〔二〇七—二七一〕
⑳屯 集まりとどまって守る。

鑑賞

「出師」とは軍隊をくり出すこと、つまり出兵することである。「表」は天子に奉る文章のことであり、「出師表」とは出陣するに当たって奉る文章を指す。ここでは、先帝である劉備から厚い信任を得ていた諸葛亮が、魏を倒すべく兵を出すに当たって、第二代皇帝劉禅に対して述べた上奏文である。

まず、前半では、現在の状況と対策を述べ、国としての判断が揺れないよう、公明正大であるようにすべきであると劉禅を諭す内容が述べられている。後半は、自分と先帝である劉備との出会いと感謝の気持ち、蜀への忠誠心を述べてから、今こそ兵を出すべき時であることを力説している。この文章は表現を飾り立てず平明に自らの意見を述べたものとして、当時から非常に評価が高く、広く読まれ続けた。

出典・編者

出典 『十八史略（じゅうはっしりゃく）』刪修（さんしゅう） 本書八ページ参照。

編者 曽先之（そうせんし） 本書九ページ参照。

教科書の問題（解答・解説）

教科書 一〇二ページ

■学習の手引き

❶次の文を書き下し文にし、現代語訳しよう。

解答 (1)宜しく有司に付して、其の刑賞を論じて、以て平明の治を昭らかにすべし。

〈訳〉ぜひ担当の役人にゆだねて、その刑罰褒賞を検討させ、そうすることで公明正大な政治を天下に示してください。

(2)先帝臣の卑鄙なるを以ってせず、猥りに自ら枉屈して、臣を草廬の中に三顧し、臣に諮るに当世の事を以ってす。

〈訳〉先帝（劉備）は私の身分が低いことを気にもせず、かたじけなくも自ら（高貴な）身を曲げかがめて、私を粗末な家の中に三たび訪ねてくださり、当時の情勢とそれへの対策を私に相談してくださいました。

❷諸葛亮が「出師表」で主張していることをまとめよう。

解答 ・公明正大な政治をすること。

・先帝の遺志を継ぎ、今こそ天下統一のための兵を出す必要があること。

❸諸葛亮はどのような人物かを話し合おう。

［解説］ 今でも劉備に恩義を感じていること、劉備の天下再統一の遺志を実現しようと努力を続けていることから、忠義を尽くす人物だと考えられる。

■語句と表現

①本文に関わる言葉に「危急存亡の秋」「三顧の礼」があるが、どのような意味で使われているか調べよう。

解答 ・「危急存亡の秋（とき）」…生きのびるか滅んでしまうかという危うい瀬戸際。「秋」は大切な時期の意。

・「三顧の礼」…礼を尽くして頼み込むこと。地位や名誉のある人が、頼みたい相手のところへ何度も足を運んで礼を尽くすこと。

言語活動

1 『三国志』がもととなってできた故事成語を調べよう。

解答 水魚の交わり

［解説］ 劉備が諸葛亮を軍師として迎えた際、従来の家臣は不満を募らせた。劉備は「猶、魚の水有るがごとし」と話し、魚は水がなければ生きられないように私には諸

葛亮がどうしても必要な人物だと家臣を説得した。この故事に由来する「水魚の交わり」は、水と魚のように切り離せないほど親密な人間関係という意味。解答は「水魚の交わり」に限定しない。「泣いて馬謖を斬る」などもある。

2 故事成語について日常生活での使い方を考え、プレゼンテーション用の資料を作って発表しよう。

[解説]　日常での使い方として、「私と彼は立場こそ異なるが水魚の交わりといえる交友を続けた。」などの例文が考えられる。調べた故事成語を使った例文や使用する場面を想定してまとめる。

3 発表を聞いて感想や考えたことを文章にまとめよう。

[解説]　『三国志』をもととする故事成語に触れることで、約千八百年も前に活躍した人物にまつわる故事が現代の言葉にも影響を与えていることを実感できる。

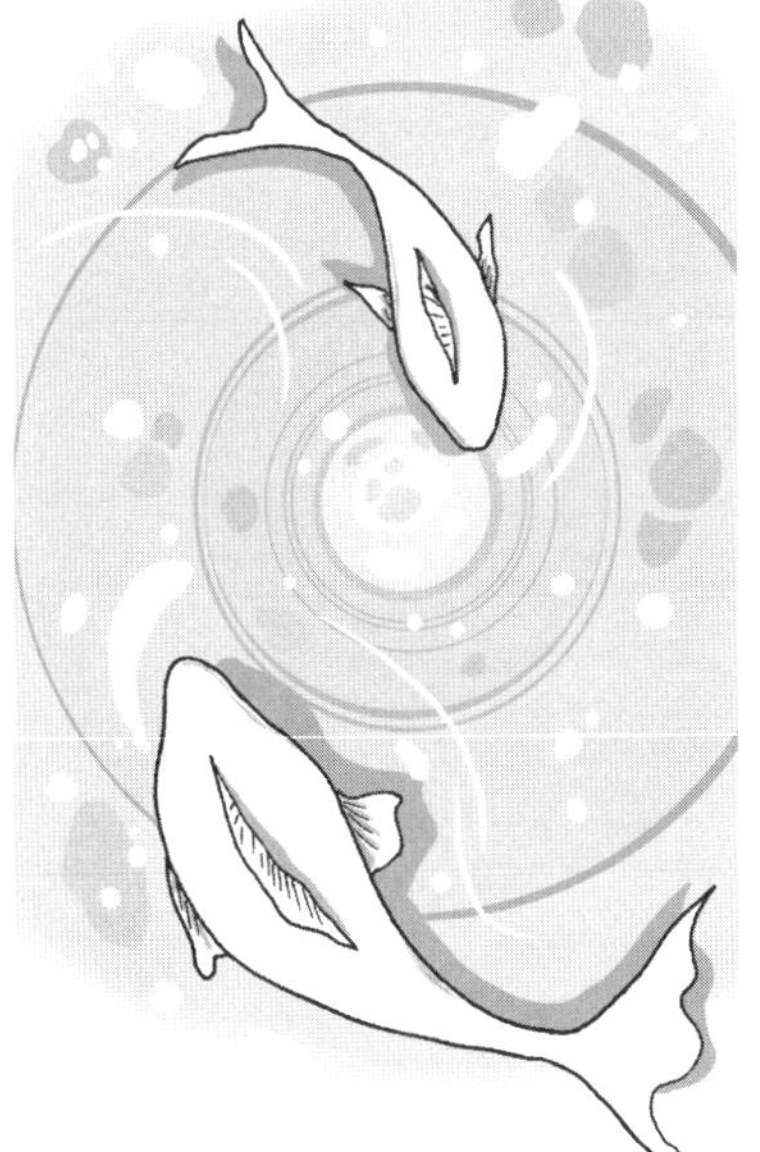

日本外史

所レ争不レ在二米塩一

大意 武田信玄が塩の補給を断たれた時、敵対関係にあった上杉謙信が「争うのは戦いにおいてで、米塩ではない。」と言って、塩を提供した。

①信玄国、不浜海。②仰塩於東海。③氏真与北条氏康謀、陰閉其塩。④甲斐大困。⑤謙信聞之、寄書信玄曰、「聞氏康・氏真困君以塩。⑥不勇不義。⑦我与公争、所争在弓箭、不在米塩。⑧請自今以往、取塩於我国。⑨多寡唯命。」⑩乃命賈人、平価給之。【日本外史】

訓読

①信玄の国は、海に浜せず。②塩を東海に仰ぐ。③氏真北条氏康と謀りて、陰かに其の塩を閉づ。④甲斐は大いに困しむ。⑤謙信之を聞き、書を信玄に寄せて曰はく、「氏康・氏真君を困しむるに塩を以ってすと聞く。⑥不勇不義なり。⑦我は公と争へども、争ふ所は弓箭に在りて、米塩に在らず。⑧請ふ今より以往、塩を我が国に取れ。⑨多寡は唯だ命のみ。」と。⑩乃ち賈人に命じ、価を平らかにして之を給せしむ。

教科書 一〇四ページ

現代語訳

①武田信玄の甲斐の国は、海に沿っていなかった。②(そこで)塩を東海地方の諸国に頼っていた。③(ところが)今川氏真は北条氏康と共謀して、こっそり自国の塩を送ることを中止した。④甲斐の国ではたいへん困った。⑤上杉謙信はそれを聞き、手紙を信玄に送って言うには、「氏康と氏真が塩によって貴君を苦しめていると聞いています。⑥(それは)卑怯であり正しくないやり方です。⑦私は貴公と争っていますが、争いは弓矢においてであって、米や塩においてではありませ

ん。⑧どうか今後は、塩を我が国からお取りください。⑨多い少ないはあなたの言いつけしだいです。」と。⑩そこで商人に命じて、値段を適正にして塩を供給させた。

語釈・句法

米塩（べいえん）　米と塩。生活の必需品。

①信玄（しんげん）　武田信玄。戦国時代の武将。名は晴信（はるのぶ）。信玄は法号。父信虎（のぶとら）を追放して家督を継ぎ、信濃（しなの）（今の長野県）に進出して、越後（えちご）の上杉謙信と川中島（かわなかじま）で激戦を展開した。軍略家として優れ、また、鉱山開発・治水でも業績をあげた。一五七三年、三河（みかわ）の陣中で病死した。「信玄国（ノ）」は、甲斐（今の山梨県（やまなしけん））のこと。〔一五二一―一五七三〕

浜（ひんセ）　（土地が海や河などに）沿っている。「浜レ海（セニ）」で、海に沿うこと。また、海に沿った土地のこと。

②仰（あおグ）　頼る。たのむ。

東海（とうかい）　東海地方の諸国。本州中央部の太平洋沿岸の地方。

③氏真（うじざね）　今川氏真。義元（よしもと）の子。義元は、駿河（するが）・遠江（とおとうみ）・三河を治め、京都進出を図ったが、桶狭間（おけはざま）の戦いで織田信長（おだのぶなが）の奇襲を受け、敗死した。氏真は、桶狭間の戦いの後、領国を失って北条氏、徳川氏を頼った。〔一五三八―一六一四〕

北条氏康（ほうじょううじやす）　戦国時代の相模（さがみ）の武将。小田原（おだわら）を本拠とする。一五六一年に上杉謙信を敗走させ、北条氏の全盛期を築いた。〔一五一五―一五七一〕

閉（とヅ）　閉鎖する。運搬できないようにする。売り渡さない。

④甲斐（かい）　今の山梨県。

⑤謙信（けんしん）　上杉謙信。戦国時代の武将。越後春日山（かすがやま）城にあって北陸地方一帯を領有した。小田原の北条氏、甲斐の武田氏と対抗した。〔一五三〇―一五七八〕

書（しょ）　書簡。手紙。

⑦弓箭（きゅうせん）　弓矢。武力の象徴で、転じて武力・兵力を指す。「箭」は、矢のこと。

⑧請（こフ）　どうぞ…してください。願望を表す。

以往（いおう）　のち。以降。

⑨多寡唯命（たかハただめいノミ）　多い少ないは、あなたの言いつけしだいです。「唯…（ダ…ノミ）」は、ただ…だけ。限定を表す。

⑩命…（めいジ…セシム）　（…に）命令して…させる。使役を表す。

賈人（こじん）　商人。「賈」は、あきなうこと。

平レ価（たいらニシあたいヲ）　値段を適正にする。

給レ之（きゅうセシムこれヲ）　上に「命（ジ）」という動詞があるので、「給せしむ」と使役に読む。

鑑賞

一五六〇年、桶狭間の戦いで今川義元が敗死し、その子の氏真が後を継いだ。『日本外史（にほんがいし）』には、「其の子氏真、暗弱（あんじゃく）（愚かで気が弱い）にして、…国人、服せず。」と記されている。その暗弱な氏真は、武田信玄が駿河（今の静岡県の一部）に進出してくることを恐れ、北条氏康と謀って、甲斐に塩を送るのを中止した。これを聞いた越後の上杉謙信は、武田信玄とは敵対関係にあったにもかかわらず、その書簡に「争ふ所は弓箭に在りて、米塩に在らず。」という名言を記して、甲斐に塩を供給した。

一五七三年、武田信玄が死んだことを知らされた時、謙信は食事中であったが、手に持っていた箸を投げ捨て、「我が好敵手を失へり。世に復た此の英雄男子有らんや。」（私のよい対戦相手を失ってしまった。世の中にこのような英雄があろうか）と言って、長い間、さめざめと涙を流したという。

作者・出典

作者 頼山陽（一七八〇—一八三二） 江戸時代後期の漢学者、史家、詩人。名は襄。字は子成。「山陽」は号。安芸（今の広島県）の人。父は頼春水。少年時代から詩文の制作に天分を発揮し、江戸で学んだ後、京都で塾を開き、国史を研究して『日本外史』『日本政記』を完成させた。他に『日本楽府』『山陽詩鈔』など、多数の著書がある。

出典 『日本外史』巻十一　頼山陽の著。二十二巻。漢文体。源平二氏の争いから徳川氏に至る武家の盛衰を、主な武家ごとに記したもの。一八二七年に完成し、松平定信に献上された。「外史」とは、正史に対して、史官でない者の手になった史書という意味である。『史記』の体裁にならって、紀伝体に準ずる形式で筆を進め、各巻の初めと終わりに、論評の文を付している。著者の若い情熱と詩人の目をもって個々の人間を描写し、その心情と行動を浮き彫りにしようとしている。幕末から明治の時代には、非常に多くの人々に読まれた。

諸将服信玄

教科書　一〇五～一〇六ページ

大意
武田信玄は上杉謙信が決死の覚悟で戦いに臨んでいるのを知る。信玄は、上杉の軍が退却する様子を見せても、用心して攻めさせなかった。翌朝、上杉の動きはやはり策略であったことを知り、武田の諸将は信玄に心服した。

第一段落（初め～一〇五・8）

段意
武田信玄は川中島での上杉謙信の陣を見て、上杉が決死の覚悟だと知り、陣から出て戦おうとはしなかった。上杉の陣が薪を積んでも進撃しなかった。

①八月、謙信復出河中、使村上義清等営旧戦処、而自進過河、背水陣。②信玄知其志在必死、不敢出戦。③其候騎報曰、「北軍積薪如山。」④信玄令諸将曰、「敵中夜有火挙、慎勿進撃。⑤進撃者族。」

訓読
①八月、謙信復た河中に出で、村上義清等をして旧の戦処に営せしめ、而して自ら進みて河を過ぎ、水を背にして陣す。②信玄其の志必死に在るを知り、敢へて出でて戦はず。③其の候騎報じて曰はく、「北軍薪を積むこと山のごとし。」と。④信玄諸将に令して曰はく、「敵中夜火の挙がる有るも、慎みて進撃する勿かれ。⑤進撃する者は族せん。」と。

現代語訳
①八月、上杉謙信はまた川中島に出て、村上義清たちに過去の戦場に陣どらせ、そして自分は進んで川を渡り、川を背にして陣を敷いた。②武田信玄は（それを見て）謙信が決死の覚悟であることを知り、決して（陣中から）出て戦おうとしな

かった。③信玄の偵察の騎兵が報告して言うには、「謙信の軍は薪を山のように積んでいます。」と。④（それを聞いて）信玄が諸将に命令して言うには、「敵の陣中で夜中に火があがっても、よく気をつけて進撃するな。⑤進撃する者は一族を処刑する。」と。

語釈・句法

服　心服する。信玄が敵の動きを見抜いていることに感心したのである。

①八月　弘治二年〔一五五六〕八月。

河中　川中島。長野県長野市の南部の千曲川と犀川の合流点の付近にある。

使（…に）…させる。使役を表す。

村上義清　戦国時代の武将。所領を北信濃に有し、謙信の配下にあった。〔一五〇一―一五七三〕

営　陣を敷く。

旧戦処　過去の戦場。これまでに謙信は信玄と川中島で二度戦っている。

而　そして。順接を表す。

背水陣　川を背にして陣を敷く。兵を退却できない場所に置き、決死の覚悟で戦わせるためである。漢の三年〔前二〇四〕、韓信が趙を攻めた時、「信乃ち万人をして先行せしめ、出でて水を背にして陳す。」（韓信はそこで一万の兵を先に進ませ、出て、川を背にして陣を敷いた。）（『史記』）と、この戦法をとっている。謙信はそれにならったのである。なお、現在「背水の陣」といえば、絶体絶命の立場で事にあたることを意味する。

②其志在必死　謙信が死ぬ覚悟をしている。

不敢…　無理には…しない。否定を表す。

③其候騎　信玄の偵察の騎兵。「候」は、「うかがう」「さぐる」の意。斥候。

北軍　謙信の軍を指す。

④勿…　…するな。禁止を表す。

⑤族　一族を処刑する。

■**第二段落**（一〇五・9～一〇六・2）

段意　上杉の軍が退去するそぶりを見せたが、信玄は決して追撃しなかった。

①及レ暮、候騎又報曰、「北軍掃レ営、荷担将レ去。」

②諸将争請二追撃一。

訓読

①暮れに及びて、候騎又報じて曰はく、「北軍営を掃ひ、荷担して将に去らんとす。」と。②諸将争ひて追撃せんと請ふ。③信玄曰はく、「謙信豈

③信玄曰、「謙信豈迫レ暮掃レ営者。④撃レ之必敗。」

に暮れに迫りて営を掃ふ者ならんや。④之を撃たば必ず敗れん。」と。

現代語訳

①夕方になって、偵察の騎兵がまた報告して言うには、「謙信の軍は陣営を引き払って、荷物をかついで立ち去ろうとしています。」と。②諸将は争って追撃しようと願い出た。③信玄が言うには、「謙信はどうして夕方になって陣営を引き払うような者であろうか。(いや、そのような者ではない。)④追撃したらきっと(わが軍は)敗れるだろう。」と。

語釈・句法

①掃 引き払う。
荷担 かつぐ。

③豈…… どうして…か。(いや…ない。)
反語を表す。

■第三段落(一〇六・3〜終わり)

段意 上杉の軍の策略を知った信玄の諸将は、それを見破った信玄に心服した。

①其夜、北軍火起。②甲斐軍不レ動。③天明、望二見北軍一、疏二行首一、厳レ陣而待。④諸将乃服二信玄一。【日本外史】

訓読

①其の夜、北軍に火起こる。②甲斐の軍動かず。③天明、北軍を望見すれば、行首を疏し、陣を厳にして待つ。④諸将乃ち信玄に服す。

現代語訳

①その夜、謙信の軍に火があがった。②信玄の軍は動かなかった。③夜明けに、謙信の軍を遠くから見ると、自軍が進撃できる道を開けて、陣を厳重に固めて待ち構えていた。④諸将はそこで信玄に心服した。

語釈・句法

②甲斐軍 信玄の軍を指す。
③天明 夜明け。
望見 遠くから見る。
疏行首 自軍が進撃できる道を開けておく。「疏」は、開く。
厳陣 陣を厳重に固める。

鑑賞

武田信玄と上杉謙信は、川中島で五回戦っている。本文の戦いは、三回目のものである。

川中島は、千曲川と犀川の合流点にある島である。この辺りは善光寺平と呼ばれる盆地で、肥沃な水田地帯であるとともに、政治・経済上の要地である。信玄にとっては信濃の制圧のためには必要な土地である。一方、謙信にとっても、居城春日山城から七十キロ足らずの地であり、信玄にこの地を占領されたら自国の安全を脅かされることになる。両雄が十二年間にわたってここで死闘を繰り返したのは、そのような背景があったからである。

さて、川中島に軍を進めた上杉謙信は、山を背にして陣を敷くのが兵法書『孫子』にも見える常識であるのに、水を背にして陣を敷いた。これは、漢の三年〔前二〇四〕に、韓信が趙を攻める時にとった戦法で、軍を死地（生きて帰れないような危険な場所）に置いて、死に物狂いで奮戦させようとするものである。謙信はそのことを知っていて、それにならったのである。武田信玄はそれを見て、謙信の軍が決死の覚悟でいることを知り、陣営から出ようとしなかった。両軍が対峙した形になったのである。そこで、謙信は次のような作戦をとった。まず、陣営を固め、自軍が進撃できる道を開けて、敵が攻めてきても迎え撃つことのできる態勢をつくる。次に、敵を誘い出すために、①陣営を引き払い、荷物をかついで立ち去る、②陣中の薪に火をつけ、陣中から火をあげて、何か異変が起こったように見せかける、という二つの行動をとった。①に対して、逃げたと思って追撃したり、②に対して、敵陣に異変があったと思って進撃したりすれば、謙信の思うつぼであった。ところが、信玄は、①に対しては、「謙信豈に暮れに迫りて営を掃ふ者ならんや。之を撃たば必ず敗れん。」と言って、軍を動かさず、②に対しては、「敵中夜火の挙がる有るも、慎みて進撃する勿かれ。進撃する者は族せん。」と言って、やはり軍を動かさなかった。謙信の作戦を見抜いていたのである。夜が明けて、謙信の軍が陣を固めて待ち構えていることを知った信玄の諸将は、信玄が敵の動きをすべて読み取っていたことを知り、信玄に心服した。背水の陣を敷き、敵をなんとか誘い出そうとする謙信と、それを見破って軍を動かさない信玄。この文章は信玄側の視点から書かれているが、信玄も謙信も、ともに優れた軍略家であったことが読み取れよう。

作者・出典

作者 頼山陽 本書一九六ページ参照。

出典 『日本外史』巻十一 本書一九六ページ参照。

教科書の問題（解答・解説）

教科書 一〇六ページ

教科書本文下に示された問題

❓なぜ、「背レ水陣」したのか。（p.一〇五）

解答 兵を退却できない場所に置き、決死の覚悟で戦わせるため。

❓「甲斐軍不レ動。」とあるが、どうしてか。（p.一〇六）

解答 武田信玄が、「敵中夜火の挙がる有るも、慎みて進撃する勿かれ。進撃する者は族せん。」（敵の陣中で夜中に火があがっても、よく気をつけて、進撃するな。進撃する者は一族を処刑する。）と命令を下しておいたから。

■学習の手引き

❶次の文を書き下し文にし、現代語訳しよう。

解答 (1)我は公と争へども、争ふ所は弓箭に在りて、米塩に在らず。

〈訳〉私は貴公と争っていますが、争いは弓矢においてであって、米や塩においてではありません。

(2)信玄其の志必死に在るを知り、敢へて出でて戦はず。

〈訳〉信玄は謙信が決死の覚悟をしていることを知り、決して（陣中から）出て戦おうとしなかった。

❷謙信と信玄の武将として優れた点を指摘し合おう。

[解説] 謙信については、塩の補給を断たれた信玄に塩を補給したこと、川中島で信玄の軍を誘い出そうとしたこと、信玄については、川中島で謙信の策略を見抜いたことを中心に話し合おう。

■語句と表現

①「所レ争不レ在二米塩一」（一〇四ページ）に関わる言葉に「敵に塩を送る」があるが、どのような意味で使われているか調べよう。

解答 争っている相手が苦しんでいる時、争いの本質に関係のない分野については援助すること。

2 詩3

● 詩を読み、そこにうたわれた情景や心情を読み味わう。
● 近体詩と古体詩の違いを理解する。

李白と杜甫

秋浦歌

李白

教科書 一〇八ページ

主題 白髪によって自分の老いを知った時の驚きをうたったもの。

形式 五言絶句。「長」「霜」が韻を踏む。

① 白髪三千丈
② 縁愁似個長
③ 不知明鏡裏
④ 何処得秋霜

【唐詩選】

訓読

①白髪三千丈
②愁ひに縁りて個くのごとく長し
③知らず明鏡の裏
④何れの処にか秋霜を得たる

現代語訳

①私の白髪（の長さ）は、三千丈もある。
②愁いのために、こんなにも長くなってしまった。
③澄んだ鏡の中に（映っている私の頭に）、
④どこでこの秋の霜（のような白髪）が降りたのであろうか。

語釈・句法

秋浦歌　秋浦（今の安徽省池州市の南西）で作られた連作十七首の一つ。

秋浦は長江南岸の町で、そこを流れる秋浦河・清渓河の水は、透き通るほど清らかで、晩年の李白はこの地を愛した。

①三千丈（さんぜんじょう）　たいへん長いこと。極端に誇張した表現である。一丈は十尺。唐代の一尺は約三十センチメートル。

②縁（よリテ）　…のために。…が原因で。「因」と同じ。

似レ個（ごとク かくノ）　このように。「如レ此（ごとシ かくノ）」と同じ。当時の口語的表現。

③不レ知（ず しラ）…　…であろうか。…かしらと、自分に問いただす意。第四句の最後までかかっている。

明鏡裏（めいきょうノうち）　澄んだ鏡の中。「明鏡」は、一説に秋浦の水面を鏡に見立てているとする。「裏」は、中。

④何処（いずレノところニカ）　どこで…か。場所を問う。

秋霜（しゅうそう）　秋の霜。白髪をたとえている。

鑑賞

李白は四十四歳の時、宮廷を追放されて放浪していたが、五十五歳の頃、秋浦に至ってこの詩を作ったといわれる。鏡に映した老いの姿への驚きを「白髪三千丈」とまずうたい起こす。自由奔放な作者も、ある日、鏡の中に発見した白髪に、思わず驚きの声を発せずにはいられなかった。「三千丈」という誇張表現には驚きの大きさが込められていよう。第二句は、それが愁いのためであると切実に訴える。第三・四句では、まるで他人事（ひとごと）であるかのように「知らず…」と、いささかユーモラスにうたう。老いに驚き、愁いの深さに戯れているかのような表現である。このような愁いをむしろ消してゆくような誇張表現、とぼけた言い方が、この詩にさらりとした明るさをかもし出している。しかもその明るさは、「白髪」と「秋霜」のイメージの連想によって、美しく生き生きとしたものとなっている。

作者・出典

作者　李白（りはく）　本書一七三ページ参照。

出典　『唐詩選（とうしせん）』　本書三五ページ参照。

独坐敬亭山

李白

教科書 一〇八ページ

主題 鳥たちが飛び去り、雲が流れ去っても、変わらずそこにある敬亭山と向かい合えるゆっくりとした時間をうたったもの。

形式 五言絶句。「間」「山」が韻を踏む。

①衆鳥高飛尽　②孤雲独去間
③相看両不厭　④只有敬亭山
【唐詩選】

訓読

独り敬亭山に坐す
①衆鳥高く飛びて尽き
②孤雲独り去りて間なり
③相看て両つながら厭はざるは
④只だ敬亭山有るのみ

現代語訳

独り敬亭山に向かって座る
①多くの鳥は高く飛び去りいなくなり、
②たった一つ浮かんでいた雲も流れていってひっそり静かになった。
③お互いに眺め合っていて双方が飽きないのは、
④ただ敬亭山だけだ。

語釈・句法

敬亭山　今の安徽省宣城市にある山。大小六十の山々からなり、主峰は海抜三一七メートル。

①衆鳥　多くの鳥。

②孤雲　一つだけ空に浮かんでいる雲。「衆」（多い）と「孤」（一つだけ）が対比されている。

間　ひっそり静かだ。「閑」に同じ。のどかだ。

③相看　互いに眺め合う。「相」は動詞の前に置いて、その動詞（ここでは「看」）に対象となるものがある

ことを示す言葉で、必ずしも「互いに」という意味にはならない。ただ、ここではその下に「両（ふたツナガラ）」とあり、山を擬人化して、李白と山がお互いに眺め合っていると解釈できるので、「相互」の意味で訳すことができる。

鑑賞

李白五十四歳、あるいは五十三歳の作といわれる。宮廷詩人の地位を追われておよそ十年、各地を放浪しながら暮らしている時の作品とみられる。

起句・承句は、李白を包む空にあるものが少しずつ消えていく様子が描かれている。おそらくねぐらに帰るのであろう鳥が群れをなして飛んでいくのを見送っているが、「尽」という表現からそれを最後まで見つめている様子がうかがえる。鳥がすっかりいなくなると、空には雲が一つだけ浮かんでいる。そしてその雲もゆっくり流れ去っていく。その結果が「間なり」という言葉につながる。こうして、数も徐々に減り、スピードも鳥から雲へゆっくりになり、音も消えていくのである。

動きが完全に止まった後も変わらず李白の目の前にあるのは敬亭山である。李白が敬愛してやまない六朝（りくちょう）時代の詩人、謝眺（しゃちょう）〔四六四―四九九〕が愛した場所で、謝眺の「敬亭山に遊ぶ」の詩では、敬亭山を「隠者が身を寄せ、神仙に到達した人が暮らす場所」とうたっている。

静寂の中、自分が敬亭山を飽きずに眺めているだけでなく、敬亭山も自分を飽きずに眺めている、という表現から読み取れる李白の心情は何か。もともと神仙世界に憧れていた李白は、敬亭山を飽きずに見つめながら、神仙世界へ想いを寄せていたのかもしれない。

作者・出典

作者 李白（りはく） 本書一七三ページ参照。

出典 『唐詩選（とうしせん）』 本書三五ページ参照。

早発白帝城

李白

教科書 一〇九ページ

主題 長江を下った時の、スピード感あふれる舟旅の様子をうたったもの。

形式 七言絶句。「間」「還」「山」が韻を踏む。

①朝辞白帝彩雲間
②千里江陵一日還
③両岸猿声啼不住
④軽舟已過万重山
【唐詩選】

訓読

早に白帝城を発す

①朝に辞す白帝彩雲の間
②千里の江陵一日にして還る
③両岸の猿声啼きて住まざるに
④軽舟已に過ぐ万重の山

現代語訳

朝早く白帝城を出発する

①朝早く、朝焼け雲の(たなびく)辺りの白帝城に別れを告げ、
②千里の(かなたの)江陵まで、一日で帰ってゆく。
③両岸の猿の鳴き声が続いてとぎれないうちに、
④軽快な小舟は、すでに幾重にも重なった山々を通り過ぎていた。

語釈・句法

早発　朝早く出発する。当時の旅立ちは早朝が普通である。

白帝城　今の重慶市奉節県にある古城。長江に臨む山の上にある。前漢末に公孫述が築いた。三国時代には蜀の劉備が、戦いに敗れてこの城に退き、ここで死去した。

①辞　別れを告げる。辞去する。

②江陵　今の湖北省荊州市。長江中流の水陸の交通の要衝として、古くから栄えた。白帝城から江陵までは舟でほぼ一日の旅程。

還　引き返す。帰ってゆく。

③両岸猿声　両岸の猿の鳴き声。長江は江陵に至る途中で川幅が狭くな

り、絶壁が高くそびえるが、その中の三つを三峡（瞿塘峡・巫峡・西陵峡）と呼ぶ。このあたりは猿が多く、猿の哀切な鳴き声は、旅人に望郷の念を起こさせるものとして、しばしば唐詩の題材となっている。

啼不レ住　鳴き声が途切れないうちに。一説に、猿がひとしきり（一声）鳴く、その鳴き声の終わらないうちに、とする。

④軽舟　舟足の軽い小舟。

万重山　幾重にも重なった山々。

鑑賞

第一句は、「白」と「彩雲」との色彩の対応の美しさと早朝の心地よさとが響き合い、さわやかさを印象づける。第二句は、「千」と「一」との数字を対応させて、舟足の軽快さを表す。第三句の「啼不レ住」、第四句の「万重山」も、短い時間に舟の動く距離を提示して、舟のスピードを印象づける。

この詩の制作時期については、作者が初めて蜀を出て、三峡を下った二十五歳の時の作とする説と、永王璘の軍に参加したために罪を得て流される途中、恩赦にあって江陵に帰る五十九歳の時の作とする説の二つがある。前者は、作者は江陵に行ったことがなく、第二句末の「還」と矛盾する。後者は、恩赦にあった喜びが、第三句の望郷の念をかきたてる「猿声」と矛盾し、どちらとも決しがたい。

作者・出典

作者　李白　本書一七三ページ参照。

出典　『唐詩選』　本書三五ページ参照。

送友人

李白

教科書 二一〇ページ

主題 友人を見送るさびしさをまちの風景や比喩を用いてうたったもの。

形式 五言律詩。「城」「征」「情」「鳴」が韻を踏んでいる。第一句と第二句、第五句と第六句がそれぞれ対句になっている。

①青山横北郭　②白水遶東城
③此地一為別　④孤蓬万里征
⑤浮雲遊子意　⑥落日故人情
⑦揮手自茲去　⑧蕭蕭班馬鳴

【唐詩三百首】

訓読

①青山北郭に横たはり
②白水東城を遶る
③此の地一たび別れを為し
④孤蓬万里に征く
⑤浮雲遊子の意
⑥落日故人の情
⑦手を揮ひて茲より去れば
⑧蕭蕭として班馬鳴く

現代語訳

①青い山々がまちの北側に連なり、
②白く輝く清い水はまちの東側をめぐって流れる。
③この地で一度（君に）別れを告げれば、
④（君はもう）風に吹かれて転がる蓬のように万里のかなたへ孤独な旅に出てしまうのだ。

⑤空に漂う雲は旅人（である君）の心（を表し）、
⑥沈みゆく夕日は古くからの友人（である私）の気持ち（を表す）。
⑦手を振ってこの地から去ろうとすると、
⑧別れゆく馬がものさびしくいなないている。

語釈・句法

①北郭(ほくかく)　まちの北。中国では、まち全体を城壁で囲み、城壁の内側を城といい、外側の発達した集落、もしくはその集落をさらに囲んだ城壁を郭という。

②白水(はくすい)　白く輝く水。清い川。

③東城(とうじょう)　まちの東。城はまちを取り囲んだ城壁の内側。

④蓬(ほう)　枯れて転がる植物。根なしヨモギ。風で簡単に抜け、丸くなってさすらうさまが、旅人の孤独感を象徴する。

⑤浮雲遊子意(ふうんゆうしのい)　空に漂ってとどまらない雲を、旅人である友人の心に重ね合わせている。「遊子」は旅人の意。

⑥落日故人情(らくじつこじんのじょう)　故人は古くからの友人。親友。作者自身のことを指す。沈んでゆく夕日を見るさびしさを、友人を見送る自分の思いと重ね合わせている。

⑦揮手(ふるヒテヲ)　別れを惜しんで手を振って。

⑧蕭蕭(しょうしょうトシテ)　ものさびしいさま。馬がいななく声の形容。

班馬(はんば)　別れゆく馬。群れから離れた馬。「班」に「わかれる」の意味がある。

鑑賞

第一・二句では、友人を見送るまちの情景が色鮮やかに対句表現で描かれている。第三・四句では旅立つ友人を蓬にたとえ、孤独な遠い旅に出る様子を表現し、第五・六では対句表現を用いて友人と作者自身の心情を表している。第七・八句では、馬の鳴き声で友人と別れる作者のさびしさを伝え、手を振って別れる様子に余情が感じられる。

この詩では、「さびしい」「名残惜しい」というような直接的な言葉で友人と別れる心情を表現していない。最後の馬の鳴き声や、蓬・浮雲・落日などの比喩を用いることで、別れのさびしさを効果的に表現しているといえる。

作者・出典

作者　李白(りはく)　本書一七三ページ参照。

出典　『唐詩三百首(とうしさんびゃくしゅ)』五言律詩　本書三三一ページ参照。

月下独酌

李白

教科書 二一一ページ

主題 春の夜、ただ一人で酒を飲みながら、月と自分の影を相手とする超俗的な心境をうたったもの。

形式 五言古詩。換韻している。「親」「人」「身」「春」／「乱」「散」「漢」がそれぞれ韻を踏む。

①花間一壺酒　②独酌無相親
③挙杯邀明月　④対影成三人
⑤月既不解飲　⑥影徒随我身
⑦暫伴月将影　⑧行楽須及春
⑨我歌月徘徊　⑩我舞影零乱
⑪醒時同交歓　⑫酔後各分散
⑬永結無情遊　⑭相期邈雲漢

【唐詩三百首】

訓読

①花間一壺の酒
②独酌相親しむ無し
③杯を挙げて明月を邀へ
④影に対して三人と成る
⑤月既に飲を解くせず
⑥影徒らに我が身に随ふ
⑦暫く月と影とを伴ひ
⑧行楽須らく春に及ぶべし
⑨我歌へば月徘徊し
⑩我舞へば影零乱す
⑪醒時同に交歓し
⑫酔後各分散す
⑬永く無情の遊を結び
⑭相期す雲漢邈かなるに

現代語訳

①花が咲いているところに、酒壺を一つ置き、

②ただ一人で酒を飲み、（酌み交わす）親しい友人もいない。

③（そこで）杯を高々とあげて、明るい月を招き寄せ、
④（さらに）我が影と向き合うと、（これで飲み仲間が）三人となった。
⑤（しかし）月は（もともと酒を）飲むことができないうえに、
⑥影もただむなしく我が身につれて動くだけ。
⑦（酒の相手としてはもの足りないが）まあ、しばらくの間は、月と影とを仲間として、
⑧春のうちに楽しく遊ぶべきだ。
⑨私が歌うと、（月も浮かれて、一面に光を降り注ぎながら）夜空を行きつ戻りつし、
⑩私が踊ると、影も（いっしょに）定めなく乱れ動く。
⑪醒めているうちは、（月と影と）いっしょに楽しんでいるが、
⑫酔いつぶれてしまうと、それぞればらばらになってしまう。
⑬この世俗を超えた交わりを永遠に結び続けようと思い、
⑭はるかに遠い天の川での再会を約束する。

語釈・句法

月下独酌（げっかノどくしゃく）　月光の下でただ一人で酒を飲む。

②相親（そうしん）　親しい友人。ここでは、飲み仲間。

③邀（むかヘ）　招き寄せる。相手が出てくるのを待ち受ける。

④対（たいシ）　向き合う。相手にする。仲間に入れる。

影（かげ）　地上に映った自分の影。

成二三人一（なルさんにんト）　自分と自分の影と明月で三人となる。

⑤既（すでニ）　…のうえに。…だけでなく。累加を表す。

不レ解（ずよくセ）…　…できない。「不レ能（あたハ）…」と同じく不可能を表す。

⑥徒（いたづらニ）　ただむなしく…するだけ。

⑦暫（しばらク）　しばらくの間。「久」の反対語。

伴（ともなヒ）　仲間とする。

将（と）レ…　…と。「与」と同じく並列を表すが、「与」よりも口語的で軽い響きを持つ。

⑧行楽（こうらく）　遊び楽しむこと。

須（すべかラク）レ…（ベシ）　ぜひとも…すべきである。強い必要性を表す再読文字。

及（およブ）レ春（はるニ）　春のうちに。「及」は、ある期間に間に合う。…のうちに。つまり、春の季節が過ぎてしまわないうちに。

⑨徘徊（はいかいシ）　行きつ戻りつする。一説に、月の光が一面に降り注ぎ、たゆたう様子とする。

⑩零乱（れいらんス）　定めなく乱れ動く。秩序なく、ゆらゆらと乱れ動く。

⑪醒時（せいじ）　まだ酒に酔わない正気の時。

交歓（こうかんシ）　楽しみを交わす。

⑫酔後各分散（すいごおのおのぶんさんス）　酔いつぶれてしまうと、それぞればらばらになってしまう。李白が酒に酔いつぶれて眠ると、酒宴が自然に終わることをいう。

⑬無情遊　世俗を超えた交わり。「無情」とは、「有情」の人間に対して、心なき自然物を指す。したがって、ここでは月と影を指す。「無情遊」とは、心を持たない月や影との、世俗的な喜怒哀楽・栄辱得失などの感情を交えない交遊をいう。

⑭相期　再会を約束する。「相」は、動作に対象があることを示す。再会の相手としては、⑴月と影、⑵月、の二説がある。

邈雲漢　はるかに遠い天の川で。訓読の慣習として「雲漢邈かなるに」と読んでいるが、「邈かなる雲漢に」と読んだほうが意味はわかりやすい。「邈」は、はるかな様子。「雲漢」は、天の川。この語は神仙の住む天界（仙境）のイメージを含む。ここでなら、「無情遊」を永遠のものとすることができるのである。

鑑賞

天宝元年（七四二）、李白は翰林供奉として玄宗の朝廷に仕えた。しかし、その自由奔放な言動は朝廷社会との摩擦を引き起こし、天宝三年（七四四）には、朝廷から追放された。この詩は、李白が長安で玄宗皇帝に仕えていた時の作であるとされている。

この詩を作った時、李白は朝廷に仕える人々とうまくゆかず、周囲に心を許せる人は少なかったようである。しかし、「独酌相親無し」という孤独な状況にあっても、李白は決してめいったりしない。かえって、月と影とを酒の相手にして、積極的に楽しむ。月と影とは常識的には満足のいく相手ではない。しかし、満足のいく相手を待っていたら、このうつろいやすい春の時期は過ぎ去ってしまう。この時期を逃さずに遊び楽しまなければならない。李白は夢のようにはかないこの世を快楽によって充実させようとする。酒を飲み、歌い、舞い、すべてを忘れて陶酔すれば、月と影は李白と一体化した遊び相手となり、そこに「無情の遊」が生まれる。人間世界での有情の交わりに、冷たさやもろさを繰り返し味わった李白は、それを超越した自然との清らかな交わり、すなわち「無情の遊」によって世俗から脱却し、自然と一体化を図ろうと願うのである。

この詩には、世俗にわずらわされない自由で超俗的な生き方を理想とする李白の人生観がよく表れているといえよう。

作者・出典

作者　李白　本書一七三ページ参照。

出典　『唐詩三百首』五言古詩　本書三三二ページ参照。

参考

夢李白

杜甫

教科書　一一二ページ

主題　捕らわれの身となっている友人李白に無事でいてほしいと願う心情をうたったもの。

形式　五言古詩。「惻」「息」「憶」「測」「黒」「翼」「色」「得」が韻を踏んでいる。

①死別已呑声　②生別常惻惻
③江南瘴癘地　④逐客無消息
⑤故人入我夢　⑥明我長相憶
⑦恐非平生魂　⑧路遠不可測
⑨魂来楓林青　⑩魂返関塞黒
⑪君今在羅網　⑫何以有羽翼
⑬落月満屋梁　⑭猶疑照顔色
⑮水深波浪闊　⑯無使蛟竜得

【唐詩三百首】

訓読

李白を夢む
①死別は已に声を呑み
②生別は常に惻惻たり
③江南は瘴癘の地
④逐客消息無し
⑤故人我が夢に入るは
⑥我が長相憶を明らかにす
⑦恐らくは平生の魂に非ざらんも
⑧路遠くして測るべからず
⑨魂の来たるとき楓林は青く
⑩魂の返るとき関塞は黒し
⑪君は今羅網に在るに
⑫何を以つて羽翼有るや
⑬落月は屋梁に満ち
⑭猶ほ顔色を照らすかと疑ふ
⑮水深くして波浪闊く
⑯蛟竜をして得しむる無かれ

現代語訳

李白を夢に見た

①死に別れてしまったらもはや声を殺して泣くしかないが、
②生き別れた場合はいつまでも心を痛め続けてしまう。
③江南は風土病の厳しい土地で、
④追放された人（李白）の消息はない。
⑤昔なじみの友人であるあなたが私の夢に入ってきたのは、
⑥私がいつもあなたを思慕していることを明らかに表している。
⑦どうも（夢に出てきた李白の魂は）いつものあなたではなさそうだが、
⑧あなたのいる所までの道のりは遠すぎて（事情を）推し量ることができない。
⑨あなたの魂の来た時には（あなたのいる江南の）楓の林は青々としていたが、
⑩あなたの魂の帰る時には（私のいる）国境の要塞は黒々としているだろう。
⑪君は今捕らわれの身となっているのに、
⑫どうやって翼を手に入れて飛んで来られたのか（不思議だ）。
⑬沈んでいく月（の光）は屋根の梁いっぱいに広がり、
⑭あなたの顔色を照らしているかもしれない。
⑮（江南は）水が深く大きい波が立っているだろうから、
⑯蛟竜に捕まらないようにしてほしい。

鑑賞

杜甫が李白に出会ったのは三十三歳、洛陽でのことである。杜甫は自分とは正反対な、豪放脱俗の士李白に心酔し、彼の漫遊に同行して共に酒を飲み、詩を詠んだ。李白もまた彼を魯（山東省）の家に招いて交流を深めた。しかし李白の旅がまた始まり、別れると二度と出会うことがなかった。杜甫は李白を思慕する気持ちが強く、それを主題にした詩を生涯書き続けている。

そうした杜甫であるから、李白が反乱軍として捕らえられたとの知らせを聞いた時の彼の動揺は想像に難くない。⑪で「君は今捕らわれの身である」とあるから、まだ李白は死んでいないと杜甫は考えているとするのが自然のようだが、夢に李白が出てきたその時は「まさか死んでしまったのか」と動揺した、と解釈するのも可能である。杜甫の思いをさまざまに想像してほしい。

絶句

杜甫（とほ）

教科書 一一三ページ

主題 美しい春の景色を見ながらも、かえって募る望郷の思いをうたったもの。

形式 五言絶句。「然」「年」が韻を踏んでいる。第一句と第二句が対句となっている。

① 江碧ニシテ鳥愈白ク　② 山青クシテ花欲レ然エント
③ 今春看又過グ　④ 何レノ日カ是レ帰年ナラン

【唐詩選】

訓読

①江碧にして鳥愈白く
②山青くして花然えんと欲す
③今春看又過ぐ
④何れの日か是れ帰年ならん

現代語訳

①川の水は透き通るような深緑で（そのため）、その上を飛んでいる鳥はますます白く見え、
②山は（若葉で）青々として（そのため）、花は燃えるような赤だ。
③今年の春も見ているうちにまた過ぎていく。
④いつになったら故郷に帰る日になるのだろうか。

語釈・句法

絶句　詩の形式（四句からなる詩）。詩の題としては「無題」の意味。

①江　成都を流れる錦江という川。

碧　碧玉（エメラルド）の色。透き通るような深緑。

②山青　山が木々の若葉で青緑色になっている様子。

欲レ然　「欲」は「…しそうだ」の意味。「然」は「燃」と同じ意味。燃えるような赤色に咲いている。

③看　見ているうちに。みるみるうちに。

④何日　疑問を表す。いつになるだろうか。

是　強調を表す。

帰年　故郷に帰る日。「年」は、ここでは「日」のこと。

鑑賞

第一・二句では、深緑の水の上を飛ぶ鳥の白さや、青々とした若葉の中に赤く咲き誇る花を詠んでおり、色彩の対照の鮮やかさが印象的である。第三・四句では、今年の春もあっという間に過ぎていき、いつになったら故郷へ帰れるのだろうという思いを詠んでいる。美しい春の景色はかえって過ぎゆく春を感じさせ、作者は心が慰められず望郷の念を募らせているのである。

成都は職を失った杜甫が七五九年、四十八歳のときに移り住んだ町である。周囲を河川で囲まれ、南を流れる錦江の支流に杜甫は草堂を建てた。この成都時代は杜甫の人生の中で比較的落ち着いた生活を送った期間である。故郷である洛陽は戦乱の中にあり飢饉で帰ることができず、望郷の思いはありながらも、親戚や友人たちの援助を受け、成都での生活を送った。

作者・出典

作者 杜甫〔七一二—七七〇〕 字は子美。盛唐の詩人。「詩聖」と呼ばれた。進士の試験に落第。その後、李白や高適と知り合う。四十代に役職を得るも、安禄山の乱に際し、逃げ遅れ長安にとどまる。その後、望むような職は得られず、知人を頼り諸国を放浪する。彼の詩は、規則を厳格に守り、繊細でありながら空間的な広がりがある。自分自身だけでなく、社会や政治を嘆く詩が多い。

出典 『唐詩選』五言絶句 本書三五ページ参照。

月夜

杜甫

教科書 一一三ページ

主題 月の美しい夜に、遠く離れた妻子を思いやる心情をうたったもの。

形式 五言律詩。「看」「安」「寒」「乾」が韻を踏む。

①今夜鄜州月　②閨中只独看
③遥憐小児女　④未解憶長安
⑤香霧雲鬟湿　⑥清輝玉臂寒
⑦何時倚虚幌　⑧双照涙痕乾

【唐詩三百首】

訓読

①今夜鄜州の月
②閨中只だ独り看るならん
③遥かに憐れむ小児女の
④未だ長安を憶ふを解くせざるを
⑤香霧に雲鬟湿ひ
⑥清輝に玉臂寒からん
⑦何れの時か虚幌に倚り
⑧双び照らされて涙痕乾かん

現代語訳

①今夜鄜州の月を、②（妻は）寝室で一人きりで見ているだろう。③かわいそうに、私の幼い息子と娘たちは、④まだ（父のいる）長安のことについて気遣うこともできないのだ。⑤（妻の部屋には、）かぐわしい夜霧が立ちこめ、美しい豊かな髪は（その霧に）しっとりと湿り、⑥清らかな月光に青白く輝く美しい腕は寒さに冷えているだろう。⑦いつになったら、人気のない部屋のカーテンに寄りそって、⑧二人並んで月光に照らされて、（再会で喜ぶ）涙のあとを乾かすことができるのだろう。

語釈・句法

①鄜州　今の陝西省富県。長安のはるか北方にあり、杜甫の家族が疎開していた所。

②閨　婦人の部屋。寝室。

只独　「只」「独」はどちらも限定を表す。

③小児女　幼い息子と娘たち。小さい子どもたち。

④未ㇾ解ㇾ…　まだ…できない。不可能を表す。「解」は、…できるの意。ここを、「未だ解せず」(まだわからない)と読むこともできる。ここは、通常の文章ならば、「未」から「憐」に返って、「遥憐小児女未ㇾ解ㇾ憶長安」となるところである。つまり、この二句は一文として考えられ、子どもたちが、長安にいる父親を思って懐かしむこともまだできないほど幼いことを、遠くからあわれむ、となる。

憶長安　長安のことについて気遣う。杜甫自身は長安にいるので、長安にいる自分の安全を気遣う、というニュアンスが込められている。

⑤香霧　かぐわしい夜霧。秋の夜、妻の部屋に立ちこめる霧を表している。

雲鬟　豊かな髪。雲のようにふわっとしている髪のこと。

⑥清輝　清らかな光。月光のこと。

玉臂　玉のように美しい腕のこと。「臂」は、ひじと手首との間。

⑦何時　いつ…か。時間的なことを問う。

虚幌　人気のない部屋のカーテン。妻と二人だけで他に誰もいない部屋ということ。「幌」はおおいのきれ。カーテン。とばり。

⑧双照　夫婦二人で月光に照らされる。

涙痕乾　涙のあとが乾く。再会を喜ぶ涙が乾いてなくなること。

鑑賞

七五五年、安禄山が反乱を起こし、翌七五六年六月、長安は安禄山によって陥落する。杜甫は、家族は疎開させていたが、自身は旅の途中で反乱軍に捕らえられ、長安に軟禁状態となっていた。この詩はその際に、鄜州にいる妻子を思って作ったもの。作者の、同じ月を見ているであろう妻への切ない思いと、戦によって人々のささやかな生活が脅かされることへの不安がひしひしと感じられる。尾聯（第七・八句）の、二人並んで涙痕が乾く、という表現が、戦乱が終わって穏やかに過ごしていることの表現として秀逸である。

作者・出典

作者　杜甫　本書二一六ページ参照。

出典　『唐詩三百首』五言律詩　本書二三二ページ参照。

秋興

杜甫

教科書 二一四ページ

主題 秋の深まる気配を感じて高まる望郷の思いをうたったもの。

形式 七言律詩。「林」「森」「陰」「心」「砧」が韻を踏んでいる。第三句と第四句、第五句と第六句がそれぞれ対句になっている。

①玉露凋傷楓樹林　②巫山巫峡気蕭森
③江間波浪兼天湧　④塞上風雲接地陰
⑤叢菊両開他日涙　⑥孤舟一繋故園心
⑦寒衣処処催刀尺　⑧白帝城高急暮砧

【唐詩選】

訓読

①玉露凋傷す楓樹の林
②巫山巫峡気蕭森
③江間の波浪天を兼ねて湧き
④塞上の風雲地に接して陰る
⑤叢菊両たび開く他日の涙
⑥孤舟一へに繋ぐ故園の心
⑦寒衣処処刀尺を催す
⑧白帝城高くして暮砧急なり

現代語訳

①玉のような白い露は楓樹の林をしおれさせ、
②巫山巫峡には静寂かつ厳粛な気配が満ちている。
③長江の水面の波は天に届くほど高く湧き立ち、
④城塞の辺りの風雲は地面につくように暗く垂れこめている。
⑤群生する菊は（成都を出てから）二度咲き、（昨秋に菊を見て）流した涙が、（再び咲く菊とともに）また流れる。
⑥岸につないだ一艘の小舟は、望郷の念を一心につなぎとめている。
⑦冬着の用意にあちらこちらで裁縫の仕事にせきたてられ、
⑧白帝城がそびえる夕暮れに砧を打つ音がせわしなく響く。

語釈・句法

秋興 秋の趣を詠じた連作八首の第一首。『唐詩選』にはそのうち四首が収められている。

①玉露 玉のような露。

凋傷 しおれさせ傷つける。落葉させる。

楓樹 カエデの木。

②巫山 夔州の東にある山。

巫峡 巫山の直下にある峡谷。

蕭森 静寂かつ厳粛な様子。ものさびしいさま。

③兼レ天 天に届くほど。天につらなるほど。「兼天」は「天と一つになる」意、ここから「天に届くほど」の意味になる。

④塞上 城塞のあたり。

接レ地陰 地面につくように暗く垂れこめている。

⑤叢菊 群がり生えている菊。

両開 二度咲くこと。成都を出て二度目の秋を迎えたこと。

他日涙 過ぎ去った日の涙。去年菊を見て流した涙。

⑥一繋 一心につなぎとめる。岸につないだ小舟によせて、故郷を懐かしむ心をひたすらにつなぎとめる。

故園心 故郷を思う気持ち。

⑦寒衣 冬着。

処処 あちらこちら。

催二刀尺一 「刀尺」は裁縫の意味。刀は刃物、尺はものさし。裁縫の仕事をせきたてる。

⑧白帝城 四川省奉節県の白帝山にあった城塞。

暮砧 夕暮れに砧を打つ音。砧とは、洗濯やつや出しのために着物を打つ石の台。

鑑賞

約五年半滞在していた成都を去って放浪の旅に出た杜甫は、七六六年に夔州（四川省奉節県）に至り、ここで二年ほど過ごした。この作品はその時期のものといわれる。

第一・二句では巫山・巫峡の深まる秋の気配を描き、第三・四句では長江の水面や城塞あたりの風雲の様子を詠み、天地の広がりを感じさせる。第五・六句では、ますます募る望郷の念を詠み、第七・八句では故郷に帰れないまま冬も近くなっていく心細さを詠んでいる。漂泊の旅を続けている杜甫のこの詩には哀愁が漂い、特に第六句は悲痛なほどの思いが見事に表現されている。

作者・出典

作者 杜甫 本書二一六ページ参照。

出典 『唐詩選』七言律詩 本書二二五ページ参照。

登ル二岳陽楼一

杜甫

教科書 一一五ページ

主題

岳陽楼からの雄大な眺めと対比させ、老いた我が身や戦乱の世への嘆きをうたったもの。

形式

五言律詩。「楼」「浮」「舟」「流」が韻を踏む。

①昔聞ク洞庭ノ水　②今上ル岳陽楼
③呉楚東南ニ坼ケ　④乾坤日夜浮カブ
⑤親朋無ク二一字一　⑥老病有リ二孤舟一
⑦戎馬関山ノ北　⑧憑リテレ軒ニ涕泗流ル

【唐詩三百首】

訓読

岳陽楼に登る
①昔聞く洞庭の水　②今上る岳陽楼
③呉楚東南に坼け　④乾坤日夜浮かぶ
⑤親朋一字無く　⑥老病孤舟有り
⑦戎馬関山の北　⑧軒に憑りて涕泗流る

現代語訳

岳陽楼に登る
①昔から洞庭湖（の美しさ）は聞いていた。
②今、（その湖のほとりにある）岳陽楼に登る。
③（この湖を境に）呉と楚は東南に引き裂かれ、
④（湖面には）太陽と月が昼夜映っている。
⑤親類や友人からは一字の便りもなく、
⑥老いて病がちの自分には、ただ一艘の小舟があるだけだ。
⑦国境の山々の北では、（戦いのために）軍馬が走る。
⑧手すりに寄りかかり、涙を流した。

語釈・句法

岳陽楼　今の湖南省岳陽市にある三層の楼。洞庭湖に臨む。岳陽楼は洞庭湖の東北にある。「岳陽楼」という名は天岳山の南にあることから。ここには、孟浩然や李白も訪れ、詩を作っている。

①昔聞　昔から聞いている。第二句の「今上」と対の表現。

③呉楚東南坼　呉・楚の二国が、東南に真っ二つに引き裂かれている。呉と楚はどちらも春秋時代に勢力を誇った大国。大まかにいって洞庭湖の東方に呉の国があり、南方に楚の国があった。

④乾坤日夜浮　太陽と月とが、それぞれ昼と夜に洞庭湖に浮かぶ。「乾坤」は「天地」「天地の万物」「太陽と月」といった意味。

⑤親朋　親類や友人。

一字　一字の便り。

⑥孤舟　たった一艘の舟。孤独で、行き場もなくさまよう自分自身を象徴している。

⑦戎馬　軍馬。この頃、チベット軍がしきりに唐に侵入した。「戎」は武器。西域には、吐蕃(今のチベットにあった王朝)、ウイグル、テュルク、タングートなどの騎馬民族がおり、たびたび唐の領域になった領土を回復しようとしていた。

関山　国土の要害をなす山。国境にある山々。

⑧軒　手すり。

涕泗　涙。目から出るのが「涕」、鼻から出るのが「泗」。

鑑賞

第一・二句(首聯)では、時間的な動きと、詩の対象となる座標を特定している。第三・四句(頷聯)では空間的な広さの中に、「日夜」とすることで、時間的な情景をも盛り込んでいる。第五・六句(頸聯)からは、一転して我が身を嘆き、第七・八句(尾聯)では、北方の戦乱、ひいては戦乱に明け暮れる世をも嘆いたうえで、「憑レ軒」と、岳陽楼に視点を戻して終わる。視点の転換を駆使した、広がりのある詩である。首聯、頷聯、頸聯ともに対句となっている。

作者・出典

作者　杜甫　本書二一六ページ参照。

出典　『唐詩三百首』　本書三三ページ参照。

石壕吏

杜甫

教科書　一一六～一一七ページ

主題　石壕村で見聞した、戦争のために徴発された人民の悲惨な実態をうたったもの。

形式　五言古詩。押韻は、四句ごとに換韻。「村」「人」「看」／「怒」「苦」「戍」／「至」「死」「矣」／「人」「孫」「裙」／「衰」「帰」「炊」／「絶」「咽」「別」。

第一段落（初め～一一六・3）

段意　役人が夜、人を徴発にやって来て、老人は逃げ去り、老婆が応対する。

①暮投石壕村　②有吏夜捉人
③老翁踰牆走　④老婦出門看

訓読
①暮れに投ず石壕村
②吏有り夜人を捉ふ
③老翁は牆を踰えて走り
④老婦は門を出でて看る

現代語訳
①日暮れに石壕村に投宿した。
②役人が夜中に（徴発のために）人を捕らえにやって来た。
③老人は塀を飛び越えて逃げ出し、
④老婆が門口に出て（役人に）応対した。

語釈・句法
石壕吏　石壕村の役人。「石壕」は、今の河南省三門峡市にあった村。この詩は、杜甫が公務で洛陽へ旅した帰途、この地で見聞したことをうたったもの。

①投　投宿する。泊まる。

②夜捉人　夜中に徴発のために人を捕らえる。「夜」にそれを行うのは、昼間は隠れている可能性が高く、寝込みを襲うのが効率がよいためである。

③老翁　老いた男性。作者が投宿した民家の主人である年寄りを指す。

墻(かき) 石や土で築いた細長い塀。

走(はしり) 逃げる。徴兵を忌避するため。

④看(みル) 応対する。

■第二段落（一一六・4～一一七・1）

段意 老婆が役人に、戦争に駆り出された者の悲惨な状況と銃後を守る者の苦しい生活を訴え、自分が労役に出ると申し出る。

①吏呼一何怒　②婦啼一何苦
③聴婦前致詞　④三男鄴城戍
⑤一男附書至　⑥二男新戦死
⑦存者且偸生　⑧死者長已矣
⑨室中更無人　⑩惟有乳下孫
⑪孫有母未去　⑫出入無完裙
⑬老嫗力雖衰　⑭請従吏夜帰
⑮急応河陽役　⑯猶得備晨炊

現代語訳

①役人がどなりつける声の、なんと居丈高なことよ。
②老婆の泣く声の、なんと苦しげなことよ。

訓読

①吏の呼ぶこと一に何ぞ怒る
②婦の啼くこと一に何ぞ苦しき
③婦の前みて詞を致すを聴くに
④三男は鄴城に戍り
⑤一男書を附して至れるに
⑥二男新たに戦死す
⑦存する者は且く生を偸むも
⑧死せる者は長に已む
⑨室中更に人無く
⑩惟だ乳下の孫有るのみ
⑪孫には母の未だ去らざる有るも
⑫出入するに完裙無し
⑬老嫗力衰ふと雖も
⑭請ふ吏に従ひて夜帰せん
⑮急に河陽の役に応ぜば
⑯猶ほ晨炊に備ふるを得んと

③老婆が役人の前に進み出て言葉を述べるのを聞いた。
④「三人の息子は、鄴城の守備についております。

⑤一人の息子が手紙をことづけてよこしました。
⑥二人の息子はつい最近戦死したということです。
⑦生き残った子は、とりあえず生きながらえておりますが、
⑧死んでしまった子は、永久にもうおしまいです。
⑨家の中には、全く男はおりません。
⑩ただ乳離れしない孫がいるだけです。
⑪孫には、まだこの家を去らない母親がおりますが、
⑫外に出るのに満足なスカートもありません。
⑬この老婆は、力は衰えましたが、
⑭お役人さまに従って、今夜のうちに目的地に赴きましょう。
⑮今すぐ河陽での労役に応じるなら、
⑯なんとか朝の飯炊きくらいはできましょう。」と。

語釈・句法

①呼（よブ）　どなる。大声でさけぶ。

一何怒（いつニなんゾいかル）　なんと居丈高なことよ。「一（ニ）何（ゾ）…」は、なんと…なことよ。詠嘆を表す。

③前致レ詞（すすミテいたスしヲ）　役人の前に進み出て言葉を述べる。

④三男（さんだん）　三人の息子。三番目の男子という意味ではない。

鄴城戍（ぎょうじょうニまもリ）　鄴城の守備につく。「鄴」は、今の河南（かなん）省安陽（あんよう）市付近。安慶緒（あんけいしょ）の反乱軍が鄴城にたてこもり、唐軍がこれを包囲した。その官軍の一員として、老婆の三人の息子は徴兵された。

⑤一男（いちだん）　三人のうちの一人の息子。

附レ書至（ふシテしょヲいたレル）　手紙をことづけてよこした。「附」は、人に託す。

⑥二男（にだん）　三人のうちの二人の息子。

新戦死（あらタニせんしス）　つい最近戦死した。「新（タニ）」は、…したばかり。

⑦存者（そんスルもの）　生き残った者。ここでは、手紙をよこした息子を指すが、残された家族の意であるとする説もある。

且（しばらク）　とりあえず。とにかく。それが望ましいわけではないが、とにかくそうするしかないという気持ちを表す。

偸レ生（ぬすムせいヲ）　どうにか生きながらえる。いつ死ぬかわからない状態のこと。

⑧長已矣（とこしえニやム）　永久にもうおしまいだ。「矣」は、断定・決定を表す置き字。

⑨更（さらニ）　全く。否定を強調する。

無レ人（なクひと）　男はいない。ここでは、「人」は徴発の対象となる男子を意味する。

⑩惟（ただ）　ただ…だけ。限定を表す。

乳下孫（にゅうかノまご）　乳離れしない孫。戦死した息子の子どもを指す。

⑪孫有二母未レ去（まごニハあルははノいまダさラ）　孫にはまだ家を去らない母親がいる。夫が死ねば妻は実家に帰るものだが、乳飲み子のために家を離れられないことを表す。「未（ダ）（ル）」は、まだ…しない。再読文字。

⑫完裙（かんくん）　満足なスカート。「裙」は、女性の着物の裾。「無二完裙一（シ）」とは、満足なスカートがなく、人前に出られないことをいう。役人に連れて行

かれるのを防ぐ口実である。

⑬老嫗　老婆。「老婦」に同じ。

力雖レ衰　力は衰えてはいるが。「雖」は、…であっても。逆接の確定条件を表す。

⑭請　どうか…させてほしい。願望を表す。

夜帰　今夜のうちに、目的地に赴こう。「帰」は、行くべき所に落ち着く。

⑯猶　やはり。まだ。私のような老婆でもなんとか。

晨炊　朝の飯炊き。「晨」は、朝。

■第三段落（一一七・2～終わり）

段意

老婆は徴発され、作者が別れを告げた相手は老人だけであった。

①夜久語声絶　②如レ聞ニ泣幽咽一
③天明登ニ前途一　④独与ニ老翁一別
【杜工部集】

訓読

①夜久しくして語声絶え
②泣きて幽咽するを聞くがごとし
③天明前途に登るとき
④独り老翁と別る

現代語訳

①夜もすっかりふけて、話し声が途絶え、
②かすかにむせび泣くのが聞こえるようだった。
③夜明けに旅路につく時、
④ただ老人にだけ別れを告げた。

語釈・句法

①夜久　夜がふける。

語声絶　話し声が途絶える。

②如レ聞　聞こえるようである。「如」は、…のようである。比況を表す。「聞」は、自然と耳に入る。

幽咽　かすかにむせび泣く。主語は孫の母親、あるいは孫の母親と老翁。

③天明　夜明け。第一段落の第一句の「暮」と対応している。

登ニ前途一　旅路につく。「登」は、出発する。主語は作者である。

④独与ニ老翁一別　ただ老人にだけ別れを告げた。老婆が連行されたことと、逃げた老翁の帰宅を表す。「独」は、ただ…だけ。限定を表す。

鑑賞

この詩は、乾元二年〔七五九〕春、華州司功参軍の職にあった杜甫が、公務で洛陽へ旅した帰途、石壕村に投宿した際に見聞したことをうたったもの。この年、史思明の軍は、六十万の唐軍を破った。唐軍はこの大敗後、黄河流域の要地である河陽を第一線として築城、防衛に努めた。

この詩には、続く戦乱のために、働き手を次々と兵役にとられ、幸せを享受できたはずの一家に残されたのは、老翁・嫁・乳飲み子だけという、悲惨な状況がうたわれている。杜甫は国家の官吏であり、また戦争をやむをえないと支持していたが、あまりにも悲惨な現実を知り、民衆に対する深い同情と、戦争に対する憎しみの情を抱かずにはいられなかったのであろう。

作者・出典

作者　杜甫　本書二一六ページ参照。

出典　『杜工部集』　杜甫の詩文集。工部は一時就いた官職名によるもの。もと六十巻であったが、散逸し、北宋の王洙が編んだ二十五巻が伝わっている。

教科書の問題（解答・解説）

教科書　一一八ページ

教科書本文下に示された問題

「故人」とは、誰を指すか。（p.一一〇）

解答　作者自身。

［解説］「故人」は古くからの友人、親友の意味。

「三人」とは、誰を指すか。（p.一一一）

解答　作者と作者の影と月を指す。

なぜ「愈白ク」「欲スレ然エント」のような印象を受けるのか。（p.一一三）

解答　飛ぶ鳥の背景が深緑の川で鳥の白さが対比で際立つから。同様に若葉の青々とした中で咲く花の赤さが際立つから。

「他日ノ涙」とは、いつ何を思って流す涙か。（p.一一四）

解答　昨年の秋に菊を見て故郷を思って流した涙。

［解説］杜甫は、夔州で二回目の秋を迎えている。昨年の秋に菊を見て涙を流し、今年もまた故郷を思い、涙を流している。

学習の手引き

❶それぞれの詩を繰り返し朗読しよう。

［解説］五言詩は、一句中の上二字と下三字の間に切れ目があり（○○｜○○○）、七言詩は、一句中の上四字と下三字の間に切れ目がある（○○○○｜○○○）ことに注意しながら朗読しよう。

❷それぞれの詩の詩形・押韻を確認しよう。

解答
・「秋浦歌」…五言絶句。押韻は「長」「霜」。
・「独坐敬亭山」…五言絶句。押韻は「間」「山」。
・「早発白帝城」…七言絶句。押韻は「間」「還」「山」。

・「送友人」…五言律詩。押韻は「城」「征」「情」「鳴」。
・「月下独酌」…五言古詩。押韻は「親」「人」「身」「春」／「乱」「散」「漢」。
・「夢李白」…五言古詩。押韻は「惻」「息」「憶」「測」「黒」「翼」「色」「得」。
・「絶句」…五言絶句。押韻は「然」「年」。
・「月夜」…五言律詩。押韻は「看」「安」「寒」「乾」。
・「秋興」…七言律詩。押韻は「林」「森」「陰」「心」「砧」。
・「登岳陽楼」…五言律詩。押韻は「楼」「浮」「舟」「流」。
・「石壕吏」…五言古詩。押韻は四句ごとに換韻。「村」「人」「看」／「怒」「苦」「戍」／「至」「死」「矣」／「人」「孫」「裙」／「衰」「帰」「炊」／「絶」「咽」「別」。

[解説] 近体詩では、五言詩は偶数句末を、七言詩は一句末と偶数句末を押韻するのが原則である。

❸それぞれの詩にうたわれた情景や心情をまとめよう。

解答 ・「秋浦歌」…白髪を見て自身の老いを知った時の驚き。
・「独坐敬亭山」…孤独な老境にあって、敬亭山に向かい、心静かに大自然と語り合う心情。
・「早発白帝城」…絶壁が続く長江を舟で下るスピード感と快さ。
・「送友人」…古くからの友人が遠くに旅立つのを見送るさびしい心情。
・「月下独酌」…春の夜にただ一人で酒を飲みながら、月と自分の影を相手とする超俗的な心境。
・「夢李白」…遠くの地で拘束されている友人の安否を心配する心情。
・「絶句」…色彩鮮やかな美しい春の景色を見ても心は慰められず帰郷できぬまま時間が過ぎゆくことへの焦りや悲しみ。
・「月夜」…家族の疎開先に輝く月をはるか長安の地で想像し、妻子を思う心情。
・「秋興」…深まる秋の気配にますます募る、故郷の洛陽に戻りたいという心情。
・「登岳陽楼」…岳陽楼から洞庭湖を眺めつつ、戦乱の中で故郷を思い、老いを嘆き悲しむ心情。
・「石壕吏」…戦争に家族を徴発される人々の悲惨な姿と苦しい心情。

[解説] 絶句は「起句」「承句」「転句」「結句」、律詩は「首聯（しゅれん）」（第一句・第二句）、「頷聯（がんれん）」（第三句・第四句）、「頸聯（けいれん）」（第五句・第六句）、「尾聯（びれん）」（第七句・第八句）の構成になっていることを参考にして考えるとよい。

■語句と表現

① **「秋興」**（一一四ページ）、**「登二岳ル陽楼一」**（一一五ページ）**か**

らそれぞれ対句を抜き出し、その表現効果について考えよう。

解答　・「秋興」…第三句と第四句、第五句と第六句が対句となっている。

（第三句）江間 波浪 兼天湧　川面に立つ高い波
（第四句）塞上 風雲 接地陰　城塞付近に垂れこめる雲

（第五句）叢菊 両開 他日涙　群生する菊を見て涙する
（第六句）孤舟 一繋 故園心　望郷の念をつなぎとめる

いずれも端然としたリズムを作り、大自然の風景に望郷の念や孤独な心情を重ね合わせて強調する効果がある。

・「登岳陽楼」…第一句と第二句、第三句と第四句、第五句と第六句が対句となっている。

（第一句）昔聞 洞庭水　昔 洞庭湖
（第二句）今上 岳陽楼　今 岳陽楼

（第三句）呉楚 東南坼　呉と楚 東南に分かれる
（第四句）乾坤 日夜浮　太陽と月 昼夜に浮かぶ

（第五句）親朋 無一字　親や友人 全く便りがない
（第六句）老病 有孤舟　老いて病がちの自分 一艘の小舟

リズムを作るとともに、大自然の時間と空間の広大な風景に孤独な心情を重ね合わせて強調する効果がある。

[解説]　・「秋興」…第一句と第二句は深まる秋の気配をうたい、第三句と第四句は長江と城塞周辺の様子をうたい、天地の広がりを感じさせ、第五句と第六句は深い望郷の念をうたい、第七句と第八句は故郷に帰れないまま冬の支度に追われる心細さをうたう。

・「登岳陽楼」…第一句と第二句は、昔聞いた洞庭湖の岳陽楼に今登ったことをうたい、第三句と第四句は、洞庭湖を隔てた呉と楚の国を、太陽と月にたとえている。第五句と第六句は、親戚や友人からの便りが途絶え、孤独な自分の境遇をうたう。また対にならない第七句と第八句は、戦乱が絶えない世の中を憂える作者の悲しみをうたっている。

3 史記2

●『史記』を読み、歴史のおもしろさを味わう。
●登場人物の生き方や考え方を通して、人間のあり方について考察する。

教科書 二一〇～二一三ページ

荊軻伝

風蕭蕭兮易水寒

大意 刺客である荊軻は、燕の太子丹の依頼により、秦王を暗殺することを誓う。太子丹は、荊軻のために、武器として天下に名高い短刀を調達して与えた。荊軻は表向きは燕の使者として秦舞陽を供とし、秦へ赴くことになる。旅立ちの際、太子丹は白装束を身に着けて見送り、荊軻は即興で作った歌を歌った。

第一段落（初め～二一一・1）

段意 太子丹は秦王暗殺のための武器を手配する。入手した短刀の刃に毒を塗り試し切りをしたが、わずかでも切られた者は、すぐに死んだ。

①於是太子予求天下之利匕首、得趙人徐夫人匕首、取之百金。②使工以薬焠之、以試人、血濡縷、人無不立死者。③乃装、為遣荊卿。

訓読 ①是に於いて太子予め天下の利匕首を求め、趙人徐夫人の匕首を得、之を百金に取る。②工をして薬を以つて之を焠がしめて、以つて人に試みるに、血縷を濡らして、人立ちどころに死せざる者無し。③乃ち装して、為に荊卿に遣る。

現代語訳

①そこで太子は前もって天下に名高い鋭い短刀を求めていたが、趙国の人である徐夫人の短刀を手に入れることができ、これを百金で買い取った。②刀工に命じて刀身に毒薬を塗って焼きを入れさせ、切れ味を人で試してみたところ、血が糸筋のようににじみ出すだけでも、すぐに死なない者はなかった。③そこで短刀の外装を整え、これを荊軻に与えた。

語釈・句法

蕭蕭　（風が）もの寂しく吹く様子。

兮　韻文の句中に用いて調子を整える置き字。

易水　今の河北省の西部を流れる川。五台山から渤海に注ぐ。

秦王　後の始皇帝のこと。

①於是　そこで。

利匕首　鋭い短刀。「利」は鋭いの意。

趙人　趙国（出身）の人。

徐夫人　伝未詳。匕首の製作者とも所有者ともされる。

②使……　（…に）…させる。使役を表す。

焠　（刀身に）焼き入れをする。すぐ下の「之」は徐夫人の匕首を指す。

濡縷　糸筋のようににじむ。

無不立死者　すぐに死なない者はない。みなすぐに死んだ。「無不……」で、二重否定。「立」は、すぐに、たちどころに、の意。

③乃　そこで。順接を表す。

装　短刀の外装を整える。

荊卿　荊軻のこと。衛の人。燕の刺客となり、秦王を暗殺しようとした。「卿」は尊称。〔?——前二二七〕

■第二段落（一二一・2〜一二二・1）

段意

太子丹は用心棒として、燕の勇士である秦舞陽を副使とした。しかし荊軻はなかなか秦へ旅立とうとしない。太子丹が申し入れ、とうとう旅立つこととなる。

①燕国有勇士秦舞陽、年十三殺人、人不敢忤視。②乃令秦舞陽為副。③荊軻有所待、欲与倶。④其人居遠未来。⑤而為治行。⑥頃之、未発。⑦太子遅

訓読

①燕国に勇士の秦舞陽有り、年十三にして人を殺し、人敢へて忤視せず。②乃ち秦舞陽をして副と為さしむ。③荊軻待つ所有り、与に倶にせんと欲す。④其の人遠きに居り未だ来たらず。⑤而るに行を治むるを為す。⑥頃くするも、未だ発せず。

之、疑其改悔。⑧乃復請曰、「日已尽矣。⑨荊卿豈有意哉。⑩丹請得先遣秦舞陽」。⑪荊軻怒、叱太子曰、「何太子之遣。⑫往而不返者、豎子也。⑬且提一匕首入不測之彊秦、僕所以留者、待吾客与倶。⑭今太子遅之。⑮請辞決矣」。⑯遂発。

⑦太子之を遅しとし、其の改悔を疑ふ。⑧乃ち復た請ひて曰はく、「日已に尽く。⑨荊卿豈に意有りや。⑩丹請ふ先に秦舞陽を遣はすを得ん。」と。⑪荊軻怒り、太子を叱して曰はく、「何ぞ太子の遣はすや。⑫往きて返らざる者は、豎子なり。⑬且つ一匕首を提げて、不測の彊秦に入るに、僕の留まる所以の者は、吾が客を待ちて与に倶にせんとすればなり。⑭今太子之を遅しとす。⑮請ふ辞決せん。」と。⑯遂に発す。

現代語訳

①燕国に勇士である秦舞陽という者がおり、十三歳の時に人を殺し、人は決して（秦舞陽を）まともに見返そうとしなかった。②そこで秦舞陽に荊軻の副使をさせた。③荊軻には待つ人があり、その人と共に秦へ行こうとしていた。④その人は遠方におりまだ到着していなかった。⑤けれども（荊軻はこの人の分まで）旅の準備を整えていた。⑥しばらく過ぎても、まだ出発しなかった。⑦太子は遅いと考え、荊軻が心変わりしたのではないかと疑った。⑧そこでまた次のように言った、「日数（の余裕）はもうありません。⑨荊軻殿は何か考えがあるのか。⑩私は秦舞陽を先行して遣わしたいと思うのだがどうだろうか。」と。⑪荊軻は怒り、太子を叱って言った、「どうして太子は（秦舞陽を）遣わすのか。⑫行ったまま戻らない者は、青二才です。⑬そのうえ短刀一振りだけを帯びて、何があるかわからない強大な秦国に入るにあたり、私がとどまっていたのは、私の招いた人を待って彼と共に（秦へ）行こうと思っていたからです。⑭今太子は遅いと言われます。⑮（では）どうか（今すぐ）別れを告げさせてください。」と。⑯（こうして荊軻は）とうとう出発することになった。

語釈・句法

①燕　今の河北省一帯にあった国。

秦舞陽　燕の名将秦開の孫。〔生没年未詳〕

不敢…　無理には…しようとしない。進んで…しない。「敢不…」の場合は反語となるので、注意が必要。

忤視　まともに見返す。相手の威に屈しないで見つめる。「忤」は逆らう、という意。

②令二…一（…に）…させる。使役を表す。

副　副使。燕国の正使として赴くのは荊軻。秦舞陽を副使として補佐に付けたということ。

③所レ待　待つ人。「所」は、下の用言を体言化する助字。人、物、こと、ところなど下接する用言によって訳し分ける。

④其人　荊軻が行動を共にしようとした人物。

⑤為レ治レ行　旅支度をする。「治」は、物を整理すること。「行」は旅。

⑥頃之　しばらくしても。少ししても。「頃」は短い時間を表す。この「之」は語調を整える置き字。

⑦改悔　心変わりする。あとで気が変わって後悔すること。

⑧復　再び。

⑨豈…哉　どうして…か。ここでは疑問を表す。通常は反語を表す。

⑪何…也　どうして…か。疑問を表す。

⑫往而不レ返者、豎子也　行ったきりで帰ってこない者は、青二才である。「豎子」は小僧。青二才。人を侮蔑していう言葉。他に、「豎子」を荊軻本人のことだとする説もある。その場合の訳は、「行ったきりで帰ってこないことになるのは、私である」となる。

⑬且　そのうえ。さらに。

不測之彊秦　何があるかわからない強大な秦国に。秦は、今の陝西省一帯にあった強国。「彊」は、「強」と同じ意味。

僕　ここでは、私の意。自分を謙譲した言い方。

⑮請…　どうか…させてほしい。願望を表す。

辞決　別れを告げる。

■第三段落（一二二・2～終わり）

段意　易水のほとりにて太子は荊軻たちを見送る。荊軻は高漸離の奏でる曲に合わせて、胸の内を歌い、馬車に乗り振り返ることはなかった。

①太子及賓客知其事者、皆白衣冠以送之。②至易水之上、既祖取道。③高漸離撃筑、荊軻和而歌、為変徴之声。④士皆垂涙涕泣。⑤又前而為歌曰、

⑥風蕭蕭兮易水寒

訓読

①太子及び賓客の其の事を知る者、皆白衣冠して以つて之を送る。②易水の上に至り、既に祖して道を取る。③高漸離筑を撃ち、荊軻和して歌ひ、変徴の声を為す。④士皆涙を垂れて涕泣す。⑤又前みて歌を為りて曰はく、

⑥風蕭蕭として易水寒し

⑦壮士一去兮不復還

⑧復為羽声忼慨。⑨士皆瞋目、髪尽上指冠。⑩於是荊軻就車而去。⑪終已不顧。

【史記 刺客列伝】

⑦壮士一たび去りて復た還らずと ⑧復た羽声を為して忼慨す。⑨士皆目を瞋らし、髪尽く上がりて冠を指す。⑩是に於いて荊軻車に就きて去る。⑪終に已に顧みず。

現代語訳

①太子や事情を知る太子の賓客たちは、皆白装束を着けて荊軻を送った。②易水のほとりに着き、もう別れの宴を終えて出発しようとした。③（その時）高漸離が筑を奏で、荊軻も合わせて歌いだし、（曲は、）悲壮な音調となった。④（それを聞き）男たちは皆涙を流して泣いた。⑤（荊軻は）さらに進み出て（即興で）歌を作り歌った、

⑥風はもの寂しく易水は寒い

⑦勇士は一度去れば二度とは戻らない、と。

⑧（荊軻は）再び激しい音調で歌い心を高ぶらせた。⑨男たちは皆目を見開き、髪はすべて逆立って冠を突き上げた。⑩そこで荊軻は車に乗って去った。⑪そしてとうとう振り返らなかった。

語釈・句法

①知其事者　荊軻が秦王を暗殺しに行くことを知っている者。

白衣冠　白装束を着けて。喪服を着て。

②祖取道　別れの宴を終えて、出発する。「祖」は、道祖神を祀って送別の酒宴を開くこと。

③高漸離　燕の人。荊軻の友人で、筑の名手であった。〔生没年未詳〕

筑　琴に似た楽器。竹で打ち鳴らす。

変徴　音楽の調子。悲壮な音調。

④涕泣　涙を流して泣く。

⑤又　さらに。さらにまた。

前　進む。前に出る。

⑦壮士　勇士。勇者。

不復…　二度とは…しない。もう…しない。否定を表す。

⑧羽　音楽の調子。激した音調。

忼慨　心を高ぶらせる。

⑨瞋目　「瞋」は目を大きく見開くこと。

髪尽上指冠　髪がすべて逆立って冠を突き上げること。

⑪終　最後まで。とうとう。

不顧　振り返らない。

鑑賞

太子丹は補佐として秦舞陽を立てるなどして必ずしも荊軻に信頼を置いているとは言いがたい。また、荊軻も、同行者を待つことを太子に事前に説明しておらず、太子丹に心服しているとは言いがたい。ただ、秦王を暗殺し、秦の力を削(そ)がなければならない、という点でのみ二人の意見は一致している。

一丸とは言えない一団の中で、それでも死を覚悟し、刺客として赴く荊軻の歌と、高漸離の曲、風が吹きすさぶ冷たい易水の流れなどが相まって、悲壮感がひしひしと感じられる。

作者・出典

作者 司馬遷(しばせん) 本書七〇ページ参照。

出典 『史記(しき)』刺客列伝(しかくれつでん) 本書七〇ページ参照。

教科書の問題(解答・解説)

教科書 一一三ページ

■学習の手引き

❶次の文を現代語訳しよう。

解答 (1)また次のように言った、「日数(の余裕)はもうありません。荊軻殿は何か考えがあるのか。」と。
(2)私がとどまっていたのは、私の招いた人を待って彼と共に(秦へ)行こうと思っていたからです。

[解説] (1)「豈ニ…哉」はここでは疑問の用法。(2)「所‐以ノ…者ハ」は「…する理由は」という意味。

❷「風蕭蕭トシテ兮易水寒シ 壮士一タビ去リテ兮不二復タ還一ラ」(一一二・6)には、荊軻のどのような心情が表れているか。

解答 死を覚悟した悲壮感。

[解説] 壮士とは、血気盛んな男であるが、ここでは荊軻自身のこと。寂寥(せきりょう)感溢(あふ)れる易水の情景と、自身が死んでも秦王を暗殺するという壮絶な覚悟を重ねている。

■語句と表現

①文中の「而」の訓読の仕方と意味についてそれぞれ辞書で調べよう。

解答 「而ルニ」(一一二・7)は「しかルニ」と訓読する逆接の接続詞で、「けれども」「しかし」の意味。「しかレドモ」の読みもある。順接の場合は「しかうシテ」と読み、「そこで」という意味。

②「復」「又」以外に「また」と訓読する文字とその意味を調べよう。

解答 ・「亦」…「…もまた、同様に」の意。「不(ず)二亦(また)…一乎(や)」で、「なんと…ではないか」という詠嘆の意を表す。
・「有」…「さらに、再び」の意。「又」と同じ。
・「還」…「再び、もう一度」の意。一巡りしてかえってくることをいう。

図窮而匕首見

教科書 二二四～二二七ページ

大意 荊軻は樊於期の首を持ち、秦舞陽も地図を持って前に進み出たが、秦舞陽が緊張に耐えられず、疑われてしまう。荊軻は代わりに地図を献上する。秦王の前に進み出て、地図を開くとそこには匕首が光っていた。荊軻は匕首を素早く握り、秦王に切りつける。周囲の臣下たちは帯剣しておらず、また、警備の兵たちは、秦王の命令がなければ階段を上がることもできない。状況は圧倒的に荊軻が有利であったが、事は失敗に終わる。

■第一段落（初め～二二五・11）

段意 荊軻は秦王を切りつけようとするが、秦王は身をかわす。帯剣で防ごうとするが、剣が抜けない。柱を回って逃げ回り、近臣たちも帯剣しておらず、警備の兵たちも王の命令がないと動けないので助けることができずにいる。この時、侍医の夏無且が薬袋を荊軻に投げつける。

①荊軻奉樊於期頭函、而秦舞陽奉地図匣、以次進。②至陛、秦舞陽色変振恐。③群臣怪之。④荊軻顧笑舞陽、前謝曰、「北蕃蛮夷之鄙人、未嘗見天子。⑤故振慴。⑥願大王少仮借之、使得畢使於前。」⑦秦王謂軻曰、「取舞陽所持地図。」⑧軻既取図奏之。⑨秦王発図。⑩図窮而匕首見。⑪因左手把秦王

訓読 ①荊軻樊於期の頭函を奉じ、秦舞陽地図の匣を奉じ、次を以つて進む。②陛に至り、秦舞陽色変じ振恐す。③群臣之を怪しむ。④荊軻顧みて舞陽を笑ひ、前み謝して曰はく、「北蕃蛮夷の鄙人、未だ嘗て天子に見えず。⑤故に振慴す。⑥願はくは大王少く之を仮借し、使ひを前に畢ふるを得しめよ。」と。⑦秦王軻に謂ひて曰はく、「舞陽の持する所の地図を取れ。」と。⑧軻既に図を取りて之を奏す。⑨秦王図を発く。⑩図窮まりて匕首見る。

之袖、而右手持匕首揕之。⑫未至身。⑬秦王驚、自引而起、袖絶。⑭抜剣、剣長、操其室。⑮時惶急、剣堅。⑯故不可立抜。⑰荊軻逐秦王。⑱秦王環柱而走。⑲群臣皆愕。⑳卒起不意、尽失其度。㉑而秦法、群臣侍殿上者、不得持尺寸之兵。㉒諸郎中執兵皆陳殿下、非有詔召不得上。㉓方急時、不及召下兵。㉔以故荊軻乃逐秦王。㉕而卒惶急、無以撃軻、而以手共搏之。㉖是時侍医夏無且、以其所奉薬嚢提荊軻也。

⑪因りて左手に秦王の袖を把りて、右手に匕首を持ち之を揕す。⑫未だ身に至らず。⑬秦王驚き、自ら引きて起ち、袖絶ゆ。⑭剣を抜くに、剣長く、其の室を操る。⑮時に惶急し、剣堅し。⑯故に立ちどころに抜くべからず。⑰荊軻秦王を逐ふ。⑱秦王柱を環りて走る。⑲群臣皆愕く。⑳卒かに起こること意はざれば、尽く其の度を失ふ。㉑而して秦の法に、群臣の殿上に侍する者は、尺寸の兵だに持するを得ず。㉒諸郎中兵を執りて皆殿下に陳なるも、詔召有るに非ざれば、上るを得ず。㉓急なる時に方たり、下の兵を召すに及ばず。㉔故を以つて荊軻乃ち秦王を逐ふ。㉕而れども卒かに惶急して、以つて軻を撃つ無くして、手を以つて共に之を搏つ。㉖是の時侍医の夏無且、其の奉ずる所の薬嚢を以つて荊軻に提つ。

現代語訳

①荊軻は樊於期の首を納めた箱をささげ持ち、秦舞陽は地図の入った小箱をささげ持ち、正使、副使の順で進み出た。②玉座への階段の下に着くと、秦舞陽は顔色が変わり体が震えだした。③（その場にいた秦の）群臣たちはその様子を怪しんだ。④（気配に気がついた）荊軻は振り返って秦舞陽をあざ笑い、前に進み出て謝罪して言った、「北方未開の地に住む田舎者です、今まで天子にお目にかかったことはありません。⑤そのためこのように震え恐れているのです。⑥どうか大王においてはしばらくはこの者を大目に見ていただき、この者が秦王の前で使命を全うできますようご配慮ください。」と。⑦秦王は荊軻に言った、「秦舞陽の所持する地図を取って見せよ。」と。⑧荊軻は地図を受け取りこれを（秦王に）差し上げた。⑨秦王は地図を開き始めた。⑩地図が開ききると短刀が現れた。⑪（荊軻は）左手で秦王の袖をつかみ、右手で短刀を持って（秦王を）突き刺した。⑫（だが、）まだ体に届かない。⑬秦王は驚き、自分から身を引いて立ち上が

ると、袖が切れた。⑭（秦王は）剣を抜くが、剣が長く、刀の鞘を握った。⑮この時慌てうろたえていたうえに、剣が鞘に固く収まっていた。⑯それですぐに刀身を抜くことができなかった。⑰荊軻は秦王を追いかけた。⑱秦王は柱を回って逃げた。⑲群臣は皆驚いていた。⑳突然そんなことが起きるとは思いもしなかったため、誰もが（慌てふためき）やるべきことができなかった。㉑そして秦の法では、群臣で殿上に伺候する者は、ごく小さな武器でも身につけることは禁じられていた。㉒多くの警備兵は武器を手に皆階段の下に並んでいたが、王の命令で呼ばれないかぎり、殿上に上がることはできなかった。㉓（秦王は）突然のことであったため、下にいる兵を呼べないでいた。㉔このようなこともあり荊軻は秦王を（執拗に）追いかけた。㉕けれども群臣たちは突然の出来事に慌てうろたえ、荊軻を攻撃する方法もなく、素手でいっしょに（荊軻に）殴りかかった。㉖この時侍医である夏無且が、持っていた薬袋を荊軻に投げつけた。

語釈・句法

窮（きわまリ）　終わる。尽きる。地図は他の書類同様、巻物になっており、開ききったということ。

見（あらわル）　出現する。巻かれた中心に短刀があり、それが現れたということ。

①**奉**（ほうジ）　ささげ持つ。「捧」と同じ。

頭函（とうかん）　首を納めた箱。秦から亡命していた樊於期の首を入れた箱。

匣（こう）　小箱。

次（じ）　地位。正使である荊軻が先、副使である秦舞陽が後という順序を指す。「以（ツテ）レ次（ヲ）」で、「地位・順番に従って」という意味。

②**陛**（へい）　玉座への階段。きざはし。現在使われている「陛下」という敬称は、天子に奏上する際、階段の下にいる近臣を介して間接的に行ったことから。

色（いろ）　顔色。

④**北蕃蛮夷之鄙人**（ほくばんばんいのひじん）　北方未開の地に住む田舎者。秦舞陽をいう。

未二嘗…一（いまダかつテ）　今まで…したことがない。

天子（てんし）　皇帝。ここでは秦王を指す。

⑤**振慴**（しんしょう）　震え恐れる。「振恐」と同じ意。

⑥**願…**（ねがハクハ）　どうか…してください。願望を表す。「請（こフ）」と同じ。

大王（だいおう）　ここでは、秦王のこと。

仮借（かしゃく）　許す。大目に見る。

畢二使於前一（おフルつかヒヲまえニ）　秦王の前で使者の役目を果たす。

⑦**秦王**（しんおう）　後の始皇帝のこと。

⑧**奏**（そうス）　差し上げる。

⑨**発**（ひらク）　開く。開ける。

⑪**揕**（さス）　撃つ。狙い撃つ。刺す。

⑫**未レ至レ身**（いまダいたラみニ）　まだ体に届かない。

⑬**自引而起**（みずかラひキテたチ）　身を引いて立ち上がる。それまでは玉座（椅子）に座っていた。

⑭**操二其室一**（とルそノしつヲ）　刀の鞘を握る。

袖絶（そでたユ）　袖が切れる。

⑮**惶急**（こうきゅうシ）　慌てうろたえる。

剣堅 剣が鞘に固く収まっていて、刀身が抜けない。

⑰逐 追う。追いかける。追い回す。

⑱走 逃げる。

⑳卒 急に。

失其度 やるべきことができなかった。慌てふためく様子をいう。「度」は、考え。

㉑尺寸之兵 ごく小さな武器。「尺寸」は小さいもののたとえ。「兵」は、武器。

㉒郎中 官名。宮中の警備をつかさどる近臣。

陳 並ぶ。

詔召 王の命令で呼ぶこと。「詔」は、みことのり。天子の命令。

㉕搏 闘う。つかみかかる。殴りかかる。

㉖夏無且 この時の功により黄金を賜与された。〔生没年未詳〕

提 投げつける。

第二段落（一二六・1～終わり）

段意 混乱して逃げ回っていた秦王もようやく剣を抜くことができ、荊軻に切りつける。荊軻は暗殺に失敗し、その場で殺された。

①秦王方環柱走。②卒惶急、不知所為。③左右乃曰、「王負剣。」④負剣、遂抜以撃荊軻、断其左股。⑤荊軻廃。⑥乃引其匕首以擿秦王。⑦不中、中銅柱。⑧秦王復撃軻。⑨軻被八創。⑩軻自知事不就、倚柱而笑、箕踞以罵曰、「事所以不成者、以欲生劫之、必得約契以報太子也。」⑪於是左右既前殺軻。⑫秦王不怡者良久。

【史記 刺客列伝】

訓読

①秦王方に柱を環りて走る。②卒かに惶急して、為す所を知らず。③左右乃ち曰はく、「王剣を負へ。」と。④剣を負ひ、遂に抜きて以つて荊軻を撃ち、其の左股を断つ。⑤荊軻廃す。⑥乃ち其の匕首を引きて以つて秦王に擿つ。⑦中たらずして、銅柱に中たる。⑧秦王復た軻を撃つ。⑨軻八創を被る。⑩軻自ら事の就らざるを知り、柱に倚りて笑ひ、箕踞して以つて罵りて曰はく、「事の成らざる所以の者は、生きながら之を劫かし、必ず約契を得て、以つて太子に報ぜんと欲するを以つてなり。」と。⑪是に於いて左右既に前みて軻を殺す。⑫秦王怡ばざる者良久し。

現代語訳

①秦王はおりしも柱を回って逃げていた。②突然のことで慌てたため、どうしていいかわからなかった。③側近がようやく叫んで言った、「王、剣を背負われよ。」と。④（秦王は）剣を背負い、とうとう（剣を）抜いてその剣で荊軻に斬りかかり、左ももを斬った。⑤荊軻は足が利かなくなった。⑥そこで持っていた短刀を引きつけて秦王めがけて投げた。⑦（短刀は秦王に）当たらずに、銅柱に当たった。⑧秦王は再び荊軻に斬りつけた。⑨荊軻は八か所に傷を受けた。⑩荊軻は事が成就しないことを悟り、柱に寄りかかって笑い、両足を投げ出して座り込み罵倒して言った、「事が成らなかったのは、（秦王を）生きながら脅迫し、秦が侵略した土地を返すと誓わせたうえで、太子に報告しようとしたためだ。」と。⑪そこで側近がすでに前に進み出ていて荊軻を殺した。⑫秦王はその後しばらくの間不機嫌であった。

語釈・句法

①方（まさニ）　ちょうど。おりしも。

②不レ知レ所レ為（ずしラとこロヲなス）　どうしていいかわからない。直訳は「すべきことがわからない」。

③左右（さゆう）　君主の左右に仕える側近。

乃（すなわチ）　ここでは「ようやく」の意。

負レ剣（おへけんヲ）　剣を背中に背負いなさい。

④遂（ついニ）　とうとう。

⑤廃（はいス）　足が利かなくなる。足が萎える。

⑥擿（なげうツ）　投げつける。当たるように投げる。

⑧復（まタ）　再び。再度。

⑨八創（はっそう）　八つの傷。創は「傷」。

⑩箕踞（ききょシ）　足を投げ出して座る。

生劫レ之（いギナガラおびやカシこれヲ）　生かしておいて脅迫する。「之」は秦王を指す。

約契（やくけい）　約束。ここでは、秦が侵略した土地を返すこと。

⑪於レ是（おイテここニ）　そこで。この時に。

鑑賞

荊軻、秦舞陽が宮中に上がりいよいよ暗殺実行という場面である。太子丹が荊軻だけでは不安だと、副使として付けてよこした秦舞陽は、いざ秦王を前にすると、震えだしてしまい役に立たない。太子丹の用心深さがかえってあだになっている場面である。対して荊軻は使者として余裕のある対応を見せる。本来なら正使が謁見し、その後、副使である秦舞陽から荊軻が地図を受け取ると見せかけ、短刀を抜き出し秦王を刺す、という段取りだったと思われる。そうであったなら、この暗殺も違った展開になっていたかもしれない。最も盛り上がるのは、やはり、荊軻が秦王に斬りつけ、秦王が逃げ回る場面である。秦王が襲われているにもかかわらず、誰も助けられない。秦王の近くに控える者たちは帯剣しておらず、武器を持っている警備の兵士たちは、秦王の許可がなければ階段を上がって秦王に近づくこともできない。そのうえ、秦王自身は荊軻の刃から逃げるのが精一杯で剣を抜くこともできず、警備兵たちに命じることもできない。ところが、これだけのチャンスがあっても荊軻は秦王に傷一つ付けられない。これについて『史記』には、魯句践が「彼が短剣術を学んでいなかったのが惜しまれる」と評した、との記述がある。司馬遷も、荊軻の武術に疑いを持っていたのであろう。その後、冷静さを取り戻した群臣が秦王に声を掛け、秦王は荊軻に斬りつける。荊軻は短刀を投げるがここでも外してしまう。荊軻は八か所に傷を負う。こうした状況を見ると、荊軻の最期の言葉はおそらく負け惜しみだったのだろう。

荊軻は暗殺に成功するのか、秦王は逃げ切れるのか、秦王の臣下たちの動きも含めて、ダイナミックに描かれている。

作者・出典

作者　司馬遷　本書七〇ページ参照。

出典　『史記』刺客列伝　本書七〇ページ参照。

教科書の問題（解答・解説）　教科書 一二六ページ

？ 教科書本文下に示された問題

？「群臣怪レ之」の「之」とは何のことか。（p.一二四）

解答　秦舞陽の顔色が変わり体が震えだしたこと。

■学習の手引き

❶次の文を書き下し文にし、現代語訳しよう。

解答　(1)事の成らざる所以の者は、生きながら之を劫かし、必ず約契を得て、以つて太子に報ぜんと欲するを以つてなり。

〈訳〉事が成らなかったのは、（秦王を）生きながら脅迫し、秦が侵略した土地を返すと誓わせたうえで、太子に報告しようとしたためだ。

❷話の展開を簡潔に整理しよう。

解答　○荊軻と秦舞陽が、献上の品を持って秦王に謁見する。秦舞陽は緊張で震えだし、群臣に疑われるが、荊軻が取り繕う。

○秦王は荊軻に秦舞陽の持つ地図を見せよと命じ、荊軻が地図を渡して秦王が地図を開くと、短刀が現れる。

○荊軻は短刀を持ち、秦王を刺そうとしたが秦王の体には届かない。秦王は驚いて立ち上がり身を引いて、剣を抜こうとしたが、焦っていて剣が抜けない。荊軻が秦王を刺そうと追いかけ、秦王は逃げる。

○群臣は驚き何もできず、警備兵も秦王の命令がなければ殿上には行けない。群臣は素手で荊軻に殴りかかり、侍医が薬袋を投げつける。

○秦王に側近が「剣を背負われよ。」と叫ぶ。背負うことで長剣は抜け、荊軻は斬られて傷を負う。

○失敗を悟った荊軻は笑って座り込み、秦王の側近に殺される。

❸荊軻の人となりについて話し合おう。

［解説］　秦王暗殺のため、樊於期の首までもささげたことから、用意周到な人物であったと考えられる。また、大事な場面で震える秦舞陽を笑って擁護する点から十分な気概や剛胆さもあったと考えられるが、実際の暗殺に必要なほどの短剣術の腕前は持っていなかったと思われる。

■語句と表現

①本文中にある次の語の文中における意味を、その字を使った二字熟語で記そう。

解答　(1)卒然・卒倒　(2)命中・的中　(3)成就

［解説］　(1)「卒」は「にはカニ」と読み、「急に」「突然」の意味。(2)「中」は「あタル」と読み、「命中する」の意味。(3)「就」は「なル」と読み、「成就する」の意味。

参考

天下大イニ定マル

教科書　一二七ページ

大意　秦が天下を平定した。韓・魏・趙、そして楚は同盟国であったが秦を攻撃したので討った。燕は私の暗殺を謀り、斉は乱を起こそうとしたので討ち滅ぼした。祖先の霊のおかげで六国はすべて罪に伏し、天下は定まった。

①秦初メテ并二ハス天下一ヲ。②令二シテ丞相・御史一ニ曰ハク、「異日韓王納レレ地ヲ效レシ璽ヲ、請レフ為二ラント藩臣一タ。③已ニシテ而倍レキ約ニ、与二趙・魏一合従シテ畔レク秦ニ。④故ニ興レシテ兵ヲ誅レシ之ヲ、虜二ニセリ其ノ王一ヲ。

訓読　①秦初めて天下を并はす。②丞相・御史に令して曰はく、「異日韓王地を納れ璽を效し、藩臣たらんと請ふ。③已にして約に倍き、趙・魏と合従して秦に畔く。④故に兵を興して之を誅し、其の王

⑤荊王献青陽以西。⑥已而畔約、撃我南郡。⑦故発兵誅、得其王、遂定其荊地。⑧燕王昏乱。⑨其太子丹乃陰令荊軻為賊。⑩兵吏誅滅其国。⑪斉王用后勝計、絶秦使、欲為乱。⑫兵吏誅虜其王、平斉地。⑬寡人以眇眇之身、興兵誅暴乱。⑭頼宗廟之霊、六王咸伏其辜、天下大定。

【史記 始皇本紀】刪修

を虜にせり。⑤荊王青陽以西を献ず。⑥已にして約に畔き、我が南郡を撃つ。⑦故に兵を発して誅し、其の王を得、遂に其の荊の地を定めたり。⑧燕王は昏乱なり。⑨其の太子丹乃ち陰に荊軻をして賊を為さしむ。⑩兵吏其の国を誅滅せり。⑪斉王后勝の計を用ゐ、秦の使ひを絶ち、乱を為さんと欲す。⑫兵吏誅して其の王を虜にし、斉の地を平らげたり。⑬寡人眇眇の身を以つて、兵を興して暴乱を誅す。⑭宗廟の霊に頼り、六王咸く其の辜に伏し、天下大いに定まりたり。

現代語訳

①秦が初めて天下を統一した。②（私＝秦王は）丞相と御史に命じて言った、「かつて韓王は（我が国に）領地を差し出して印璽（＝王を示す印）を譲り渡し、藩臣（＝領土を持った臣下）になることを求めた。③（しかし）やがて約束を破って、趙・魏と南北に連合して秦に背いた。④ゆえに兵を出動してこれ（＝韓）を誅伐し、その（＝韓の）王を捕らえた。⑤荊王（＝楚王）は青陽以西の土地を献上し（同盟国となっ）た。⑥やがて約束を破って、我が国の南部を攻撃した。⑦それゆえ兵を出動して誅伐し、その（＝楚の）王を捕らえ、とうとう楚の地を平定した。⑧燕王は知に乏しく道理がわからない（人物であった）。⑨その（＝燕王の）太子丹がひそかに荊軻に私（＝秦王）を殺させようとした。⑩（我が）兵吏はその国（＝燕国）を伐ち滅ぼした。⑪斉王は（宰相の）后勝の計略を用い、秦との交流を絶ち、乱を起こそうとした。⑫（我が）兵吏がこれを誅伐し、その（＝斉の）王を捕らえ、斉の地を平定した。⑬（このように）私は微々たる身で、兵を出動して（各国の）暴乱を討ち滅ぼした。⑭（これらは）祖先の霊のおかげで、六国の王はみなその罪に伏し（私に降伏し）、天下は大いに定まった。

韓信伝

俛出袴下

教科書 二二八～二三〇ページ

大意 韓信は庶民であった時、人に寄食する生活をしていた。南昌の亭長のもとに寄食していた時、朝食が用意されなかったので、怒ってそこを立ち去った。ある時、韓信が町外れで釣りをしていると、布をさらしていた婦人から数十日にわたって飯を与えられた。韓信が返礼を誓うと、かえって婦人からたしなめられた。また、屠殺場で働く若者から侮辱され、身をかがめて股の下をくぐり、町中の人々から嘲笑された。

第一段落（初め～二二九・1）

段意 韓信は庶民であった時、貧しくて品行が悪く、商売で身を立てることもできず、いつも他人のところに寄食していた。しばしば南昌の亭長のもとに寄食していたが、ある時、朝食の時間に行くと、食事を用意してもらえなかったので、嫌われていることを知り、怒って立ち去った。

①淮陰侯韓信者、淮陰人也。②始為布衣時、貧無行、不得推択為吏。③又不能治生商賈。④常従人寄食飲。⑤人多厭之者。⑥常数従其下郷南昌亭長寄食。⑦数月、亭長妻患之、乃晨炊蓐食。⑧食時信往、不為具食。⑨信亦知其意、怒竟絶去。

訓読 ①淮陰侯の韓信は、淮陰の人なり。②始め布衣たりし時、貧しくして行ひ無く、推択せられて吏と為るを得ず。③又生を治めて商賈する能はず。④常に人に従ひて食飲を寄す。⑤人之を厭ふ者多し。⑥常て数其の下郷の南昌の亭長に従ひ、寄食す。⑦数月にして、亭長の妻之を患へ、乃ち晨に炊ぎて蓐食す。⑧食時に信往けども、為に食を具へず。⑨信も亦其の意を知り、怒りて竟に絶ちて去る。

現代語訳

①淮陰侯の韓信は、淮陰の人である。②昔庶民であった時、貧乏で品行が悪く、選抜されて役人になることができなかった。③そのうえ商売で身を立てることもできなかった。④いつも他人のもとで食べさせてもらっていた。⑤（だから）韓信を嫌がる者が多かった。⑥かつてしばしば下郷の南昌の亭長のもとに、寄食していた。⑦数か月すると、亭長の妻はそれを嫌がり、そこで朝早く飯をたいて寝床の中で食事をとった。⑧食事の時に韓信が行っても、食事を用意しなかった。⑨韓信も彼らの気持ちを知り、腹を立ててとうとう絶交して（その家を）立ち去った。

語釈・句法

俛　身をかがめる。「伏」と同じ。

袴下　股の下。「袴」は、本来は、ズボン。

①淮陰侯　淮陰の君主。「淮陰」は、今の江蘇省淮安市。淮水の南（陰）に面することからこう呼ばれた。「侯」は、天子から与えられた封土を独自に治めることのできる人物。韓信は漢の六年〔前二〇一〕に淮陰侯に封ぜられた。

韓信　高祖に仕えた武将。淮陰の人。貧家に生まれ、若い頃は生業に就かず、遊民であった。秦末の乱が起こると、項梁に従い、項梁が敗死すると項羽に仕えたが、認められなかった。そこで高祖に仕え、「韓信のような者は、国士無双（その国の中で並ぶ者がないほど優れている人）である。」という蕭何の強い推薦によって大将に任じられた。漢の三年〔前二〇四〕には背水の陣によって趙軍を撃滅し、また斉を救援しようとした楚の将軍竜且の軍を撃ち破って斉を平定し、斉王に封じられた。一時は高祖・項羽とともに天下を三分するほどの勢力を有した。漢の五年〔前二〇二〕、楚王に移され、漢の六年〔前二〇一〕、謀反を企てていると疑われて、淮陰侯に格下げされた。漢の十年〔前一九七〕、陳豨と呼応して反乱を起こそうとするが、事前に露見して殺された。〔?—前一九六〕

②始　…者　…は。主語を提示し強調する。

始　昔。もと。事をさかのぼって述べる場合に用いる。

布衣　粗末な服を着ている人。庶民。庶民は、葛・木綿・麻のような植物の繊維で織った布の着物を着用した。

無レ行　品行が悪い。この「行」は「良い行い」のこと。

不レ得二推択為レ吏　選抜されて役人になることができない。「不レ得二…一」は、機会がなくて…できない。「推択」は、選抜すること。

③又　そのうえ。さらに。添加を表す。

不レ能二…一 （能力がなくて）…できない。不可能を表す。

治レ生商賈 商売で身を立てる。「商賈」は、商売をすること。本来、「商」は行商、「賈」は店あきないを意味する。

④従レ人寄二食飲一 他人のもとで食べさせてもらっていた。「寄」は、頼ること。

⑤人多二厭レ之者一 韓信を嫌がる者が多かった。「厭」は、嫌がる、毛嫌いする。

⑥常 かつて。「嘗」と同じ。「常」と「嘗」は音が同じであるために通用した。

下郷 淮陰に属する郷。

南昌 駅亭（宿場）の名。

亭長 亭の責任者。秦の制度では、十里ごとに一亭を置き、十亭に一郷を設けた。「亭」は、その地域の治安維持・裁判・駅逓制度の維持などをつかさどるとともに、往来する官吏の宿舎をも兼ねた。したがって「亭長」は、現在の警察署長と村長を兼ねたような役割である。

⑦患 嫌がる。

晨 朝早く。夜明け。

蓐食 寝床の中で食事をとる。「蓐」は、「褥」（しきぶとん）と同じ。一説に、ふだんよりたくさん食べること。

⑧具レ食 食事の用意をする。

⑨其意 彼らの気持ち。亭長とその妻の気持ち。

竟 結局。とうとう。

絶去 絶交して立ち去る。関係を絶って立ち去る。

■第二段落（一二九・2〜5）

段意 韓信が町外れで釣りをしていると、布をさらしていた一人の婦人が数十日にわたって韓信に飯を食べさせてくれた。韓信が返礼を誓うと、その婦人は、「お礼なんかあてにしていない。」と言った。

①信釣二於城下一。②諸母漂。③有二一母一、見二信飢一、飯レ信。④竟レ漂数十日。⑤信喜、謂二漂母一曰、「吾必有三以重報二母一。」⑥母怒曰、「大丈夫不レ能二自食一。⑦吾哀二王孫一而進レ食。⑧豈望レ報乎。」

訓読 ①信城下に釣る。②諸母漂す。③一母有り、信の飢ゑたるを見て、信に飯す。④漂を竟ふるまで数十日なり。⑤信喜び、漂母に謂ひて曰はく、「吾必ず以つて重く母に報ゆる有らん。」と。⑥母怒りて曰はく、「大丈夫自ら食ふ能はず。⑦吾王孫を哀れみて食を進む。⑧豈に報いを望まんや。」と。

現代語訳

①韓信が町外れで釣りをしていた。②(川では)婦人たちが布を水で洗ってさらしていた。③一人の婦人が、韓信が腹をすかせているのを見て、韓信に飯を食べさせた。④(それは)布をさらし終わるまで数十日も続いた。⑤韓信は喜び、布さらしの婦人に言った、「俺は必ずおばさんに十分お礼をする。」と。

⑥(すると)その婦人は怒って言った、「りっぱな大人が自分で食べていくこともできない。⑦私はあなたを気の毒に思って食べ物をあげたのだ。⑧どうしてお礼をあてにしようか。(いや、あてにしない。)」と。

語釈・句法

①城下　町外れ。
②諸母　婦人たち。「母」は、年配の女性。婦人。おばさん。
③漂　布を水で洗ってさらす。一説に、綿をさらすとする。
④飯信　韓信に飯を食べさせる。
④竟　終える。
⑤重　厚く。十分に。

⑥報母　おばさんにお礼をする。
⑥丈夫　りっぱな大人。一人前の男。「丈夫」も成人した男、大人という意味。
⑦王孫　家柄のよい若者と見てとっての敬称。韓信は容貌がりっぱであり、次の股くぐりのエピソードからすると、帯剣していたと考えられる。婦人は、そうしたことから、韓信を家柄のよい若者と見て「王孫」と言ったと思われる。
⑧豈望報乎　どうしてお礼をあてにしようか。(いや、あてにしない。)「豈…乎」は、「どうして…しようか。(いや…ない。)」の意。反語を表す。

第三段落（一二九・6～終わり）

段意

屠殺場で働く若者が韓信を侮辱して、「殺す勇気があるなら、おれを刺せ。できないなら、股の下をくぐれ。」と言った。韓信はその男の股の下をくぐったので、町中の人たちが韓信を嘲笑した。

①淮陰屠中少年、有侮信者。②曰、「若雖長大好帯刀剣、中情怯耳。」③衆辱之曰、「信能死、刺我。④不能

訓読

①淮陰の屠中の少年に、信を侮る者有り。②曰はく、「若は長大にして好みて刀剣を帯ぶと雖も、中情は怯なるのみ。」と。③之を衆辱して曰はく

死、出二我袴下一。⑤於レ是信孰二視之一、俛出二袴下一蒲伏。⑥一市人皆笑レ信、以為レ怯。

【史記 淮陰侯列伝】

く、「信能く死さば、我を刺せ。④死す能はずんば、我が袴下より出でよ。」と。⑤是に於いて信之を孰視し、俛して袴下より出でて蒲伏す。⑥一市の人皆信を笑ひ、以つて怯と為す。

現代語訳

①淮陰の屠殺場で働く若者で、韓信をばかにする者がいた。②（その若者が）言った、「おまえは体が大きくて好んで刀剣をぶら下げているが、心の中はびくびくしているにちがいない。」と。③（そして）大勢の前で恥をかかせて言った、「韓信、（俺を）殺すことができるなら、俺を刺してみろ。④殺すことができないのなら、俺の股の下をくぐれ。」と。⑤そこで韓信は若者をじっと見つめ、身をかがめて股の下をくぐり抜けて四つんばいになった。⑥町中の人たちはみな韓信をあざ笑い、臆病者だと思った。

語釈・句法

①屠中少年　屠殺場で働く若者。「少年」は、ここでは、血気盛んな無頼の若者を指す。

侮　ばかにする。

②若　おまえ。「汝」と同じ。

長大　体が大きい。

帯二刀剣一　刀をぶら下げる。当時、剣は誰もが持つものではなく、「士」だけが権利として認められていた。屠殺場で働く若者は、食うや食わずの韓信が、帯剣して「士」であるかのように振る舞うのが気に入らなかったので、侮辱したのであろう。

中情怯耳　心の中はびくびくしているにちがいない。「耳」は、ここでは、強調を表す。

③衆二辱　大勢の前で恥をかかせる。

信能死　韓信、（俺を）殺すことができるなら。「信」は、韓信。一説に、「まことに」と読み、仮定を表するとする。「死」は、殺す。一説に、死ぬ。

⑤孰二視　じっと見つめる。「孰」は、「熟」と同じ。屈辱をぐっとこらえようとする韓信の心情がうかがえる。

蒲伏　四つんばいになる。

⑥一市人　町中の人たち。「一」は、全体を表す。「市」は、町。一説に、盛り場。

笑　嘲笑する。あざ笑う。

以為レ怯　臆病者だと思う。「以レAヲ為レB」は、AのことをBだと思う、考える。ここでは、Aにあたる韓信が省略されている。

鑑賞

若い頃の韓信について、三つのエピソードが記されている。

第一のエピソードは、亭長夫婦が韓信を厄介者扱いし、それを韓信が怒ったというものである。寄食者が厄介者扱いされるのは、いつの時代でも変わらないことであるが、厄介者扱いされるや、韓信が安易な生活のより所をきっぱりと捨てたところに、大いなる誇りを内に秘めていたことがうかがえるのである。

第二のエピソードは、韓信が布をさらす婦人から数十日にわたって飯を食べさせてもらったというものである。婦人に対して韓信がお礼を約束したというのは、将来、自分はきっと出世すると考えていたからである。それに対して、きっぱりとお礼を断る婦人も、なかなかの心意気の持ち主であったといえよう。

第三のエピソードは、「韓信の股くぐり」として名高い。屠殺場で働く若者は、韓信が帯剣して「士」であることを誇示しているのを見て、それが気に入らなかったのであろう。韓信を大勢の前で侮辱した。この時代、人々は面目を重んじたので、人から辱められることを恥じる気風が強かった。したがって、韓信も剣を抜いて相手の若者を殺すこともありえた。しかし韓信は行動に出ないで、若者を熟視した。もし侮辱されたことを怒って若者を殺したなら、若者の仲間に殺されるかもしれない。そうなれば、臆病ということにはならないが、自分の「名」が揚がることもない。遊民である自分など、町の人たちからすぐに忘れられてしまう。もし相手の言うとおり股の下をくぐったら、臆病者という烙印（らくいん）を押されてしまう。しかし命は助かる。韓信はじっと考え、後者を選択した。この後、韓信は臆病者の烙印を押され、町中の人からさげすまれて生きていった、と考えられる。そうした嘲笑の中で、それに内心で反発して生きていくことが、大志を実現させるバネとなったのである。「韓信の股くぐり」というと、「大志を抱く者は、小さな恥辱には耐えなければならないということ」と説明されているが、韓信は大志を抱いていたから耐え忍んだというのは単純すぎる。韓信は耐え忍ばねば命がなくなるから耐えたのである。そこに、韓信が一時の感情に流されず、見通しを持った的確・冷静な判断をする人間であったことが示されているのである。そして、周囲の嘲笑に耐えることが韓信を成長させ、大志を実現するバネとなったのである。

作者・出典

作者 司馬遷（しばせん） 本書七〇ページ参照。

出典 『史記（しき）』淮陰侯列伝（わいいんこうれつでん） 本書七〇ページ参照。

教科書の問題（解答・解説）

教科書 一三〇ページ

❓ 教科書本文下に示された問題

❓「其ノ意」の意味するところを考えよう。（p.一二八）

解答 亭長夫婦が韓信の寄食を嫌がっていること。

❓「孰㆓‐視シ之ヲ㆒」の韓信の心情を考えよう。（p.一二九）

解答 屈辱をぐっとこらえて、先を見通して冷静に行動しようと自分に言い聞かせている。

■ 学習の手引き

❶次の文を書き下し文にし、現代語訳しよう。

解答 (1)吾王孫を哀れみて食を進む。豈に報いを望まんや。

〈訳〉私はあなたを気の毒に思って食べ物をあげたんだ。どうしてお礼をあてにしようか。（いや、あてにしない。）

(2)若は長大にして好みて刀剣を帯ぶと雖も、中情は怯なるのみ。

〈訳〉おまえは体が大きくて好んで刀剣をぶら下げているが、心の中はびくびくしているにちがいない。

❷本文に描かれた三つのエピソードは、それぞれ韓信がどのような人物であることを表しているか。

解答 ○亭長夫婦が韓信を厄介者扱いし、韓信が怒って立ち去ったというエピソード…厄介者扱いされていると気づくと、安易な生活のより所をきっぱりと捨てたところから、大いなる誇りを内に秘めている人物であることがわかる。

○布をさらす婦人から数十日にわたって飯を食べさせてもらったというエピソード…韓信がお礼を約束していることから、出世できるという自信を持っていたことや義理堅い人物であることがわかる。

○若者の股の下をくぐったというエピソード…見通しを持った的確・冷静な判断をする人物であることがわかる。

■ 語句と表現

①本文に関わる言葉に「韓信の股くぐり」があるが、どのような意味で使われているか調べよう。

解答 大志のある者は目前の小事には忍耐して争わないということ。

背水陳

教科書　一三〇～一三三ページ

大意　漢の高祖三年〔前二〇四〕、韓信は趙軍のたてこもるとりでを攻撃した。夜中に漢の旗を持たせた二千人の騎兵を先発させて山かげに隠すとともに、一万の兵を先に進ませて、川を背にして陣を敷いた。夜明け方、韓信は出撃して、川を背にした軍といっしょになった。趙軍はそれを見て、とりでの中を空にして攻めてきたので、韓信の軍は死力を尽くして戦った。一方、二千人の騎兵は、空になった趙のとりでの中に入って漢の旗を立てた。趙軍はそれを見て逃走し、韓信の軍は大勝した。

第一段落（初め～一三一・11）

段意　漢の高祖三年〔前二〇四〕、韓信は趙軍のたてこもるとりでを攻撃した。まず、二千人の騎兵を先発させて山かげに隠し、趙軍がとりでを空にしたら漢の旗を立てるように命じた。一方、「趙軍は、大将の旗や太鼓を見なければ先行部隊を攻撃しないだろう」と言って、一万の兵を先に進ませて、川を背にして陣を敷いた。趙の軍はそれを見て大いに嘲笑した。

①未至井陘口三十里止舎。②夜半伝発。③選軽騎二千人、人持一赤幟、従間道萆山、而望趙軍。④誡曰、「趙見我走、必空壁逐我。⑤若疾入趙壁、抜趙幟、立漢赤幟。」⑥令其裨将伝飱曰、「今日破趙会食。」

訓読　①未だ井陘口に至らざること三十里にして止舎す。②夜半に伝もて発せしむ。③軽騎二千人を選び、人ごとに一赤幟を持ち、間道より山に萆れて、趙の軍を望ましむ。④誡めて曰はく、「趙我の走るを見れば、必ず壁を空しくして我を逐はん。⑤若疾やかに趙の壁に入り、趙の幟を抜きて、漢の赤幟を立てよ。」と。⑥其の裨将をして飱を伝へ

⑦諸将皆莫信。⑧詳応曰「諾。」⑨謂軍吏曰「趙已先拠便地為壁。⑩且彼未見吾大将旗鼓、未肯撃前行。⑪恐吾至阻険而還。」⑫信乃使万人先行、出背水陳。⑬趙軍望見而大笑。

しめて曰はく、「今日趙を破りて会食せん。」と。⑦諸将皆信ずるもの莫し。⑧詳り応へて曰はく、「諾。」と。⑨軍吏に謂ひて曰はく、「趙已に先に便地に拠りて壁を為る。⑩且つ彼は未だ吾が大将の旗鼓を見ざれば、未だ肯へて前行を撃たざらん。⑪吾の阻険に至りて還らんことを恐るればなり。」と。⑫信乃ち万人をして先行せしめ、出でて水を背にして陳す。⑬趙の軍望見して大いに笑ふ。

現代語訳

①（韓信の軍は）井陘の入り口に至る手前三十里の所に宿営した。②夜中に伝令を出して出発させた。③軽装した騎兵二千人を選び、ひとりひとりに一本の赤いのぼり旗を持たせて、抜け道を進み山かげに隠れて、趙の軍を遠くからうかがわせた。④（その出発の際）注意を与えて言った、「趙は我が軍が逃走するのを見れば、きっととりでの中を空にして我が軍を追撃するだろう。⑤（そうしたら）おまえたちはすばやく趙のとりでに入り、趙の旗を抜き取り、漢の赤い旗を立てろ。」と。⑥（また）副将軍に命じて軽い食べ物を配らせて言った、「今日は趙を撃ち破ってから正式の食事をしよう。」と。⑦将軍たちの中で（それを）信じる者はいなかった。⑧（しかし）信じるふりをして答えた、「承知しました。」と。⑨（ついで韓信は）諸将の配下の参謀に言った、「趙はすでに戦うのに有利な土地を占拠してとりでを築いている。⑩そのうえ彼らは我が軍の大将の旗や太鼓を見ないうちは、まだ進んで（我々の）先行部隊を攻撃しようとはしないだろう。⑪私が道の険しい所にさしかかって引き返してしまうことを心配しているからだ。」と。⑫韓信はそこで一万の兵を先に進ませ、（井陘口を）出て川を背に陣を敷いた。⑬趙の軍はそれを遠くから眺めて大いに嘲笑した。

語釈・句法

背水陳（水を背にして陳す）　川や湖を背に陣を敷く。「水」は、川や湖。「陳」は、「陣」と同じ。ここから「背水の陳（陣）」（絶体絶命の立場で事にあたること）という成語が生まれた。

①**井陘**（せいけい）　今の河北省石家荘市西の井陘山上の井陘関。太行山脈中の八陘（山西台地から太行山脈を越えて東の平地に出る山道）の一つ。軍事上

の要衝であった。漢の高祖三年〔前二〇四〕、韓信は数万の兵を率いて井陘を下って趙を攻撃しようとした。趙では、ここ井陘の入り口に二十万の兵を集結して備えた。

三十里　約十二キロメートル。当時の一里は、約四百メートル。

止舎　宿営する。とまりやどる。

②伝発　伝令を出して、出発させる。命令を軍中に伝えて、行動を起こさせる。

③軽騎　軽装した騎兵。軽騎兵。

赤幟　赤いのぼり旗。漢軍の軍旗である。「幟」は、旗、のぼり。高祖がまだ亭長であった頃、道をふさいでいる大蛇を斬った。遅れてきた部下がそこまで来ると、一人の老女が泣いているのを見た。わけを尋ねると、「せがれは白帝の子であるが、蛇に姿を変えて道をふさいでいたところ、赤帝の子に斬られた。」と言って、姿を消した。秦王朝は白帝を守護神としていたので、高祖は、これは自分が秦を滅ぼす前兆であると喜んだ。以後、高祖は赤を尊び、沛で決起した時から赤い旗を用いた。

間道　抜け道。脇道。

萆山　山かげに隠れる。

望趙軍　趙の軍を遠くからうかがわせる。

④誡　注意を与える。

我走　我が軍が逃走する。「走」は、逃げること。

空壁　とりでの中を空にする。「壁」は、とりで。

⑤疾　すばやく。

⑥裨将　副将軍。

伝飧　軽い食べ物を配る。「飧」は、軽い食べ物。簡単な食事。

会食　正式の食事をしよう。

⑦莫……　…する者はいない。否定を表す。

⑧詳　ふりをする。うわべを装う。

⑨軍吏　諸将の配下の参謀。

拠　占拠する。たてこもる。

便地　戦うのに有利な土地。戦うのに都合のよい場所。

⑩且　そのうえ。さらに。

未肯撃前行　まだ先行部隊を攻撃しようとはしないだろう。「前行」は、先行部隊。先発部隊。

⑪阻険　道の険しい所。難所。

還　引き返す。引き返してしまうと韓信の軍を撃滅することができなくなってしまう。

⑫乃　そこで。引き返さずに前進してきたということ。

使………　「使AB」は、AにBさせる。使役を表す。

出　（井陘口を）出る。

⑬大笑　大いに嘲笑する。中国古代の兵法では、山や丘を右と後ろにし、川や沼沢を前と左にするというのが、陣を敷く原則であった。韓信の軍が川を背にして陣を敷いたのは常識外であったので、嘲笑したのである。

■第二段落（一三二・1〜終わり）

段意

夜明け方、韓信は出撃し、趙軍と戦った。しばらくして、負けたふりをして川のほとりに陣取った軍の中に逃げた。趙軍はそれを見て、とりでを空にして攻めてきたので、韓信の軍は趙軍と死力を尽くして戦った。一方、二千人の奇襲部隊は、空になった趙のとりでに入って漢旗を立てた。趙軍は、韓信らを捕らえることもできずに、とりでに戻ろうとしたが、すでにとりでには漢の旗が立っていた。趙軍はそれを見て驚いて逃走しはじめ、さらに漢軍の挟み撃ちにあって大敗した。

①平旦、信建大将之旗鼓、鼓行出井陘口。②趙開壁撃之。③大戦良久。④於是信・張耳、詳弃鼓旗、走水上軍。⑤水上軍開入之、復疾戦。⑥趙果空壁争漢鼓旗、逐韓信・張耳。⑦韓信・張耳、已入水上軍。⑧軍皆殊死戦、不可敗。⑨信所出奇兵二千騎、共候趙空壁逐利、則馳入趙壁、皆抜趙旗、立漢赤幟二千。⑩趙軍已不勝、不能得信等。⑪欲還帰壁、壁皆漢赤幟。⑫而大驚以為、漢皆已得趙王将矣。⑬兵遂乱遁走。⑭趙将雖斬之、不能禁也。⑮於是漢兵夾撃、大破虜趙軍、斬成安君泜水上、禽趙王歇。

【史記　淮陰侯列伝】

訓読

①平旦、信大将の旗鼓を建て、鼓行して井陘口より出づ。②趙壁を開きて之を撃つ。③大いに戦ふこと良久し。④是に於いて信・張耳、詳りて鼓旗を弃て、水上の軍に走る。⑤水上の軍開きて之を入れ、復た疾戦す。⑥趙果たして壁を空しくして漢の鼓旗を争ひ、韓信・張耳を逐ふ。⑦韓信・張耳、已に水上の軍に入る。⑧軍皆殊に死戦し、敗るべからず。⑨信の出だしし所の奇兵二千騎、共に趙の壁を空しくして利を逐ふを候ひ、則ち馳せて趙の壁に入り、皆趙の旗を抜きて、漢の赤幟二千を立つ。⑩趙の軍已に勝たず、信等を得る能はず。⑪壁に還帰せんと欲するも、壁は皆漢の赤幟なり。⑫而ち大いに驚きて以為へらく、漢皆已に趙の王将を得たりと。⑬兵遂に乱れ遁走す。⑭趙の将之を斬ると雖も、禁ずる能はざるなり。⑮是に於いて漢の兵夾撃し、大いに破りて趙の軍を虜にし、成安君を泜水の上に斬り、趙王の歇を禽らふ。

現代語訳

①夜明け方、韓信は大将の旗を打ち立て、太鼓を打ち鳴らして前進して井陘口から討って出た。②趙はとりでを開いて出撃した。③しばらくの間激戦が続いた。④そこで韓信と張耳は、負けたふりをして太鼓や旗を捨て、川のほとりに陣取った軍の中に逃げた。⑤川のほとりに陣取った軍は（陣を）開いて迎え入れ、（そして）再び激戦となった。⑥趙は予想したとおりとりでを空にして漢の太鼓や旗を争奪し、韓信と張耳を追撃した。⑦韓信と張耳は、すでに川のほとりに陣取った軍の中に入ってしまった。⑧（韓信の）軍はみな死力を尽くして戦い、（趙軍は）撃ち破ることができなかった。⑨（その間に）韓信が出動させた奇襲部隊二千騎は、いずれも趙がとりでを空にして戦利品を追い求めるのをうかがい見て、馬を走らせて趙のとりでに入り、趙の旗を全部抜き取り、漢の赤旗二千本を立てた。⑩趙の軍はもはや勝てず、韓信らを捕らえることもできなかった。⑪（そこで）とりでに引きあげようとしたが、とりで（に立つ旗）はすべて漢の赤旗である。⑫そこで非常に驚いて、漢はすでに趙王や将軍をみな捕らえてしまった、と思った。⑬かくして兵士は混乱し逃走しはじめた。⑭趙の将軍が逃げる者を斬ったが、制することはできなかった。⑮そこで漢軍は挟み撃ちにして、さんざん撃ち破り趙の軍を捕虜にし、成安君を泜水のほとりで斬り、趙王歇をとりこにした。

語釈・句法

①平旦（へいたん） 夜明け方。

鼓行（ここうシ） 太鼓を打ち鳴らして前進する。

④於レ是（おイテここニ） そこで。前文を受けて後文の結果を説き起こす接続詞。

張耳（ちょうじ） 魏の大梁（今の河南省開封市）の人。同郷の陳余と刎頸の交わりを結んだ。若い頃、魏の信陵君の食客となり、ついで魏の外黄県の令（知事）となった。陳渉が反乱を起こすと従い、陳余とともに趙の地を攻略し、趙王の歇を擁立し、趙の右丞相となった。項羽が咸陽を攻めた時には行動をともにし、漢の高祖元年〔前二〇六〕には、常山王に取り立てられた。その後、陳余に攻められて敗れ、漢の高祖に帰属した。漢の高祖三年〔前二〇四〕、韓信とともに井陘において趙を破り、この功によって趙王に封じられた。〔?—前二〇二〕

弃（すテ） 捨てる。「棄」の古字。

水上軍（すいじょうノぐん） 川のほとりに陣取った軍。川を背にして布陣した軍。

⑤疾戦（しっせんス） 激しく戦う。激戦する。「疾」は、激しいこと。

⑥果（はタシテ） 予想したとおり。案の定。第一段落の「趙見二我走一必空レ壁逐レ我。」〔一三一・4〕という韓信の発言を

踏まえている。

争漢鼓旗　漢の太鼓や旗を争奪する。「争」は、取り合う。争奪する。

⑧殊死戦　死力を尽くして戦う。「殊死」は、死力を尽くして。死に物狂いで。

⑨奇兵　奇襲部隊。奇襲を用いて敵の不意を打つ兵。

候　様子をさぐる。

利　戦利品。

⑫而　そこで。ここでは、「乃」と同じ意味。

以為…　…と思う。

趙王将　趙王とその配下の将軍。「趙王将」と読めば、趙王の配下の将軍という意になる。

⑬遁走　逃走する。

⑭不能禁也　制することはできない。趙の兵士が逃走するのをとどめることができないのである。

⑮夾撃　挟み撃ちする。

成安君　陳余。大梁の人。陳渉が反乱を起こすと付き従い、張耳とともに趙の地を攻略し、趙王の歇を擁立し、将軍となった。漢の二年〔前二〇五〕、漢の高祖が楚を攻める時、協力を依頼され、漢軍とともに楚を攻めたが、やがて漢に背いた。漢の三年〔前二〇四〕、韓信の率いる軍に敗れ、泜水のほとりで斬られた。〔?—前二〇四〕

泜水　今の河北省元氏県の西に源を発して東流する川。

禽　とりこにする。捕らえる。

鑑賞

韓信の戦い方は、的確・冷静な判断に基づいて、相手がどのような動き方をするのかを計算し尽くしたものであった。

漢の高祖二年〔前二〇五〕八月、魏王を攻撃した時、魏王は大軍を集結して臨晋の渡し場をふさいだ。韓信は「疑兵」（おとりの軍）を出し、船を並べて臨晋を渡ろうとしているかのように見せかけながら、木で作ったおけを使って別の部隊を夏陽（今の陝西省韓城市）から渡らせ、魏の都の安邑（山西省夏県）を襲わせた。魏軍は虚をつかれた形となり、結局、魏王は捕らえられてしまう。

また、漢の高祖三年〔前二〇四〕、斉を攻めた時、救援にかけつけた楚の将軍竜且と、濰水を挟んで対峙した。韓信は一万個の土嚢で川の上流をせき止め、軍の半分を率いて川を渡って攻撃し、負けたふりをして退却した。竜且がここぞとばかりに川を渡って追撃すると、土嚢を切って落とし、竜且の軍の退路を断って竜且を殺した。

ともに、相手の動きをよく読んで戦っており、教科書本文の「背水陣」で名高い趙との戦いも、同じである。

まず赤いのぼり旗を持たせた奇襲部隊二千人を山に隠し、次に一万人を前進させ川を背にして陣を敷いた。兵法の常識に反する布陣で、敵を油断させるとともに、自軍を必死で戦わせるためである。そして、韓信が出撃し、しばらく戦ってから鼓旗を捨てて川のほとりに陣取った軍へ逃げた。趙軍に戦利品を争わせ、とりでを空にさせるためである。最後に、奇襲部隊二千人が空になった趙のとりでに入り、赤いのぼり旗二千本を立てた。趙軍の戦意喪失を狙ったものである。この戦術も、相手がどう出るかを計算し尽くしたものである。

この戦術について、教科書に採録された部分のすぐ後の文章で、韓信自身が分析しているので、それを紹介しておこう。

将軍たちは敵の首と捕虜を差し出し、それが終わると、みなお祝いを述べた。そのついでに韓信に、「兵法には、『山や丘を右と後ろにし、川や沼沢を前と左にする。』とあります。このたび、将軍は私どもに反対に川を背にして陣を敷かせ、『趙を撃ち破って正式の食事をしよう。』と言われました。私どもは納得がいきませんでした。ところが結局はそれで勝ちました。これはどういう戦術なのでしょうか。」と尋ねた。韓信は、「これは兵法にあるのだ。ただ諸君が気づかないだけなのだ。兵法に、『軍を死地におとしいれて、そこではじめて生きようとし、軍を亡地におとしいれて、そこではじめて生きながらえようとする。』と言っているではないか。それに、私には日ごろから将兵をてなずけておく機会がなかった。これでは世に言う、庶民を駆り立てて戦わせるというようなものだ。その状況からいって、軍を死地に置いて、ひとりひとりに進んで戦わせるようにせず、もし、戦わなくても生きのびられる場所に置けば、みな逃げてしまうだろう。（そうなったら）どうして彼らを役立てることができようか。」と言った。

その後、韓信は、漢の四年〔前二〇三〕には斉を平定し、「仮王」になりたいと高祖に申し出る。この時、高祖は項羽の軍に包囲されており、激怒した高祖は韓信を攻めようとするが、張良などの進言を聞きいれて、韓信を斉王に任命した。

作者・出典

作者　司馬遷　本書七〇ページ参照。

出典　『史記』淮陰侯列伝　本書七〇ページ参照。

教科書の問題（解答・解説）

❓教科書本文下に示された問題　**教科書**　一三三ページ

❓韓信は、なぜ「今日破レ趙会食。」と言ったのか。（p.一三二）

解答　韓信は趙との戦いに必ず勝つと確信しており、それを部下に伝えて、士気を高めようと考えたから。

❓なぜ趙軍は「大笑」ったのか。（p.一三二）

解答　川を背にして陣を敷くのは兵法の常識に反するから。

■学習の手引き

❶次の文を書き下し文にし、現代語訳しよう。

解答　(1)吾の阻険に至りて還らんことを恐るればなり。

〈訳〉私が道の険しい所にさしかかって引き返してしまうことを心配しているからだ。

(2)壁に還帰せんと欲するも、壁は皆漢の赤幟なり。

〈訳〉とりでに引きあげようとしたが、とりで(に立つ旗)はすべて漢の赤旗である。

❷本文中で韓信が取った策について、次の二つの面から考えよう。

[解説]　(1)○戦いの前に軽い食べ物を配り、「今日は趙を破ってから正式の食事をしよう。」と伝えた。趙との戦いに必ず勝つという確信を部下に伝えて、その士気を鼓舞するためである。

○川を背にして陣を敷かせた。兵士を逃げ場のない所に置き、死に物狂いで戦わせるためである。

(2)○川を背にして陣を敷かせた。兵法の常識に反する策をとり、韓信は兵法を知らないのではないかと敵に思わせ、敵を油断させるためである。

○敗走と見せかけて趙の軍をとりでの外におびき出し、そのすきに奇襲部隊をとりでに入らせ、漢の赤いのぼり旗を立てさせた。趙の兵に、漢はすでに趙王や将軍を捕らえたと思わせ、趙軍の戦意を喪失させるためである。

■語句と表現

①本文中に出てくる次の漢字について、これらを使った熟語にどのようなものがあるか調べよう。

解答　(1)逐一・逐次・駆逐　(2)疾走・疾病・疾苦　(3)応答・応援・相応　(4)拠点・根拠・証拠　(5)殊勝・特殊・殊絶

[解説]　それぞれの熟語の意味は次の通り。(1)逐一…ひとつひとつ順を追って。逐次…順を追って次々に。次第に。駆逐…追い払うこと。(2)疾走…はやく走る。疾病…病気。疾苦…なやみ苦しむ。(3)応答…受け答え。応援…味方になって助ける。元気づける。相応…ふさわしいこと。(4)拠点…よりどころとなる地点。根拠…もとになる理由。証拠…真実を証明するよりどころ。(5)殊勝…とりわけて優れる。特殊…性質が特別であること。殊絶…特に優れている。かけはなれている。

②「…できない」という意味を表す「不可――」「不能――」「不得――」について違いを確認しよう。

解答　「不可――」は〜できない、〜するな、「不能――」は能力がなくて〜できない、「不得――」は機会を得られなくて〜できない。

狡兎死、良狗亨

教科書 一三四～一三七ページ

大意　斉王から楚王に移された韓信は、任地に着くと、飯を食べさせてくれた婦人、寄食させてくれた南昌の亭長、股の下をくぐらせた若者を召し出し、それ相応の対応をした。項王の将軍だった鍾離眛は、韓信の所に身を寄せていた。漢の六年〔前二〇一〕、高祖から反乱を起こそうとしていると疑われた韓信は、高祖に恨まれていた鍾離眛の首を、高祖に差し出そうとした。それを聞いた鍾離眛は、韓信の滅亡することを予測して自殺した。韓信は鍾離眛の首を持って高祖に拝謁したが、捕らえられて洛陽に送られ、淮陰侯に格下げされた。

第一段落（初め～一三四・9）

段意　漢の五年〔前二〇二〕、斉王から楚王に移された韓信は、任地の楚に着くと、飯を食べさせてくれた婦人に千金を与えた。また、寄食させてくれた南昌の亭長に百銭を与えて、「そなたは度量の狭い人間だ。」と言った。さらに、股の下をくぐらせた若者を警備隊長に任命し、「耐え忍んだおかげで大きな功績を立てられた。」と言った。

①漢五年正月、徙斉王信為楚王、都下邳。②信至楚、召所従食漂母、賜千金。③及下郷南昌亭長、賜百銭曰、「公小人也。④為徳不卒。」⑤召辱己之少年令出袴下者、以為楚中尉、告諸将相曰、「此壮士也。⑥方辱我時、我寧不能殺之邪。⑦殺之無名。⑧故

訓読　①漢の五年正月、斉王の信を徙して楚王と為し、下邳に都せしむ。②信の国に至るや、従ひて食せし所の漂母を召し、千金を賜ふ。③及下郷の南昌の亭長に百銭を賜ひて曰はく、「公は小人なり。④徳を為して卒へず。」と。⑤己を辱めし少年の袴下より出ださしむる者を召して、以つて楚の中尉と為し、諸将相に告げて曰はく、「此れ壮士なり。⑥我を辱めし時に方たり、我寧ぞ之を殺す能はざ

忍而就二於此一。」

らんや。⑦之を殺すも名無し。⑧故に忍びて此を就せり。」と。

現代語訳

①漢の五年〔前二〇二〕の正月、（高祖は）斉王の韓信を移して楚王とし、下邳に都を置かせた。②韓信は楚の国に着くと、（飯を）食べさせてくれた布を水で洗ってさらしていた婦人を召し出し、千金を与えた。③また下郷の南昌の亭長に百銭を与えて言った、「あなたは度量の狭い人間だ。④恩恵を施して全うしなかった。」と。⑤（さらに）自分に恥をかかせた若者（すなわち）股の下をくぐらせた者を召し出して、楚の警備隊長とし、将軍や大臣たちに告げた、「この男は血気盛んな男だ。⑥私に恥をかかせた時、私はどうしてこの男を殺せなかったであろうか。（いや、殺せたのだ。）⑦（しかし）この男を殺しても名が揚がるわけではない。⑧だから耐え忍んで（後に）大きな功績を立てたのだ。」と。

語釈・句法

狡兎　すばしこい兎。

良狗　優れた猟犬。

享　煮殺す。「烹」と同じ意味。

①漢五年　紀元前二〇二年。垓下の戦いで項羽を破った漢王は、今では天下を狙うまでに力をつけた韓信を警戒するようになった。

徙　移す。国替えする。

斉王信　韓信は項羽を破った功績により、斉王に封ぜられていた。

下邳　今の江蘇省邳州市の東。

②所二従食一　そこで食べさせてもらった。

漂母　布を水で洗ってさらしていた婦人。この婦人は、貧しかった頃の韓信に、数十日間、飯を与えた。

③公　あなた。他人に対する尊称。

小人　度量の狭い人。本来は、「君子」（有徳の人）に対して、人格の低い者をいう。

④為レ徳　恩恵を施す。韓信を寄食させたことをいう。「徳」は、恩恵。「得」と同じ。

不レ卒　全うしない。

⑤之　強調を表す置き字。

令　使役を表す。「令二A B一」の「A」にあたる「己」が省略されている。もし補えば、「令三己出二袴下一」となる。

中尉　警備隊長。

壮士　血気盛んな男。

⑥我寧不レ能レ殺レ之邪　私はどうしてこの男を殺せなかったであろうか。（いや、殺せた。）「寧…邪」は、「どうして…か。（いや…ない。）」の意。反語を表す。

⑦無レ名　名が揚がらない。一説に、意

味がない。

⑧忍　耐え忍ぶ。

就於此　大きな功績を立てた。「就」は、仕上げる。韓信が大将軍として次々と敵を撃ち破り、ついに楚王にまでなったことをいう。

■第二段落（一三四・10～一三五・2）

段意　項王に仕えていた鍾離眛は、項王の死後、韓信のもとに逃げてきていた。高祖は鍾離眛を恨んでいたので、勅命を出して捕らえようとした。

①項王亡将鍾離眛、家在伊廬。②素与信善。③項王死後、亡帰信。④漢王怨眛。⑤聞其在楚、詔楚捕眛。⑥信初之国、行県邑陳兵出入。

訓読

①項王の亡将たる鍾離眛、家は伊廬に在り。②素より信と善し。③項王の死せし後、亡げて信に帰す。④漢王眛を怨む。⑤其の楚に在るを聞きて、楚に詔して眛を捕らへしめんとす。⑥信初めて国に之くや、県邑を行くに兵を陳ねて出入す。

現代語訳

①項王のもとから亡命してきた将軍である鍾離眛は、家は伊廬にあった。②（鍾離眛は）もともと韓信と親しかった。③項王の死後、逃亡して韓信を頼った。④漢王は鍾離眛を恨んでいた。⑤（漢王は）鍾離眛が楚にいることを聞くと、楚に詔勅を下して鍾離眛を捕らえさせようとした。⑥（ところで）韓信は楚の国に来たばかりの頃、県や村を視察する時は兵を引き連れて出かけて行った。

語釈・句法

①亡将　亡命してきた将軍。この「亡」は「にげる」の意味で、「亡臣」「亡卒」といった熟語をつくる。

鍾離眛　項羽の将軍。項羽の死後、名を変えて韓信のもとに逃げてきた。〔?—前二〇一〕

伊廬　今の江蘇省連雲港市の南西。

②素　もともと。かねてから。

善　親しい。

③項王死後　項王は、前二〇二年に烏江（安徽省巣湖市の北東）で自害している。

帰　頼る。

④漢王怨眛　漢王（漢の高祖劉邦のこと。漢王から皇帝に即位した。）は鍾離眛を恨んでいた。その理由は記されていないが、『史記』の陳丞相世家に、「将軍鍾離眛らは、功績が

多い」とあるので、高祖は戦いにおいて苦しめられていたと考えられる。

⑤詔　詔勅を下す。
⑥初…　…したばかりの頃。

県邑　県や村。

■第三段落（一三五・3～11）

段意

漢の高祖六年〔前二〇一〕、高祖は韓信が謀反を起こそうとしていると疑い、諸侯を陳に集めて、その機会に韓信を捕らえようとした。捕らえられることを心配した韓信は、鍾離昧の首を持って高祖に会おうとした。韓信がそのことを鍾離昧に相談すると、鍾離昧は韓信の滅亡を予言して自害した。

①漢六年、人有上書告楚王信反。②高帝以陳平計、天子巡狩会諸侯。③南方有雲夢。④発使告諸侯、「会陳。⑤吾将游雲夢。」⑥実欲襲信、信弗知。⑦高祖且至楚。⑧信欲発兵反、自度無罪。⑨欲謁上、恐見禽。⑩人或説信曰、「斬眛謁上。⑪上必喜、無患。」⑫信見眛計事。⑬眛曰、「漢所以不撃取楚、以眛在公所。⑭若欲捕我以自媚於漢、吾今日死。⑮公亦随手亡矣。」⑯乃罵信曰、「公非長者。」⑰卒自剄。

訓読

①漢の六年、人の上書して楚王の信反すと告ぐる有り。②高帝陳平の計を以つて、天子巡狩して、諸侯を会せしめんとす。③南方に雲夢有り。④使ひを発して諸侯に告ぐ、「陳に会せよ。⑤吾将に雲夢に游ばんとす。」と。⑥実は信を襲はんと欲するも、信知らず。⑦高祖且に楚に至らんとす。⑧信兵を発して反せんと欲するも、自ら度るに罪無し。⑨上に謁せんと欲するも、禽らへられんことを恐る。⑩人或いは信に説きて曰はく、「眛を斬りて上に謁せよ。⑪上は必ず喜び、患ひ無からん。」と。⑫信眛を見て事を計る。⑬眛曰はく、「漢の撃ちて楚を取らざる所以は、眛の公の所に在るを以つてなり。⑭若し我を捕らへて以つて自ら漢に媚びんと欲せば、吾今日死せん。⑮公も亦手に随ひて亡びん。」と。⑯乃ち信を罵りて曰はく、「公は長者に非ず。」と。⑰卒に自剄す。

現代語訳

①漢の高祖六年〔前二〇一〕、ある人が天子に文書を奉って楚王の韓信が謀反を起こそうとしていると密告した。②〔そこ

で）高祖は陳平の計略を用い、天子が狩猟と称して諸国を回って政情を視察するのにことよせて、諸侯を集めることにした。③南方に雲夢という地がある。④（高祖は）使者を送って諸侯に命じた、「陳に集まれ。⑤私は雲夢に出かけるつもりである。」と。⑥実は韓信を襲撃するつもりであったが、韓信は（それに）気づかなかった。⑦高祖はまもなく楚に到着しようとしていた。⑧韓信は兵を出して謀反を起こそうと思ったが、自ら考えてみるに（自分に）罪はない。⑨（そこで）天子に拝謁しようと思ったが、逮捕されることが心配であった。⑩ある者が韓信に進言した、「鍾離眜を斬って天子様に拝謁しなさい。⑪天子様はきっと喜ばれ、（あなたの）ご心配はなくなりましょう。」と。⑫韓信は鍾離眜に会って相談した。⑬鍾離眜は言った、「漢が攻撃して楚の領地を取りあげようとしないのは、この眜があなたのもとにいるからである。⑭もし私を捕らえて自分から（進んで）漢にへつらおうとするのなら、私は今日にも死のう。⑮（しかし）あなたもすぐに滅びるであろう。」と。⑯そこで韓信を罵って言った、「あなたはりっぱな人物ではない。」と。⑰結局自分で自分の首を切って自害した。

語釈・句法

①漢六年（かんノろくねん）　紀元前二〇一年。
上書（じょうしょ）　天子に文書を奉る。
反（はんス）　謀反を起こす。
②高帝（こうてい）　漢の高祖劉邦をいう。諡号（しごう）を高皇帝という。
陳平計（ちんぺいノけい）　陳平の計略。『史記』陳丞相世家によると、韓信が謀反を起こそうとしているとの上書があった時、高祖は将軍たちに相談した。将軍たちは、直ちに出兵することを主張した。高祖が陳平に相談すると、陳平は、雲夢に出かけることを口実にして諸侯を陳に集めれば、韓信も拝謁に来るであろうから、その時に捕らえればよい、と進言した。陳平は、高祖に仕えた知将。〔？—前一七八〕
巡狩（じゅんしゅ）　天子が狩猟と称して、諸国を回って政情を視察すること。
③雲夢（うんぼう）　湖北（こほく）、湖南（こなん）両省にまたがっていた大沼沢地帯。
④陳（ちん）　今の河南（かなん）省淮陽（わいよう）県。
⑤将レ…（まさニ…ントす）　今にも…するつもりである。再読文字。
⑥弗レ…（ず）　…ない。否定を表す。
⑦且レ…（まさニ…ントす）　今にも…しようとする。再読文字。
⑧度（はかル）　考える。推し測る。
⑨謁レ上（えっセしょうニ）　天子に拝謁する。「謁」は、身分の高い人に面会すること。
見レ禽（らレとらへ）　逮捕される。「見レ…」は、「…される」の意。受身を表す。
⑭若…（もシ…バ）　もし…ならば。仮定を表す。
媚（こビ）　へつらう。人に気に入られるよう

に振る舞う。

⑮随手 続いて。すぐに。たちどころに。

⑯長者 りっぱな人物。

⑰自剄 自分で自分の首を切って死ぬ。自刎。

■第四段落（一三六・1〜終わり）

段意

韓信は鍾離眛の首を持って高祖に拝謁したが、捕らえられ、「狡兎死して、良狗亨らる」と言われているとおりだと言った。そして洛陽に護送されて、淮陰侯に格下げされた。

①信持其首、謁高祖於陳。②上令武士縛信、載後車。③信曰、「果若人言。『狡兎死、良狗亨、高鳥尽、良弓蔵、敵国破、謀臣亡。』④天下已定。⑤我固当亨。」⑥上曰、「人告公反。」⑦遂械繫信。至雒陽。⑧赦信罪、以為淮陰侯。

【史記 淮陰侯列伝】

訓読

①信其の首を持ち、高祖に陳に謁す。②上武士をして信を縛せしめ、後車に載す。③信曰はく、「果たして人の言のごとし、『狡兎死して、良狗亨られ、高鳥尽きて、良弓蔵められ、敵国破れて、謀臣亡ぶ。』と。④天下已に定まる。⑤我固より当に亨らるべし。」と。⑥上曰はく、「人公反すと告ぐ。」と。⑦遂に信を械繫して雒陽に至る。⑧信の罪を赦して、以つて淮陰侯と為す。

現代語訳

①韓信は鍾離眛の首を持って、高祖に陳で拝謁した。②天子は武装兵に命じて韓信を縛らせ、後方の車に乗せた。③韓信は言った、「やはり人の言うとおりのようだ、『すばしこい兎が殺されると、すぐれた猟犬は煮殺され、空高く飛ぶ鳥がとり尽くされると、良い弓はしまわれ、敵国が滅ぼされると、知謀の家臣は殺される。』と。④天下はすでに平定された。⑤私はもともと当然煮殺されるはずだ。」と。⑥天子は言った、「ある者が貴公が謀反を起こそうとしていると密告したのだ。」と。⑦そのまま韓信に枷をはめて洛陽に着いた。⑧（そこで高祖は）韓信の罪を許して、（格下げして）淮陰侯とした。

語釈・句法

①高祖 劉邦の廟号。

②令二…一 （…に）…させる。使役を表す。

武士 武装兵。

③若二…一 …のようである。比況を表す。

人言 春秋時代、越王の句践に仕えた范蠡の言葉。

謀臣亡ブ　知謀の家臣は殺される。

⑤当ニ…ベシ　当然…のはずである。再読文字。

⑦械繋　枷をはめる。

雒陽　洛陽のこと。

⑧赦　罪を許す。

為ニ淮陰侯ト一　淮陰侯とする。王から諸侯に格下げしたのである。

鑑賞

漢の五年（前二〇二）、垓下の戦いで項羽を破った高祖は、力をつけた韓信を警戒し、斉王から楚王に移した。漢の六年（前二〇一）、韓信が謀反を起こそうとしていると密告する者がいて、高祖は韓信を捕らえようとする。韓信は思い悩んだ末、結局、鍾離昧の首を持って高祖に拝謁したが、捕らえられて洛陽に護送され、淮陰侯に格下げされてしまう。

韓信は、高祖が自分の才能を恐れていることを知り、その後は病気と称して、参内もしなかった。鉅鹿（河北省邢台市）の守に任命された陳豨が、赴任の挨拶にきた時、共に反乱を起こすように頼むと、陳豨はそれを承諾する。

以下、韓信の最期について、『史記』から引用しておこう。

漢の十年（前一九七）、陳豨は約束どおり反乱を起こした。高祖は兵を率いて出陣した。韓信は、呂后と皇太子を襲撃しようとしたが、韓信の側近が、このことを呂后に密告した。呂后は宰相の蕭何と相談して、人に命じて高祖のところから来た使者だといつわらせ、陳豨はもはや殺された、と報告させた。諸侯や臣下たちは、皆お祝いを述べた。蕭何は韓信をだまして、「たとえ病気でも、無理にも参内してお祝いを述べよ。」と言った。韓信が参内すると、呂后はこれを捕らえ、長楽宮の鐘つき堂で斬った。韓信は斬られる時に、「女子どもにだまされたのが残念だ。天命というものであろう。」と言った。

作者・出典

作者　司馬遷　本書七〇ページ参照。

出典　『史記』淮陰侯列伝　本書七〇ページ参照。

教科書の問題（解答・解説）

教科書　一三七ページ

❓教科書本文下に示された問題

❓「為レ徳不レ卒。」とは、具体的に何をいうのか。（p.一三四）

解答　韓信を寄食させていたのに、途中でやめてしまったこと。

■学習の手引き

❶次の文を書き下し文にし、現代語訳しよう。

解答 ⑴我を辱めし時に方たり、我寧ぞ之を殺す能はざらんや。之を殺すも名無し。

〈訳〉私に恥をかかせた時、私はどうしてこの男を殺せなかったであろうか。（いや、殺せたのだ。）この男を殺しても名が揚がるわけではない。

⑵漢の撃ちて楚を取らざる所以は、眛の公の所に在るを以つてなり。

〈訳〉漢が攻撃して楚の領地を取りあげようとしないのは、眛があなたのもとにいるからである。

❷本文の「信欲発兵反、自度無罪。欲謁上、恐見禽。」〔一三五・6〕**には、韓信のどのような心情が表れているか。**

解答 高祖が楚に着く頃になって、反乱すると疑われているのではないかと考え、それならば先手を取って反乱を起こそうかと思うが、一方では、自分は項羽を打倒するのに大きく貢献しており、何も罪はないと考える。そして高祖に拝謁しようと思うが、一方では、捕らえられるのではないかと心配する。高祖から反乱を起こすのではないかと疑われ、どのように対処したらよいかと思い迷う韓信の心情が表れている。

❸韓信の悲劇の原因について話し合おう。

［解説］ 韓信は、戦略・戦術において優れた能力を発揮したが、戦乱の世から安定した時期になると、その能力のために高祖から謀反を起こすのではないかと疑われるようになった。そのことを中心に話し合う。

■語句と表現

①「背水の陣（陣）」「狡兎死して良（走）狗亨（烹）らる」という故事成語は、現在どのような意味で用いられているか、調べよう。

解答 ・背水の陣（陣）…一歩も後には引けないせっぱ詰まった状況・立場。また、そういう状況に身を置いて、必死の覚悟で事にあたること。

・狡兎死して良（走）狗亨（烹）らる…敵国が滅びると、軍事に尽くした功臣はかえって邪魔者扱いされて殺されること。また、必要とされていた人物が、その必要性がなくなるとかえって疎んじられること。

②本文中に現れる「若」という字について、意味を調べて整理しよう。

解答 「若」〔一三六・2〕…「ごとシ」と読み「～のようである」という意味。あるものの状態や様子をほかのものにたとえる比況の句法。

［解説］ 「もシ」と読み「もしAならばB」と訳す仮定の句法もある。「なんぢ」と読む場合は「おまえ」と訳す。

4 白楽天と日本文学

- 長編の古詩を読み、物語的なおもしろさを味わう。
- 日本の文化と中国の文化との関係について理解を深める。

白楽天

長恨歌

白居易

教科書 一四〇〜一四六ページ

主題

玄宗と楊貴妃の悲恋をうたったもの。唐の玄宗皇帝は、すばらしい美人楊貴妃を見いだし、その寵愛は比類がなかった。やがて安史の乱が起こり、玄宗は都長安を捨てて蜀の地へ逃げのびたが、その途中、馬嵬というところで、楊貴妃は殺された。玄宗は、蜀の地へ行っても楊貴妃のことを思って悲しみに明け暮れた。二年後、玄宗は長安の宮殿に戻ったが、楊貴妃を思い出しては悲嘆にくれる毎日を過ごしていた。玄宗に同情した道士が、方士に命じて楊貴妃の魂を捜し求めさせ、方士は、仙宮にいる楊貴妃を見つけ出した。楊貴妃は思い出の品の半分を玄宗へと託し、さらに、昔、宮中で約束した誓いの言葉を引きながら、切ない恋心を訴える言葉を託すのであった。

形式

七言古詩。換韻により三十一のまとまりに分かれる。押韻は次の通り。「国」「得」「識」「側」「色」／「池」「脂」「時」／「揺」「宵」「朝」／「暇」「夜」／「人」「身」「春」／「土」「戸」「女」／「雲」「聞」／「竹」「足」「曲」／「生」「行」／「止」「里」「死」／「収」「頭」「流」／「索」「閣」「薄」／「青」「情」「声」／「馭」「去」「処」／「衣」「帰」「旧」「柳」／「眉」「垂」「時」／「草」「掃」「老」／「然」「眠」「天」／「重」「共」「夢」／「客」「魄」「覓」／「電」「遍」「見」／「山」「間」／「起」「子」「是」／「扃」「成」「驚」／「徊」「開」「来」／「挙」「舞」「雨」／「王」「茫」「長」／「処」「霧」「去」／「扇」「鈿」「見」／「詞」「知」「時」「枝」「期」。

■第一段落（初め～一四〇・5）

段意 楊貴妃が天子（玄宗皇帝）に見いだされて宮中に召されると、その美しさでたちまち他の女官たちを圧倒した。

①漢皇重レ色思二傾国一　②御宇多年求不レ得
③楊家有レ女初長成　④養在二深閨一人未レ識
⑤天生麗質難二自棄一　⑥一朝選在二君王側一
⑦迴レ眸一笑百媚生　⑧六宮粉黛無二顔色一

訓読

①漢皇色を重んじて傾国を思ふ
②御宇多年求むれども得ず
③楊家に女有り初めて長成す
④養はれて深閨に在り人未だ識らず
⑤天生の麗質自づから棄て難し
⑥一朝選ばれて君王の側らに在り
⑦眸を迴らして一笑すれば百媚生ず
⑧六宮の粉黛顔色無し

現代語訳

①漢の天子は、美しい女性を好まれ、絶世の美人を（得たいと）思っておられたが、
②天下をお治めになっている長い間、捜し求めたが見つからなかった。
③（そうした時）楊氏の家に娘がいて、ちょうど年頃になったばかりであったが、
④家の奥深くにある女性の部屋で育てられていたので、（世間の）人々はまだ知らなかった。
⑤（しかし）天から授かった麗しい資質は、そのままにほうっておかれはしない。
⑥ある日、選び出されて、天子のおそばにはべることとなった。
⑦（彼女が）瞳をめぐらせてにっこり笑えば、さまざまな魅力が生まれ、
⑧天子の後宮の美しく化粧した女官たちも、色あせて見えるほどであった。

語釈・句法

長恨歌（ちょうごんか）　永遠に尽きることのない恋の恨みのうた。「恨」は、回復不可能な状況への無念さ・悔恨。楊貴妃が殺され、愛の回復が永遠に不可能であることから「長恨」といった。

①漢皇（かんこう）　漢の天子。唐の玄宗〔六八五

—七六二）のこととしていうのをはばかって、漢の武帝に託したもの。

重レ色　美しい女性を好んで。女性の美しさを大切にして。

傾国　絶世の美女。（国を滅ぼすほどの）すばらしい美人をいう。「傾城」と同じ。

②御宇　天下を治めている間。「宇（天下）を御（統治）する」という意。

多年　長年。

求不レ得　捜し求めたが見つからなかった。

③楊家有レ女　楊氏の家に娘がいた。楊貴妃は、蜀（四川省）の司戸（戸籍係）であった楊玄琰の娘で、幼名を玉環といった。幼くして親に死に別れ、叔父の楊玄璬に育てられた。はじめ玄宗皇帝の十八番目の皇子である寿王瑁の妃であったが、帝の側近である高力士に見いだされて宮中に入り、貴妃となった。

初　…したばかり。ちょうど…したところ。

④長成　年頃になる。成長する。

深閨　家の奥深くにある女性の部屋。「閨」は、女性の私室。

人未レ識　人々はまだ知らなかった。「未レ…」は、まだ…ない。再読文字。

⑤天生麗質　天から授かった麗しい資質。生まれつきの美しい容姿をいう。

難二自棄一　そのままにほうっておかれはしない。

⑥一朝　ある日。「一旦」と同じ。

⑦迴レ眸　瞳をめぐらす。振り返って見る。

百媚　さまざまな魅力。

⑧六宮　天子の後宮をいう。天子の後宮として六つの宮殿があったのでこういう。

粉黛　おしろいと眉墨。美しく化粧した女官たちをいう。

無二顔色一　色あせて見える。見劣りがする。「顔色」は、容貌のこと。

■第二段落（一四〇・6〜一四一・7）

段意　楊貴妃は天子に日夜愛され、そのため楊氏一族の人々はみな高位高官に取り立てられた。

① 春寒賜レ浴華清池　　② 温泉水滑洗二凝脂一
③ 侍児扶起嬌無レ力　　④ 始是新承二恩沢一時
⑤ 雲鬢花顔金歩揺　　⑥ 芙蓉帳暖度二春宵一

訓読

①春寒くして浴を賜ふ華清の池
②温泉水滑らかにして凝脂を洗ふ
③侍児扶け起こすに嬌として力無し
④始めて是れ新たに恩沢を承くる時
⑤雲鬢花顔金歩揺
⑥芙蓉の帳暖かにして春宵を度る

⑦ 春宵苦短日高起
⑧ 従此君王不早朝
⑨ 承歓侍宴無閑暇
⑩ 春従春遊夜専夜
⑪ 後宮佳麗三千人
⑫ 三千寵愛在一身
⑬ 金屋粧成嬌侍夜
⑭ 玉楼宴罷酔和春
⑮ 姉妹弟兄皆列土
⑯ 可憐光彩生門戸
⑰ 遂令天下父母心
⑱ 不重生男重生女

⑦ 春宵短きに苦しみ日高くして起く
⑧ 此より君王早朝せず
⑨ 歓を承け宴に侍して閑暇無く
⑩ 春は春の遊びに従ひ夜は夜を専らにす
⑪ 後宮の佳麗三千人
⑫ 三千の寵愛一身に在り
⑬ 金屋粧ひ成りて嬌として夜に侍し
⑭ 玉楼宴罷みて酔ひて春に和す
⑮ 姉妹弟兄皆土を列す
⑯ 憐れむべし光彩門戸に生ずるを
⑰ 遂に天下の父母の心をして
⑱ 男を生むを重んぜず女を生むを重んぜしむ

現代語訳

① （おりから）春まだ寒い頃、（天子より）華清宮の温泉に特に入ることを許された。
② 温泉の湯水は滑らかで、白く滑らかな肌に注ぎかかった。
③ （入浴がすんで）侍女が抱え起こすと、なよなよとしてあでやかで、（自分の体を支える）力もないようであった。
④ これがまさに天子のご寵愛をお受けする最初の時であった。
⑤ 豊かで美しい髪、花のように美しい顔、黄金のかんざし（はいずれもみな美しく）、
⑥ はすの花の縫い取りをした寝室のカーテンの中は暖かく、春の夜は過ぎてゆく。

⑦ （天子は）春の夜の短いのを嘆きつつ、日が高くなってからお起きになる。
⑧ これ以来、天子は早朝の政務をおとりにならなくなった。
⑨ （楊貴妃は）天子の寵愛を受け、宴席にはべって（天子のそばを離れる）暇もなく、
⑩ 春は春の遊びのお供をし、夜は（天子の）夜の時間を独り占めにした。
⑪ 後宮には美人が三千人もいたが、
⑫ 三千人に分け与えられるべき寵愛が、楊貴妃一人の身に集中した。

⑬りっぱな御殿で、化粧をこらし、あでやかに夜の宴席にはべり、
⑭美しい御殿での宴が終わると、酔ったその姿は、春の雰囲気にとけこみそうである。
⑮（楊貴妃の）姉妹兄弟はみなそろって領地を与えられて、諸侯となった。

⑯なんとすばらしいことよ、（楊氏）一門には、まぶしい光がさしかかっている。
⑰こうして、世間の父母の心に、
⑱男の子を生むことを重んじず女の子を生むことを重んじさせるようになったのである。

語釈・句法

①春寒　春まだ寒い。玄宗が華清宮に行幸するのは、毎年冬から春にかけてであった。
賜浴　温泉をたまわる。温泉に入ることを許される。
華清池　驪山（今の陝西省西安市）のふもとにあった華清宮の温泉。「池」は、湯池（温泉）。
②滑　温泉のお湯が、まろやかで滑らかで。
洗　注ぎかかる。
凝脂　純白に凝り固まった脂肪。白く滑らかな美人の肌のたとえ。
③侍児　侍女。こしもと。
扶起　抱え起こす。「扶」は、左右から支えること。
嬌　なよなよとして、あでやかな様子。
無力　湯あがりで、自分の体を支える力もない。
④始是　まさに…の時である。
恩沢　天子の寵愛。
⑤雲鬢　豊かで美しい髪。「雲」には、豊か、美しい、長い、多いなどのイメージが含まれている。
花顔　花のように美しい顔。
歩揺　かんざし。歩くと揺れるのでこのようにいう。
⑥芙蓉帳　はすの花の縫い取りをした寝室のカーテン。「帳」は、寝台にめぐらすカーテンの類。
度春宵　春の夜が過ぎてゆく。「宵」は、夜全体を指す。
⑦苦短　短いのを嘆く。
日高起　日が高くなってから起きる。
⑧従此　これ以来。「従」は、時間の起点を表す。
早朝　早朝の政務をとる。古来、中国では、天子の政治決裁は早朝に行われた。
⑨承歓　天子の寵愛を受ける。一説に、天子の機嫌をとるとする。
侍宴　宴席にはべる。
無閑暇　暇がない。天子のそばにつきっきりで、全く離れる時のないこ

とをいう。主語は、楊貴妃である。

⑩夜専レ夜　夜は天子の夜の時間を独り占めにする。

⑪後宮　女官たちのいる奥御殿。

佳麗　美人。美女。

⑫三千寵愛在二一身一　三千人に分け与えられるべき寵愛が、楊貴妃一人の身に集中した。天子の愛情を独占したことをいう。「三千」は、実数とも、多数を表すとも考えられる。

⑬金屋　りっぱな御殿。「金」は、美称。

粧成　化粧がすっかりできあがる。化粧をこらす。

侍レ夜　夜の宴席にはべる。

⑭玉楼　玉（大理石）で作ったような美しいりっぱな高殿。美しくりっぱな御殿をいう。

罷　終わる。

和レ春　春の雰囲気に溶け込む。

⑮姉妹弟兄皆列レ土　姉妹兄弟はみなそろって諸侯に封ぜられた。具体的には、従兄の楊国忠は宰相となり、二人の姉は、韓国夫人、虢国夫人に封ぜられ、妹は秦国夫人に封ぜられた（一説に、三人とも姉とする）。「国夫人」とは、宰相夫人待遇）。それぞれ都にりっぱな邸宅を構え、宮中に自由に出入りして富と権勢を誇った。

⑯可レ憐　なんとすばらしいことよ。心に強い感動を受けた時の慣用句。プラス面にもマイナス面にも使われる。ここでは、驚きの感動を表す。

光彩　まぶしい光。

門戸　門口。ここでは、楊氏一門のこと。

⑰遂　こうして。かくして。前に述べたことから次の結果となることを表す。

令　「令二ＡＢ一」の形で、ＡにＢさせる。使役を表す。

⑱不レ重レ生レ男　男を生むのを重んじない。

■第三段落（一四一・8〜一四二・6）

段意　歌と踊りとに日を送る天子は、安史の乱が起こると、都長安を捨てて蜀の地へ落ちのびるが、途中、兵士たちの要求で楊貴妃を殺させた。

①驪宮高処入二青雲一　②仙楽風飄処処聞

③緩歌慢舞凝二糸竹一　④尽日君王看不レ足

訓読

①驪宮高き処青雲に入り
②仙楽風に飄へりて処処に聞こゆ
③緩歌慢舞糸竹を凝らし
④尽日君王看れども足らず

⑤漁陽鼙鼓動地来
⑥驚破霓裳羽衣曲
⑦九重城闕煙塵生
⑧千乗万騎西南行
⑨翠華揺揺行復止
⑩西出都門百余里
⑪六軍不発無奈何
⑫宛転蛾眉馬前死
⑬花鈿委地無人収
⑭翠翹金雀玉搔頭
⑮君王掩面救不得
⑯迴看血涙相和流

⑤漁陽の鼙鼓地を動して来たり
⑥驚破す霓裳羽衣の曲
⑦九重の城闕煙塵生じ
⑧千乗万騎西南に行く
⑨翠華揺揺として行きて復た止まる
⑩西のかた都門を出づること百余里
⑪六軍発せず奈何ともする無し
⑫宛転たる蛾眉馬前に死す
⑬花鈿地に委てられて人の収むる無し
⑭翠翹金雀玉搔頭
⑮君王面を掩ひて救ひ得ず
⑯迴り看て血涙相和して流る

現代語訳

①驪山の離宮の高いところは、雲の中に入り込み、
②この世のものとは思われない美しい音楽が、風に漂い、あちらこちらに聞こえてくる。
③ゆったりとした歌と舞は、弦楽器と管楽器の粋をこらし、
④一日じゅう、天子は見飽きることがない。
⑤（突然）漁陽の攻め太鼓が、大地を揺り動かしてここに迫り、
⑥霓裳羽衣の曲を楽しんでいるのを驚かした。
⑦天子の居城に煙やちりがまき起こり、
⑧天子の一行は西南の地（蜀）をめざして落ちのびて行った。
⑨かわせみの羽で飾った天子の旗は、ゆらゆら揺れて、進んだり止まったりした。

⑩都の城門を西に出ること百余里のところで、
⑪天子に直属する軍隊は出発しようとせず、（天子はそれを）どうすることもできず、
⑫美しく弧を描いた眉をした美人（楊貴妃）は、（天子の）馬前で死んだ。
⑬螺鈿細工のかんざしは地面に捨てられたまま、拾い上げる人もなく、
⑭かわせみの尾の羽根の髪飾り、こがねづくりの雀形の髪飾り、玉のこうがいも（捨てられたまま）。
⑮天子は手で顔をおおったまま、救うこともできず、
⑯振り返り見る目からは、血と涙が混じり合って流れていた。

語釈・句法

①驪宮　驪山のふもとにある離宮。華清宮を指す。

高処　高いところ。華清宮の最も高くそびえているところ。

入青雲　雲の中に入り込む。華清宮が高くそびえていることをいう。「青雲」は、高い雲。青天の雲。

②仙楽　仙界で演奏されるような美しい音楽。この世のものとは思われない美しい音楽。

風飄　風にのって漂う。

処処聞　あちらこちらに聞こえてくる。華清宮の音楽が風にのって周囲一帯に響きわたることをいう。「処処」は、「どこも」、「いたるところ」の意。日本語の「ところどころ」とは異なる。

③緩歌慢舞　ゆったりとした歌と舞。「緩慢歌舞」と同じ。

凝糸竹　弦楽器と管楽器の粋をこらす。「糸」は、琴・琵琶の類。「竹」は、笛・笙の類。一説に、弦楽器と管楽器を緩やかに長く演奏するとする。

④尽日　一日中。終日。

看不足　いくら見ても飽きない。

⑤漁陽鼙鼓　「漁陽」は、今の天津市。「鼙鼓」は、馬上で鳴らす攻め太鼓。天宝十四年〔七五五〕十一月、安禄山が漁陽で反乱を起こしたことをいう。

動地来　大地を揺り動かすように響いてくる。

⑥驚破　驚かす。「破」は、動詞に添えて意味を強める語。「喝破」「踏破」などの「破」と同じ用法。「けいは」と読んでもよい。

霓裳羽衣曲　舞曲の名。天女の舞をテーマにした音楽。玄宗が作曲したという伝説があるが、実際は西域から伝来した曲である。

⑦九重城闕　天子の居城。「闕」は、宮門の両側の高楼。天子の宮殿は、九つの城門を備えていたことから、宮城全体をいう。

煙塵生　煙やちりがまき起こる。兵乱によるものである。一説に、敵襲を知らせるのろしが立ちのぼるとする。

⑧千乗万騎　多数の車と多数の騎兵。天子の隊列を示す慣用語。

西南行　西南をめざして落ちのびる。天宝十五年〔七五六〕六月、玄宗は少数の側近とともに、長安からみて西南の方角にある蜀（今の四川省）の成都めざして落ちのびた。

⑨翠華　かわせみ（翡翠）の羽で飾った天子の旗。

揺揺　揺らぐ様子。

行復止　進んだり止まったりする。「復」は、二つの動作の連続を意味する。…したり…したり。

⑩西出都門百余里　都の城門を西に出ること百余里のところ。長安

の西五十数キロのところにある馬嵬を指す。

⑪六軍　天子に直属する軍隊。六軍（一軍は一万二千五百人）からなるのが正式なので、こういった。

不レ発　出発しない。玄宗の一行が馬嵬に着くと、随行の近衛兵が、このたびの内乱の責任は楊氏一族にあるとして、その処刑を求めた。

無二奈何一　どうすることもできない。「奈何」は、どうする。手段・方法を問う。

⑫宛転蛾眉　美しく弧を描いた女性の眉。美人の形容。

馬前死　天子の馬前で死んだ。随行の兵士たちの要求によって、玄宗が楊貴妃を殺させたことをいう。楊貴妃は三十八歳であった。

⑬花鈿　螺鈿細工（貝がらをはめこんだ装飾）のかんざし。

委レ地　地面に捨てられたままになっている。「委」は、そのままの状態で手がつけられず放置されていること。

⑭翠翹　翠翹（かわせみ）の緑色の尾羽根で作った髪飾り。

金雀　こがねづくりの雀の形をした髪飾り。

玉搔頭　玉のこうがい（くし）。

⑮掩レ面　手で顔をおおう。玄宗が楊貴妃の死を直視できないでいることを描写している。

救不レ得　救うことができない。「…不レ得」は、「…できない」の意。

⑯迴看　振り返って見つめる。

血涙相和流　玄宗の目から血と涙が混じり合って流れる。一説に、楊貴妃の血と玄宗の涙がいっしょになって流れるとする。

■第四段落（一四二・7～一四三・2）

段意　蜀へ落ちのびた天子は、楊貴妃を思い悲嘆にくれるが、まもなく乱が収まり、都へ帰る。

①黄埃散漫風蕭索
②雲桟縈紆登二剣閣一
③峨眉山下少二人行一
④旌旗無レ光日色薄
⑤蜀江水碧蜀山青
⑥聖主朝朝暮暮情
⑦行宮見レ月傷レ心色
⑧夜雨聞レ鈴腸断声

訓読

①黄埃散漫風蕭索
②雲桟縈紆剣閣に登る
③峨眉山下人の行くこと少なり
④旌旗光無く日色薄し
⑤蜀江は水碧にして蜀山は青し
⑥聖主朝朝暮暮の情
⑦行宮に月を見れば心を傷ましむる色あり

⑨天旋日転迴竜馭　⑩到此躊躇不能去
⑪馬嵬坡下泥土中　⑫不見玉顔空死処
⑬君臣相顧尽霑衣　⑭東望都門信馬帰

⑧夜雨に鈴を聞けば腸断つ声あり
⑨天旋り日転じて竜馭を迴らす
⑩此に到りて躊躇して去る能はず
⑪馬嵬の坡下泥土の中
⑫玉顔を見ず空しく死せし処
⑬君臣相顧みて尽く衣を霑す
⑭東のかた都門を望み馬に信せて帰る

現代語訳

①黄色い土ぼこりが一面に立ち込めて、風がもの寂しく（吹く中を）、
②雲の中に渡されたかけ橋がうねうねと曲がりくねっている道を（たどりつつ）、剣門山へと登って行った。
③峨眉山のふもとは、人の往来もほとんどなく、
④天子の旗も色あせて、太陽の光までも薄い。
⑤蜀の川は深みどりで、蜀の山は青々としているが、
⑥天子は朝な夕な（楊貴妃を思い）悲嘆にくれている。
⑦旅先での仮の御所で月を見ると、心を痛ませるような趣があり、
⑧雨の夜に鈴の音を聞くと、はらわたがちぎれる（ほどの悲しい）響きであった。
⑨天下の形勢が一変して、天子の車は（蜀から長安に向けて）出発したが、
⑩ここ（楊貴妃が殺された馬嵬）まで来ると、ためらって立ち去ることができない。
⑪馬嵬の堤のあたり、泥の中（には）、
⑫美人の顔は見られず、死んだ場所だけがむなしく存在する。
⑬天子も臣下も、（その場所を）振り返っては、みな涙で上着をぬらし、
⑭東方に都の門を望みながら、馬の歩むのにまかせて（力なく）帰って行った。

語釈・句法

①黄埃　黄色い土ぼこり。黄色い砂塵。北方中国特有の黄塵を指す。
散漫　一面に立ち込める。

②蕭索　もの寂しい様子。
雲桟　雲の中に渡されたかけ橋。雲にとどくほどの高いかけ橋。有名な蜀にある桟道を指す。「桟」は、険しいがけなどに、木をかけ渡して作った橋。

縈紆　曲がりくねる様子。
剣閣　今の四川省にある剣門山のこと。陝西省から四川省に入る最大の難所である。
③峨眉山　今の四川省峨眉山市にある山。四川省を代表する名山。
少二人行一　人の往来がほとんどない。
④旌旗　旗。ここでは、天子の所在を示す旗。
無レ光　色あせる。光彩がない。玄宗の権威の失墜と、楊貴妃を失った虚脱感を暗示している。
日色　太陽の光。
⑤蜀江・蜀山　蜀の地を流れる川や山。特定の川や山を指すのではなく、普通名詞である。
碧　深みどり。
⑥聖主　聖明な君主。玄宗皇帝を指す。
朝朝暮暮情　朝ごとに夕ごとに楊貴妃のことを思って悲しい気持ちになること。
⑦行宮　旅先での仮の御所。行在所。当時、成都に行宮が置かれた。
⑧夜雨聞レ鈴　音楽好きの玄宗が、蜀の桟道を越える時、雨中の鈴の音を聞いて、「雨霖鈴曲」を作ったという伝説がある。
腸断声　はらわたがちぎれるほどの悲しい響きがする。「腸断」は、悲しみのために、はらわたがちぎれるような思いになること。断腸の思い。「声」は、音。響き。
⑨天旋日転　天下の形勢が一変する。玄宗の子の粛宗が即位し〔七五六〕、安禄山が殺され〔七五七〕、同年、長安を回復したことを指す。
廻二竜馭一　天子の車を都に返す。玄宗が蜀から長安に向けて出発したことをいう。玄宗は至徳二年〔七五七〕十月に成都を出発し、十二月に長安に帰った。「竜馭」は、天子の車。
⑩到レ此　ここまで来る。「此」は、楊貴妃が死んだ馬嵬を指す。
躊躇不レ能レ去　ためらって進めない。楊貴妃のことを思って、立ち去りかねることをいう。「不レ能」は、「…できない」の意。不可能を表す。
⑪馬嵬　今の陝西省興平市の西。楊貴妃最期の場所である。
坡　傾斜のある場所。ここでは、堤。一説に坂道とする。
⑫玉顔　美人の顔。ここでは、楊貴妃を指す。
空死処　死んだ場所だけがむなしく存在する。「空」は、本来そこに存在すべきものが存在しない状態、またはその結果生じる感情をいう。
⑬相顧　楊貴妃が殺された場所を振り返る。「相」は、動作に対象があることを示す。
霑レ衣　涙で上着をぬらす。
⑭信レ馬帰　馬の歩むのにまかせて帰って行く。心うつろな玄宗を表している。

■第五段落（一四三・3〜一四四・3）

段意 都に帰ってからの天子は、楊貴妃への思慕をつのらせ、夜も眠れないほどに悲嘆にくれた。

① 帰来池苑皆依旧
② 太液芙蓉未央柳
③ 芙蓉如面柳如眉
④ 対此如何不涙垂
⑤ 春風桃李花開夜
⑥ 秋雨梧桐葉落時
⑦ 西宮南苑多秋草
⑧ 宮葉満階紅不掃
⑨ 梨園弟子白髪新
⑩ 椒房阿監青娥老
⑪ 夕殿蛍飛思悄然
⑫ 孤灯挑尽未成眠
⑬ 遅遅鐘鼓初長夜
⑭ 耿耿星河欲曙天
⑮ 鴛鴦瓦冷霜華重
⑯ 翡翠衾寒誰与共
⑰ 悠悠生死別経年
⑱ 魂魄不曽来入夢

訓読

①帰り来たれば池苑皆旧に依る
②太液の芙蓉未央の柳
③芙蓉は面のごとく柳は眉のごとし
④此に対して如何ぞ涙垂れざらん
⑤春風桃李花開く夜
⑥秋雨梧桐葉落つる時
⑦西宮南苑秋草多く
⑧宮葉階に満つれども紅掃はず
⑨梨園の弟子白髪新たに
⑩椒房の阿監青娥老いたり
⑪夕殿蛍飛びて思ひ悄然
⑫孤灯挑げ尽くして未だ眠りを成さず
⑬遅遅たる鐘鼓初めて長き夜
⑭耿耿たる星河曙けんと欲する天
⑮鴛鴦の瓦冷ややかにして霜華重く
⑯翡翠の衾寒くして誰と共にせん
⑰悠悠たる生死別れて年を経たり
⑱魂魄曽て来たりて夢に入らず

現代語訳

①（宮中に）帰ってみると、池も庭もすべて昔のままである。
②太液池のはすの花も未央宮の柳も（変わりがない）。

---

③はすの花は（楊貴妃の）顔のようであり、柳の葉は（楊貴妃の）眉のようである。

④それらに向かい合っては、どうして涙を流さないでいられようか。（いや、いられない。）
⑤春風に桃や李の花が開く夜、
⑥秋の雨にあおぎりの葉が落ちる時（その悲しみはいっそうつのる）。
⑦西の宮殿も南の庭園も秋草が多く茂り、
⑧宮殿の庭の落ち葉が階段に満ちても、その紅葉は掃除されない。
⑨梨園の若き舞楽員たちも、最近は白髪が目立ち、
⑩皇后の部屋に仕えた、宮女を取り締まる若く美しい女官も、老け込んでしまった。
⑪夜の宮殿に蛍が飛ぶのを見ては、心寂しくもの思いにふけり、
⑫ただ一つともる灯火の、灯心の燃えかすを切り尽くしても、まだ寝つかれない。
⑬ゆったりと時刻を知らせる鐘と太鼓が響き、秋の夜が長くなりはじめようとしている。
⑭きらきらと輝く天の川、やがて夜は明けようとする。
⑮おしどりの形の瓦は冷たく、霜が厚く降りて、
⑯かわせみの模様を刺繍した掛け布団は冷え冷えとして、誰とともに寝たらよいのか。（ともに寝る人もいない。）
⑰はるかに生と死の世界に別れてから、長い年月がたった。
⑱（しかし楊貴妃の）魂は、一度も（天子の）夢の中に訪ねてきたことはなかった。

語釈・句法

①池苑　池と庭。

依レ旧　昔のままである。「依」は、「そのまま」、「以前のまま」の意。

②太液　宮中の池の名。漢の武帝が建章宮の北に造った池の名。場面を漢代になぞらえた表現である。唐代の宮中にも同じ名の池があった。

芙蓉　はすの花。

未央　宮殿の名。漢の高祖が蕭何に造らせた宮殿。「太液」と同じく漢代になぞらえた表現である。唐代の宮中にも同じ名の宮殿があった。

③芙蓉如レ面　池に咲いているはすの花は（楊貴妃の）顔のようである。「如」は、「…のようである」の意。比況を表す。「面」は、「かお」とも読む。

柳如レ眉　柳の葉は（楊貴妃の細く美しい）眉のようである。「柳眉」といえば、美人を形容する語である。

④対レ此　それらに向かい合っては。「対」は、正面から向かい合う。「此」は、太液の芙蓉と未央の柳を指す。

如何不二涙垂一　どうして涙を流さないでいられようか。（いや、いられない。）「如何不レ…」は、「どうして…しないでいられようか。（いや、

いられない。）」。反語を表す。

⑤桃李　桃と李。

⑥梧桐　あおぎり。梧桐の葉が落ちるのは秋の知らせ。

⑦西宮南苑　西の宮殿と南の庭園。

⑧宮葉　宮殿の庭の落ち葉。

紅不レ掃　落ちた紅葉は掃除されない。訪れる人もいない玄宗の寂しい生活を描いている。

⑨梨園弟子　玄宗が宮中で養成した舞楽員。梨園にその教習所があった。

白髪新　最近は白髪が目立つ。

⑩椒房　皇后の部屋。昔、皇后の部屋の壁には、山椒を塗り込んだので、こういう。部屋を暖かくし、その香りで邪気をはらうためといわれる。

阿監　宮女を取り締まる女官。「阿」は、親しみを示す語。

青娥　若く美しい女性。「娥」は、あでやかな美しさ。

⑪夕殿　夜の宮殿。「夕」は、夕方をも含んだ夜全体を指す。

悄然　心寂しくもの思いにふける様子。しょんぼりする様子。

⑫孤灯　ただ一つともる灯火。玄宗の孤独を象徴する。

挑尽　灯心の燃えかすを切り尽くす。夜が更けたことをいう。「挑」は、「灯火のしんを上に出す」の意。

未レ…　まだ…ない。再読文字。

⑬遅遅　事態の進行が遅いこと。ここでは、鐘と太鼓の音がゆっくりと間のびして聞こえることをいう。

鐘鼓　宮中で時刻を知らせる鐘と太鼓の音。

初長夜　秋の夜が長くなりはじめようとしている。

⑭耿耿　きらきら。明るく輝く様子。ほかに、ほの明るい様子、薄れながら光り輝く様子という説もある。

星河　天の川。「せいか」とも読む。

欲レ曙天　夜が明けようとする空。「欲」は、今まさにある状態になりつつあることを表す。

⑮鴛鴦瓦　おしどりの形の瓦。「鴛鴦」は、おしどり。「鴛」は、雄。「鴦」は、雌。仲むつまじい夫婦のたとえ。以下、詩の季節は冬の様子へと展開する。

霜華　霜。「華」は、美称。

重　厚く降りる。

⑯翡翠衾　かわせみの模様を刺繍した掛け布団。「翡翠」は、つがいの鳥。

誰与共　誰とともに寝たらよいのか。（ともに寝る人もいない。）「誰」は、ここでは反語を表す。

⑰悠悠　はるかに隔たっている様子。「悠」は、「遠い」「はるか」の意。

生死　生と死。「生」は、玄宗のいるこの世。「死」は、楊貴妃のいるあの世。

⑱魂魄　たましい。「魂」は、人間の精神に付随し、「魄」は、人間の肉体に付随すると考えられていた。

不二曽…一　一度も…したことはない。「曽」は、打消を強める語。

第六段落（一四四・4～10）

段意 天子に同情した道士が、部下の方士に命じて楊貴妃の魂を捜し求めさせ、方士は仙宮に楊貴妃らしい仙女がいることをつきとめた。

①臨邛道士鴻都客　②能以精誠致魂魄
③為感君王展転思　④遂教方士殷勤覓
⑤排空馭気奔如電　⑥昇天入地求之遍
⑦上窮碧落下黄泉　⑧両処茫茫皆不見
⑨忽聞海上有仙山　⑩山在虚無縹緲間
⑪楼閣玲瓏五雲起　⑫其中綽約多仙子
⑬中有一人字太真　⑭雪膚花貌参差是

訓読

①臨邛の道士鴻都の客
②能く精誠を以つて魂魄を致く
③君王展転の思ひに感ずるが為に
④遂に方士をして殷勤に覓めしむ
⑤空を排し気に馭して奔ること電のごとく
⑥天に昇り地に入りて之を求むること遍し
⑦上は碧落を窮め下は黄泉
⑧両処茫茫として皆見えず
⑨忽ち聞く海上に仙山有り
⑩山は虚無縹緲の間に在り
⑪楼閣玲瓏として五雲起こり
⑫其の中綽約として仙子多し
⑬中に一人有り字は太真
⑭雪の膚花の貌参差として是なりと

現代語訳

①臨邛の道教の修験者で、長安に滞在していた者がいて、
②（その道士は）真心を込めた精神力で死者の魂を招き寄せることができた。
③天子が夜も眠れないほど（楊貴妃のことを）とめどなく思い煩っているのに感動したために、
④かくて（部下の）方士に命じて、心を込めて（楊貴妃の魂を）捜し求めさせた。
⑤（方士は）大空を押し開き、大気に乗って、稲妻のように駆けめぐり、
⑥天に昇り、地にもぐって、くまなく捜し求めた。

⑦上は青空の果てまで、下は地下にある、死者の世界まで（捜したが、）
⑧どちらも果てしなく広がるばかりで、（楊貴妃の魂は）見当たらなかった。
⑨（そのうちに）ふとこんなことを聞いた、「海上に仙人の住む山があり、
⑩その山は、何もない広い空間の中にある。
⑪そこの高殿は、透き通って美しく輝き、五色の雲がわき起こり、
⑫その（高殿の）中には、しとやかで美しい仙女がたくさんいる。
⑬その中の一人に、字を太真という者がいて、
⑭雪のような白い肌、花のような美しい顔だちは、ほぼ楊貴妃そのものである。」と。

語釈・句法

①臨邛（りんきょう） 今の四川省成都（せいと）市。
道士（どうし） 道教の修験者。神仙・不老不死の術などを修行する者。

鴻都客（こうとノかく） 長安に旅人として滞在していた者。「鴻都」は、漢代の宮門の名。ここでは長安を指す。
②能（よク） …できる。可能を表す。
精誠（せいせい） 真心を込めた精神力。念力（ねんりき）。

致（まねク） 招き寄せる。「招致」の「致」。
③感（かんズル） 感動する。この主語については、道士、玄宗の側近、玄宗自身という三つの説がある。ここでは、道士と考えておく。
展転思（てんてんノおもヒ） 寝返りばかりうって、夜も眠れないほどにとめどなく思い煩うこと。天子が楊貴妃を思慕する情。
④教（しム）……ヲシテ……（メ） 「教（しム）AヲシテB（セ）」は、A〈人物〉にB〈行為〉させる。使役を表す。
方士（ほうし） 「道士」と同じ。方術の士。仙術を行う人。道士の部下。一説に、道士と同一人物とする。

殷勤（いんぎんニ） 心を込めて。念入りに。

覓（もとメ） 捜し求める。
⑤排空（はいシくうヲ） 大空を押し開く。
馭気（ぎょスきニ） 大気に乗る。

奔如電（はしルコトごとクいなずまノ） 稲妻のように駆けめぐる。「電」は、稲妻。電光。速いことのたとえ。
⑦碧落（へきらく） 青空。道教の用語。
黄泉（こうせん） 地下にある、死者の世界。
⑧両処（りょうしょ） 「碧落」と「黄泉」を指す。
茫茫（ぼうぼう） 果てしなく広い様子。「茫」は、どこまでも遠く続いているさま。
⑨忽聞（たちまチきク） ふと聞きつける。思いがけなく耳にする。⑭の最後までかかる。
⑩虚無縹緲間（きょむひょうびょうノかん） 何もない広い空間。俗世間から遠く隔絶した別の空間（世界）をいう。「縹緲」は、はるかに広い様子。
⑪楼閣（ろうかく） 高い建物。高殿。
玲瓏（れいろう） 透き通って美しく輝く様子。

五雲（ごうん） 五色の雲。仙人のいる所を暗示する。五色とは、青・赤・黄・白・黒をいう。
⑫綽約（しゃくやく） しとやかで美しい様子。体つ

きが柔らかな様子。

仙子 仙女。

⑬太真 楊貴妃が女道士であった時の名。楊貴妃は玄宗に召された後、貴妃の位を与えられるまでの約五年間、公式には女道士としての処遇を受けた。太真はその時の名である。

⑭参差 ほとんど。ほぼ。よく似ているさま。

■第七段落（一四四・11～一四五・5）

段意

方士の訪問を受けた楊貴妃は、夢心地でいたので驚いたが、やがて出てきたその姿は涙にぬれて悲しそうであった。

①金闕西廂叩二玉扃一　②転教三小玉報二双成一
③聞道漢家天子使　④九華帳裏夢魂驚
⑤攬レ衣推レ枕起徘徊　⑥珠箔銀屏邐迤開
⑦雲鬢半偏新睡覚　⑧花冠不レ整下レ堂来
⑨風吹二仙袂一飄颻挙　⑩猶似二霓裳羽衣舞一
⑪玉容寂寞涙闌干　⑫梨花一枝春帯レ雨

訓読

①金闕の西廂に玉扃を叩き
②転じて小玉をして双成に報ぜしむ
③聞道くならく漢家天子の使ひなりと
④九華の帳裏夢魂驚く
⑤衣を攬り枕を推して起ちて徘徊す
⑥珠箔銀屏邐迤として開く
⑦雲鬢半ば偏きて新たに睡りより覚め
⑧花冠整はず堂より下り来たる
⑨風は仙袂を吹きて飄颻として挙がり
⑩猶ほ霓裳羽衣の舞に似たり
⑪玉容寂寞として涙闌干
⑫梨花一枝春雨を帯ぶ

現代語訳

①（方士は）黄金造りの正殿の西側の棟に行って、玉で飾ったかんぬきをたたき、
②（侍女の）小玉から双成へと順次に取り次がせた。
③聞くところによれば漢の天子からの使者であると（侍女が告げると）、
④美しい花模様を織りなしたとばりの中で、夢うつつの中にあった（楊貴妃の）魂は、はっと目覚めた。
⑤衣服を手に取り、枕を押しのけ、立ち上がって（部屋の中を）さまよい歩いた。
⑥（やがて）真珠のすだれや銀の屏風が、次から次へと開かれ、

⑦豊かに美しい髪はなかば傾き、眠りから覚めたばかりの様子で、

⑧美しい冠もきちんとしないまま、（太真は）奥の部屋から下りてきた。

⑨風は仙女（である太真）の上着のたもとを吹いて、ひらひらと翻り、

⑩（それはちょうど）霓裳羽衣の舞のようであった。

⑪美しい顔かたちは寂しそうで、涙がはらはらと流れ落ち、

⑫（その様子はちょうど）一枝の梨の花が、春の日に（やわらかな）雨にしっとりとぬれているような趣であった。

語釈・句法

①金闕　黄金造りの宮殿。「闕」は、宮城の門。転じて、宮殿全体を指す。

西廂　正殿の西側の棟。一般に女性の居室に当てられる。

玉扃　玉で飾ったかんぬき。扉をいう。

②転　順次に取り次ぐ。

小玉・双成　ともに侍女の名。

③聞道　聞くところによれば。…だそうだ。

漢家天子使　漢の天子からの使者。唐の玄宗のこととしていうのをはばかって「漢家天子」といった。

④九華帳裏　美しい花模様を織りなしたとばりの中。「帳」は、とばり、カーテン。「裏」は、中。

夢魂驚　夢うつつの中にあった楊貴妃の魂が、はっと目覚めた。「驚」は、瞬間的な衝撃を受けて、心がはっとすること。

⑤攬レ衣　衣服を手に取る。

推レ枕　枕を押しのける。枕を手で押しやる。「枕」は、箱枕。

起徘徊　立ち上がって（部屋の中を）さまよい歩いた。天子の使者が突然訪ねてきたので、太真が動揺していることを表している。

⑥珠箔　真珠のすだれ。

銀屏　銀の屏風。

邐迤　次から次へと続いている様子。

⑦雲鬢　豊かに美しい髪。「鬢」は、頭上に高く束ね上げたまげ。唐代女性の流行の髪型であった。

新　…したばかり。

⑧花冠　美しい飾りの施された冠。

不レ整　きちんとしていない。

堂　奥の部屋。

⑨仙袂　仙女（である太真）の着ている上着のたもと。

飄颻　ひらひらと翻る様子。

⑪玉容　美しい顔かたち。

寂寞　ひっそりと寂しい様子。

闌干　涙がはらはらと流れる様子。

⑫春帯レ雨　春の日に、雨にしっとりとぬれる。「帯」は、まとう。ここでは、雨つゆを含んでしっとりとぬれている様子をいう。

第八段落（一四五・6～終わり）

段意　楊貴妃は、思いを込めて天子にお礼を申し上げた。そして、天子への深い思いを表そうと思い出の品である小箱とかんざしのそれぞれ一部を使者に持って行かせるとともに、ふたりだけの誓いの言葉をおりまぜながら、切ない恋心を訴える言葉を託した。

①含情凝睇謝君王　②一別音容両渺茫
③昭陽殿裏恩愛絶　④蓬萊宮中日月長
⑤迴頭下望人寰処　⑥不見長安見塵霧
⑦惟将旧物表深情　⑧鈿合金釵寄将去
⑨釵留一股合一扇　⑩釵擘黄金合分鈿
⑪但令心似金鈿堅　⑫天上人間会相見
⑬臨別殷勤重寄詞　⑭詞中有誓両心知
⑮七月七日長生殿　⑯夜半無人私語時
⑰在天願作比翼鳥　⑱在地願為連理枝
⑲天長地久有時尽　⑳此恨綿綿無絶期

【白氏長慶集】

訓読

①情を含み睇を凝らして君王に謝す
②一別音容両つながら渺茫
③昭陽殿裏恩愛絶え
④蓬萊宮中日月長し
⑤頭を迴らして下人寰の処を望めば
⑥長安を見ずして塵霧を見る
⑦惟だ旧物を将つて深情を表し
⑧鈿合金釵寄せ将ち去らしむ
⑨釵は一股を留め合は一扇
⑩釵は黄金を擘き合は鈿を分かつ
⑪但だ心をして金鈿の堅きに似しめば
⑫天上人間会ず相見えんと
⑬別れに臨みて殷勤に重ねて詞を寄す
⑭詞中誓ひ有り両心のみ知る
⑮七月七日長生殿
⑯夜半人無く私語の時
⑰天に在りては願はくは比翼の鳥と作り
⑱地に在りては願はくは連理の枝と為らんと
⑲天長地久時有りて尽くるも
⑳此の恨みは綿綿として絶ゆる期無からん

現代語訳

①（楊貴妃は）思いを込め、じっと見つめながら、天子に（次のように）お礼を申し上げた。
②「お別れして以来、お声もお姿も、ともにはるかに遠いものになってしまいました。
③昭陽殿で受けたあの恩愛は断ち切られ、
④この蓬萊宮において、もう長い年月がたちました。
⑤振り返って、はるか下の人間世界を眺めてみますと、
⑥（あの懐かしい）長安は見えないで、ちりと霧が目に入るばかりです。
⑦今はただ、思い出の品によって深い思いを表そうと、
⑧螺鈿細工の小箱と黄金製の二またかんざしを（使者に）ことづけて持って行かせます。
⑨二またかんざしは片一方の足を（残し）、小箱は蓋(ふた)と身のどちらか一方を残しておきます。
⑩かんざしは黄金を引き裂き、小箱は螺鈿を分けるのです。
⑪ただ、ふたりの心を、黄金や螺鈿のように堅いものにさせておくならば、
⑫天上世界と人間世界に別れていても、きっとお目にかかれるでしょう。」と。
⑬別れにあたって、心を込めて重ねて伝言した。
⑭その言葉の中には、（玄宗と楊貴妃の）ふたりの心だけが知っている誓いの言葉があった。
⑮「七月七日、長生殿で、
⑯夜更けに人気(ひとけ)もなく、ふたりがささやき合いました時、
⑰『天上にあっては比翼の鳥となりたいもの、
⑱地上にあっては連理の枝となりたいもの』と。」
⑲天地は永遠であるとはいっても、いつかは滅びる時があるかもしれませんが、
⑳この切ない恋心だけは、いつまでも長く続いて、絶える時がないでしょう。

語釈・句法

①含レ情(ふくみじょうヲ) 思いを込める。
凝レ睇(こらシひとみヲ) じっと見つめる。
謝(しゃス) お礼を言う。感謝する。一説に、告げる。
②音容(おんよう) 声と姿。ここでは、玄宗の声と姿である。
両(ふたツナガラ) ともに。「音」と「容」の二つをいう。
③渺茫(びょうぼう) はるかに遠い様子。
昭陽殿(しょうようでん) 漢代の宮殿の名。もともとは、漢の成帝(せいてい)が趙飛燕(ちょうひえん)姉妹を住まわせた宮殿であるが、ここでは、楊貴妃が生前住んでいた宮殿を指す。
④蓬萊宮(ほうらいきゅう) 海上の仙山（蓬萊）にあるという宮殿の名。

⑤人寰処　人間世界。「寰」は、地域・領域。

⑥塵霧　ちりと霧。一説に、兵乱・兵塵とする。

⑦惟　ただ…だけ。限定を表す。

将　…によって。「以」と同じ。口語的な表現。状態・手段・理由などを表す。

旧物　昔の思い出の品。具体的には、第八句の「鈿合」と「金釵」とを指す。

深情　心中の深い思い。

⑧鈿合　螺鈿細工の小箱。蓋物を「合」という。「螺鈿」は、おうむがい・あわびなどの貝殻の内側の光る部分を、花鳥などの形に切って磨き、漆器などの面にはめ込み、飾りとするもの。

金釵　黄金製の二またかんざし。

寄将去　ことづけて持って行かせる。「寄」は、ことづける。寄託する。

⑨一股　二またになっているかんざしの片一方の足。

一扇　箱の蓋と身の、どちらか一方。

⑩擘　引き裂く。

⑪但　ただ…だけ。限定を表す。

令　「令二A B一」の形で、A〈人物〉にB〈行為〉させる。使役を表す。

⑫天上人間　天上世界と人間世界。天上世界と人間世界に別れていても。一説に、天上世界か人間世界かいずれかにおいて。

会　きっと…であろう。将来の強い可能性を表す。

⑬殷勤　心を込めて。丁寧に。

寄詞　伝言する。

⑭有誓　誓いの言葉があった。具体的には、「在レ天願レ作二比翼鳥一」と「在レ地願為二連理枝一」の二句を指す。

両心　玄宗と楊貴妃のふたりの心。

⑮七月七日　七夕。牽牛と織女が年に一度だけ会う日。漢代末頃からの伝説である。

長生殿　華清宮の中にあった宮殿の名。

⑯私語　ささやく。ひそかに語る。主に、男女間の愛のささやきのこと。

⑰比翼鳥　雌雄それぞれ一目一翼で、合して一体となって飛ぶという想像上の鳥。男女の不変の愛のたとえに用いられる。

⑱連理枝　並んで生えた二本の木の枝が一つになったもの。「理」は、木目。夫婦間の深い愛情にたとえられる。

⑲天長地久　天地は永遠である。『老子』第七章に、「天長地久」とある。

有時尽　いつかは滅びる時がある。人類の存在が絶対的なものではないことを示唆する。

⑳恨　恋の恨み。切ない恋心。恋情などがいつまでも自分の心に残ること。

綿綿　長く続く様子。とぎれない様子。

鑑賞

「長恨歌」は、玄宗と楊貴妃の悲恋を、全編に甘美な悲哀感を漂わせながら流麗な表現でうたいあげた、七言百二十句、八百四十字の長編詩である。元和(げんな)元年〔八〇六〕十二月、作者三十五歳の時の作である。

段落分けについては、第一段落八句、第二段落十八句、第三段落十六句、第四段落十四句、第五段落十八句、第六段落十四句、第七段落十二句、第八段落二十句のように八段落に分けたが、ほかに四段落に分けたり、同じ八段落でも、第一段落八句、第二段落二十四句、第三段落十句、第四段落八句、第五段落二十四句、第六段落十四句、第七段落十二句、第八段落二十句とする分け方などもある。

第一段落八句は、楊貴妃が玄宗に召された経緯と、その美しさとをうたう。時に玄宗は五十五歳、楊貴妃は二十二歳であった。

第二段落十八句は、玄宗の楊貴妃に対する寵愛が比類なく、楊氏一族は繁栄し、宮中で栄華に酔っていることをうたう。

第三段落十六句は、七五五年、安史の乱が突如として起こり、玄宗は蜀の地へ向かうが、その途中、楊貴妃が殺されたことをうたう。

第四段落十四句は、蜀への逃避行とその地での玄宗の寂しさとを、華麗なななかにも悲愁の情をたたえてうたい、あわせて乱が収まって都へ帰る様子を述べる。

第五段落十八句は、玄宗は都に帰ったが、楊貴妃への思慕をつのらせるばかりであることをうたう。

第六段落十四句に至って、詩の世界は一変する。道士・方士が登場して、この世にいない楊貴妃を捜しあてる場面がうたわれる。この段落から、作者は文学的虚構の世界を構築し、読者を夢幻的なロマンの世界に誘う。

第七段落十二句は、天上界に住む楊貴妃が天子の使者と面会する姿を、地上にあった時にもまして、なまめかしく描き出す。

第八段落二十句は、楊貴妃の述懐の形をとり、玄宗への思いのたけが述べられて、この長い愛の物語をうたった詩の結末とされる。

白居易の文集には、「長恨歌」の前に友人陳鴻(ちんこう)の「長恨歌伝」が掲載されており、その末尾で「長恨歌」制作の動機を次のように述べている。

元和元年冬十二月、白居易がやって来た。私(陳鴻)と王質夫(おうしつふ)と三人で、仙遊寺に遊び、話題が玄宗と楊貴妃の事件に及び、感嘆し合った。すると王質夫が白居易に「そもそも世にまれな事件は、非凡な才能を持つ人が巧みに潤色しなかったら、時とともに消滅してしまい、世の中に知られなくなってしまうものだ。あなたは詩に造詣が深いし情にも富む人だから、ためしにこのことをうたってみてはどうか。」と言った。そこで白居易が「長恨歌」を作ったのである。思うに、白居易はただ単にこの事件に感動したというだけではなく、女の美貌で人を惑わすようなことを懲らしめ、そこから起こる国家の乱れの根源をふせいで、再び将来にこうしたことのないように欲したのであろう。歌ができあがると、私に伝を書かせることになった。

陳鴻はこの詩の制作動機について右のように述べているが、この作品を段落ごとに検討してみると、玄宗と楊貴妃とを直接に非難する言葉を読み取ることは難しい。やはり、悲恋に終わった玄宗と楊貴妃との深い愛情に対する感動が、この作品の全編をおおっていると受け止めるのが妥当であろう。

この作品は多くの人に愛誦されてきたが、その理由としては、玄宗と楊貴妃の悲恋という題材の魅力、構成の巧みさ、叙述表現の巧みさなどが挙げられる。特に、楊貴妃亡きあとの玄宗の感傷を描写した第五段落はみごとであり、要所要所に配置された秀麗な対句とともに、じっくりと読み味わいたい。

また、この作品は、日本文学にも大きな影響を与えた。『源氏物語』の「桐壺」の巻には「長恨歌」を踏まえた記述が多数あることはよく知られており、『枕草子』にも「梨花一枝、春、雨を帯びたり」と引かれている。

作者・出典

作者 白居易（七七二―八四六） 字は楽天。号は香山。中唐の詩人。下邽（今の陝西省渭南市）の人。幼少の頃から文才を示し、貧困の中で刻苦勉励を重ねた。貞元十六年（八〇〇）、科挙に合格。元和元年（八〇六）、盩厔（陝西省周至県）の尉となる。ここで「長恨歌」を作った。元和二年（八〇七）に翰林学士、同三年（八〇八）に左拾遺、同五年（八一〇）に京兆府戸曹参軍、同九年（八一四）に太子左賛善大夫となる。同十年（八一五）、武元衡暗殺事件に際して、即座に賊を捕らえるよう上奏したことが越権行為として非難され、江州（今の江西省九江市）の司馬に左遷された。同十五年（八二〇）、都に召還されて、司門員外郎となり、同十六年（八二一）には、中書舎人となるが、長慶二年（八二二）には、杭州（今の浙江省杭州市）の刺史となり、宝暦元年（八二五）には蘇州の刺史となった。太和元年（八二七）に秘書監となり、同二年（八二八）には刑部侍郎となるが、病気を理由に洛陽に隠棲した。その後、太子賓客、太子少傅などを歴任し、会昌二年（八四二）、刑部尚書を最後に引退した。若い頃は、多くの風諭詩を作って新楽府運動を展開したが、晩年はもっぱら「閑適の詩（日々の暮らしの中で得られる感興をうたったもの）」を楽しんだ。その詩は平易な表現を特徴とし、幅広い読者に受け入れられた。詩ができると文字のわからない老婆に聞かせ、老婆のわからない箇所は平易な表現に改めたという。韓愈とともに「韓白」と併称される。

出典　『白氏長慶集』『白氏文集』ともいい、白居易の詩文集である。白居易の友人元稹が長慶四年（八二四）に編集した前集五十巻と、白居易自選の後集二十巻、続集五巻の計七十五（現存は七十一巻）巻。約二千九百首の詩と約七百編の文を収めている。日本には平安時代に渡来し広く読まれた。

教科書の問題（解答・解説）　教科書 一四六ページ

？教科書本文下に示された問題

？「無閑暇」の主語は何か。（p.一四一）

解答　楊貴妃。

？「此」の指すものは何か。（p.一四三）

解答　「太液芙蓉」と「未央柳」を指す。

？「聞」の内容は何か。（p.一四四）

解答　「海上有仙山」から「参差是」まで。

？「有誓」の内容は何か。（p.一四六）

解答　「在天願作比翼鳥　在地願為連理枝」と誓ったこと。

■学習の手引き

❶繰り返し朗読しながら、あらすじを追おう。

［解説］百二十句の長い詩だが、繰り返し朗読しながら、内容を追う。あらすじは本書二六七ページの「主題」を参照。

❷いくつかの段落に分けて、その内容を整理しよう。

解答　ここでは八つの段落に分けて内容をまとめる。

○第一段落（初め～一四〇・5）…楊貴妃が天子（玄宗皇帝）に見いだされて宮中に召されると、その美しさでたちまち他の女官たちを圧倒した。

○第二段落（一四〇・6～一四一・7）…楊貴妃は天子に日夜愛され、そのため楊氏一族の人々はみな高位高官に取り立てられた。

○第三段落（一四一・8～一四二・6）…歌と踊りとに日を送る天子は、安史の乱が起こると、都長安を捨てて蜀の地へ落ちのびるが、途中、兵士たちの要求で楊貴妃を殺させた。

○第四段落（一四二・7～一四三・2）…蜀へ落ちのびた天子は、楊貴妃を思い悲嘆にくれるが、まもなく乱が収まり、都へ帰る。

○第五段落（一四三・3〜一四四・3）…都に帰ってからの天子は、楊貴妃への思慕をつのらせ、夜も眠れないほどに悲嘆にくれた。

○第六段落（一四四・4〜10）…天子に同情した道士が、部下の方士に命じて楊貴妃の魂を捜し求めさせ、方士は海上にある仙人の住む山に楊貴妃らしい仙女のいることをつきとめた。

○第七段落（一四四・11〜一四五・5）…方士の訪問を受けた楊貴妃は、夢心地でいたので驚いたが、やがて出てきたその姿は涙にぬれて悲しそうであった。

○第八段落（一四五・6〜終わり）…楊貴妃は、天子への思い出の品を使者に託すとともに、ふたりだけの誓いの言葉をおりまぜながら切ない恋心を訴える言葉を託した。

❸「長恨歌」という題に込められた意味を考えよう。

[解説] 「長恨歌」という題は、最後の「此恨綿綿無絶期」から出たもので、恋を失った恨み（切ない恋心）の永遠性を意味する。

■語句と表現

①本文から楊貴妃の美しさを表現した句を抜き出そう。

解答 主な箇所を以下に挙げておく。

廻眸一笑百媚生（一四〇・5）
六宮粉黛無顔色（一四〇・5）
雲鬢花顔金歩揺（一四〇・8）
芙蓉如面柳如眉（一四三・4）
雪膚花貌参差是（一四四・10）
風吹仙袂飄颻挙（一四五・4）
猶似霓裳羽衣舞（一四五・4）

②「比翼連理」（一四六ページ）とはどのような意味で使われているか調べよう。

解答 男女のむつまじい愛。夫婦仲がよいことのたとえ。

[解説] 「比翼」は目と翼が一つずつしかない雌雄が一体となって飛ぶという比翼の鳥を意味する。「連理」は木の枝に別の木の枝がくっついて一つになった連理の枝を意味する。いずれも男女や夫婦の深い愛情を表す。

参考

源氏物語―桐壺

紫式部

教科書 一四七ページ

現代語訳

(更衣の)形見の品々を(帝に)ご覧に入れる。(帝は、『長恨歌』にあるように)亡くなった人のすみかを捜しあてた証拠のかんざしであったならば(どんなにうれしかろう)、とお思いになるが(それも)まことにむだなことである。

(更衣の魂を)捜しに行く道士がいてくれたらなあ。人づてにでも魂のありかをどこであると知ることができるのに。

絵に描いてある楊貴妃の顔かたちは、優れた絵かきであっても、その筆の力には限度があるから、全く生き生きとした美しさに乏しい。太液池の芙蓉も、未央宮の柳も、なるほど(それに)似通っていた(楊貴妃の)容姿であるが、その唐風の装束は端麗であったろうけれど、(それに比べて、更衣が)親しみやすく可憐であったことをお思い出しになると、(それは)花の色にも鳥の声にもたとえようがないのである。朝夕の話の種に、(比翼の鳥のように)翼を並べ、(連理の枝のように)枝を合わせよう、と約束なさったのに、思いどおりにならなかった(更衣の)寿命のはかなさが限りなく恨めしい。

鑑賞

桐壺更衣の死後、帝は命婦を更衣の実家へ派遣する。命婦は更衣の母から、形見の品として装束と髪を結い上げる道具を受け取り、帝のもとに戻る。帝はそれを見て「長恨歌」を連想し、いっそう悲嘆にくれるのであった。

作者・出典

作者 紫式部〔生没年未詳〕 藤原為時の娘。夫と死別後に源氏物語を書き始め、その文名によって藤原道長に見いだされて、道長の娘の中宮彰子に出仕した。宮仕え後も執筆は精力的に続いたらしい。他に『紫式部日記』などがある。

出典 『源氏物語』 十一世紀初め頃の成立。五十四帖。壮大な構想のもと、一人の主人公と、巻ごとに配した女性との恋物語を通して、人間の愛のあり方を深く追求した作品で、後世の文学に多大な影響を与え、今日も読み継がれている。

参考

枕草子―木の花は

清少納言

教科書 一四七ページ

現代語訳 梨の花は、世間では全く興ざめなものとして、身近で扱うこともせず、ちょっとした手紙を結びつけることさえしない。愛敬のない人の顔などを見ては、（まるで梨の花のようだと）たとえに言うのも、いかにも（もっともで）、葉の色から始めて、つまらなく見えるが、中国ではこの上なくすばらしいものとして、漢詩にも作る、やはりそうはいっても、わけがあるのだろうと（思って）、よくよく見ると、花びらの端に、美しい色つやが、ほのかについているように見える。（中国では）楊貴妃が帝のお使いに会って泣いたという顔に似せて、「梨の花の一枝、春、雨にぬれている。」などと詠んでいるのは、通り一遍ではないだろうと思うと、やはりたいそうすばらしいことは、ほかに例があるまいと思われる。

鑑賞

梨の花は日本ではとりえのない花とされるが、中国では特に「長恨歌」で、楊貴妃の涙ぐむ顔を春雨を帯びた梨の花にたとえていて、すばらしい花だと思えてくるという。作者が引用しているのは、「長恨歌」の第七段落、死の世界まで捜しに来た帝の使いの前に現れた楊貴妃の描写である。第七段落最終⑪・⑫行に「玉容寂寞トシテ涙闌干　梨花一枝春帯レ雨ヲ」がある。美しい顔は寂しげで、涙がはらはらと落ち、その姿は梨の花の一枝が春の雨にぬれているかのような風情だったというのである。永遠に帝の元へ戻れない悲しみを表現している。「木の花は」は類聚的章段（ものづくし）にあり、ほかに紅梅・桜・藤・橘・桐・楝が取り上げられ、作者独自の感想を述べている。

作者・出典

作者 清少納言〔生没年未詳〕歌人清原元輔の娘で、一条天皇の中宮定子のもとに出仕した。

出典 『枕草子』随筆。十一世紀頃の成立。類聚的章段、日記的章段、随想的章段など約三百段からなる。

和漢朗詠集

三月尽

教科書 一四八～一四九ページ

◆白居易

①留レ春春不レ住　②春帰人寂漠
③厭レ風風不レ定　④風起花蕭索

訓読

①春を留むるに春住まらず
②春帰りて人寂漠たり
③風を厭ふに風定まらず
④風起ちて花蕭索たり

語釈・句法

三月尽　陰暦三月の晦日。朗詠題の一つ。
①不レ住　とどまらない。「住」は、とどまる。
②人寂漠　人気がなく、もの寂しい。
④花蕭索　花が散って、もの寂しい。

現代語訳

①春を引き留めようとしても、春はとどまらない。
②春は帰って行ってしまい、人気がなく、もの寂しい。
③風を嫌っても、風は静まらない。
④風が吹いて、花が散って、もの寂しい。

鑑賞

白居易の「落花」という五言古詩の、第一句から第四句である。歩く人もなく、風が吹いて花が散る、もの寂しい暮春の様子をうたっている。

---

①惆悵春帰留不レ得
②紫藤花下漸黄昏

訓読

①惆悵す春帰りて留むること得ず
②紫藤の花の下漸く黄昏たり

語釈・句法

①惆悵　いたみ悲しむ。「惆」も「悵」も、「がっかりする」の意。
不レ得　…できない。不可能を表す。

② 紫藤　紫色の藤の花。
漸　次第に。
黄昏　たそがれ。日没の時。

現代語訳

① 春が帰って行ってしまい、引き留めることができないのをいたみ悲しむ。
② 紫色の藤の花のあたりも、次第にたそがれになった。

鑑賞

白居易の「三月三十日、慈恩寺に題す」という七言絶句の、第三句と第四句である。春の最後の一日、藤の花を一日じゅう眺めて暮らしたが、すでにたそがれになってしまったとうたう。「漸く黄昏たり」に、春が終わるのを名残惜しく思う気持ちが込められている。

作者

白居易　本書二八九ページ参照。

◆菅原道真

① 送レ春不レ用レ動二舟車一
② 唯別三残鶯与二落花一

訓読

① 春を送るに舟車を動かすことを用ゐず
② 唯だ残鶯と落花とに別る

語釈・句法

① 不レ用レ…　…する必要がない。
② 唯　ただ…だけ。限定を表す。
残鶯　晩春に鳴いている鶯。

現代語訳

① （春は人ではないから）春を送るのに、舟や車などを動かす必要はない。
② （春は）晩春に鳴いている鶯と散る花に見送られるだけだ。

鑑賞

菅原道真の「送春」という七言絶句の、第一句と第二句である。春が過ぎれば、「残鶯」もすぐに姿を消し、花も散ってしまうので、「残鶯」と「落花」とが春を送って行くのだとうたったところがおもしろい。

作者

菅原道真〔八四五―九〇三〕　平安時代前期の漢学者・歌人・政治家。文章博士、蔵人頭などを歴任し、昌泰二年〔八九九〕に右大臣に任ぜられるが、延喜元年〔九〇一〕に大宰権帥に左遷され、配所で没した。没後、学問の神天満天神として祀られた。

◆紀貫之（きのつらゆき）

花	も	みな	散り	ぬる	宿	は	ゆく	春
名	係助	副	動・四・用	助動・完・体	名	係助	動・四・体	名

の	ふるさと	と	こそ	なり	ぬ	べらなれ
格助	名	格助	係助	動・四・用	助動・完・終	助動・推・已

語釈・文法

ふるさと　故郷。以前に住んでいた土地。

べらなれ　推量の助動詞「べらなり」の已然（いぜん）形。「べらなり」は、平安時代に漢文訓読調の文章や和歌に多く用いられた。

現代語訳

花もすっかり散り果てた我が家は、（これから後は）行ってしまった春の（また来年も帰ってくるはずの）故郷になってしまうだろう。

鑑賞

『拾遺和歌集（しゅういわかしゅう）』春に収められている。春が去ってしまうと、自分の家は「春のふるさと」になってしまうとうたうところに、春を惜しむ作者の心情が表現されている。

また	も	来	む（ン）	時	ぞ	と	思へ（エ）
副	係助	動・カ変・未	助動・婉・体	名	係助	格助	動・四・已

ど	たのま	れ	ぬ	わ	が	身	に
接助	動・四・未	助動・可・未	助動・消・体	代	格助	名	助動・断・用

し	あれ	ば	惜しく	も	ある	かな
副助	動・ラ変・已	接助	形・シク・用	係助	動・ラ変・体	終助

語釈・文法

たのまれぬわが身（み）　頼みにならない病身の我が身。「たのむ」は、頼りにすること。

現代語訳

（春は去って行っても、来年になれば）再びめぐってくる時があるとは思うが、頼みにならない病身の我が身なので、（ひとしお今年の春を）惜しく思われることよ。

鑑賞

『後撰和歌集（ごせんわかしゅう）』春に収められている。その注釈に、「貫之おなじとしになん身まかりける」（貫之はその年の秋に死んだ）とある。自分の身が衰えて死を予感し、春との再会が期し難いことを嘆いている。この歌の底には、自然は永遠であるのに対して、人生は有限であるという悲しみが流れている。

作者　紀貫之（きのつらゆき）〔八七一？―九四六？〕平安時代の歌人。『古今和歌集』の撰者の一人。官位・官職は不遇であったが、歌に関しては当時の第一人者であった。『土佐日記（とさにっき）』の作者でもある。

出典・編者

出典 『和漢朗詠集』巻上・春・三月尽　長和二年（一〇一三）頃成立。朗詠に適した日本と中国の漢詩文の佳句および和歌を集めたもの。二巻。この書が編集された頃は、詩文の制作のために、先人の詩文の中から秀句を抜き出して分類編集したものが求められており、すでに大江維時の『千載佳句』があった。また、この当時は、秀句が広く朗詠されていた。こうした背景のもとに、この書が編まれた。漢詩文の秀句五百八十八首、和歌二百十六首の合計八百四首が収められている。中国の詩のうち、その六割は白居易の作品であり、当時におけるその人気の高さを知ることができる。日本人では、漢詩文は菅原文時が四十四、菅原道真が三十八、源順・大江朝綱が三十で多く、和歌では、紀貫之の二十六が最多である。後には、本書の秀句を題にして和歌を詠む風習が盛んになったり、本書の秀句が『平家物語』に取り入れられたり、本書の秀句が説話の題目となったりして、後世の文学にも大きな影響を与えた。

編者 藤原公任（九六六—一〇四一）平安中期の歌人・歌学者。太政大臣藤原頼忠の子。大納言になった。和漢にわたる学識があり、漢詩・歌・管絃にも優れていた。『新撰髄脳』『金玉和歌集』などの編著がある。

教科書の問題（解答・解説）

教科書　一四九ページ

■学習の手引き

❶詩句や和歌を繰り返し朗読しよう。

［解説］『和漢朗詠集』には、朗詠に適した佳句および和歌が収められている。そのリズムのよさを味わいたい。

❷それぞれの詩句や和歌は、「三月尽」のどういう心情をうたったものか、まとめよう。

［解説］ここに収められた詩句や和歌は、春の終わりの時点で、春が去って行ってしまうのを惜しむ心情をうたったものであるが、その心情をどのようにうたっているかに違いがある。それについては、「鑑賞」の項を参照。

■語句と表現

①印象に残った表現、または句を取り上げ、どのような点が印象的であるか、話し合おう。

［解説］行く春を擬人化するなど、各句で惜春の念をどのように表現していたかを振り返り、特に印象に残った表現や句を挙げて、その効果を考えてみよう。

5 小説2

●小説に描かれた人々の思想や感情を捉え、ものの見方、感じ方を豊かにする。
●話の展開を捉え、そこに描かれている世界を読み味わう。
●学習を踏まえ、内容を多角的に検討し、小説の帯を作る。

小説―二編

桃花源記

陶潜（たうせん）

教科書 一五二～一五五ページ

大意

武陵（ぶりょう）の漁師が、満開の桃林の尽きる奥地にある、外界と全く隔絶して自給自足の平和な生活を送っている村里に迷い込んだ。漁師はそこで素朴な村人たちから手厚いもてなしを受けて数日間過ごした。町に帰って郡の長官にそのことを報告して、もう一度そこを訪れようとしたが、二度とそこへ行けなかった。

第一段落（初め～一五三・2）

段意 武陵の漁師が谷川に沿って行くうちに、桃花の林に行きあたり、さらに奥へと進んで行くと一つの山があった。

①晋太元中、武陵人捕レ魚為レ業。②縁レ渓行、忘二路之遠近一。③忽逢二桃花林一。④夾レ岸数百歩、中無二雑樹一。⑤芳草鮮美、落英繽紛。⑥漁人甚異レ之、復前行、欲レ窮二其林一。⑦林尽二水源一、便得二一山一。

訓読

①晋（しん）の太元中（たいげんちゅう）、武陵（ぶりょう）の人魚（ひとうお）を捕らふるを業（ぎょう）と為（な）す。②渓（たに）に縁（よ）りて行（ゆ）き、路（みち）の遠近（えんきん）を忘（わす）る。③忽（たちま）ち桃花（とうか）の林（はやし）に逢（あ）ふ。④岸（きし）を夾（さしはさ）むこと数百歩（すうひゃっぽ）、中（なか）に雑樹（ざつじゅ）無（な）し。⑤芳草鮮美（ほうそうせんび）、落英繽紛（らくえいひんぷん）たり。⑥漁人甚（ぎょじんはなは）だ之（これ）を異（あや）しみ、復（ま）た前（すす）み行（ゆ）きて、其（そ）の林（はやし）を窮（きわ）めんと欲（ほっ）す。⑦林水源（はやしすいげん）に尽（つ）き、便（すなわ）ち一山（いちざん）を得（え）たり。

現代語訳

①晋の太元年間に、武陵の人で魚を捕らえるのを仕事とする人がいた。②（ある日、船に乗って）谷川に沿って行くうちに、どれほどの道のりを来たのかを忘れてしまった。③（すると）突然桃の花の咲いている林に出会った。④（その桃の林は）川を挟んで両岸に数百歩にわたって続いており、その中には桃以外の木はなかった。⑤香りのよい草が色も鮮やかに美しく（茂り）、花びらがあたり一面に（ひらひらと）乱れ散っていた。⑥漁師はたいそうこの桃の林を不思議に思い、さらに先へ進んで、その桃の林の果てまで見極めようとした。⑦（やがて）林は谷川の水源の所で終わり、そこに一つの山があった。

語釈・句法

桃花源　桃の花が美しく咲いている水源の地。架空の場所として陶潜が設定した理想郷。一説には、今の湖南省桃源県の山中の地といわれるが、具体的な地名を当てて考えないほうがよい。

記　文体の一種。事実を述べる文章。ここでは、事実の記録という体裁をとっている。

①**太元**　東晋の孝武帝時代の年号。〔三七六―三九六〕。陶潜の十二歳から三十二歳までの期間にあたる。わざわざ「太元」と設定したのは、この話に現実性を持たせようとしたものと考えられる。

武陵　今の湖南省常徳市の西。

為レ業　仕事とする。

②**縁レ渓行**　谷川に沿って行く。「渓」は、谷川。

忘二路之遠近一　どれほどの道のりを来たのかを忘れてしまった。道に迷ったことをいう。

③**忽**　突然。ばったり。

逢　予期せずに出会う。行きあたる。

④**夾レ岸**　川を挟んだ両岸に。

数百歩　一歩は六尺で、約一・五メートル。

雑樹　いろいろな種類が交じった立ち木。ここでは、桃以外の木をいう。

⑤**芳草鮮美**　香りのよい草が色も鮮やかに美しい。

落英繽紛　花びらがあたり一面に乱れ散る。「落英」は、風に吹かれて飛んでいる花びら。「繽紛」は、ひらひらと乱れ散る様子。

⑥**異**　不思議に思う。

復　さらに。ある状況が連続・深化することを表す。

⑦**便**　すぐに。そこで。連係して起こることや、支障なく継起することを表す。

第二段落（一五三・3〜一五四・1）

段意 山には小さな洞穴があり、そこをくぐり抜けると、家並みも整然とし、老幼ともどもに楽しむ、美しく平和な村里があった。

①山有二小口一、髣髴若レ有レ光。②便捨レ船従レ口入。③初極狭、纔通レ人。④復行数十歩、豁然開朗。⑤土地平曠、屋舎儼然。⑥有二良田・美池・桑竹之属一。⑦阡陌交通、鶏犬相聞。⑧其中往来種作男女衣著、悉如二外人一。⑨黄髪垂髫、並怡然自楽。

訓読

①山に小口有り、髣髴として光有るがごとし。②便ち船を捨てて口より入る。③初めは極めて狭く、纔かに人を通ずるのみ。④復た行くこと数十歩、豁然として開朗なり。⑤土地平曠にして、屋舎儼然たり。⑥良田・美池・桑竹の属有り。⑦阡陌交はり通じ、鶏犬相聞こゆ。⑧其中の往来種作する男女の衣著は、悉く外人のごとし。⑨黄髪垂髫、並怡然として自ら楽しむ。

現代語訳

①山には小さな洞穴があり、（その中は）ぼんやりと光が差し込んでいるようである。②そこで船を降りて穴の口から入っていった。③初めは大変狭く、やっと人一人が通れるだけであった。④さらに数十歩進むと、からりと明るく開けた。⑤土地は平らかに開け、家々はきちんと整っている。⑥よく肥えた畑・美しい池・桑や竹のたぐいがある。⑦田畑のあぜ道が縦横に通じ、（あちこちから）鶏と犬の鳴き声が聞こえる。⑧そこを行き来したり種をまいたり耕作したりしている男女の衣服は、みな外部の人と変わりはないようだ。⑨髪の毛が黄色くなった老人もお下げ髪の子どもも、みなうれしそうに生活を楽しんでいる。

語釈・句法

①小口　小さな洞穴。

髣髴若レ…　「髣髴」には、(1)何かによく似ている、そっくりそのままだ、(2)ぼんやりと、ほのかに、という二つの意味がある。ここでは、(2)の意味。「若レ…」は、…のようだ。比況を表す。

③纔…　やっと…するだけだ。限定を表す。

④豁然　からりと。急に視界が広くなる様子。「然」は、形容詞・動詞・副詞について「…のさま」の意を表す。

開朗　広々として明るい。

⑤平曠　平らかに開けている。

屋舎　家。建物。

儼然　きちんと整っている様子。家並みが整然としていることをいう。

⑥良田　よく肥えた耕作地。「田」は畑。

美池　美しい池。灌漑用である。

属　たぐい。類。

⑦阡陌交通　田畑のあぜ道が縦横に通じている。「阡」は南北に、「陌」は東西に通じるあぜ道。

鶏犬相聞　鶏と犬の鳴き声が聞こえる。平和な理想郷の象徴。『老子』第八十章に、「小さな国土で少ない人民が自給自足し、その生活に満足している。隣の国が見え、鶏や犬の鳴き声が聞こえてきても、人民は死ぬまで他国に行き来することはない」とあるのに基づく。「相」は、動作に対象があることを表す。「鶏と犬の鳴き声が漁師に聞こえる。」

⑧其中　そこ。漢代から唐代まで用いられた口語。下の「男女」を修飾する。「その中」という意ではない。したがって、「…種作す。男女の衣著は…」というように、「種作す」で文を切ることはできない。

種作　種をまいたり、耕作したりする。

衣著　衣服。「著」は、付ける・着るという意の場合は「チャク」と読み、表す・著しいという意の場合は「チョ」と読む。

如　…のようだ。比況を表す。①の「若」と同じ。

外人　外部の人。桃源郷以外の人をいう。「悉く外人のごとし」は、桃源郷の人々と外界の人々の身なりが、変わらないことをいう。すなわち、この桃源郷は、中国とは異質の別世界なのではなくて、やはり中国という現実の人間世界と同じ地平の上にあることを示唆している。一説に、外国人とするが、後に出てくる二つの「外人」は明らかに桃源郷の外部の人の意であり、ここだけを別の意味に解するのは無理である。

⑨黄髪　髪の毛が黄色くなった老人。白髪まじりを「蒼」「斑白」といい、ついで「白髪」となり、「黄髪」となる。

垂髫　お下げ髪の子ども。まだ「総角」（頭の左右に、つののように二つの輪形を作った髪型の小児）にならない幼童をいう。

怡然　うれしそうな様子。

■第三段落（一五四・2～10）

段意　村里に住む人は、秦の始皇帝が死んだ後の乱れを避けてここにやって来た人の子孫であった。村人は漁師をもてなし、漁師は外の世界の変化を語った。そして数日後、漁師は別れを告げた。

①見漁人、乃大驚、問所従来。②具答之。③便要還家、設酒殺鶏作食。④村中聞有此人、咸来問訊。⑤自云、「先世避秦時乱、率妻子邑人来此絶境、不復出焉。⑥遂与外人間隔。」⑦問、「今是何世。」⑧乃不知有漢、無論魏・晋。⑨此人一一為具言所聞。⑩皆嘆惋。⑪余人各復延至其家、皆出酒食。⑫停数日辞去。⑬此中人語云、「不足為外人道也。」

訓読

①漁人を見て、乃ち大いに驚き、従りて来たる所を問ふ。②具に之に答ふ。③便ち要へて家に還り、酒を設け鶏を殺して食を作る。④村中此の人有るを聞き、咸来たりて問訊す。⑤自ら云ふ、「先世秦時の乱を避け、妻子邑人を率ゐて、此の絶境に来たりて、復た出でず。⑥遂に外人と間隔せり。」と。⑦問ふ、「今は是れ何の世ぞ。」と。⑧乃ち漢有るを知らず、魏・晋に論無し。⑨此の人一一為に具に聞く所を言ふ。⑩皆嘆惋す。⑪余人各復た延きて其の家に至らしめ、皆酒食を出だす。⑫停まること数日にして辞去す。⑬此中の人語りて云ふ、「外人の為に道ふに足らざるなり。」と。

現代語訳

①（村人たちは）漁師を見ると、たいそう驚き、どこから来たのかと尋ねた。②（漁師は）詳しく質問に答えた。③（村人は）早速ぜひ来てくれと誘って自分の家に連れて帰り、酒を用意して、鶏を殺して料理を作った。④村中の人たちはこの人がいると聞くと、みな挨拶にやって来た。⑤（そして）自分たちのほうから言うには、「我々の先祖は秦の始皇帝が死んだ後の世の乱れを避け、妻子や村人を引き連れて、この世間から隔絶した世界にやって来て、それっきり外に出ませんでした。⑥そうして外部の人とは縁を絶ったままです。」と。⑦（そしてさらに）尋ねた、「今はいったい何という時代なのですか。」と。⑧なんとまあ（村人たちは）漢代があったことも知らず、まして魏や晋の時代を知らないのは言うまでもなかった。⑨そこで漁師は村人に対して自分の聞き知っていることを一つ一つ詳しく説明してやった。⑩（それを聞いて村人たちは）みなため息をついて感心した。⑪ほかの村人たちもまたそれぞれに（漁師を）自分の家に招いて、みな酒と食べ物を出してもてなした。⑫（漁師は）数日滞在した後別れを告げて去った。⑬ここの人たちは言った、「外部の人に（私たちの村のことを）お話しになるには及びませんよ。」と。

語釈・句法

①乃　なんとまあ。驚きの語気を表す。

所従来　どこから来たのかと。

②具　詳しく。事細かく。

③要　ぜひ来てくれと誘う。

設酒　酒を用意する。

④此人　「漁人」を指す。

咸　みな。村中の人が一人残らず。

問訊　挨拶する。当時の口語的な言い方。初対面の挨拶をする場合に用いられることが多い。

⑤自云　自分たちのほうから言う。こちらが尋ねもしないのに、自分たちのほうから進んで話す。

先世　（我々の）先祖。「世」は、世代。

秦時乱　秦の始皇帝が死んだ後の世の乱れ。項羽や沛公（劉邦）が覇権を争って戦乱が続いた。

邑人　村人。

絶境　世間から隔絶した世界。

不復出焉　それっきり外に出ない。「不復……」は部分否定の句法であるが、⑴一度は（前には）…したが、二度とは（今度は）…しない、の意のほかに、⑵強調の意で、全く…しない、それっきり…しない、⑶「不……」と同じで、…ない、などの用法がある。ここでは、「桃源郷の住民はその『絶境』に入ってから一度も出たことはない。」のであるから、⑴の「一度は出たが、二度とは出なかった」と解することはできない。ここでは⑵の用法である。

⑥遂　そのまま。こうして。その結果。前に述べたことの結果、次のようなことを行った、ということを表す。

⑦今是何世　今は何という時代なのか。「是」は、「…である」の意。

⑧漢　前漢〔前二〇六―後八〕と後漢〔二五―二二〇〕を指す。

無論魏・晋　魏や晋の時代は言うまでもない。「無論……」は、「…は言うまでもない」という意味。「魏・晋」は、漢の後の、魏〔二二〇―二六五〕、西晋〔二六五―三一六〕、東晋〔三一七―四二〇〕を指す。秦の滅亡後、漢が興るが、その漢も知らないのだから、漢に続く魏・晋の時代を知らないのは言うまでもないということ。

⑨為　（彼らに）対して。

⑩嘆惋　ため息をついて感心する。

⑪余人　他の人たち。初めに漁師を家に連れていった人以外の村人たちを指す。

延　招待する。

⑫辞去　別れを告げて去る。

⑬此中　ここ。この所。「この中」ではない。

不足……　…には及ばない。穏やかな禁止を表す。

道　言う。

第四段落（一五四・11～一五五・2）

段意

漁師はあちこちに目印をつけて帰ってきて、郡の長官に事情を報告した。長官は部下を漁師について行かせたが、その道を見つけることはできなかった。

①既出、得其船、便扶向路、処処誌之。②及郡下、詣太守、説如此。③太守即遣人随其往。④尋向所誌、遂迷不復得路。

訓読

①既に出でて、其の船を得、便ち向の路に扶ひ、処処に之を誌す。②郡下に及び太守に詣りて、説くこと此くのごとし。③太守即ち人をして其の往くに随はしむ。④向の誌し所を尋ぬるに、遂に迷ひて復た路を得ず。

現代語訳

①（漁師は）そこを出て、自分の船を見つけると、早速先だってやって来た道をたどりながら、あちこちに目印をつけておいた。②（やがて）郡の役所のある町に着くと郡の長官のところに参上して、以上の話をした。③郡の長官は早速部下を派遣して漁師の行く先について行かせた。④先だってつけた目印を頼って行ったが、そのまま迷って二度と道は見つからなかった。

語釈・句法

①既　…してから。ある動作が済んでしまったその後は。完了した事態についていう。

其船　漁師が乗ってきた船。

扶　沿う。たどる。

向路　先だっての（やって来た）道。「向」は、以前。

処処　あちこちに。ここかしこに。日本語の「ところどころ」とは違う。

誌之　目印をつける。

②郡下　郡の役所のある町。ここでは、武陵の町。単に「郡」「県」という場合でも、郡や県の役所のある町、またはその役所そのものを指すことが多い。

詣　参上する。

太守　郡の長官。ここでは、武陵郡の太守。

説如此　以上の話をした。桃源郷での見聞を話したのである。「外部の人にお話しになるには及びません」

と言われていながら、漁師が太守に報告したのは、新しい土地の発見者・案内者として、金品をもらおうと考えたからである。

③即　早速。即刻。前と後とのつながりが、時間的、論理的に密接である時に用いる。

遣三人随二其往一　部下を派遣して漁師の行く先について行かせた。「遣二…一」は、（…に）…させる。使役を表す。「使・令」と同じ。「其」は、『史記』などの古代の文章では、目的語としては用いないが、六朝時代の文章では目的語として用いる。ここはその例で、漁師を指す。太守が早速部下を派遣したのは、新しい土地は課税の対象になるので、その調査のためである。

④不二復得一レ路　二度と道は見つからなかった。「不二復…一」は、ここでは部分否定を表す。「一度は…したが、二度とは…しない」の意。漁師が目印をつけておいたのに、迷って二度と道を見つけられなかったということは、俗人がつけた目印は、俗人の世界だけにしか通用せず、桃源郷への道しるべとしては全く役立たないという、桃源郷の持つ不可思議な閉鎖性を示唆している。

■第五段落（一五五・3～終わり）

段意

劉子驥もその村に行こうとしたが、目的を果たさずに死に、その後は、その村を探そうとする者はいない。

①南陽劉子驥、高尚士也。②聞レ之、欣然規レ往、未レ果、尋病終。③後遂無二問レ津者一。【陶淵明集】

訓読

①南陽の劉子驥は、高尚の士なり。②之を聞き、欣然として往かんことを規るも、未だ果たさず、尋いで病みて終はる。③後遂に津を問ふ者無し。

現代語訳

①南陽の劉子驥は、俗世を去った高潔な人であった。②（劉子驥は）この話を聞くと、喜び勇んで（そこへ）行こうと計画したが、まだ実行しないうちに、それからまもなく病気になって死んでしまった。③その後渡し場を尋ねる人（桃源郷へ入ろうとする人）はなかった。

語釈・句法

①南陽　今の河南省南陽市。

劉子驥　名は驎之。「子驥」は字。作者と同時代の隠者。

高尚　俗世を去って高潔なこと。

② 欣然　喜び勇む様子。「欣」は、「笑い喜ぶ」の意。

規レ往　行こうと計画する。

未レ果　まだ実行しない。「未」は、「まだ…しない」という意味の再読文字。

尋　それからまもなく。「それからすぐに」という語感がある。

終　死んだ。

③ 問レ津　渡し場を尋ねる。桃源郷へ入ろうと試みること。「津を問ふ者無し」には、劉子驥のような高尚の士が絶えてしまい、現実の名利に奔走する人間ばかりの世であるという、作者の嘆きが込められている。

鑑賞

陶潜は、三九三年、初めて官界に出て江州の祭酒となり、それ以後、桓玄や劉裕などに仕えるが、四〇五年、彭沢の県令を辞任し、それ以後は再び仕えることなく、郷里である潯陽の柴桑で耕作に従事した。この「桃花源記」は、郷里に帰ってから、東晋の末年、宋の初め頃に書かれた。

さて、漁師が迷い込んで行った、外界と隔絶した世界——美しい自然に囲まれ、整然とした家並みや田畑の中で、老いも若きもゆったりとして、平和な生活を送っている——というのは、明らかに一つの理想郷である。この理想郷の構想には、『老子』第八十章の影響がみられる。そこには、狭い国土で少ない人民が自給自足し、自分の国で満足して生活してゆくという、老子の理想とした生活と政治が述べられており、陶潜の「桃花源記」は、この老子の描く原始的理想社会の影響を受けている。

この作品は、いかにも虚構の理想郷であるが、陶潜がこれを虚構としたことの背景には当時の混乱した時代状況があったことを考えねばならない。つまり、後漢の末年から東晋に至るまで〔二世紀後半～五世紀前半〕は、中国は、政治的にも社会的にも混乱が続いた時期であり、戦乱と飢餓のため、一般の人々、特に農民は悲惨な境遇に置かれて苦しめられた。そうした記録は、歴史書にずいぶん多くみられる。この「桃花源」の住民たちの先祖も、そのような混乱を避けて、秦の時代にこの絶境に隠れたことになっているが、実はこの頃、一族全部を引き連れて深山に逃れ住んだ人の話がいろいろ記録されている。例えば、ある者が、一族はじめ数百人を率いて徐無山に分け入り、土地を開いて耕し、数年間で五千余戸にまでなったという史実がある。そのような絶境の平和郷は、わずらわしい世俗と隔絶し、兵役もなければ徴税もない、完全な自給自足の安楽の世界であった。それは、しいたげられた農民たちが切実に思い描き、また現実に追い求めた楽土だったのである。この「桃花源記」では、右に述べたような苦悩に満ちた現実というものはきれいに捨て去られ、バラ色につつまれたユートピアが造型されているが、陶潜がこれを創り出した背景には、苦しく痛ましい歴史的状況があったのである。そのことを考えると、この作品は理想の世界を描くことによって、混乱した悲惨な現実の世界を批判したものであるといえよう。

作者・出典

作者　陶潜（とうせん）　本書一四〇ページ参照。

出典　『陶淵明集（とうえんめいしゅう）』巻五　本書一四〇ページ参照。

教科書本文下に示された問題（解答・解説）

教科書　一五五ページ

? 教科書本文下に示された問題

? 時代の隔たりに注意してみよう。（p.一五四）

［解説］　前二一〇年に秦の始皇帝が死んで天下が乱れてから太元年間（三七六―三九六）まで、約六百年たっている。

■学習の手引き

❶次の文を書き下し文にし、現代語訳しよう。

解答　(1)外人の為に道ふに足らざるなり。

〈訳〉外部の人に（私たちの村のことを）お話しになるには及びませんよ。

(2)向の誌しし所を尋ぬるに、遂に迷ひて復た路を得ず。

〈訳〉先だってつけた目印を頼って行ったが、そのまま迷って二度と道は見つからなかった。

❷この文章のあらすじをまとめよう。

解答　本書二九八ページ「大意」を参照。

❸「漁人」が行き着いた「桃花源」とはどのような村で、住民はどのような人たちか。本文に即して箇条書きに整理しよう。

解答　○屋舎儼然タリ…家屋がきちんと整っていて、ゆとりある暮らしをしている。

○有リ二良田・美池・桑竹之属一…食糧・着る物（桑は養蚕を行っていることを示す）・道具類（竹は各種の器具を作る材料である）を自給自足している。

○鶏犬相聞コユ…平和な生活をして、それに満足している。

○其中往来種作スル男女ノ衣著、悉ク如シ二外人ノ一…男も女も耕作に励み、外部の人と変わらない服装をしている。

○黄髪垂髫、並怡然トシテ自ラ楽シム…老人も子どもも楽しい生活を送っている。

○便チ要ヘテ還リレ家ニ、設ケレ酒ヲ殺シテレ鶏ヲ作ルレ食ヲ…もてなし好きである。

○先世避ケ二秦時ノ乱ヲ一…秦の時代の動乱を避けて、ここに移り住んだ人々の子孫である。

○不レ知レ有レ漢、無レ論二魏・晋一…漢・魏・晋の時代の存在を知らないほど、外界と長く隔絶している。

○不レ足下為二外人一道上也…将来にわたっても外界との隔絶を希望している。

■語句と表現

①「晋太元中」（一五二・1）から「怡然自楽。」（一五四・1）までの本文から対句表現を抜き出し、その表現効果について話し合おう。

[解説]「阡陌交通、鶏犬相聞」（一五三・9）のような対句表現を用いて桃源郷を描写することにより、フィクションとして記された「桃花源記」にどのような効果をもたらしているかを話し合ってみよう。他に、次の対句表現がある。

芳草鮮美、落英繽紛。（一五二・5）

土地平曠、屋舎儼然。（一五三・6）

言語活動

1「桃花源記」にある「小国寡民」（八一ページ）の表現を踏まえた箇所を指摘するとともに、老子と陶潜が描く理想郷について比較、検討し合おう。

解答 第二段落の「鶏犬相聞」。

[解説]「小国寡民」の「隣国相望、鶏犬之声相聞、民至レ老死、不二相往来一。」という部分を引いた表現。陶潜は兵役や納税を強制されることなく自給自足で生活できる生活を理想郷と考えた。老子の小国寡民は、素朴な生活に身を置いて、あるがままの暮らしに満足する世界を理想郷と考えた。

離魂記

陳玄祐

教科書 一五六～一五九ページ

大意　張鎰の娘の倩娘と張鎰のおいの王宙は思いを寄せ合っていたが、家の者はそのことに気がつかなかった。張鎰が中央の官僚になった者に倩娘を嫁がせようとしたので、王宙は都へ行くことを決意し、船に乗って出発した。夜になり、船が停泊していると、倩娘がはだしで追いかけてきた。王宙はたいそう喜び、いっしょに蜀へ行った。五年後、両親に対して申し訳なく思った倩娘は、王宙といっしょに実家へ帰った。すると実家にも病床についている倩娘がいて、戻った倩娘と病床の倩娘とがぴったり合わさって一つになった。

第一段落（初め～一五六・6）

段意　張鎰の娘の倩娘はたいそう美しく、そのおいの王宙は聡明であった。二人は成長して、お互いに思いを寄せていたが、家の者はそのことに気がつかなかった。

①天授三年、清河張鎰、因官家于衡州。②性簡静、寡知友。③無子、有女二人。④其長早亡、幼女倩娘、端妍絶倫。⑤鎰外甥、太原王宙、幼聡悟、美容範。⑥鎰常器重、毎曰、「他時当以倩娘妻之。」⑦後各長成、宙与倩娘、常私感想於寤寐。⑧家人莫知其状。

訓読　①天授三年、清河の張鎰、官に因りて衡州に家す。②性簡静にして、知友寡なし。③子無く、女二人有り。④其の長は早く亡く、幼女倩娘は、端妍たること絶倫なり。⑤鎰の外甥、太原の王宙は、幼にして聡悟、容範美し。⑥鎰常に器重し、毎に曰はく、「他時当に倩娘を以つて之に妻すべし。」と。⑦後各長成するや、宙と倩娘と、常に私かに寤寐に感想す。⑧家人其の状を知ること莫し。

現代語訳

①天授三年、清河出身の張鎰は、役所の勤務の関係で衡州に移り住んだ。②（張鎰は）地味でもの静かな性質で、友人も少なかった。③男の子はなく、娘が二人いた。④姉のほうは幼い頃亡くなり、妹の倩娘は、容姿が整って美しいことは比類がなかった。⑤張鎰のおい、太原出身の王宙は、幼い時から聡明で、容貌と態度がりっぱであった。⑥（そこで）張鎰は（王宙のことを）りっぱな人物としていつも目をかけ、いつも言っていた、「将来倩娘を王宙に嫁がせなければならない。」と。⑦その後それぞれ成長して、王宙と倩娘は、寝ても覚めてもいつも心ひそかに思いを寄せ合っていた。⑧（しかし）家の者はその様子に気がつかなかった。

語釈・句法

①**天授三年** 六九二年。「天授」は、武周の武則天〔在位、六九〇—七〇五〕の年号。

清河 今の河北省清河県。

因レ官 役所の勤務の関係で。

于 「於」と同じく場所を表す置き字。

衡州 今の湖南省衡陽市。

②**簡静** 地味でもの静か。「簡」は、飾り気がない様子。

寡 少ない。ほとんどない。

知友 友人。知り合い。

③**子** 男の子。息子。

女 娘。

④**其長** 二人の娘のうちの上のほう。姉のほう。

端妍 容姿が整って美しい様子。

絶倫 比類がない。人並みはずれて優れている。

⑤**外甥** 姉妹の子。おい。

太原 今の山西省太原市。

聡悟 かしこい。聡明である。

美 りっぱである。

容範 容貌と態度。

⑥**器重** りっぱな人物として目をかける。才能のある人物と認めて重んじる。

他時 将来。

当下……上 ……しなければならない。再読文字。

妻レ之 王宙に嫁がせる。王宙の妻にさせる。

⑦**長成** 成長する。

私 心ひそかに。心の中で。

感二想於寤寐一 寝ても覚めても思っている。「感想」は、思う。心に感じる。「寤寐」は、寝ても覚めても。

⑧**家人** 家の者。家族。

莫レ知二其状一 その様子に気がつかない。「其状」は、王宙と倩娘が思いを寄せ合っていること。

■第二段落（一五六・7〜一五七・7）

段意

張鎰が中央の官僚に栄転した者に倩娘を嫁がせようとしたので、王宙は都へ行くことを決意し、船に乗って出発した。夜になって、船が停泊していると、倩娘がはだしで追いかけてきた。愛情を全うしたいという倩娘の決意を聞いて、王宙はたいそう喜び、倩娘とともに蜀へ行った。

①後有賓僚之選者、求之。②鎰許焉。③女聞而鬱抑。④宙亦深恚恨、託以当調、請赴京。⑤止之不可。⑥遂厚遣之。⑦宙陰恨悲慟、決別上船。⑧日暮至山郭数里。⑨夜方半、宙不寐。⑩忽聞、岸上有一人。⑪行声甚速。⑫須臾至船。⑬問之、乃倩娘。⑭徒行跣足而至。⑮宙驚喜発狂、執手問其従来。⑯泣曰、「君厚意如此、寝食相感。⑰今将奪我此志、又知君深情不易、思将殺身奉報。⑱是以亡命来奔。」⑲宙非意所望、欣躍特甚。⑳遂匿倩娘于船、連夜遁去。㉑倍道兼行、数月至蜀。

訓読

①後賓僚の選ばるる者有りて、之を求む。②鎰許す。③女聞きて鬱抑す。④宙も亦深く恚恨し、託するに当調を以つてして、京に赴かんと請ふ。⑤之を止むれども可かず。⑥遂に厚く之を遣る。⑦宙陰かに恨みて悲慟し、決別して船に上る。⑧日暮れ山郭に至ること数里なり。⑨夜方に半ばにして、宙寐ねられず。⑩忽ち聞く、岸上に一人有るを。⑪行声甚だ速やかなり。⑫須臾にして船に至る。⑬之に問へば、乃ち倩娘なり。⑭徒行跣足にして至れり。⑮宙驚喜して狂を発し、手を執りて其の従りて来たるを問ふ。⑯泣きて曰はく、「君が厚意此くのごとく、寝食に相感ず。⑰今将に我が此の志を奪はんとするも、又君が深情の易はらざるを知り、将に身を殺して奉報せんとするを思ふ。⑱是を以つて亡命して来奔す。」と。⑲宙意の望む所に非ざれば、欣躍すること特に甚だし。⑳遂に倩娘を船に匿し、連夜遁れ去く。㉑道を倍し行を兼ね、数月にして蜀に至る。

現代語訳

①その後現地で幕僚として採用された後、選抜されて中央の官僚として栄転になった者がいて、倩娘を妻にしたいと申し出た。②張鎰は（それを）承諾した。③倩娘はそれを聞いてふさぎこんだ。④王宙もまたたいそう残念でたまらず、転任

にかこつけて、都の長安（ちょうあん）へ行くことを願い出た。⑤（張鎰は）引き止めたが（王宙は）聞き入れなかった。⑥結局（旅費を）十分に与えて旅立たせた。⑦王宙は心の中で（張鎰を）恨んでたいそう悲しみ嘆き、別れを告げて船に乗った。⑧日が暮れて（船は）山すその村から数里離れたところに停泊した。⑨ちょうど真夜中になっても、王宙は寝られなかった。⑩突然、岸の上に一人の足音が聞こえた。⑪その足音は大急ぎであった。⑫まもなく船のところに着いた。⑬（誰かと）尋ねると、なんと倩娘であった。⑭（倩娘は）はだしのままで歩いてきたのであった。⑮王宙は驚喜して気も狂わんばかりになり、手を握りしめて事のいきさつを尋ねた。⑯（倩娘は）泣きながら言った、「あなたがそのように私を思ってくださるお心を、寝ている時も食事をしている時も感じておりました。⑰今（父親が）私のこの思いを踏みにじろうとしておりますし、またあなたの深い愛情が変わらないことを知りましたので、身を捨ててお報いしたいと思いました。⑱こういうわけで家を捨てて逃げ出してきました。」と。⑲王宙は思いもかけないことで、たいそう喜んだ。⑳（そこで）そのまま倩娘を船内に隠し、夜通し逃げた。㉑道中を急いで、数か月かかって蜀に着いた。

語釈・句法

①**賓僚之選者**（ひんりょうのえらバルルもの）　現地で幕僚として採用された後、選抜されて中央の官僚として栄転になった者。一説に、天子の後宮の女官を選ぶ者。

③**鬱抑**（うつよくス）　ふさぎこむ。倩娘は、自分の将来のことを考えてくれる父親と、王宙を慕う気持ちとの板ばさみとなって、ふさぎこむのである。

④**亦**（また）　…もまた。同様に。二つ以上のものを並列していう時に用いる。

恚恨（いこんシ）　残念でたまらない。恨めしく思う。

託（たくスル）　かこつける。口実とする。

当調（とうちょう）　転任。

京（けい）　都。ここでは長安（今の陝西（せんせい）省西（せい）安（あん）市）を指す。

⑥**厚遣**（あつクやル）　（旅費を）十分に与えて旅立たせる。「厚」は、旅費や餞別（せんべつ）などに十分気を遣うこと。

⑦**悲慟**（ひどうシ）　非常に悲しみ嘆く。

決別（けつべつシ）　別れる。別れを告げる。「決」は、「訣」と同じ。

上（のぼル）　乗る。

⑧**至二山郭一数里**（さんかくニいたルコトすうりナリ）　山すその村から数里離れたところに停泊する。王宙は上陸せずに船の中に泊まったのである。「山郭」は、山すその村。

⑨**夜方半**（よるまさニなかバニシテ）　ちょうど真夜中に。「方」は、ちょうど…の時。

⑩**忽**（たちまチ）　突然。

⑪**行声**（こうせい）　足音。

⑫**須臾**（しゅゆニシテ）　まもなく。ほどなく。

⑬**乃**（すなわチ）　なんと。驚きを表す。

⑭徒行　歩く。乗り物を用いずに歩いて行くこと。
跣足　はだし。
⑮発狂　気も狂わんばかりになる。
執手　手を握りしめる。「執」はしっかり握る。
⑯従来　事のいきさつ。事情。
厚意　厚い気持ち。ここでは、王宙が倩娘を思う気持ち。
寝食　寝ることと食べること。

⑰将…　これから…しようとする。再読文字。
殺身　身を捨てる。
奉報　報いる。
⑱是以　こういうわけで。そこで。原因と結果を結ぶ接続詞。
亡命　家を捨てて逃げ出す。本籍を離れて逃げる。「命」は、戸籍。「名」と同じ。逃亡すると名籍（戸籍）がなくなることから。

⑲来奔　逃げてくる。逃げ出してくる。
非意所望　思いもかけないことである。望外の喜びをいう。
欣躍　喜ぶ。喜んで躍り上がる。
⑳連夜　夜通し。毎晩。幾晩も続くこと。
㉑倍道兼行　二倍の速さで行く。道中を急ぐことをいう。
蜀　今の四川省一帯の地。

■第三段落（一五七・8～一五八・1）

段意　五年ほどして、駆け落ちしたことを申し訳なく思った倩娘は、王宙といっしょに実家へ帰った。

①凡五年、生両子、与鎰絶信。②其妻常思父母、涕泣言曰、「吾曩日不能相負、棄大義而来奔君。③向今五年、恩慈間阻。④覆載之下、胡顔独存也。」⑤宙哀之曰、「将帰、無苦。」⑥遂倶帰衡州。

訓読

①凡そ五年、両子を生むも、鎰と信を絶つ。②其の妻常に父母を思ひ、涕泣して言ひて曰はく、「吾曩の日に相負くこと能はず、大義を棄てて君に来奔せり。③今に向りて五年、恩慈間阻す。④覆載の下、胡の顔ありて独り存せんや。」と。⑤宙之を哀れみて曰はく、「将に帰らんとし、苦しむこと無かれ。」と。⑥遂に倶に衡州に帰る。

現代語訳

①（それから）五年ほどして、二人の男の子を生んだが、張鎰とは音信を絶ったままであった。②王宙の妻はいつも父母のことを思い、涙を流して泣いて言った、「私は以前あなたを裏切ることができず、子どもとして親に尽くすべきことを

捨ててあなたのもとに逃げてきました。③現在に至るまで五年（たちましたが）、親子の恩愛が隔たったままです。④この天地で、このままで生きているのは面目ありません。」と。

⑤王宙はかわいそうに思い言った、「もう帰るから、心配することはない。」と。⑥そしていっしょに衡州へ帰った。

語釈・句法

①信　音信。

②涕泣　涙を流して泣く。

曩日　以前。かつて。

不能相負　あなたを裏切ることができない。「相」は、動作に対象があることを表す。「負」は、裏切る。

大義　子どもとして親に尽くすべきこと。

③向今　現在に至るまで。

恩慈間阻　親子の恩愛が隔たる。

④覆載　天地。「覆」は、おおう意で、天、「載」は、のせる意で、地をいう。

胡顔独存也　このままで生きているのは面目ない。「胡…独…也」は、「どういう…で…できようか。（いや…できない。）」の意で、「胡」は、「何」と同じ。反語を表す。直訳すれば、「どんな顔をして生きていられようか。（いや、とても生きていられない。）」となる。王宙恋しさのあまり家を飛び出したが、五年間も親と音信不通であることは、子としての道に背くという、倩娘の気持ちを表したものである。

■第四段落（一五八・2～終わり）

段意　実家に戻ると、実家にも病床についている倩娘がいた。病床の倩娘と戻った倩娘が出会うと、二人はぴったりと合わさって一つの体になった。

①既至、宙独身先至鎰家、首謝其事。②鎰曰、「倩娘病在閨中数年。何其詭説也。」③宙曰、「見在舟中。」④鎰大驚、促使人験之。⑤果見倩娘在船中。⑥顔色怡暢、訊使者曰、「大人安否。」⑦家人異之、疾走報鎰。

訓読

①既に至り、宙独り身先づ鎰の家に至り、首めに其の事を謝す。②鎰曰はく、「倩娘病みて閨中に在ること数年、何ぞ其れ詭説するや。」と。③宙曰はく、「見に舟中に在り。」と。④鎰大いに驚き、促して人をして之を験せしむ。⑤果たして倩娘の船中に在るを見る。⑥顔色怡暢、使者に訊ねて曰はく、「大人安きや否や。」と。⑦家人之を異しみ、

⑧室中女聞、喜而起、飾粧更衣、笑而不語、出与相迎、翕然而合為一体、其衣裳皆重。⑨其家以事不正秘之。⑩惟親戚間、有潜知之者。【太平広記】刪修

疾走して鎰に報ず。⑧室中の女聞き、喜びて起ち、粧を飾り衣を更め、笑ひて語らず、出でて与に相迎へ、翕然として合して一体と為り、其の衣裳皆重なる。⑨其の家事の正ならざるを以つて之を秘す。⑩惟だ親戚の間、潜かに之を知る者有り。

現代語訳

①到着してから、王宙は単身で先に張鎰の家に行き、まず今までのことを告げた。②（すると）張鎰は言った、「倩娘は病気でここ数年間は部屋にいるのに、どうしてでたらめを言うのか。」と。③（そこで）王宙は言った、「（倩娘は）今船の中におります。」と。④張鎰はたいそう驚いて、せきたてて使用人を派遣して調べさせた。⑤（使いの者が行ってみると）その言葉どおり倩娘が船の中にいるのを確認した。⑥（倩娘の）顔色はにこやかにのびのびとして、使いの者に尋ねて言った、「お父様はお元気でしょうか。」と。⑦使用人は不思議に思い、走って（帰って）張鎰に知らせた。⑧部屋の中の娘はそれを聞いて、喜んで起き上がり、化粧をして着物を替え、笑いながら何も言わず、（外に）出て行って迎え、（二人の倩娘は）ぴったりと合わさって一つの体になり、その衣装もすっかり重なった。⑨張鎰の家では正常なことでないと考えそのことを隠した。⑩ただ親戚の中に、ひそかにそのことを知っている者がいただけであった。

語釈・句法

①既至　到着してから。「既」は、事態の完了を表す。
独身　自分ひとり。単身。
首　第一に。まず。
謝　告げる。
其事　倩娘と勝手に結婚したこと。
②閨　婦人の部屋。

何…也　どうして…か。疑問を表す。
詭説　でたらめを言う。
③見　今。実際に。「現」と同じ。
④促　せきたてる。
使人験之　使用人を派遣して調べさせた。「使」は、「（…に）…させる」の意。使役を表す。

⑤果　言ったとおり。
⑥怡暢　にこやかにのびのびとしている様子。
大人　お父様。目上の人に対する敬称。父・母・伯父や、他人の父母などをいう。ここでは、自分の父親をいう。

安否（やすきや いなや） お元気かどうか。「安」は、心配がないこと。「否」は、「…かどうか。」という疑問を表す。

⑦疾走（しっそう） 速く走る。

⑧飾レ粧（かざりそうヲ） 化粧をする。

更レ衣（あらためいヲ） 着物を替える。

翕然（きゅうぜんトシテ） ぴったりと。

⑨事不レ正（ことノ ただシカラ ざルせいナラ） 正常なことでない。倩娘の魂が肉体から離れ、後にまた一つに合体したのは異常なことなので、こういった。

⑩惟（ただ） ただ…だけ。限定を表す。

鑑賞

倩娘の肉体から魂が抜け出て、王宙を追って行き、五年たって家に戻ると、家にいた倩娘のぬけがらと合体したという話である。古代中国では、人間が死ぬと肉体から魂が遊離すると考えられていたが、しかし、この話のように、まれには生きたまま魂が肉体を離れる場合があるとも考えられていた。例えば、六朝（りくちょう）時代の志怪（しかい）小説（怪異を題材にした小説）『幽明録（ゆうめいろく）』にも、娘の燃えるような恋心がその魂を恋しい人のもとへ運ばせたという話がある。「離魂記」は、魂が肉体を離れるという筋立てをとりながらも、構成・展開に工夫が凝らされていて、王宙との愛に生きようとする倩娘の激しくも美しい情熱を描くことに中心がある。そこに六朝の志怪小説にはみられない、唐（とう）代小説としての特色があるといえよう。

作者・出典

作者 陳玄祐（ちんげんゆう） 唐の大暦（たいれき）（七六六―七七九）の末頃に「離魂記」を執筆した。それ以外のことは不明。

出典 『太平広記（たいへいこうき）』 本書一二四ページ参照。

教科書の問題（解答・解説）

教科書 一五九ページ

? 教科書本文下に示された問題

? 「求レ之（ムヲ）。」とは、誰が誰に何を求めたのか。（p.一五六）

解答 官僚として中央に栄転になった人物が、倩娘の父（張鎰）に、倩娘を妻にすることを求めた。

? 何に「負く」のか。（p.一五七）

解答 倩娘に対する王宙の思い。

［解説］「負」は「裏切る」の意。「相」は動作に対象があることを表し、王宙のことを指す。「不能」に返るので、「王宙のことを裏切ることができなかった」となる。倩娘が親に尽くすべき「大義」を捨てて逃げてきたのは、自分を慕う王宙の気持ちに気づいて、それに報いたいと思ったからである。

■学習の手引き

❶次の文を書き下し文にし、現代語訳しよう。

解答 ⑴他時当に倩娘を以つて之に妻すべし。

〈訳〉将来倩娘を王宙に嫁がせなければならない。

⑵君が深情の易はらざるを知り、将に身を殺して奉報せんとするを思ふ。

〈訳〉あなたの深い愛情が変わらないことを知りましたので、身を捨ててお報いしたいと思いました。

❷「張鎰」「倩娘」「王宙」の関係と、性格や特徴をまとめよう。

解答 ○張鎰…倩娘の父。王宙のおじ。倩娘と王宙が相思相愛であることに気づかず、倩娘を他の男に嫁がせようとした。

○倩娘…張鎰の娘。容姿が整って美しいことは比類なかった。愛する王宙を追って家を出るが、両親に対する大義を忘れない。

○王宙…張鎰のおい。幼い時から聡明で、容貌と態度がりっぱであった。倩娘を愛し、追ってきた倩娘とともに蜀の地へ駆け落ちする。

❸この話は四段落からなるが、段落ごとの展開を確認しながら話のあらすじをまとめよう。

解答 ○第一段落（初め～一五六・6）…張鎰の娘の倩娘はたいそう美しく、そのおいの王宙は聡明であった。二人は成長して、お互いに思いを寄せていたが、家の者はそのことに気がつかなかった。

○第二段落（一五六・7～一五七・7）…張鎰が中央の官僚に栄転になった者に倩娘を嫁がせようとしたので、王宙は都へ行くことを決意し、船に乗って出発した。夜になって船が停泊していると、倩娘がはだしで追いかけてきた。愛情を全うしたいという倩娘の決意を聞いて、王宙はたいそう喜び、倩娘とともに蜀へ行った。

○第三段落（一五七・8～一五八・1）…五年ほどして、駆け落ちしたことを申し訳なく思った倩娘は、王宙と実家へ帰った。

○第四段落（一五八・2～終わり）…実家に戻ると、実家にも病床についている倩娘がいた。戻った倩娘と病床の倩娘は、ぴったりと合わさって一つの体になった。

■語句と表現

①本文中より「ひそカニ」と訓読する語を抜き出し、意味について調べよう。

解答 ・「私」（一五六・5）…ないしょで。個人的に。

・「陰」（一五六・9）…心ひそかに。心の中で。こっそりと。

・「潜」（一五八・9）…人知れず。

[解説] 「私」は「公」の、「陰」は「陽」の対となる語。このほかに、「窃」なども「ひそカニ」と訓読する。

6 思想3

●諸子百家の文章を読み、政治を巡るそれぞれの思想を読み取る。
●諸子百家の思想の違いを知り、ものの見方、考え方を豊かにする。

諸子百家

◆水のとらえ方

原泉混混

孟子

教科書 一六二ページ

要旨 君子は自分の実力以上の「もと」のない評価を恥じると述べた章である。

①徐子曰、「仲尼亟称於水曰、『水哉。水哉。』②何取於水也。」③孟子曰、「原泉混混、不舎昼夜。④盈科而後進、放乎四海。⑤有本者如是。⑥是之取爾。⑦苟為無本、七・八月之間雨集、溝澮皆盈、其涸也、可立而待也。⑧故声聞過情、君子恥之。」【離婁 下】

訓読

①徐子曰はく、「仲尼は亟水を称して曰はく、『水なるかな。水なるかな。』と。②何をか水に取るや。」と。③孟子曰はく、「原泉は混混として、昼夜を舎かず。④科に盈ちて而る後に進み、四海に放る。⑤本有る者は是くのごとし。⑥是を之れ取るのみ。⑦苟くも本無しと為さば、七・八月の間雨集まり、溝澮皆盈つるも、其の涸るるや、立ちて待つべきなり。⑧故に声聞情に過ぐるは、君子之を恥づ。」と。

現代語訳

①徐子が（質問して）言った、「仲尼（＝孔子）はしばしば水をほめたたえて、『水であるなあ。水であるなあ。』とおっしゃった。②水のどういうところを取り上げ（てほめたたえ）たのでしょうか。」と。③孟子は（答えて）言った、「源のあ

る水はこんこんと湧き出して、昼も夜もやむことがない。④くぼみ（があればそこ）をみたしてそこではじめてさらに流れて、四方の海に達する。⑤もとがあるものは（すべて）このようである。⑥この点を取っ（て孔子は水をほめたたえ）たのである。⑦仮に水源がなければ、七・八月の（大雨の）間に雨水が集まり、田のあぜやみぞをすべてみたしても、その水が枯渇してしまうことは、立って待つことができる（くらい短い）。⑧それゆえ、人の評判が実情以上に盛んであるということは（水源のない流れのように、短時間で尽きてしまうので）、君子はこういうことを恥じるのである。

語釈・句法

原泉　源のある水。「源泉」と同様。

混混　水が湧き出る形容。こんこんと。

①徐子　徐辟のこと。孟子の門人。

仲尼　孔子のこと。仲尼は字。

称　ほめてたたえて。称賛して。

…哉　…だなあ。詠嘆を表す。

②何取於水也　何を水において取り上げるのか。水のどういうところを取り上げるのか。「何…也」は疑問を表す。

③孟子　戦国時代の思想家。孟軻。字は子輿。（前三七二？—前二八九？）

④科　くぼみ。くぼ地。

不舎昼夜　昼も夜もたえまなく。

而後　そこではじめて。「然後」と同じ。

放乎四海　四方の海に達する。「乎」は場所を表す置き字。

⑤如是　このようである。「如」は比況を表す。「是」は「混混、…四海」を指す。

⑥是之取爾　「是取之爾」の倒置形。「爾」は強調を表す。水のこのような性質を取り上げてほめたたえたのである。

⑦苟…　もし…ならば。仮定を表す。

七・八月之間　今の六・七月にあたる。梅雨で大雨が降る時期。

溝澮　田の間のみぞ。小さいものを溝、大きいものを澮という。

⑧声聞過情　評判が実際以上であることは。「声聞」は「評判」「名誉」などの意味。

鑑賞

徐子の質問に対して孟子は「源のある水は、どんどん湧き出て、くぼ地を水でみたし、その後、四海に達する。流れ流れて尽きることがない点を孔子はほめたたえたのだ」と答えた。孟子は続けて、源のない水はすぐに枯渇してしまうことを述べ、君子は実際以上の「もと」がない評価や名誉を恥じるとした。自分の本来の力から湧き出た実績に応じた評判でないと、すぐに見破られてしまうので、君子はこれを恥じるのである。

作者・出典

作者 孟子 本書九一ページ参照。

出典 『孟子』離婁下 本書九一ページ参照。

教科書 一六三ページ

天下莫柔弱於水

老子

要旨 水のしなやかな性質によって、強くてかたいものを制することができると述べた章である。

①天下莫柔弱於水。②而攻堅強者、莫之能勝、以其無以易之。③弱之勝強、柔之勝剛、天下莫不知、莫能行。【第七十八章】

訓読
①天下に水よりも柔弱なるは莫し。②而れども堅強を攻むる者、之に能く勝つ莫きは、其の以つて之を易ふる無きを以つてなり。③弱の強に勝ち、柔の剛に勝つは、天下知らざる莫きも、能く行ふ莫し。

現代語訳
①世の中に水よりやわらかで弱いものはない。②しかしかたくて強いものを攻めるのに、これ（＝水）に勝るものがないのは、これ（＝水の本性）を変えるものがないからである。
③弱いものが強いものに勝ち、やわらかいものがかたいものに勝つのは、世の中で知らない者はいないが、実行できる者はいない。

語釈・句法
莫柔弱於水 水よりもやわらかで弱いものはない。「於」は比較を表す置き字。

②莫之能勝 水に勝つものがない。「能」は可能を表す。
其無以易之 水の本性を変えるものはない。「以」は手段を表す。

③莫不知 知らない者はいない。二重否定の形。

鑑賞

老子は、水がしなやかでその性質が変わらないことを理由に、水より強いものはないと述べる。そして、世の中に弱いものが強いものに勝ち、やわらかいものがかたいものに勝つという事例が多くあるのに、その道理を実行できる人はいないと続ける。

やわらかいものがかたいものに勝つ例としては、水滴がながく同じところに落ち続けることで、石に穴をあけることなどが挙げられる。「点滴石を穿つ」という言葉があるように、わずかな力でも積み重なれば、大きな仕事を成し遂げられる。また、「柔よく剛を制す」「柳に雪折れなし」などの言葉もあり、しなやかな性質がかたくて強いものを制する例といえる。

本文の続きには「正言は反するがごとし」と述べられており、真実を表す言葉は一見反対のように見えるという意味である。逆説的な言い回しが多い『老子』らしい章となっている。

作者・出典

作者 老子　本書一五一ページ参照。

出典 『老子』第七十八章　本書一五一ページ参照。

兵形象水

孫子

教科書 一六三ページ

要旨 軍隊には固定的な態勢はなく、敵の状態に応じて勝利への手段を決めるものだということを述べた文章である。

①夫兵形象水。②水之行、避高而趨下、兵之形、避実而撃虚。③水因地而制流、兵因敵而制勝。④故

訓読

①夫れ兵の形は水に象る。②水の行は、高きを避けて下きに趨り、兵の形は、実を避けて虚を撃つ。③水は地に因りて流れを制し、兵は敵に因りて勝

兵無常勢、水無常形。⑤能因敵変化而取勝者、謂之神。【虚実】

ちを制す。④故に兵に常の勢無く、水に常の形無し。⑤能く敵の変化に因りて勝ちを取る者は、之を神と謂ふ。

現代語訳

①そもそも軍隊の配置は水の様子を手本とする。②水の流れは、高い所を避けて低い所へと向かうが、（それと同じように）軍隊の配置も、（敵の）軍勢の充実した箇所を避けて（敵の）軍勢の手薄な箇所を攻撃する（ような配置をとる）。③水は地形によって流れる方向を決めるが、（それと同じように）軍隊も敵の状態によって勝利への手段を決める。④だから軍隊に固定的な態勢はなく、（それは）水に一定の形態はない（ようなものだ）。⑤敵の変化に応じて勝利を収めることができるというのは、それを神と呼ぶ。

語釈・句法

兵形（へいのけい）　軍隊の配置。

象（かたどル）　なぞらえる。手本とする。

①夫（そレ）　そもそも。いったい。話を説き起こす時に発する言葉。

②実（じつ）　軍勢の充実した箇所。

虚（きょ）　軍勢の手薄な箇所。「実」の対。

③制流（せいシながレヲ）　流れる方向を決める。

制勝（せいスかチヲ）　勝利の手段を決める。

④常勢（つねノせい）　固定的な態勢。

鑑賞

孫子は、「水に一定の形態がないように、軍隊にも固定的な態勢というものはない。敵の状態を見て、手薄な箇所を攻撃し、また、攻撃する手段を決めるべきである。」と言う。

孫子は兵法家であり、この文章はもちろん戦争のことについて言っているのだが、こうした柔軟な発想は、戦争以外のことについても応用できよう。

作者・出典

作者　孫子（そんし）〔生没年未詳〕　名は武（ぶ）。春秋（しゅんじゅう）時代末の兵法家。呉王闔廬（ごおうこうりょ）に仕え、楚（そ）を破り、斉（せい）・晋（しん）を威圧し、大功を立てた。兵家の祖とされ、戦国時代にはその名が知れわたった。

出典　『孫子（そんし）』虚実（きょじつ）　十三編。孫武の兵法を論じた書。

教科書の問題（解答・解説）

教科書 一六四ページ

■学習の手引き

❶孟子・老子・孫子は、それぞれ水のどのような性質をよいとしているか。

解答　・孟子…水源があるからこそどんどん湧き出て、尽きることがない性質。

・老子…しなやかではあるが、ほかのものによって変化しない性質。

・孫子…一定の形態がなく、さまざまな状況に対応できる性質。

❷❶で整理した水の性質を、人間の場合に当てはめて説明しよう。

解答　・孟子…自分の評判がよいことがあっても、自分自身にその源となる人間性がなければ、評判はたちまちに消えてしまう。

・老子…自分のやり方や意見などを強く主張しないが、他人の意見に左右されず、少しずつ自分の望むことを実行し続けて最後に大きな結果を出す。

・孫子…自分で決めた方向性に固執せず、ほかの人の意見を聞いて良いところを取り入れて、自由に方向転換し、良い結果を出す。

■語句と表現

①次の言葉を使った非常に短い時間を表す故事成語を調べよう。

解答　(1)光陰…光陰矢のごとし（月日が過ぎるのは矢のように早い）

(2)黄粱…黄粱一炊（粟の一種である黄粱のおかゆを炊く間の短い時間。人生のはかなさのたとえ）

(3)紫電…紫電一閃（鋭い刀の一瞬のきらめきの意味）

(4)石火…電光石火（稲妻の光や火打石の火花の意味）

(5)朝露…電光朝露（稲妻の光や葉におりた朝の露。人生のはかなさのたとえ）

(6)白駒…白駒過隙（脚の速い馬が狭いすき間をあっという間に通り過ぎる。月日の過ぎるのが早いことのたとえ）

◆正直のあり方

直躬

論語

教科書 一六四ページ

要旨

正直とは人としての情にそむかないところにあると述べた章である。

①葉公語孔子曰、「吾党有直躬者。②其父攘羊、而子証之。」③孔子曰、「吾党之直者、異於是。④父為子隠、子為父隠。⑤直在其中矣。」【子路】

訓読

①葉公孔子に語げて曰はく、「吾が党に直躬なる者有り。②其の父羊を攘みて子之を証せり。」と。③孔子曰はく、「吾が党の直なる者は、是に異なり。④父は子の為に隠し、子は父の為に隠す。⑤直其の中に在り。」と。

現代語訳

①葉公が孔子に告げて言った、「私の村に正直者の躬という者がいます。②その父親が（紛れ込んできた）羊を取って（着服したとき）、子（である躬）がこれを（役所に証人として）証言しました。」と。③孔子が言った、「私の村の正直者はこれと異なっています。④父親は子のために隠し、子は父親のために隠します。⑤正直とはこの（父親と子がかばいあう）なかに存在しています。」と。

語釈・句法

直躬　正直者の躬。「躬」は人名。

①葉公　春秋時代の強国である楚の重臣だった沈諸梁のこと。葉（今の河南省葉県）の地方長官であった。

党　郷党。仲間。村里。

②攘　紛れ込んできたものを取る。迷い込んだものをそのまま隠し取ること。

而　接続を表す置き字。ここでは順接を表す。

証　証言する。役所で父親の罪を証明した。黙っていればわからなかったかもしれないことをわざわざ訴え出た。

③異㆓於是㆒ 葉公のいう正直者（父親の罪を証言する）と異なっている。「於」は対象を表す置き字。

⑤在㆓其中㆒ 正直の精神はこの父子がかばいあう行為のなかにある。「其」は「父為㆑子隠、子為㆑父隠」を指す。肉親の罪を隠すことは「直」とはいえないが、その行為のなかに、父子の愛情や人としての情を率直に示す「直」の精神があると孔子は述べている。

矣 断定・決定を表す置き字。

鑑賞

葉公が自分の村には父親の盗みを役所に訴え出るような正直者がいると孔子に伝えた。すると孔子は、自分の考える正直とは、父子がお互いをかばいあうなかにあるその精神だと答えた。葉公はおそらく自慢気に自分の村の正直者について語ったと思われる。しかし、孔子は、父親の盗みを隠すこと自体は正直とはいえないが、人情の自然に従い、父子の愛情を率直に示すなかに、正直の精神があるとした。

漢代、唐代の法律には容隠（隠せる者を容す）という条項があり、肉親の犯罪をかばい隠すことについては、罪を許される場合があった。これは、孔子のこの章の教えに基づくという説がある。

作者・出典

作者 孔子 本書八九ページ参照。

出典 『論語』 本書八九ページ参照。

直躬（ちょくきゅう）

韓非子（かんぴし）

教科書 一六五ページ

要旨

君主の利益と臣下の利益は対立するため、臣下の個人的な利益を考慮していては国を治めることはできない。

第一段落（初め〜一六五・3）

段意 父の罪を正直に告げる者は、君主にとって正しい者であっても、父にとっては無礼な子になる。

①楚人有直躬。②其父竊羊而謁之吏。③令尹曰、「殺之。」④以為直於君而曲於父。⑤報而罪之。⑥以是観之、夫君之直臣、父之暴子也。

訓読

①楚人に直躬なるもの有り。②其の父羊を窃みて之を吏に謁ぐ。③令尹曰はく、「之を殺せ。」と。④以つて君に直なれども父に曲なりと為す。⑤報じて之を罪す。⑥是を以つて之を観れば、夫の君の直臣は、父の暴子なり。

現代語訳

①楚の国の人に正直者の躬という者がいた。②その父親が羊を盗み、(躬は)これを出かけて行って役人に告げた。③(楚の)宰相が言った、「これを殺せ」と。④(宰相は躬のことを)君主に対しては正しいが、父親に対しては正しくないとみなした(からである)。⑤裁決して(役人からの文書に)回答しこれを罰した。⑥このように考えると、あの君主にとって正しい家臣は、父親にとって無礼な子である。

語釈・句法

①楚人(そひと) 楚の国の人。「国名+人」で、その国の人という意味。この場合の「人」は「ひと」と読む。

②謁(つグ) 出かけて行って告げる。役人に自分の父親の罪を通告する。

③令尹(れいいん) 楚の宰相。

④以為(もツテなス)…… 「以」の後に「躬」が省略されており、「躬を…とみなす」「躬を…と思う」の意味。

直於君(ちょくナレドモきみニ) 君主に対しては正しいが。「於」は対象を表す置き字。

曲於父(きょくナリちちニ) 父親に対しては正しくない。「於」は対象を表す置き字。

⑤報(ほうジテ) 裁決して回答して。躬について裁決し、役人からの文書に回答して。

⑥以是観之(もツテこれヲみレバこれヲ) このように考えると。このようなわけで。

夫(かノ) あの。例の。

暴子(ぼうし) 無礼な子。親に逆らう子。

■**第二段落**(一六五・4~終わり)

段意 君主の利益と臣下の利益は対立するため、個人的な善行をほめたたえながら国家の福利を望むことはできない。

①魯人従レ君戦、三戦三北。②仲尼問二其故一。③対曰、「吾有二老父一、身死莫二之養一也。」④仲尼以為レ孝、挙而上レ之。⑤以レ是観レ之、夫父之孝子、君之背臣也。⑥故令尹誅而楚姦不二上聞一、仲尼賞而魯民易二降北一。⑦上下之利、若レ是其異也。⑧而人主兼挙二匹夫之行一、而求レ致二社稷之福一。⑨必不レ幾矣。

【五蠹】

訓読

①魯人君に従ひて戦ひ、三たび戦ひて三たび北ぐ。②仲尼其の故を問ふ。③対へて曰はく、「吾に老父有り、身死せば之を養ふもの莫きなり。」と。④仲尼以つて孝と為し、挙げて之を上す。⑤是を以つて之を観れば、夫の父の孝子は、君の背臣なり。⑥故に令尹誅して楚の姦上聞せず、仲尼賞して魯の民降北し易し。⑦上下の利、是くのごとく其れ異なるなり。⑧而して人主兼ねて匹夫の行ひを挙げて、而も社稷の福を致さんことを求む。⑨必ず幾せられず。

現代語訳

①魯の国の人が君主に従って戦い、三度戦いに出て三度（とも）脱走した。②仲尼がその理由を（脱走した人に）尋ねた。③（脱走した人が）答えて言った、「私には年老いた父親がおり、私が死ねば父親を養う者がいません。」と。④仲尼は（脱走した人を）孝行であると思い、取り立てて高位につけた。⑤このように考えると、あの父親に孝行な息子は、君主にとって不忠な家臣である。⑥それゆえ宰相が（躬を）罰してから楚の悪人は君主に報告されず、仲尼が（脱走した人を）ほめたたえてから魯の民は降伏しやすくなった。⑦君主の利と臣下の利は、このように相違する。⑧そして君主が（公の功績だけでなく）つまらない人物の（個人的な）善行をほめたたえ、しかも（同時に）国家の福利を招くことも望んでいる。⑨（そのようなことは）全く期待できない（＝期待できるはずがない）。

語釈・句法

①魯人　魯の国の人。「国名＋人」で、その国の人という意味。この場合の「人」は「ひと」と読む。

北　脱走する。軍隊から逃げ帰る。

②仲尼　孔子の字。

④以為レ孝　脱走した人を孝行であると思う。以レA為レB（AをBとみなす。AをBと思う）のAが省略された形。

挙而上レ之　取り立てて高位につける。脱走した人を朝廷に推挙する。

⑤以レ是観レ之　このように考えると。このようなわけで。

夫　あの。例の。

⑥姦　悪い人。悪人。

不二上聞一　君主に報告しない。罪を犯した人を通告しない。

易二降北一　降伏しやすくなる。

⑦若レ是　このように。「是」は指示語。「若」は比況を表す。

⑧兼挙二…一　当然ほめたたえるべき公の功績だけでなく、つまらない人物の個人的な善行もほめたたえる。

匹夫之行　つまらない人物の善行。個人的な善行。

致二社稷之福一　国家の福利を招くこと。国家をよく治めること。

⑨必不レ幾　願いが叶うはずがない。全く期待できない。「必不…」は、「必ず…しない」。全部否定を表す。「幾」は「期待する」「願う」の意味。

鑑賞

父親の盗みを告発した直躬は、君主にとっては忠臣だが、父親にとっては無礼者である。父親のために軍隊を脱走した者は、父親にとっては孝行な息子だが、君主にとっては不忠な家臣である。韓非はこれらの例を挙げて、君主の利益と臣下の利益は対立しているので、臣下の個人的な善行や情を評価することと国家を治めることは両立しないとしている。儒家の尊重する親子の情愛を「つまらない人物の個人的な善行」とまで酷評している点に注目しよう。

五蠹は『韓非子』の編名である。韓非は、法治を妨害するものとして、五つのものを挙げて「五蠹(五つの害虫)」と名づけている。五蠹の第一として、仁や親子の情愛を重視する儒家や墨家の学者を挙げ、そのようなものでは政治を行うことができないと批判している。

作者・出典

作者　韓非　本書一二ページ参照。

出典　『韓非子』五蠹　本書一三ページ参照。

教科書の問題(解答・解説)

教科書　一六六ページ

❓教科書本文下に示された問題

❓「之」とは誰を指すか。(p.一六五)

解答　直躬

[解説]　楚の宰相は、直躬が君主に対しては正しいが、父

親に対しては正しくないという理由で、直躬を殺させた。

■学習の手引き

❶『論語』と『韓非子』における直躬の評価についてそれぞれをまとめよう。

解答 ・『論語』…父親の盗みを役所に訴え出た直躬を、人情の自然という点で正直であるとはみなさず、評価しなかった。

・『韓非子』…父親にとっては無礼であるが、君主にとっては忠臣であると評価した。

［解説］ 親子の情愛や人としての情を重視する儒家の思想と、法を適用し国を治めることを重視する法家の思想との違いである。

❷『論語』の「直在二其中一矣。」〔一六四・3〕の「直」は『韓非子』ではどのように表現されているか。

解答 匹夫之行〔一六五・9〕

［解説］ 父子の愛情を正直に示して互いの罪を隠し合うことは、君主にとっては不忠であり、このようなつまらない個人的な善行を評価していては国家を治めることはできないとしている。

❸『韓非子』では孔子の重んじる「直」や「孝」についてどのように批判しているか説明しよう。

解答 孔子の重んじる「直」や「孝」は、君主にとっては「直」や「孝」ではなく、個人的な善行に過ぎない。国家を治めるのに邪魔なものであると批判している。

［解説］ 親子の情愛を重んじる儒家と、法や秩序を重視する法家の思想の違いである。『韓非子』では、為政者が臣下を統制する際に、個人的な情に基づいた行動を評価するのは過ちであると述べている。

■語句と表現

①「以レ是観レ之」〔一六五・6〕のように「是」を含む次の慣用表現の読みと意味を答えよ。

解答

(1)由レ是観レ之 読み…是に由りて之を観れば
意味…このような理由から考えると

(2)是以 読み…是を以つて
意味…こういうわけで

(3)於レ是 読み…是に於いて
意味…そこで

(4)如レ是 読み…是くのごとし
意味…このようである

［解説］「是」は指示語として用いるとき、「これ」「ここ」「こノ」「かク」などの読みがある。

◆政治のあり方

能近取譬

論語

教科書 一六六～一六七ページ

要旨 仁を実践するには、まず身近なことから思いやりの心を実践するべきだということを述べた章である。

①子貢曰、如有㆘博施㆓於民㆒而能済㆖衆、何如。②可㆑謂㆑仁乎。③子曰、何事㆓於仁㆒。④必也聖乎。⑤堯・舜其猶病㆑諸。⑥夫仁者、己欲㆑立而立㆑人、己欲㆑達而達㆑人。⑦能近取㆑譬。⑧可㆑謂㆓仁之方㆒也已。」【雍也】

訓読 ①子貢曰はく、「如し博く民に施して能く衆を済ふ有らば、何如。②仁と謂ふべきか。」と。③子曰はく、「何ぞ仁を事とせん。④必ずや聖か。⑤堯・舜も其れ猶ほ諸を病めり。⑥夫れ仁者は、己立たんと欲して人を立て、己達せんと欲して人を達す。⑦能く近く譬へを取る。⑧仁の方と謂ふべきのみ。」と。

現代語訳 ①子貢が尋ねた、「もし広く人民に恩恵を施して多くの人々を苦難から救済することができたら、どうですか。②仁と言えるでしょうか。」と。③先生が言われた、「（そういうことができたら）仁どころの話ではない。④（それは）きっと聖人かなあ。⑤（古代の聖天子といわれる）堯や舜でさえそのようなことがなかなかできなくて困難としたのである。⑥そもそも仁者は、自分が立ちたいと思う時はまず人を立たせ、自分が栄達したいと思う時はまず人を栄達させるものである。⑦（このように）身近な事柄にひき比べて考えることができる。⑧（そのように行動することこそ）仁を実践する方法と言えるのである。」と。

語釈・句法

① 子貢　姓は端木、名は賜。子貢は字。孔子の門人。〔前五二〇—前四五〇〕
如…　もし…ならば。仮定を表す。
博施於民　広く人民に恩恵を施す。
済　救済する。
何如　どうであるか。

② 可謂…乎　…と言ってよいだろうか。「可」は、…してよい。許容を表す。「謂」は、評価する、批評する。「乎」は、疑問を表す。
仁　思いやり・真心を尽くすこと。儒家の基本的な徳目。

③ 何事於仁　仁どころの話ではない。どうして仁ぐらいにとどまろうか。（いや、とどまらない。）「何…」は、反語を表す。

④ 必也…乎　きっと…かなあ。「也」は、上の語を取り出して強調する。「乎」は、疑いの気持ちを含んだ感嘆の意を表す。
聖　聖人。最も高い人徳を身につけ、知恵に優れた人。

⑤ 堯・舜　（堯も舜も）古代の聖天子。
其猶　…でさえやはり。「猶」は、この場合は再読しない。
病　困難とした。

⑥ 夫　そもそも。いったい。
立　「しっかりと立つ」という一般的な意味でも通じるが、「ある地位に就くこと」と捉える。
達　「ある目標に到達する」という一般的な意味でも通じるが、「栄達する」と捉える。

⑦ 近取譬　身近な事柄にひき比べて考える。

⑧ 仁之方　仁を実践する方法。
…也已　…だけ。限定を表す。「也」は断定。「已」は限定。ここでは、強い断定の意で訳すとよい。

鑑賞

子貢の「如有博施於民而能済衆」という言葉からは、子貢が、「仁」は高遠なものであり、実践しにくいものと捉えていることが読み取れる。孔子はそんな子貢の考えを「仁」どころか「聖」であると積極的に肯定したうえで、「人を立て」「人を達す」ことの重要性を説き、身近な事柄にひき比べて考えるという「仁」を実現するための方法論を示しているのである。

孔子が示す「己欲立而立人、己欲達而達人」という態度は、同じく『論語』の「衛霊公」にある「己所不欲、勿施於人」という態度を、さらに発展させたものとみなすことができる。孔子は、「仁」の実践のためには「恕（思いやり）」が不可欠であると考え、この章では、自分が望むのならまず、「人を立たせるべきである」「人を栄達させるべきである」ことを示しているのである。

無恒産無恒心

孟子（まうし）

教科書 一六七ページ

要旨 民に安定した職業を保障し、常に変わらぬ心を持たせることが王道政治の根本であることを述べた文章である。

①孟子曰、「無恒産而有恒心者、惟士為能。②若民則無恒産、因無恒心。③苟無恒心、放辟邪侈、無不為已。④及陥於罪、然後従而刑之。⑤是罔民也。⑥焉有仁人在位、罔民而可為也。」【梁恵王 上】刪修

訓読

①孟子（もうし）曰（い）はく、「恒産（こうさん）無（な）くして恒心（こうしん）有（あ）る者（もの）は、惟（た）だ士（し）のみ能（よ）くするを為（な）す。②民（たみ）のごときは則（すなわ）ち恒（こう）産（さん）無（な）ければ、因（よ）りて恒心（こうしん）無（な）し。③苟（いやし）くも恒心（こうしん）無（な）ければ、放辟邪侈（ほうへきじゃし）、為（な）さざる無（な）きのみ。④罪（つみ）に陥（おちい）るに及（およ）びて、然（しか）る後（のち）に従（したが）ひて之（これ）を刑（けい）す。⑤是（こ）れ民（たみ）を罔（あみ）するなり。⑥焉（いず）くんぞ仁人（じんじん）位（くらい）に在（あ）りて、民（たみ）を罔（あみ）して為（な）すべき有（あ）らんや。」と。

現代語訳

①孟子が言った、「安定した収入がなくても常に変わらない正しい心を持つということは、ただ学問を修め道理を体得した人だけができることである。②一般の民などは安定した収入がないと、そのために常に変わらない正しい心も持てないのである。③もし常に変わらない正しい心がないと、勝手気ままで、不正な行為をしないものはない。（どんなことでも平気でやってしまう。）④（そして民が）罪を犯すようになってから、そこで初めて追いかけるようにして刑罰を加える。⑤これは民を法の網にひっかけるというものである。⑥どうして徳を備えた人が位に就いていながら、民を法の網にひっかけるようなことをしてよいでしょうか。（いや、よくありません。）」と。

語釈・句法

恒産（こうさん） 安定した収入。「恒」は常、常に変わらず一定している。「産」は、生きていくための仕事。生業（なりわい）。

恒心　常に変わらない正しい心。良心。常に変わらない善を目指す心。

①惟…　ただ…だけ。限定を表す。

士　学問を修め、道理を体得した人。「民」に対する。

為レ能　できることである。「為」は、ここでは、「…である」の意。

②若レ民　民の場合は。「若レA」は、「Aに至っては」の意。上に述べたことを受けて別のこと（A）を説く時に用いる。

因　それが原因で。そのために。

③苟…　仮にも…であったなら。仮定形。

放辟邪侈　勝手気ままで、不正な行為。「放」は、ほしいまま、「辟」は、偏ること、「邪侈」は、よこしまで、ほしいままにすること。

無レ不レ為已　どんなことでもしてしまう。「無レ不レA」は、Aしないことはない。二重否定。「已」は、限定を表す場合が多いが、ここでは強調を表す。

④陥二於罪一　罪に落ち込む。犯罪をしでかす。「陥」は、動物が落とし穴に落ち込むように、罪を犯すこと。⑤の「罔」の字と呼応させている。

従　追い打ちをかける。

⑤罔レ民　民を法の網にひっかける。網を張って鳥獣を捕らえるように、あらかじめ法の網を張って、民が罪を犯すようにしておいて、待ちかまえて処罰するということ。「罔」は「網」と同じ。

⑥焉…也　どうして…か。（いや…ない。）反語を表す。

仁人　徳を備えた人。

罔レ民而可レ為　「可レ為レ罔レ民」が普通の形であるが、「罔レ民」を強調するために倒置して先にもってくると「罔レ民之可レ為」となり、この「之」の代わりに「而」を用いた。

鑑賞

本文は、孟子と斉の宣王との問答を記したかなり長い文章の一節である。宣王は天下の覇者となるにはどうすればよいかを質問したのであるが、孟子は巧みに王道論に引き入れて、民の生活の安定を図るべきことを説いた。

孟子が言った、「もし王が仁に基づく政治を行うならば、天下の仕官を望む者はみな王の朝廷に仕えたいと願い、耕す者はみな王の田野で耕作したいと願い、商人はみな王の市場で商売をしたいと願い、旅人はみな王の領内を通行したいと願い、各国でその主君を恨んでいる者は、みな王のもとへ来て訴えたいと願うようになるでしょう。もしそのようになったら、誰もそれを阻めません。」と。

斉王が言った、「私は愚かで、もう一つ理解が及びません。はっきりと教えていただきたい。」と。

そこで孟子は本文の発言をして、民に一定の生業を保障して常に変わらぬ正しい心を持たせることが王道政治の根本であることを述べる。さらに孟子は本文の発言に続いて、生業を保障して、安定した生活をさせるとはどういうことかを、具体的に述べる。

孟子が言った、「ですから、優れた君主は、民の生業をうまく統制して、上は父母に孝行を尽くすのに十分であり、下は妻子を食べさせていくのに十分であるようにし、豊作の年には腹いっぱい食べられ、凶作の年でも餓死しないようにしてやります。そうしたうえで、民を善に向かわせてゆきます。だから民はたやすくついてくるのです。

ところが、現実はどうであるかというと、次のようなありさまです。

現在、民の生業を統制するのに、上は父母を満足に奉養していけず、下は妻子を満足に養えません。豊作が続いている時でも年じゅう苦しみ通し、凶作の年には餓死を免れません。これでは命をながらえるのに大変で、食糧の不足を心配するばかりです。どうして礼儀を修める余裕などありましょうか。」

そして孟子は民の生活を安定させる方法を提示する。

「王がもし仁政を行おうとされるのなら、どうしてその根本に立ち返らないのですか。五畝(ごほ)(約九アール)の広さの宅地に桑を植え養蚕をさせれば、五十歳以上の老人は暖かい絹の着物を着ることができます。鶏・豚・犬などの家畜を飼って子をはらみ育てる時期を外さないようにしていけば、七十歳以上の老人は肉を食べることができるようになります。百畝の広さの耕地で、農繁期に徴発などをしないようにすれば、八人の家族が食べていけるでしょう。学校の教育をきちんと行い、繰り返して父母に対する孝や長上に対する悌(てい)という道徳を教えていけば、白髪まじりの老人が荷物を背負ったり頭に載せたりして路上にあることはないでしょう。老人は暖かい絹の着物を着て肉を食い、その他の民は飢えることも凍えることもない。このような政治をして天下の王とならなかった者は、これまであった試しがありません。」と。

孟子の王道論の特色は、道徳政治の前提としての経済的条件を確認したこと、その実現のための具体的方法を提示したことにある。すなわち、経済的条件については、家庭生活を営むことができる程度が標準であり、その実現のための具体策が養蚕などの奨励、農繁期における徴発などの禁止ということなのである。

作者・出典

作者 孟子(もうし) 本書九一ページ参照。

出典 『孟子(もうし)』 梁恵王(りょうけいおう) 上 本書九一ページ参照。

無為之治

老子

教科書 一六八ページ

要旨 聖人は、常に民を無知無欲にさせておいて、無為の政治を行っていくということを述べた文章である。

①不尚賢、使民不争。②不貴難得之貨、使民不為盗。③不見可欲、使民心不乱。④是以聖人之治、虚其心、実其腹、弱其志、強其骨。⑤常使民無知無欲、使夫智者不敢為也。⑥為無為、則無不治。

【第三章】

訓読 ①賢を尚ばざれば、民をして争はざらしむ。②得難きの貨を貴ばざれば、民をして盗を為さざらしむ。③欲すべきを見さざれば、民の心をして乱れざらしむ。④是を以つて聖人の治は、其の心を虚しくして、其の腹を実たし、其の志を弱くして、其の骨を強くす。⑤常に民をして無知無欲ならしめ、夫の智者をして敢へて為さざらしむるなり。⑥無為を為せば、則ち治まらざること無し。

現代語訳 ①（為政者が）いわゆる賢者なるものを尊ばなければ、民を争わせないで済むだろう。②（為政者が）手に入れることの難しい財物を貴ばなければ、民に盗みをさせないで済むだろう。③（為政者が）欲望がかなうことを見せつけなければ、民の心を乱れさせないで済むだろう。④こういうわけで聖人の行う政治は、民の心を空っぽにして、民の腹を満たし、民の意志を弱くして、体を強くする。⑤常に民に（こざかしい）知識や（過度の）欲望を持たせないようにして、世のいわゆる知者に何の手出しもさせないようにするのである。⑥（こうして為政者が）無為の政治を行っていけば、（この世は）治まらないことはないのである。

語釈・句法

①不尚賢　いわゆる賢者なるものを尊ばない。「尚」は「貴」と同じ。「賢」は、賢者。賢人。

使民不争　民に競争心を持たないようにさせる。賢者になるために競争するようなことをさせない。「使」は、…に…させる。使役を表す。

②難得之貨　手に入れることの難しい財物。「貨」は、財物。宝。

③不見可欲　欲望がかなうことを見せつけない。「見」は、「示」と同じ。

④是以　こういうわけで。そこまでに述べられたこと全体を受ける。

聖人　無為自然の道を体得した人。儒家で尊ぶ聖人とは異なる。

虚其心　（民の）心を空っぽにする。

実其腹　（民の）腹を満たす。腹いっぱいに食べさせる。虚栄心をなくさせる代わりに、腹を満たすのである。「実」は、いっぱいにする。

弱其志　（民の）積極的に物事をしようとする意志を弱める。

強其骨　（民の）体を強くする。上の「弱」に応じて「強」と言っている。

⑤無知無欲　（こざかしい）知識や（過度の）欲望を持たない状態。

夫　例の。あの。世のいわゆる。

不敢為　得意げに活動しない。

⑥無不治　「無不…」は、…しないものはない。二重否定。

鑑賞

老子の立場の根本は、いっさいの人為をなくして自然のままに生きる「無為自然」であり、それを政治において言ったものが「無為の治」であるが、「無為の治」の一つとして民を無知ならしめよという主張がある。

そもそも老子において、知は常に欲・詐偽と絡み合うものであった。知と欲とは、両者あいまって世を混乱に導くものである、と老子は考える。

・そもそも民が治めにくいのは、彼らの知恵が多すぎるからである。〔第六十五章〕

このように、政治の要諦は民を愚かにすることであると断定する老子は、さらに続けて次のように言う。

・だから知恵によって国を治めることは、国家にとっての災いであり、知恵によって国を治めないことは、国家にとっての幸いである。以上の二つのことをわきまえるのは、治政のための法則である。〔同〕

こうした発言を読むと、老子は、民を無知の状態にしておいて、為政者への批判が行われないようにし、独裁的な政治をしやすくしようと考えているのではないか、と思うかもしれないが、老子は、民ばかりでなく、為政者にも無知を要求する。しかし、為政者が民と同じく無知であっては、政治の行いようがない。そうしてみると、無知であれという老子の主張は、実は戦国の世に横行した知者・賢者を封じ込めることにその目的があるように思われる。

本文の初めに「賢者を尊ぶな」とあり、「世のいわゆる知者に何の手出しもさせない」と述べているのは、そのことの一つの証拠となるであろう。「其の心を虚しくして、其の腹を実たし、其の志を弱くして、其の骨を強くす」ということは、民を無知無欲の状態に置くことであるが、同時にその日常生活を満足させることである。これだけの条件がそろえば、民は知者の言葉に耳を貸すこともないし、知者が政治にくちばしを入れる余地もない。そうしてみると、本文で民を無知にしておけと主張するのは、君主の周辺にいる知者を一掃せよということに主眼があると考えられるのである。

作者・出典

作者 老子（ろうし） 本書一五一ページ参照。

出典 『老子（ろうし）』第三章 本書一五一ページ参照。

兼愛

墨子（ぼくし）

教科書 一六八～一六九ページ

要旨

天下の人々が互いに愛し合うようになれば、災いや争奪や怨恨（えんこん）が起こらなくなることを述べた文章である。

第一段落（初め～一六九・2）

段意

人々は互いに愛し合うようにすべきである。

①凡天下禍篡怨恨、其所㆓以起㆒者、以ㇾ不㆓相愛㆒生也。②是以仁者非ㇾ之。③既以非ㇾ之、何以易ㇾ之。④子墨

訓読

①凡（およ）そ天下（てんか）の禍篡怨恨（かさんえんこん）、其（そ）の起（お）こる所以（ゆえん）の者（もの）は、相愛（あいあい）せざるを以（も）つて生（しょう）ずるなり。②是（ここ）を以（も）つて仁者（じんしゃ）は之（これ）を非（ひ）とす。③既（すで）以に之（これ）を非（ひ）とすれば、何（なに）を以（も）つて之（これ）に易（か）へん。④子墨子（しぼくし）言（い）ひて曰（い）はく、「兼（か）ねて

子言曰、「以兼相愛交相利之法易之。」

相愛し交相利するの法を以つて之に易へん。」と。

現代語訳

①およそ天下の奪い取られるわざわいや怨恨は、その起こる原因は、互いに愛し合わないことにある。②だから仁者はそれをよくないこととする。③それをよくないこととするからには、どうやってそれに代えるのか。④我が師の墨先生が言われた、「広く互いに愛し合い互いに利益をもたらす道をそれに代えよう。」と。

語釈・句法

①禍篡　奪い取られるわざわい。

不相愛　互いに愛し合わない。

②非　よくないこととする。

③既以　…とするからには。

何以　どうやって…か。何によって…か。疑問を表す。

易　代える。

④子墨子　我が師の墨先生。墨翟を尊んだ呼称。

兼相愛　広く互いに愛し合う。すべての人を分け隔てなく愛する。

■第二段落（一六九・3～終わり）

段意　人々が互いに愛し合えば、戦いや争奪や怨恨は起こらなくなる。

①然則、兼相愛交相利之法、将奈何哉。②子墨子言、「視人之国、若視其国、視人之家、若視其家、視人之身、若視其身。③是故諸侯相愛則不野戦、家主相愛則不相篡、人与人相愛則不相賊、君臣相愛則恵忠、父子相愛則慈孝、兄弟相愛則和調。④天

訓読

①然らば則ち、兼ねて相愛し交相利するの法は、将た奈何ぞや。②子墨子言へらく、「人の国を視ること、其の国を視るがごとくし、人の家を視ること、其の家を視るがごとくし、人の身を視ること、其の身を視るがごとくす。③是の故に諸侯相愛すれば則ち野戦せず、家主相愛すれば則ち相篡はず、人と人と相愛すれば則ち相賊はず、君臣相愛すれば則ち恵忠、父子相愛すれば則ち慈孝、兄

下之人皆相愛、強不レ執レ弱、衆不レ劫レ寡、富不レ侮レ貧、貴不レ敖レ賤、詐不レ欺レ愚。⑤凡天下禍簒怨恨、可レ使レ毋レ起者、以二相愛一生也。⑥是以仁者誉レ之。」

【兼愛 中】

弟相愛すれば則ち和調す。④天下の人皆相愛すれば、強は弱を執らへず、衆は寡を劫さず、富は貧を侮らず、貴は賤に敖らず、詐は愚を欺かず。⑤凡そ天下の禍簒怨恨、起こること毋からしむべき者は、相愛するを以つて生ずるなり。⑥是を以つて仁者は之を誉む。」と。

現代語訳

①それならば、広く互いに愛し合い互いに利益をもたらす方法は、いったいどうしたらよいか。②我が師の墨先生が言われることには、「他人の国を見るのを、自分の国を見るのと同じようにし、他人の家を見るのを、自分の家を見るのと同じようにし、他人の身を見るのを、自分の身を見るのと同じようにする。③このようにして諸侯が互いに愛し合えば野戦をしないし、大夫が互いに愛し合えば奪い合わないし、人と人が互いに愛し合えばそこない合わないし、君主と臣下が互いに愛し合えば（君主は）臣下に温情をかけ（臣下は）君主に真心を尽くすようになり、父と子が互いに愛し合えば慈愛と孝行が生まれ、兄と弟が互いに愛し合えば仲むつまじくなる。④天下の人がみな互いに愛し合えば、強者は弱者を捕らえなくなり、多数は少数を脅かさなくなり、金持ちは貧しい人を侮らなくなり、身分の高い者は身分の低い者をばかにしなくなり、ずるがしこい者は愚かな者をだまさなくなる。⑤およそ天下の奪い取られるわざわいや怨恨を、起こらないようにできるのは、互いに愛し合うことにある。⑥そこで仁者はこれを賛美するのである。」と。

語釈・句法

①然則（しからバすなわチ）　それならば。してみると。

将（はタ）　いったい。疑問を強める。

奈何哉（いかんゾや）　どのようであるか。疑問を表す。

②若（ごとク）　…のようである。比況を表す。

③其国（そノくに）　自分の国。

家主（かしゅ）　大夫（諸侯の家老）。

恵忠（けいちゅう）　臣下に温情をかけることと、君主に真心を尽くすこと。

慈孝（じこう）　慈愛と孝行。

④寡（か）　少数。

不レ敖レ賤（ずおごラせんニ）　身分の低い者をばかにしない。

詐（さ）　ずるがしこい者。

⑤毋（なカラ）　「無」と同じく否定を表す。

鑑賞

墨子の思想の中心は、兼愛である。兼愛とは、すべての人間を無差別に愛することである。諸侯が、大夫が、人と人が、君臣が、父子が、兄弟が、それぞれ自分を愛するように他人を愛せば、天下の争奪や怨恨がなくなり、人類は平和な生活を享受できるというのである。

この兼愛は、孔子の仁と似ているが、仁は、自分の父母兄弟を愛することから始め、それを他人に、そして国家に、さらに天下に広げてゆく、というものである。

そこで墨子は、「孔子の説く仁は差別愛であり、それは天下に平和をもたらすどころか、かえって争いの元をつくるものである。」と批判した。これに対して儒家の孟子は、「墨子の兼愛は、父と子、君と臣の区別をなくすもので、動物の愛と同じだ。」と批判した。

作者・出典

作者 墨子〔前四八〇？—前三九〇？〕 姓は墨、名は翟。春秋時代末の思想家。儒家と対立する主張をした墨家の祖。

出典 『墨子』兼愛 中 『墨子』は、墨翟とその学派の言説を集めたもの。十五巻、七十一編。

侵官之害

韓非子

教科書 一七〇～一七一ページ

要旨 君主は臣下に対して、職務の範囲内の仕事をさせるべきであり、職分外を功績と認めてはならない。

第一段落（初め～一七〇・6）

段意 うたた寝をしていた昭侯に、冠を管理する役人が衣服をかけたところ、衣服を管理する役人とともに処罰された。職務を怠ることも、他人の職務を侵犯することも、弊害は大きいからである。

①昔者韓昭侯酔而寝。②典冠者見君之寒也、故加衣於君之上。③覚寝而説、問左右曰、「誰加衣者。」④左右対曰、「典冠。」⑤君因兼罪典衣与典冠。⑥其罪典衣、以為失其事也。⑦其罪典冠、以為越其職也。⑧非不悪寒也。⑨以為侵官之害甚於寒。

訓読

①昔者韓の昭侯酔ひて寝ぬ。②典冠なる者君の寒きを見るや、故に衣を君の上に加ふ。③寝より覚めて説び、左右に問ひて曰はく、「誰か衣を加へし者ぞ。」と。④左右対へて曰はく、「典冠なり。」と。⑤君因りて典衣と典冠とを兼ね罪せり。⑥其の典衣を罪せるは、其の事を失ふと以為へばなり。⑦其の典冠を罪せるは、其の職を越ゆと以為へばなり。⑧寒きを悪まざるに非ざるなり。⑨官を侵すの害は寒きよりも甚だしと以為へばなり。

現代語訳

①昔韓の昭侯が酒に酔いつぶれてうたた寝をした。②君主の冠を管理する役人が君主の寒そうな様子を見て、衣を君主の体にかけてあげた。③（昭侯は）目を覚ますと喜び、側近に尋ねた「誰が衣をかけてくれたのか。」と。④側近が答えた、「冠を管理する役人です。」と。⑤君主はそこで衣を管理する役人と冠を管理する役人との両方を処罰した。⑥（昭侯が）衣を管理する役人を処罰したのは、自分の担当する仕事を怠ったと考えたからである。⑦冠を管理する役人を処罰したのは、自分の職務以外のことをしたと考えたからである。⑧（昭侯も）寒さを嫌がらないのではない。⑨（だが）他人の職務を侵犯する弊害は寒さ（の害）よりもはるかに大きいと考えたからである。

語釈・句法

侵官　他人の職務を侵犯する。「侵」は、人の領域に入ること。

①韓昭侯　戦国時代の韓の君主。法家の申不害を用いて政治改革を断行し、大いに国威を発揚した。韓非がしばしば名君として取り上げる。〔在位、前三六二―前三三三〕

寝　横になって目を閉じる。うたた寝をする。

②典冠　君主の冠を管理する役人。「典」は、管理するの意。

君之寒　「君」が主語、「寒」が述語で、その中間に「之」を挿入したもの。「主語＋之＋述語」は文としての完結性を失い、句に転化し、上の「見」の目的格となる。
也 …ので。文中にあり、理由を表す助字。
故 だから。それで。順接。
③説 喜ぶ。「悦」と同じ。
左右 君主の側近くに仕える者。側近。近臣。
誰加衣者 誰が衣をかけてくれたのか。「誰…者」は、「たれカ…ものゾ」と読み、「誰が…するのか（したのか）」の意。
④対 目上の人に向かって答える。

⑤兼罪 二人とも処罰した。「兼」は、かねて。いっしょに。
典衣 君主の衣服を管理する役人。
⑥以為失其事也 自分の担当する仕事を怠ったと考えたからである。「以為…也」は、…と考えたからである。理由を述べる時に使う形。「おもへバ」と読んでいるが、「以つて…と為す」、「以為」と読んでもよい。その場合は「以為失其事也」、「以為失其事也」となる。「其事」は、自分のなすべき仕事。

⑦越其職 自分の職務以外のことをする。越権行為。「越」は、分を過ぎる。
⑧非不悪寒也 寒さを嫌がらないのではない。「非不…」は、「…ざルニあらザル」と読み、「…しないのではない」の意の二重否定。
⑨甚於寒 寒さよりもひどい。「A於B」は、BよりもAの意で、比較を表す。

■第二段落（一七〇・7〜終わり）

段意 職分を越えることを許さず、法を守るのが名君の心構えである。

> ①故明主之畜臣、臣不得越官而有功、不得陳言而不当。②越官則死、不当則罪。【二柄】

訓読
①故に明主の臣を畜ふや、臣は官を越えて功有るを得ず、言を陳べて当たらざるを得ず。②官を越ゆれば則ち死され、当たらざれば則ち罪せらる。

現代語訳
①このようなわけで英明な君主が臣下を召し抱える場合には、その臣下は職分を越えて功績をあげることを許されず、（また）意見を述べた以上は（そのとおり実行して）成果をあげなければならない。②（なぜなら、）もし職分を越えるよう

な越権行為をすれば死罪となり、言葉どおりの成果がなければそれなりの罰を受ける（からである）。

語釈・句法

①故　「是故」の意。以上のようなわけで。

明主　明君。明王。賢い主君。

畜臣　臣下の者を召し抱える。

臣不得越官而有功　臣下は、（官規に定められたとおり、忠実にその職分に励むべきであって）職掌以外のことで功績をあげるようなことをしてはならない。韓非は一人一官一職を守ることを主張し、「明主の道は、一人官を兼ねず、一官事を兼ねず。」、「明君は、事をして相干さざらしむ、故に訴へなし。士をして官を兼ねざらしむ、故に技長ず。」などと述べ、「侵官」「越官」を厳に戒めていたのである。

不得陳言而不当　意見を上申した以上は、そのとおり実行して成果をあげなければならない（無責任な放言は許されない）。

②死　文意から「ころサレ」と受身に読む。次の「罪」も同じ。

不当則罪　「当たらざれば則ち罪せらるればなり。」の意。韓非は、一人一人が忠実に職分を守るために、言行一致を求め、無責任な発言を禁じたのである。

鑑賞

韓の昭侯は、韓の第六代の君主である。昭侯は宰相申不害の説を採用して刑名の術を励行し、政治改革を断行して、大いに国威を発揚した。韓非の活動した時代より約百年前の君主で、韓非はしばしば推称している。

昭侯は、君主の身を心配して衣服をかけてくれた臣下の善意を喜ぶ個人的な感情と、臣下の職分・行動を厳格に評定していく支配者としての計算とを、冷酷なまでに区別している。常識から考えれば、人間の情宜というものを無視したやり方であるということになる。しかし、当時の戦国時代という世相からすると、これぐらいの厳格さを持って、職務権限の明確化を図らなければ、国を治め、民を導くことが困難になっていたのである。

文章の展開は、第一段落で昭侯が典衣と典冠を罰したたとえ話を挙げ、そしてなぜ二人を罰したかを説明し、第二段落の結びで、明君の心得として、法を絶対視して厳罰主義で臨むべきことを説いている。

作者・出典

作者　韓非　本書一二ページ参照。

出典　『韓非子』二柄　本書一三ページ参照。

教科書の問題（解答・解説）

◆教科書本文下に示された問題

◆「不レ得二陳レ言而不一レ当。」とは、どういうことか。（p.一七〇）

解答　意見を述べたら、そのとおりに実行して、成果をあげなければならない。すなわち、言論と実行とを一致させなければならない、ということ。

■学習の手引き

❶「能近取レ譬」（一六六ページ）と「無二恒産一無二恒心一」（一六七ページ）をもとに儒家の求めた政治のあり方について話し合おう。

［解説］「能近取譬」では孔子が、「仁」の実践のためには思いやりが必要であり、例えば、自分が栄達したい場合はまず人を栄達させるべきだと説明している。「無恒産無恒心」では孟子が、人民に正しい心を持たせて道徳的な行いをさせるには、安定した収入が必要だと説き、安定した収入が得られずに不正を働いた民を罰するのは国を治める者がするべきことではないと述べている。

❷「無為之治」（一六八ページ）とは、どのような政治か説明しよう。

解答　民にとって作為のない自然な状態が出現するように、為政者が民に対する干渉や規制を極力避ける、不干渉主義の政治。

［解説］人間のこざかしい知識や欲望から発する政策は、人間の社会に混乱と無秩序と破壊をもたらすと考えた。

❸「兼愛」（一六八ページ）で、なぜ「仁者誉レ之」といえるのか。墨子の理想とする政治のあり方に留意してまとめよう。

解答　人々が分け隔てなく愛し合い、互いに利益をもたらし合うようになれば、「天下禍簒怨恨」（奪い取られるわざわいや怨恨）が起こらなくなるからである。墨子は、他国を攻めることも侵略されることもない政治を理想としていた。

［解説］墨子の唱える「兼愛」は、すべての人々が互いに愛し合う無差別的な愛である。その基本は、相手の立場に立ってみること。そうすれば、国家間、親子間の争いはなくなり、身分や貧富など、あらゆる差別を乗り越えて、人々が互いに愛し合えるようになるという考えである。

■語句と表現

①「侵レ官之害」（一七〇ページ）の本文において、韓の昭侯のたとえ話に基づいて、筆者は何を主張しようとしたのか、説明しよう。

解答 国を統治するためには、臣下には与えられた職務の範囲内で任務を遂行させなくてはならないということ。

［解説］ 韓非は、厳格な法治主義によって社会の秩序は保たれると考えている。冠を管理する役人の衣服をかける行い自体が良いことでも、衣服を管理する役人の職務を侵犯する行為と、衣服を管理する役人の怠慢を見過ごすことは、国家存亡にかかわると述べているのである。

7 文2

●筆者の主張を的確に捉え、ものの見方、考え方を豊かにする。
●筆者の価値観や問題意識について考察を深める。
●当時の社会背景に注意して時代によって異なる意見について考え、発表する。

唐宋(とうそう)八大家の文章

与孟東野書(まうとうやニフル)

韓愈(かんゆ)

教科書 一七四～一七七ページ

大意 韓愈が長い間会っていない友人の孟郊(もうこう)にあてて、自分の孤独な現状、孟郊の不遇、自分が徐州(じょしゅう)にいる事情、二人の共通の友人の近況を述べ、孟郊が自分の所を訪ねてくれることを願って出した手紙である。

■第一段落（初め～一七四・4）

段意 あなた（孟郊）と長い間会うことができなくて、私は心が楽しまない。

①与足下別久矣。②以吾心之思足下、知足下懸懸於吾也。③各以事牽、不可合并。④其於人人、非足下之為見、而日与之処。⑤足下知吾心楽否也。

訓読

①足下(そっか)と別(わか)るること久(ひさ)し。②吾(わ)が心(こころ)の足下(そっか)を思(おも)ふを以(も)つて、足下(そっか)の吾(われ)に懸懸(けんけん)たることを知(し)るなり。③各(おのおの)事(こと)を以(も)つて牽(ひ)かれ、合并(がっぺい)すべからず。④其(そ)の人(じん)人に於(お)ける、足下(そっか)を之(こ)れ見(み)ると為(な)すに非(あら)ず、而(しか)も日之(ひびこれ)と処(お)る。⑤足下(そっか)吾(わ)が心(こころ)の楽(たの)しむや否(いな)やを知(し)らん。

現代語訳

①あなたとお別れして長い間になります。②私の心があなたのことを思っていることから、あなたも私のことを心にかけ

てくださっていることがわかります。③お互い用事に追われて、いっしょにいることができません。④今私が付き合わなければならない人たちに対しては、ほかならぬあなたにお会いする場合とは違いますが、それでも毎日そのような人たちと暮らしております。⑤あなたは私の心が楽しいかどうか、おわかりでしょう。

語釈・句法

孟東野　名は郊。東野は字。中唐の詩人。湖州武康（今の浙江省）の人。五十歳近くになって科挙に合格し、尉となったが、詩作にふけって役所の仕事を怠り、官位を下げられたという。苦吟の詩人として知られる。韓愈とは親しく、「孟詩韓筆」（詩では孟郊、散文では韓愈）と称せられた。〔七五一―八一四〕

書　手紙。

①足下　あなた。相手に対する敬称。

②以　…ということで。理由を表す。

懸懸　心にかけている様子。

③各　お互い。あなたも私も。

以事牽　用事に追われる。

合并　いっしょにいる。

④人人　今、私が付き合わなければならない人たち。

非足下之為見　ほかならぬあなたにお会いする場合とは違う。「為見」は、会う。「非為見足下」というのを、「足下」を前に出して強調し、「之」を入れたものである。

⑤…否　…かどうか。疑問を表す。

第二段落（一七四・5～7）

段意　この地では、私の行動と判断に共感してくれる人はおらず、私は心が楽しまない。

①吾言レ之、而聴者誰歟。②吾唱レ之而和者誰歟。③言無レ聴也、唱無レ和也。④独行而無レ徒也、是非無レ所二与同一也。⑤足下知二吾心楽否一也。

訓読

①吾之を言ふも、聴く者は誰ぞや。②吾之を唱ふも和する者は誰ぞや。③言ひて聴くもの無く、唱ひて和するもの無し。④独行して徒無く、是非与に同じくする所無し。⑤足下吾が心の楽しむや否やを知らん。

現代語訳

①（この地では）私がものを言っても、耳を傾けて聞いてくれる者は誰でしょう。②私が歌を歌っても唱和してくれる者

は誰でしょう。③ものを言っても耳を傾けてくれる者はなく、歌っても唱和してくれる者はいないのです。④自分だけの信念に立って行動しても仲間はなく、よしあしの判断についても同じ判断を下す人はいないのです。⑤あなたは私の心が楽しいかどうかおわかりでしょう。

語釈・句法

①言レ之(いフこれヲ)　ものを言う。何かを言う。
聴(きク)　耳を傾けて聞く。注意して聞く。
「聞」は、聞こえる。耳に入る。
誰歟(たれゾや)　…は誰だろうか。「歟」は、…か。疑問を表す。

②和(わスル)　唱和する。
④独行(どっこう)　自分だけの信念に立って行動する。
徒(ともがら)　仲間。
是非(ぜひ)　よしあしの判断。

所二与同一(ところともニおなジクスル)　同じ判断を下す人。「所」は、下にくる動詞などの対象・内容となるもの・場所・方法・人などを表す。ここでは、「人」と訳す。

■第三段落（一七五・1～4）

段意　あなたは古代の聖人の道を実践しながら生きているが、不遇であり、それは私を悲しませる。

①足下才高気清。②行二古道一処二今世一。③無レ田而衣食、事レ親左右無レ違。④足下之用レ心勤矣。⑤足下之処レ身、労且苦矣。⑥混混与レ世相濁、独其心追二古人一而従レ之。⑦足下之道、其使二吾悲一也。

訓読

①足下は才高く気清し。②古の道を行ひて、今の世に処る。③田無くして衣食し、親に事へて左右違ふこと無し。④足下の心を用ゐること勤めたり。⑤足下の身を処くこと、労して且つ苦しめり。⑥混混として世と相濁り、独り其の心は古人を追ひて之に従ふ。⑦足下の道、其れ吾をして悲しましむる。

現代語訳

①あなたは才能が豊かで精神が清らかです。②古代の聖人の道を実践しながら、今の世に生きています。③田畑もないのに衣食をまかない、親御さんにお仕えして至れり尽くせりです。④あなたの気の配りようは誠意を尽くしたものです。⑤あなたの暮らし向きは、骨の折れることが多くてつらいものです。⑥汚れた世といっしょくたになって濁りながら、あな

たの心は古代の人を慕ってそれを追いかけています。⑦あなたの生き方は、本当に私を悲しませるのです。

語釈・句法

①才高 才能が豊かである。
気清 精神が清らか。性格が純粋。
②古道 古代の聖人の生き方や教え。
③無レ田 耕作地、田畑がない。生活を支える基盤がないことを表す。
事レ親 親に仕える。孟郊は幼い時に父親を失っており、母親に孝養を尽くした。
左右無レ違 至れり尽くせりである。「左右」は、親の身の回りの世話をすること。「無レ違」は、親の望むところと違わないこと。

④用レ心 気を遣う。
⑤処レ身 暮らし向き。
⑥混混 いっしょくたになって。
⑦其 本当に。全く。強調を表す。
使 「使二A B一」の形で、A〈人物〉にB〈行為〉させる。使役を表す。

■第四段落（一七五・5〜11）

段意

今、私は古いなじみの張建封のところにいるが、秋になったら辞去し、あなたといっしょに過ごせたら幸せである。

①去年春、脱汴州之乱、幸不死。②無所於帰、遂来于此。③主人与吾有故、哀其窮、居吾于符離睢上。④及秋将辞去。⑤因被留以職事、黙黙在此、行一年矣。⑥到今年秋、聊復辞去。⑦江湖余之楽也。⑧与足下終幸矣。

訓読

①去年の春、汴州の乱を脱して、幸ひに死せず。②帰るに所無く、遂に此に来たる。③主人吾と故有り、其の窮せるを哀れみ、吾を符離の睢上に居らしむ。④秋に及びて将に辞去せんとす。⑤因りて留めらるるに職事を以つてし、黙黙として此に在ること、行一年ならんとす。⑥今年の秋に到りて、聊か復た辞去せん。⑦江湖は余の楽しみなり。⑧足下と終はらば幸ひなり。

現代語訳

①去年の春、汴州の反乱を免れ、幸運にも死なずにすみました。②（そして）帰るところもないまま、結局ここ（徐州の張建封のところ）へやって来ました。③ここの主人は私と古いなじみがあって、私が困窮しているのを哀れんで、私を符離の睢水のほとりに住まわせてくれました。④秋のうちにおいとましようとしました。⑤（しかし）そのまま役目を与え

られて引き留められ、むなしくここにいること、間もなく一年になろうとしています。⑥今年の秋になったら、まあなんとかおいとましようと思います。⑦官職を離れて全国を遊歴して回ることは私の楽しみです。⑧あなたといっしょに死ぬまで過ごせたら幸せです。

語釈・句法

①去年　貞元十五年〔七九九〕。

汴州之乱　汴州（今の河南省開封市）の地に起こった軍隊の反乱。貞元十五年〔七九九〕二月、韓愈を幕僚として招いてくれた節度使の董晋が病死し、陸長源が後を継いだが、これを不満とする兵士たちが反乱を起こした。韓愈は董晋のひつぎをその郷里に葬る行列に加わっていたため、難を免れた。

②此　徐泗濠節度使（徐州・泗州・濠州の節度使）として、徐州（今の江蘇省徐州市）にいた張建封のところ。

③主人　張建封を指す。

故　古いなじみ。

符離　今の安徽省宿州市。

睢上　睢水という川のほとり。「上」は、ほとり。

④及秋　秋のうちに。

将…　今にも…しようとする。再読文字。

⑤因　そのまま。以前からの状態を変更しないことを表す。

被留　引き留められる。「被…」は、…される。受身を表す。

職事　役目。韓愈は節度推官（節度使の参謀）の役目を与えられていた。

黙黙　むなしい様子。

行　間もなく。

⑥聊復　まあなんとか。

⑦江湖　大きな川と湖。転じて、官を捨てて自由な暮らしをすることのたとえ。ここでは、官職を離れて全国を遊歴して回ることをいう。

■第五段落（一七六・1〜3）

段意　共通の友人である李習之と張籍の近況を伝える。

①李習之娶吾亡兄之女、期在後月。②朝夕当来此。③張籍在和州居喪、家甚貧。④恐足下不知。⑤故具此白。

訓読

①李習之は吾が亡兄の女を娶り、期は後月に在り。②朝夕当に此に来たるべし。③張籍は和州に在りて喪に居り、家甚だ貧なり。④恐らくは足下知らざらん。⑤故に具に此に白す。

現代語訳

①李習之は私の亡き従兄の娘を妻とすることになり、その結婚の日取りは来月に予定されています。②そのうちこの地にやって来るはずです。③張籍は和州にいて喪に服しており、その家はたいそう貧乏しています。④（二人の近況を）おそらくあなたはご存じないと思います。⑤そこで具体的にここに申し上げました。

語釈・句法

①李習之　名は翺。習之は字。貞元十四年（七九八）に科挙に合格。韓愈の門人で、孟郊とも旧知の仲。（七七四？―八三六？）

亡兄　従兄の韓弇を指す。貞元三年（七八七）、吐蕃（チベット）との講和の使節に随行し、現地で不慮の死を遂げた。この時、その娘は生後七か月で、後に韓愈に引き取られ、李習之に嫁いだ。

期　結婚の日取り。

後月　来月。翌月。

②朝夕　そのうち。間もなく。

当　当然…するはずである。再読文字。

③張籍　字は文昌。中唐の詩人。貞元十五年（七九九）に科挙に合格。最終官は、国子司業（国立学校の副校長）。韓愈の門人。（七六八？―八三〇？）

和州　今の安徽省和県。

居喪　喪に服す。当時は、親等によって、三年・一年・九か月・五か月・三か月の服喪期間が定められていた。この期間は、官職にある者は休職しなければならず、収入がなかった。

⑤具　具体的に。

第六段落（一七六・4～終わり）

段意　あなたが私のところを訪ねてくれることを願っている。

①冀足下一来相視也。②自彼至此雖遠、要皆舟行可至。③速図之。④吾之望也。⑤春且尽、時気向熱、惟侍奉吉慶。⑥愈眼疾比劇、甚無聊。⑦不復一一。⑧愈再拝。

【昌黎先生集】

訓読

①冀はくは足下一たび来たり相視よ。②彼より此に至ること遠しと雖も、要するに皆舟行して至るべし。③速やかに之を図れ。④吾の望みなり。⑤春且に尽きんとし、時気熱きに向かふ、惟だ侍奉吉慶ならんことを。⑥愈は眼疾比劇しく、甚だ無聊なり。⑦復た一一ならず。⑧愈再拝。

現代語訳

①どうかお願いですからあなたが一度こちらに来られてお会いいたしましょう。②あなたのいる所から私のいるここまでは遠いとはいっても、つまるところ全行程を舟の便で来られるのです。③すぐにそのことを実行してください。④それが私の願いです。⑤春は終わろうとしており、時候は暑くなってきますが、ただ親御さんに孝養を尽くしよいことがありますように。⑥私は眼病が近ごろひどく、全くやりきれません。⑦これ以上詳しくは述べません。⑧再拝。

語釈・句法

②彼(かしこ)　あなたのいる所。この時、孟郊は常州(じょうしゅう)（今の江蘇省常州市）にいたらしい。

要(ようスルニ)　つまりは、結局のところ。

舟行(しゅうこうシテ)　舟の便で。常州からここ徐州までは、隋(ずい)の煬帝(ようだい)が築いた大運河を利用できる。

⑤且(まさニ)レ尽(つキント)　（今にも）終わろうとしている。「且」は、（今にも）…しようとする。再読文字。

時気(じき)　時候。

侍奉(じほう)　親に孝養を尽くす。

吉慶(きっけい)　めでたいこと。相手の幸福を願っていう言葉。

⑥眼疾(がんしつ)　目の病気。眼病。

無聊(ぶりょうナリ)　やりきれない。憂いがあり楽しまない様子。

⑦不(ず)二復(まタ)一一(いちいちナラ)一　これ以上詳しくは述べない。手紙に用いられる語。今の「不一(ふいつ)」と同じ。

鑑賞

この手紙は、貞元十六年〔八〇〇〕に書かれたものである。この時、韓愈は節度使のもとで参謀の職に就いていたが、周囲には韓愈を理解する人物がおらず、鬱屈(うっくつ)した日々を送っていた。そのような韓愈が、「古道」（古代の聖人の生き方や教え）を実践している孟郊への深い尊敬の念と、その孟郊が不遇であることへの悲しみを込めて書いたのがこの手紙である。六朝(りくちょう)以来の華麗な文体ではなく、簡潔に自己の思想を述べる文体で書いているところに特色がある。

作者・出典

作者　韓愈(かんゆ)〔七六八―八二四〕　字は退之(たいし)。中唐の文学者。柳宗元(りゅうそうげん)と並ぶ古文復興運動の推進者。前漢以前の古文（『孟子(もうし)』『史記(しき)』などの文章）を模範として文章を書くことを主張し、実践した。唐宋八大家の一人。

出典　『昌黎先生集(しょうれいせんせいしゅう)』　巻十五　五十巻。韓愈の詩文集。

参考

左遷至藍関示姪孫湘

韓愈

教科書 一七七ページ

主題

帝の怒りを買って遠方へ左遷される作者が、死を覚悟して旅立つ悲壮な心中をうたったもの。

形式

七言律詩。「天」「千」「年」「前」「辺」が韻を踏む。

①一封朝奏九重天　②夕貶潮州路八千
③欲為聖明除弊事　④肯将衰朽惜残年
⑤雲横秦嶺家何在　⑥雪擁藍関馬不前
⑦知汝遠来応有意　⑧好収吾骨瘴江辺

【昌黎先生集】

訓読

左遷せられて藍関に至り、姪孫湘に示す
①一封朝に奏す九重の天
②夕べに潮州に貶せらる路八千
③聖明の為に弊事を除かんと欲す
④肯へて衰朽を将つて残年を惜しまんや
⑤雲は秦嶺に横たはりて家何くにか在る
⑥雪は藍関を擁して馬前まず
⑦知る汝の遠く来たる応に意有るべし
⑧好し吾が骨を収めよ瘴江の辺に

現代語訳

左遷されて藍田関に至り、次兄の孫の韓湘に告げる
①朝、一通の上奏文を宮中に奉ったところ、
②夕方には八千里のかなたの潮州に左遷されることになった。
③優れた天子のために弊害を除こうとしたのである。
④年老いた身だからといって余命を惜しむ気になれようか。
⑤雲は終南山に立ち込めて（長安にあった）我が家がどこかはわからず、
⑥雪は藍田関を包み込んで馬は前に進まない。
⑦お前がはるばる来たのはきっと心づもりがあってのことだろう。
⑧よろしい、私の骨を瘴気が立ち込める川の岸辺で拾い集めてくれ。

教科書の問題（解答・解説）

■学習の手引き

❶次の文を書き下し文にし、現代語訳しよう。

解答 ⑴足下吾が心の楽しむや否やを知らん。

〈訳〉あなたは私の心が楽しいかどうか、おわかりでしょう。

❷「足下之道、其使㆓吾悲㆒也。」（一七五・4）とはどういうことか。

解答 あなた（孟郊）が古代の聖人の道を実践しながら、今の世に生きることは苦労が多いので、それを思うと私は悲しくなるということ。

❸段落ごとに韓愈の心情表現を抜き出し、その心の動きを考察しよう。

解答 ○第一段落・第二段落…「足下知㆓吾心楽否㆒也。」私の心が楽しいかどうかおわかりでしょう。

○第三段落…「足下之道、其使㆓吾悲㆒也。」あなたの生き方は、私を悲しませるのです。

○第四段落…「与㆓足下㆒終幸矣。」あなたといっしょに死ぬまで過ごせたら幸いです。

○第五段落…「恐足下不㆑知。」おそらくあなたはご存じないと思います。

○第六段落…「冀足下一来相視也。」どうかお願いですからあなたが一度こちらに来られてお会いいたしましょう。

[解説]「足下」は「あなた」という意味で孟郊を指す。韓愈の不満と悲しみが述べられた後、友人の不遇を嘆いて近況を知らせ、孟郊に会いたいという強い願いが表現されている。

❹参考にあげた韓愈の詩を読んで、詩の心情に通じるのは本文の第何段落か考えよう。

[解説] 第二段落は、自分の考えを聞いて理解する者がいないことを嘆いている。参考の詩は上奏文を聞き届けられなかったことに対する悲しみが読み取れる。

■語句と表現

①「田」（一七五・1）のように現在一般的に使われている意味と異なる意味で用いられる次の語について調べよう。

⑴客 旅や旅人。外部から来た人、見知らぬ人を指す語。

⑵大丈夫 立派な一人前の男子。

⑶百姓 庶民。すべての民。

[解説]「百姓」は「ひゃくせい」と読む。農民という意味ではない。

捕蛇者説

柳宗元

教科書 一七八～一八一ページ

大意

永州に、猛毒を持っているが病気の特効薬ともなる蛇がいた。永州ではこの蛇を租税の代わりに納めることを認めたので、永州の人々は蛇捕りに奔走した。蔣氏は蛇を納めて租税を免除してもらう特典を三代にわたって独占していた。蔣氏は私に、「祖父も父も蛇捕りの仕事のために死んだ。」と悲しそうに語った。そこで私は、「蛇捕りの仕事をやめさせてあげようか。」と提案した。すると蔣氏は、重税に苦しむ村人の実態を述べ、蛇捕りの仕事をやめる意志のないことを表明した。蔣氏の話を聞いて、私は、租税の害が蛇の害よりもひどいことがわかった。

第一段落（初め～一七八・5）

段意

永州に変わった蛇がいた。猛毒を持っていたが、いろいろな病気の特効薬にもなった。そこで宮中は、永州に対して一年に二匹を納入するよう割り当てた。永州ではこの蛇を租税の代わりに納めることを認めたので、人々は蛇捕りに奔走した。

①永州之野産異蛇。②黒質而白章。③触草木尽死、以齧人無禦之者。④然得而腊之、以為餌、可以已大風・攣踠・瘻癘、去死肌、殺三虫。⑤其始太医以王命聚之、歳賦其二。⑥募有能捕之者、当其租入。⑦永之人争奔走焉。

訓読

①永州の野に異蛇を産す。②黒質にして白章あり。③草木に触れなば尽く死し、以つて人を齧まば之を禦ぐ者無し。④然れども得て之を腊にし、以つて餌と為さば、以つて大風・攣踠・瘻癘を已し、死肌を去り、三虫を殺すべし。⑤其の始め太医王命を以つて之を聚め、歳ごとに其の二を賦す。⑥能く之を捕らふること有る者を募りて、其の租入に当つ。⑦永の人争ひて奔走す。

現代語訳

①永州の原野には普通とは異なった蛇がいた。②（その蛇は）黒い肌に白い斑紋があった。③（その蛇が）草木に触れるとすべて枯れてしまい、人間にかみつくと（その毒を）防ぐ方法がなかった。④しかし（この蛇を）捕まえて干し肉にし、薬剤にすれば、皮膚や末梢神経に現れる病気、手足が曲がる病気、首に腫れ物ができる病気を治し、血が通わず壊死した肌をきれいにし、人の体内にすみついて害をなすという三匹の虫を殺すことができた。⑤最初宮中の専属の医師が天子の命令によってこれを集め、一年に二匹を州に割り当てて納めさせた。⑥（永州では）この蛇を捕らえることのできる者を募集して、その人の租税の納入に充当した。⑦（そこで）永州の人は争って（蛇を捕まえることに）走りまわった。

語釈・句法

説 文体の一種で論説文。意見を述べた文。

①**永州** 今の湖南省永州市。柳宗元は、永貞二年〔八〇五〕から元和九年〔八一四〕まで、この地に左遷されていた。

異蛇 普通とは異なった蛇。「異」は、「変わっている」の意。

②**黒質而白章** 黒い肌に白い斑紋がある。「質」は、地肌。生地。「章」は、模様。

③**死** 枯れる。

無御之者 「者」は、手段、方法。日本語では人を指すが、漢文では人・物・事・場合・手段などの意を表す。

④**腊** 干し肉。

餌 薬剤。

大風 皮膚や末梢神経に現れる病気。

攣踠 手足が曲がる病気。

瘻癘 首に腫れ物ができる病気。

死肌 血が通わず壊死した肌。

⑤**太医** 官名。宮中の専属の医師。

歳賦其二 一年に二匹を州に割り当てて納めさせた。「賦」は、税として割り当てること。

⑥**租入** 租税の納入。

⑦**奔走** 走りまわる。蛇を納めて、重税から逃れるためである。

焉 断定を表す置き字。

■第二段落（一七八・6～一七九・1）

段意

蔣氏は蛇を納めて租税を免除してもらう特典を三代にわたって独占していた。蔣氏は私に、「祖父も父も蛇捕りの仕事のために死に、私も死にそうになったことが何度もある。」と悲しそうに語った。そこで私は、「蛇捕りの仕事をやめさせてあげようか。」と提案した。

①有二蔣氏者一、専二其利一三世矣。②問レ之、則曰、「吾祖死二於是一、吾父死二於是一。③今吾嗣為レ之十二年、幾死者数矣。」④言レ之、貌若二甚感者一。⑤余悲レ之、且曰、「若毒レ之乎。⑥余将下告二于莅レ事者一、更二若役一、復中若賦上。⑦則何如。」

訓読

①蔣氏といふ者有り、其の利を専らにすること三世なり。②之に問へば、則ち曰はく、「吾が祖是に死し、吾が父是に死す。③今吾嗣ぎて之を為すこと十二年、幾ど死せんとする者数なり。」と。④之を言ふに、貌甚だ感ふる者のごとし。⑤余之を悲しみ、且つ曰はく、「若之を毒とするか。⑥余将に事に莅む者に告げ、若の役を更め、若の賦を復せんとす。⑦則ち何如。」と。

現代語訳

①蔣氏という人がいて、蛇を納めて租税を免除してもらう特典を三代にわたって独占していた。②蔣氏に尋ねると、次のように言った、「私の祖父は蛇捕りのために死に、私の父もそのために死にました。③今私が後を継いで十二年間蛇捕りをしていますが、もう少しで死にそうになったことが何度もあります。」と。④このことを話す時、その表情はたいへん悲しんでいる者のようであった。⑤私は彼を気の毒に思い、さらに尋ねた、「あなたはこの仕事を苦痛に思っているのか。⑥私がその筋の役人に話をして、あなたの国から課せられた労役を変更し、あなたの租税をもとに戻してあげようと思う。⑦どうかね。」と。

語釈・句法

①専　独占する。
其利　その権利。蛇を納めて租税を免除してもらうという特典。「利」は、権利。利益。
三世　三代。ここでは、祖父・父・本人という三代である。

②死二於是一　蛇捕りのために死ぬ。「是」は、蛇捕りを指す。または、蛇を指すと考えてもよい。
③嗣　後を継ぐ。
幾　もう少しで。
④貌　表情。顔色。

若　…のようである。比況を表す。
感　いたみ悲しむ。
⑤悲　気の毒に思う。同情する。
且　さらに。添加を表す。
毒レ之　この仕事を苦痛に思う。「毒」は、苦痛、悪などを意味する。「毒トス」と訓読する場合は苦痛に感じるの意。

乎 …か。疑問を表す。

⑥将二…一 （今にも）…しようとする。再読文字。

莅レ事者 その筋の役人。「莅」は、携わる。「臨」と同じ。「事」は、政治、つとめ。

更 変更する。

役 国から課せられた労役。ここでは、蛇を捕らえて上納する義務をいう。

⑦何如 どうかね。「どうであるか」という疑問を表す。

■第三段落の1（一七九・2～11）

段意 蒋氏は、「村人たちは重税のために死ぬか、移住するかしているが、自分は蛇捕りのおかげで生きながらえている。」と語った。

①蒋氏大戚、汪然出涕曰、「君将哀而生之乎。②則吾斯役之不幸、未若復吾賦不幸之甚也。③嚮吾不為斯役、則久已病矣。④自吾氏三世居是郷、積於今六十歳矣。⑤而郷隣之生日蹙、殫其地之出、竭其廬之入、号呼而転徙、飢渇而頓踣。⑥触風雨、犯寒暑、呼嘘毒癘、往往而死者相藉也。⑦曩与吾祖居者、今其室十無一焉。⑧与吾父居者、今其室十無二三焉。⑨与吾居十二年者、今其室十無四五焉。⑩非死則徙爾。⑪而吾以捕蛇独存。

訓読

①蒋氏大いに戚み、汪然として涕を出だして曰はく、「君将に哀れみて之を生かさんとするか。②則ち吾が斯の役の不幸は、未だ吾が賦を復する不幸の甚だしきに若かざるなり。③嚮に吾斯の役を為さずんば、則ち久しく已に病めるならん。④吾が氏三世是の郷に居りしより、今に積みて六十歳なり。⑤而して郷隣の生は日に蹙り、其の地の出を殫くし、其の廬の入を竭くし、号呼して転徙し、飢渇して頓踣す。⑥風雨に触れ、寒暑を犯し、毒癘を呼嘘し、往往にして死する者相藉けり。⑦曩に吾が祖と居りし者、今其の室十に一も無し。⑧吾が父と居りし者、今其の室十に二三も無し。⑨吾と居ること十二年なる者、今其の室十に四五も無し。⑩死せるに非ずんば則ち徙りしのみ。⑪而るに吾蛇を捕らふるを以つて独り存す。

現代語訳

①蔣氏は（それを聞くと）たいそう悲しみ、ぼろぼろと涙をこぼしながら言った、「あなたは私をかわいそうに思って助けるおつもりでしょうか。②しかし私の（蛇を捕らえて上納する）義務の不幸は、私の租税をもとに戻す不幸のひどさには及びません。③昔から私がこの義務をしていなかったならば、とっくに疲れ果ててしまっていたでしょう。④私の一家が三代前にこの村に住みついてから、今に至るまで六十年になります。⑤その間村の隣人たちの生活は日に日に窮迫し、その土地の産出物を（税として納め）尽くし、その家の収入を出し尽くし、泣き叫んでこの村を捨ててほかの地へ流浪してゆくか、（あるいは）飢え渇いてよろめき倒れてしまうかです。⑥（また）風雨に身をさらし、寒暑に身をさらし、悪い風土の毒気を吸い込み、（死んでしまって）しばしば死体が重なり合っています。⑦昔私の祖父といっしょに（この村に）住んでいた者は、今その世帯は十軒に一軒もありません。⑧私の父といっしょに（この村に）住んでいた者は、今その世帯は十軒に二、三軒もありません。⑨私といっしょに（この村に）住んでいることが十二年になる者は、今その世帯は十軒に四、五軒もありません。⑩死んだのでなければほかの土地へ流浪していったのにほかならないのです。⑪それなのに私だけは蛇を捕らえることによって生きているのです。

語釈・句法

①戚（いたミ）　いたみ悲しむ。
汪然（おうぜん）　目に涙があふれ出る様子。ぼろぼろと。

涕（なみだ）　涙。
②斯役（このえき）　蛇を捕らえて上納する義務。
未レ若（いまダしカざルニ）…　…に及ばない。比較を表す。
③曩（さきニ）　昔。以前。
④病（やメル）　苦しむ。疲れ果てる。
吾氏（わガし）　私の一家。私の一族。


是郷（このきょう）　この村。「郷」は、村。

積二於今一（つミテいまニ）　今に至るまで。「積」は、歳月を積み重ねること。
⑤郷隣之生（きょうりんのせい）　村の隣人たちの生活。「郷隣」は、同じ村の中で暮らす人々。隣近所の村人。
日（ひニ）　一日一日と。日に日に。

蹙（せまリ）　窮迫する。

殫（つクシ）　（税として納め）尽くす。


出（しゅつ）　産出物。

竭二其廬之入一（つクシそノろのにゅうヲ）　家の収入を出し尽くす。「廬」は、粗末な家。

号呼（ごうこシ）　泣き叫ぶ。

転徙（てんしシ）　その村を捨ててほかの地へ流浪してゆく。重税に耐えられないからである。「徙」は、移転すること。
⑥頓踣（とんぼくス）　つまずき倒れる。
触（ふレ）　身をさらす。

犯 身を（危険に）さらす。

呼噓毒癘 悪い風土の毒気を吸い込む。南方は、高温多湿のため伝染病や風土病が多い。当時はその理由を、山や川が発する毒気に求めた。

往往 しばしば。

相藉 （死体が）重なり合う。

⑦室 世帯。

十無一 十軒のうち一軒もない。

⑩…則… ならば、その時には。「Aレバ則チB」の形で、Aならばその時にはB。仮定を表す。

…爾 …だけ。…にほかならない。限定を表す。

⑪存 生きている。生きながらえている。

■第三段落の２（一七九・11～一八〇・7）

段意

（さらに蔣氏は）「村の隣人たちの死んだ者と比べれば、蛇捕りを決して苦痛に思うことはない。」と語った。

①悍吏之来二吾郷一、叫‐囂二乎東西一、隳‐突二乎南北一。②譁然而駭者、雖二鶏狗一不レ得レ寧焉。③吾恂恂而起、視二其缶一、而吾蛇尚存、則弛然而臥。④謹食レ之、時而献焉。⑤退而甘‐食二其土之有一、以尽二吾歯一。⑥蓋一歳之犯レ死者二焉。⑦其余則熙熙而楽。⑧豈若二吾郷隣之旦旦有一レ是哉。⑨今雖レ死二乎此一、比二吾郷隣之死一則已後矣。⑩又安敢毒耶。」

訓読

①悍吏の吾が郷に来たるや、東西に叫囂し、南北に隳突す。②譁然として駭く者、鶏狗と雖も寧きことを得ず。③吾恂恂として起き、其の缶を視て、吾が蛇尚ほ存すれば、則ち弛然として臥す。④謹みて之を食ひ、時にして献ず。⑤退きて其の土の有を甘食し、以つて吾が歯を尽くす。⑥蓋し一歳の死を犯す者二たびなり。⑦其の余は則ち熙熙として楽しむ。⑧豈に吾が郷隣の旦旦に是れ有るがごとくならんや。⑨今此に死すと雖も、吾が郷隣の死せるものに比すれば、則ち已に後れたり。⑩又安くんぞ敢へて毒とせんや。」と。

現代語訳

①横暴な役人が私の村にやって来ますと、あちらこちらでわめき散らし、当たり散らします。②がやがやと大騒ぎになって（村中が）驚くことといったら、鶏や犬までもが落ち着いていられないほどです。③私はびくびくしながら起き上がり、（蛇を入れた）素焼きのかめをのぞきこみ、私の蛇がもとのまま生きていれば、ほっとして寝床に入ります。④気をつけて蛇を飼い、納入の時期に献上します。⑤（献上したら家に）戻ってきてこの土地の産物をおいしく食べ、自分の寿命を全

うします。⑥思うに一年のうち命がけの危険なことをするのは二度だけです。⑦（しかし）あとはのびやかに楽しく暮らします。⑧どうして私の村の隣人たちが毎日毎日苦しみを味わっているのと同じでしょうか。（いや、同じでありません。）

⑨今蛇捕りのために死んだとしても、私の村の隣人たちの死んだ者と比べれば、ずっと後になっています。⑩どうして（この仕事を）苦痛に思いましょうか。（いや、思いません。）」と。

語釈・句法

①悍吏　横暴な役人。「悍」は、横暴な。荒々しい。

叫囂　わめき散らす。

東西　次の「南北」と両方で、「あちらこちら」という意味を表す。

隳突　当たり散らす。

②嘩然　がやがやと大騒ぎになって。「嘩」は「喧嘩」にもあるように、「やかましい」という意味。

駭者　驚くこと。

③恂恂　びくびくして。

缶　（蛇を入れた）素焼きのかめ。腹の部分がふくらんで、口がせばまっている。本来は、水や酒などを入れる。

尚　もとのまま。過去の状態が現在に存続していることを表す。

弛然　ほっとして。気がゆるんでのんびりする様子。

④謹　気をつけて。

時　納入の時期に。

⑤退　（献上したら家に）戻ってくる。

甘食　おいしく食べる。

其土之有　その土地の産物。

尽吾歯　自分の寿命を全うする。「歯」は、寿命。天寿を全うする。

⑥蓋　思うに。考えてみますと。

犯死者　命がけの危険なことをすること。「犯」は、危険なことをあえてすること。

⑦熙熙　のびやかに。のんびりとして。

⑧豈…哉　どうして…か。（いや…ない。）反語を表す。

旦旦　毎日、毎日。

⑨死乎此　蛇捕りのために死ぬ。「此」は、蛇捕りを指す。

已後　ずっと後になる。ずっと長生きしている。

⑩安敢毒耶　どうして苦痛に思いましょうか。（いや、思いません。）「安…耶」は、「どうして…か。（いや…ない。）」の意で、反語を表す。「毒」は、苦痛に思うこと。

■第四段落（一八〇・8〜終わり）

段意　蔣氏の話を聞いて、租税を取り立てることの害が蛇の害よりもひどいことがわかった。

①余聞而愈悲。②孔子曰、「苛政猛於虎也。」③吾嘗疑乎是。④今以蔣氏観之、猶信。⑤嗚呼、孰知賦斂之毒有甚是蛇者乎。⑥故為之説、以俟夫観人風者得焉。【柳河東集】

訓読

①余聞きて愈悲しむ。②孔子曰はく、「苛政は虎よりも猛なり。」と。③吾嘗て是を疑へり。④今蔣氏を以つて之を観るに、猶ほ信なり。⑤嗚呼、孰か賦斂の毒の是の蛇よりも甚だしき者有るを知らんや。⑥故に之が説を為りて、以つて夫の人風を観る者の得んことを俟つ。

現代語訳

①私は（蔣氏の話を）聞いてますます悲しくなった。②孔子は言っている、「むごい政治は虎よりも恐ろしい。」と。③私はこれまで（そんなことはないだろうと）この言葉に疑問を感じていた。④今蔣氏の話から考えてみると、やはり真実であったのだ。⑤ああ、租税を取り立てることの害毒がこの蛇の毒よりもひどいものであることを誰が知っていようか。（いや、誰も知らない。）⑥そこで（私は）この文章を書き、人民のありさまを観察する人が（この文章を読んで）思い至ることを期待するのである。

語釈・句法

②苛政猛於虎也　むごい政治は虎よりも恐ろしい。「苛政」は、むごい政治。苛酷な徴税・労役などを課して人民を苦しめる政治。「猛」は、ひどい、恐ろしいという意味。泰山のそばを通りかかった孔子が、虎に舅・夫・子どもを殺されながらも、「苛政」がないからと言ってその土地を去ろうとしない婦人の話を聞き、「苛政は虎よりも猛なり。」と弟子たちに教えた（『礼記』）。「猛於虎也」は、「A於B」で、BよりもAという意味の比較形。

④信　真実である。「信」は「まこと」の意。

⑤嗚呼　ああ。詠嘆を表す。

孰…乎　誰が…だろうか。（いや誰も…ない。）反語を表す。

賦斂　租税を取り立てること。

⑥観人風者　人民のありさまを観察する人。中央の為政者。「人風」の「風」は「ならわし」、「暮らしぶり」の意で、「民風」でも同様に「人民のありさま」。

得　わかる。思い至る。

鑑賞

この文章は、柳宗元が永州に左遷されていた時の作品である。

第一段落は、永州にいる奇妙な毒蛇を紹介する。この蛇は猛毒を持っているが、反面、薬剤にすると難病の治療に効き目があった。そこで蛇を捕らえた者は租税を免除された。

第二段落は、この話の主人公である蔣という蛇捕りが登場する。蔣は、蛇捕りがたえず死の危険にさらされた苛酷な仕事であることを作者に告げた。その話を聞いた作者は、蔣に同情し、もとどおり農民として租税を納めるように、取り計らってあげようかと、助け船を出した。

第三段落は、蔣の長い告白である。蔣は意外にも、作者の親切な申し出を拒絶し、重税に苦しむ農民たちの生活がいかに悲惨であるかを、涙ながらに語った。蛇捕りの仕事は、なるほどたしかに苛酷であるが、重税を課せられる農民の生活は、それにもましてもっと苛酷だというのである。「吾蛇を捕らふるを以つて独り存す」というのは、死と隣り合わせの仕事をしているおかげで生きながらえているという、実に皮肉な表現で、蔣の主張を効果的に伝えている。

第四段落は、蔣の長い告白を聞いた作者の感想である。作者は「苛政は虎よりも猛なり」という言葉を了解する。そして、この文章を為政者が読み、理解してくれることを期待すると述べる。

作者・出典

作者　柳宗元（りゅうそうげん）　本書三七ページ参照。

出典　『柳河東集（りゅうかとうしゅう）』巻十六　四十五巻。柳宗元の詩文集。

参考

苛政ハ猛ニ於虎ヨリモ一也

教科書　一八一ページ

大意

虎に殺される苦しみより課税の重い土地に暮らす苦しみが勝ることを述べ、悪政を批判している。

①孔子過泰山側。②有婦人哭於墓者而哀。③夫子式而聴之、使子路問之曰、「子之哭也、壹似重有憂者。」④而曰、「然。⑤昔者吾舅死於虎。⑥吾夫又死焉。⑦今吾子又死焉。」⑧夫子曰、「何為不去也。」⑨曰、「無苛政。」⑩夫子曰、「小子識之。⑪苛政猛於虎也。」

【礼記】

訓読

①孔子泰山の側らを過ぐ。②婦人の墓に哭する者有りて哀しげなり。③夫子式して之を聴き、子路をして之に問はしめて曰はく、「子の哭するや、壱に重ねて憂ひ有る者に似たり。」と。④而ち曰はく、「然り。⑤昔者吾が舅虎に死せり。⑥吾が夫又焉に死せり。⑦今吾が子又焉に死せり。」と。⑧夫子曰はく、「何為れぞ去らざるや。」と。⑨曰はく、「苛政無ければなり。」と。⑩夫子曰はく、「小子之を識せ。⑪苛政は虎よりも猛なり。」と。

現代語訳

①孔子が泰山のそばを通り過ぎた。②婦人で墓（の前）に死者をいたんで声を上げて泣く者がいて、（その声は）悲しげであった。③先生（＝孔子）は車の横木に手をかけて礼をしてこの泣き声を聞き、子路にこの婦人に尋ねさせて言った、「あなたの泣くのは、本当にかさねがさね悲しみがある者（の泣き声）に似ている。」と。④そこで（夫人が）言った、「そのとおりです。⑤昔私の夫の父親が虎によって（食い殺されて）死にました。⑥私の夫もまたこの虎によって死にました。⑦今私の子がまたこの虎によって死にました。」と。⑧先生は言った、「どうして（この危険な土地を）立ち去らないのか。」と。⑨（婦人が）言った、「（この土地は税金の重い）過酷な政治がないからです。」と。⑩先生が言った、「おまえたちこのことを記憶しておけ。⑪過酷な政治は虎よりも恐ろしいのである。」と。

教科書の問題（解答・解説）

教科書 一八一ページ

◆ 教科書本文下に示された問題

? 「永之人争奔走焉」とはどうすることか。（p.一七八）

解答 永州の人が争って蛇を捕まえることに走り回ること。

[解説] 蛇には毒があるが、蛇を捕らえれば租税として納めることができ、従来の重税を逃れることができた。

? 「更若役、復若賦」とはどうすることか。（p.一七九）

解答　蔣氏の労役である蛇捕りを変更し、元の租税に戻すこと。

［解説］　蛇捕りの苦労を知った私が、蔣氏に提案したことである。

■学習の手引き

❶次の文を書き下し文にし、現代語訳しよう。

解答　⑴余将に事に莅む者に告げ、若の役を更め、若の賦を復せんとす。

〈訳〉　私がその筋の役人に話をして、あなたの国から課せられた労役を変更し、あなたの租税をもとに戻してあげようと思う。

⑵嗚呼、孰か賦斂の毒の是の蛇よりも甚だしき者有るを知らんや。

〈訳〉　ああ、租税を取り立てることの害毒がこの蛇の毒よりもひどいものであることを誰が知っていようか。（いや、誰も知らない。）

❷「安クンゾ敢ヘテ毒トセン耶。」（二八〇・7）と言うのはなぜか。

解答　苛酷な重税のため、村人の多くは死んだり、ほかの土地へ流浪していったりしているが、蔣氏は蛇捕りの仕事のおかげで、年に二回だけ危険を冒せば、あとはのんびりと暮らし、生きながらえることができるから。

❸この文章を書いた柳宗元の意図について考えよう。

［解説］　苛酷な重税に苦しむ人民の実態を記して、現実の政治を批判し、為政者の反省を求めるために書いたことが、本文の最後に述べられている。

■語句と表現

①本文の文末に置かれた次の字について、それぞれの用法を調べよう。

解答　⑴焉…強意・断定　⑵矣…確認・断定　⑶乎…疑問・反語　⑷也…強調・断定　⑸爾…限定　⑹哉…反語　⑺耶…反語

［解説］　⑴「焉」は「いづクンゾ」「いづクニ（カ）」と読んで疑問・反語の意、「これ」と読んで指示代名詞として用いられることもある。⑶「乎」は「か」「や」「かな」、⑹「哉」は「か」「かな」と読み、疑問や詠嘆を表すこともある。⑸「爾」は「なんじ」と読み、二人称を表す場合もある。

朋党論

欧陽脩

教科書 一八二〜一八五ページ

大意

「朋党」には小人の朋党と君子の朋党がある。小人の朋党は利益によって関係が変わるが、君子の朋党は関係が変わらず、共同して事を成し遂げる。君主が君子の朋党を用いれば、天下が治まるだろう。

第一段落（初め〜一八二・4）

段意

君子は道を同じくすることで仲間となり、小人は利を同じくすることで仲間となる。君主にはそれを見分けてほしい。

①臣聞、朋党之説、自古有之。②惟幸人君弁其君子小人而已。③大凡君子与君子以同道為朋。④小人与小人以同利為朋。⑤此自然之理也。

訓読

①臣聞く、「朋党の説は、古より之有り。」と。②惟だ人君の其の君子と小人を弁ぜんことを幸ふのみ。③大凡そ君子と君子とは道を同じくするを以つて朋を為す。④小人と小人とは利を同じくするを以つて朋を為す。⑤此れ自然の理なり。

現代語訳

①私が聞くところでは、「朋党についての見解は、昔からありました。」と。②ただ（私としましては）君主がその仲間が君子からなる（仲間な）のか、小人からなる（仲間な）のかを見分けてくださることを願うだけです。③そもそも君子と君子とは（目指すべき）道が同じであることを理由に仲間となります。④小人と小人とは利益が同じであることを理由に仲間となります。⑤これは当然の道理です。

語釈・句法

朋党　仲間同士のグループ。派閥。

論　文体の一種。自らの意見を述べて主張する文。

①臣　私。君主に対して意見を述べる時の自称。

説　見解。考え方。

自　…から。起点を表す。

②惟…而已　ただ…だけ。限定を表す。

幸（ねがフ）　願う。そうであってくれるように期待する。
弁（べんセンコトヲ）　見分けることを。弁別することを。
君子（くんし）　徳のある立派な人物。

小人（しょうじん）　つまらない人物。
③大凡（おおよソ）　そもそも。一般に。
：与二～一（トとハ）　…と～とは。並列を表す。
道（みち）　主義。信じる道。目指すべき道。

④利（り）　個人的・金銭的な利益。
⑤理（り）　道理。道すじ。

■第二段落（一八二・5～一八三・1）

段意　小人は目指すべき利益が同じときは一時的に仲間となるが、そのような仲間は偽物である。

①然臣謂、小人無ㇾ朋、惟君子則有ㇾ之。②其故何哉。③小人所ㇾ好者、利禄也。④所ㇾ貪者、貨財也。⑤当㆓其同ㇾ利之時㆒、暫相党引以為ㇾ朋者偽也。⑥及㆓其見ㇾ利則争ㇾ先、或利尽則交疎。⑦甚者反相賊害、雖㆓其兄弟親戚㆒、不ㇾ能㆓相保㆒。⑧故臣謂、小人無ㇾ朋、其暫為ㇾ朋者偽也。

訓読

①然れども臣謂へらく、小人には朋なく、惟だ君子のみ則ち之有りと。②其の故は何ぞや。③小人の好む所の者は、利禄なり。④貪る所の者は、貨財なり。⑤其の利を同じくするの時に当たり、暫く相党引し以つて朋を為す者は偽りなり。⑥其の利を見るに及べば則ち先を争ひ、或いは利尽くれば則ち交はり疎し。⑦甚だしき者は反りて相賊害し、其の兄弟親戚と雖も、相保つこと能はず。⑧故に臣謂へらく、小人には朋無く、其の暫く朋を為す者は偽りなりと。

現代語訳

①しかし私が思うに、小人には仲間はなく、ただ君子にのみこれがあります。②その理由はどういうわけでしょうか。③小人の好むものは、物質的な利益です。④むさぼり欲しがるものは、財貨です。⑤彼らの利益が共通しているときに、一時的に誘いあって仲間となるのは偽物です。⑥彼らが利益を目の前にすればたちまち先を争い、あるいは利益が取り尽くされれば交際が疎遠になります。⑦ひどい者は（仲間同士で）反対に傷つけあって、彼らの兄弟親戚であるとしても、お互い無事で済ますことはできません。⑧よって私が思うに、小人には仲間がなく、彼らが一時的に仲間となるのは偽物であります。

語釈・句法

①然　しかし。逆接の接続詞。
謂　思うことには。思うに。「以為へらく」と同じ意味。
②…何哉　…はどういうわけか。…はどうしたことだろうか。疑問を表す。
③所レ…者　…もの。…こと。…は用言。

利禄　物質的な利益。俸禄。
也　断定を表す。直前に読む語は体言か活用語の連体形。
⑤当二…之時一　…するときに。
党引　仲間として誘う。誘って助け合う仲間を組織する。
⑥交疎　交際が疎遠になる。

⑦反　かえって。反対に。
賊害　傷つけて。損害を与えて。「賊」は「傷を負わせる」の意。
雖二…一　たとえ…としても。…であるとしても。逆接の仮定条件を表す。
不レ能二…一　…できない。不可能を表す。

■第三段落（一八三・2～5）

段意　君子の仲間は、小人とは異なり、終始一貫して変わらない。

①君子則不レ然。②所レ守者道義、所レ行者忠信、所レ惜者名節。③以レ之修レ身、則同レ道而相益、以レ之事レ国、則同レ心而共済、終始如レ一。④此君子之朋也。

訓読

①君子は則ち然らず。②守る所の者は道義、行ふ所の者は忠信、惜しむ所の者は名節なり。③之を以つて身を修むれば、則ち道を同じくして相益し、之を以つて国に事ふれば、則ち心を同じくして共に済し、終始一のごとし。④此れ君子の朋なり。

現代語訳

①君子はそうではありません。②守るものは正しい道理、実行することは忠信、だいじに思うことは名誉と節操であります。③これらによってわが身を修養するので、（目指すべき）道を一つにしてお互いに向上し、これらによって国に仕えるので、心を一つにして共同で（事業を）成し遂げ、終始一貫して変わりません。④これが君子の仲間です。

語釈・句法

①則　「（一方）君子は～」と、「小人」に対して上の「君子」を強調している。
不レ然　そうではない。第二段落の小人の様子とは異なることを述べている。

②道義（どうぎ）　正しい道理。
惜（おシム）　惜しんでだいじに思う。
名節（めいせつ）　名誉と節操。
③相益（あいえきシ）　お互いにプラスになる。お互いに向上する。
共済（ともニなシ）　共同して一つのことを成し遂げる。
終始如一（しゅうしごとシいつノ）　終始一貫して変わらない。小人の朋党と異なり、状況によって変化がない。「如」は比況を表す。

■第四段落（一八三・6～終わり）

段意　君主は君子の仲間を用いるべきである。そうすれば天下は治まるだろう。

> ①故為人君者、但当退小人之偽朋、用君子之真朋。②則天下治矣。【文章軌範】

訓読　①故に人君たる者は、但だ当に小人の偽朋を退け君子の真朋を用ゐるべし。②則ち天下治まらん。

現代語訳　①ゆえに君主たるべき方は、ただ当然小人の（つくる）偽物の仲間を排斥し君子の（つくる）真実の仲間を任用するべきです。②そうすれば天下は（安らかに）治まるでしょう。

語釈・句法
①為（たル）　…である。断定の助動詞「たり」の用法。
但（ただ）　ただ…だけ。限定を表す。
当（まさニ…ベシ）　当然…すべきである。再読文字。
偽朋（ぎほう）　偽物の仲間。「偽」は「にせの」「いつわりの」という意味。
真朋（しんぽう）　真実の仲間。「真」は「真実の」「本物の」という意味。

鑑賞　君主は、朋党を組織する人が君子であるか小人であるかを識別して用いるべきだという趣旨の文章である。論構造が明確で、第一段落で主張を述べ、第二段落で小人の朋党について、第三段落で君子の朋党について述べ、最終の第四段落でもう一度主張を述べている。
宋の仁宗（一〇二二―一〇六三在位）の時、欧陽脩と政治的に敵対する人物から、朋党の弊害を説いた「朋党論」が奏上された。欧陽脩はそれに対抗して新たな「朋党論」を書き、朋党それ自体に害があるのではなく、むしろ君子の朋党を用いることこそが国家の隆盛につながると主張した。結局、欧陽脩の「朋党論」はあまり効果をあげることがなかったが、その理路整然とした文章は多くの人々に読みつがれることとなった。議論文の典型としてその論展開と主張を読み取ろう。

作者・出典

作者 欧陽脩（一〇〇七―一〇七二） 北宋時代の政治家、文学者。字は永叔。酔翁、六一居士と号した。唐の韓愈・柳宗元に、宋の欧陽脩・蘇洵・蘇軾・蘇轍・王安石・曽鞏を加えた八人を古文の大家として「唐宋八大家」と称する。

出典 『文章軌範』七巻。南宋の謝枋得（一二二六―一二八九）の編。科挙受験者に向けて、漢・晋・唐・宋の作文の軌範（手本）となる文章六十九編を集めたもの。日本には室町時代に伝わり、江戸時代中期以降、盛んに読まれた。

参考

御製朋党論

雍正帝

教科書 一八四ページ

大意 欧陽脩の「朋党論」は私心を重視して主君をないがしろにしている。仲間を必要とするのは小人のみで、君子には必要ないのだ。

①宋欧陽脩朋党論、創為異説曰、「君子以同道為朋。」②夫罔上行私。③安得謂道。④脩之所謂道、亦小人之道耳。⑤自有此論、而小人之為朋者、皆得仮同道之名、以済其同利之実。⑥朕以為、「君子無朋。⑦惟小人則有之。」⑧且如脩之論、将使終其党

訓読

①宋の欧陽脩の朋党論、創めて異説を為して曰はく、「君子は道を同じくするを以つて朋と為す。」と。②夫れ上を罔し私を行ふなり。③安くんぞ道と謂ふを得んや。④脩の所謂道も亦小人の道なるのみ。⑤此の論有るより、而して小人の朋を為す者、皆道を同じくするの名を仮りて、以つて其の利を同じくするの実を済すを得たり。⑥朕以為ら

者則為二君子一、解散而不レ終二於党一者、反為中小人上乎。⑨設脩在二今日一而為二此論一、朕必飭レ之以正二其惑一。

【大清世宗憲皇帝実録】

く、「君子に朋無し。⑦惟だ小人のみ則ち之有り。」と。⑧且つ脩の論のごとくんば、将に其の党を終ふる者をして則ち君子たり、解散して党を終へざる者をして、反りて小人為らしめんとするか。⑨設し脩今日に在りて此の論を為さば、朕必ず之を飭めて以つて其の惑ひを正さん。

現代語訳

①宋の欧陽修の「朋党論」は、おかしな説をつくりたてて言った、「君子は（目指すべき）道が同じであることを理由に仲間となる。」と。②そもそも（公である）主君をないがしろにして私心を述べ立てている。③どうして道ということができようか。いやできない。④（欧陽）脩の言った道というのもまた小人の道に過ぎない。⑤この論が広まってから、小人で仲間となる者は、みな（目指すべき）道が同じであるという名目で（集い）、その利益が同じであることの実利を得ていたのだ。⑥私が思ったことには、「君子に仲間はない。⑦ただ小人にのみこれがあるだけだ。」と。⑧そもそも（欧陽）脩の主張の通りであるならば、その仲間を最後まで全うする者が君子であり、解散して仲間を全うしない者が、かえって小人であるとさせようとするのであろうか。⑨もし（欧陽）脩が今日に生きておりこうした主張をするなら、私はきっとこれをとがめてその間違いを正そう。

教科書の問題（解答・解説）

教科書 一八五ページ

■学習の手引き

❶筆者が「臣謂、小人無レ朋、惟君子則有レ之。」〔一八二・5〕と述べる理由について整理しよう。

解答　小人は、目指す利益が同じときに仲間となるので、利益によって争ったり疎遠になったり、傷つけ合ったりする。このように関係が変わるので、小人に朋はないといえる。

君子は、目指すべき道が同じときに仲間となり、道義、忠信、名節によって身を修め国に仕える。関係は終始変わらないので、君子にのみ朋があるといえる。

❷各段落の展開を整理し、筆者の主張を簡潔にまとめよう。

解答　第一段落〔主張〕君子は道を同じくすることで仲

間となり、小人は利を同じくすることで仲間となる。君主にはこれを見分けてほしい。

第二段落〔根拠①〕小人の仲間は利益によって関係が変わる。偽りの仲間である。

第三段落〔根拠②〕君子の仲間は心を一つにして事を成し遂げ、関係が変わらない。真実の仲間である。

第四段落〔再主張〕君主は小人の仲間を遠ざけ、君子の仲間を用いるべきだ。

■語句と表現

(1)本文中の「為」の用法を確認するとともに、「為」の他の用法も調べて整理しよう。

解答　・以レA為レB〔一八二・3〕　AをBとみなす。

・為レA〔一八二・7〕　Aとなる。

・為A〔一八三・6〕　…である。（断定の助動詞「たり」）

・為レA　Aになる。変化する。

・為　作る。

・為レA　Aのために。Aに対して。

言語活動

1 参考の「御製朋党論」〔一八四ページ〕を読み、皇帝が欧陽脩の「朋党論」を批判する根拠について話し合おう。

［解説］　家臣は一人一人が皇帝に仕え、政治に私心を持ち込むべきではないのに、仲間（派閥や党派）をつくって争っているのは、「公」である皇帝をないがしろにし、家臣の「私」を重視していることになる。

2 (1)日本史や世界史、私たちの現在の生活から、「小人之偽朋」と「君子之真朋」が引き起こした出来事について探し、話し合おう。

［解説］　小人之偽朋…衆議院選挙で過半数の議席が確保できないときは、主義主張が異なる政党と協力するが、確保できるときは競争関係になる。数を重視して政策を軽んじる状況になりがちである。

君子之真朋…「赤穂事件」大石内蔵助以下四十七人が主君浅野長矩の仇として吉良義央を討った事件。浅野家が改易された後も忠義の心を持ち、事件後、切腹した（浅野家の立場からすれば「君子」といえる）。

(2)本文のように「朋党」というテーマについて学校生活や地域社会や国際社会における「君子」と「小人」の二つが対立する事柄を挙げて自分の論を展開する文章を作成しよう。

［解説］　生徒会や部活動、委員会活動など身近な例が考えられる。自分の利益を考える人は小人、自分の行動が正しいかどうかを考える人は君子である。